迈上新征程的中国特色社会主义财税

邓力平◎著

中国财经出版传媒集团
中国财政经济出版社

图书在版编目（CIP）数据

迈上新征程的中国特色社会主义财税 / 邓力平著 . -- 北京 : 中国财政经济出版社，2023. 6
ISBN 978 - 7 - 5223 - 2269 - 8

Ⅰ. ①迈…　Ⅱ. ①邓…　Ⅲ. ①财政理论 - 中国 - 文集 ②税收理论 - 中国 - 文集　Ⅳ. ①F812 - 53

中国国家版本馆 CIP 数据核字（2023）第 097767 号

责任编辑：温彦君　　责任校对：张　凡
封面设计：陈宇琰　　责任印制：党　辉

迈上新征程的中国特色社会主义财税
MAISHANG XINZHENGCHENG DE ZHONGGUO TESE SHEHUIZHUYI CAISHUI

中国财政经济出版社 出版
URL：http：//www. cfeph. cn
E - mail：cfeph@ cfeph. cn

社址：北京市海淀区阜成路甲 28 号　邮政编码：100142
营销中心电话：010 - 88191522
天猫网店：中国财政经济出版社旗舰店
网址：https：//zgczjjcbs. tmall. com
北京财经印刷厂印刷　各地新华书店经销
成品尺寸：170mm × 240mm　16 开　20. 75 印张　345 000 字
2023 年 6 月第 1 版　2023 年 6 月北京第 1 次印刷
定价：88. 00 元
ISBN 978 - 7 - 5223 - 2269 - 8
（图书出现印装问题，本社负责调换，电话：010 - 88190548）
本社质量投诉电话：010 - 88190744
打击盗版举报热线：010 - 88191661　QQ：2242791300

目 录

第一章　对中国特色社会主义财税理论的执着探索

当前，我国已经迈上全面建设社会主义现代化国家的新征程。中国共产党第二十次全国代表大会（以下简称“党的二十大”），是在全党全国各族人民迈上全面建设社会主义现代化国家新征程、向第二个百年奋斗目标进军的关键时刻召开的一次十分重要的大会，在政治上、理论上、实践上取得了一系列重大成果。习近平总书记指出，党的二十大报告的主题是“高举中国特色社会主义伟大旗帜，全面贯彻新时代中国特色社会主义思想，弘扬伟大建党精神，自信自强、守正创新，踔厉奋发、勇毅前行，为全面建设社会主义现代化国家、全面推进中华民族伟大复兴而团结奋斗”①。反复学习大会主题精神，结合我国财政税收（财税）一路走来的发展，笔者都有深切体会和感受。我国走的是中国特色社会主义道路，对应的财税就是中国特色社会主义财税。长期以来，笔者始终致力于为中国特色社会主义财税理论体系的构建和完善贡献力量。今天，在强国建设、民族复兴的新时代新征程上，认真学习党的二十大精神，笔者更加坚定丰富完善中国特色社会主义财税理论体系的信心和决心。本书也将在坚持与完善中国特色社会主义、持续走好中国特色社会主义财税发展之路的大主题大框架下展开。

---

① 习近平．高举中国特色社会主义伟大旗帜 为全面建设社会主义现代化国家而团结奋斗——在中国共产党第二十次全国代表大会上的报告［N］．人民日报，2022－10－26（001）．

本书对党的二十大报告的相关论述中，加引号的句子均来自党的二十大报告原文，后文不再一一注明。

第一节　新时代新征程的中国特色社会主义财税

中国共产党成立一百多年（以下简称“建党百余年”）来，党为人民谋幸福、为民族谋复兴，选择了马克思主义这条道路，在中国特色社会主义实践中取得了伟大胜利。新中国成立以后，经过短时间的过渡，我国进入了社会主义社会。《中华人民共和国宪法》（以下简称《宪法》）总纲第一条规定，“中华人民共和国是工人阶级领导的、以工农联盟为基础的人民民主专政的社会主义国家”①。改革开放以后，我国又在社会主义实践中探索中国特色、中国道路，形成了中国特色社会主义道路。党的十八大以后，中国特色社会主义进入新时代。② 习近平总书记在2013年1月5日新进中央委员会的委员、候补委员学习贯彻党的十八大精神研讨班上明确指出，“中国特色社会主义是社会主义而不是其他什么主义”，并强调“不能用改革开放后的历史时期否定改革开放前的历史时期，也不能用改革开放前的历史时期否定改革开放后的历史时期”③。2018年1月5日，在新进中央委员会的委员、候补委员和省部级主要领导干部学习贯彻习近平新时代中国特色社会主义思想和党的十九大精神研讨班开班式上的讲话中，习近平总书记再次强调，“党的十九大作出中国特色社会主义进入新时代这个重大政治论断，我们必须认识到，这个新时代是中国特色社会主义新时代，而不是别的什么新时代。党要在新的历史方位上实现新时代党的历史使命，最根本的就是要高举中国特色社会主义伟大旗帜”④。笔者有幸现场列席聆听习近平总书记的这两次重要讲话，凝心铸魂，备受鼓舞，始终不断用这一重大判断来指引我们对中国特色社会主义财税理论的研究。当前，我们推进新时代新征程的中国特色社会主义财税理论研究与实践探索，就要在中国特色社会主义的大框架大主题下来把握，尤其是在中国特色社会主义进入新时代，迈上全面建设社会主义现

---

① 中华人民共和国宪法［EB/OL］. http://www.gov.cn/guoqing/2018-03/22/content_5276318.htm.

② 2012年党的十八大胜利召开，标志着中国特色社会主义进入新时代。本书中所指的新时代，均为党的十八大召开后的时期。

③ 毫不动摇坚持和发展中国特色社会主义 在实践中不断有所发现有所创造有所前进［N］. 人民日报，2013-01-06（001）.

④ 以时不我待只争朝夕的精神投入工作 开创新时代中国特色社会主义事业新局面［N］. 人民日报，2018-01-06（001）.

代化国家新征程的背景下来深入研究。由此，“社会主义”“中国特色”“新时代”是我们在中国特色社会主义道路持续发展中定位中国特色社会主义财税的三个关键词，因此要牢牢把握这三个关键词对中国特色社会主义财税定位的重要要求。

结合习近平总书记关于中国特色社会主义的重要论述，笔者多年来反复思考中国特色社会主义财税所体现的“社会主义”“中国特色”和“新时代”内涵。在社会主义中国，财税是什么？财政是以国家为主体的分配关系，税收是国家财政收入的主要来源，财政及作为其重要组成部分的税收是国家治理的基础和重要支柱。中国特色社会主义财税是在中国特色社会主义旗帜指引下不断形成的、既有一般国家财税本质特征又具有鲜明中国特色的财税，始终与国家制度、与选择的道路密切联系。新中国成立初期，我国财税服务于计划经济时期的社会主义改造与建设，从一开始就是社会主义财税，就具备社会主义特征。改革开放以后，财税在社会主义市场经济体制的建立过程中不断形成中国特色社会主义财税之特质。中国特色社会主义进入新时代（以下简称“新时代”）以来，财政成为国家治理的基础和重要支柱，税收在国家治理中的基础性、支柱性、保障性作用也得以明确，中国特色社会主义财税也进入了快车道，在体制改革与政策优化中凸显了财税在服务发展大局中的职能定位。作为财税理论工作者，笔者始终紧跟和理解这一伟大事业的发展进程。2007 年，笔者围绕什么是“中国特色社会主义财政”，指出“中国特色社会主义财政至少应该涵盖三大方面的要求，一是社会主义本质，二是初级阶段的基本国情，三是财政的一般特征”，并强调要“在实践中认真研究建设中国特色社会主义财政的问题”（邓力平，2007）。随后，在新中国成立六十周年的 2009 年，笔者又明确提出中国税收就是“中国特色社会主义税收”的定位判断，将新中国成立六十年来，特别是改革开放三十多年来的税收发展成果表述为中国特色社会主义税收体系从不断探索到初步建立再到逐步完善的伟大实践过程（邓力平，2009）。应该说，笔者是国内较早开始研究中国特色社会主义财税理论的学者。新时代以后，笔者又开始研究新时代下的中国特色社会主义财税理论与实践问题，先是明确了“新时代中国特色社会主义财政”的表述，并归纳了新时代中国特色社会主义财政发展的新特征（邓力平和邓秋云，2018）；而后又相应阐述了“新时代中国特色社会主义税收”，强调我国税收兼具市场经济一般要求与社会主义价值取向（邓力平，2019）。可以看到，我国财税既一以贯之地体现中国特色社会主义制度的显著优势，又与时俱进地在自我革新的财税事业中体现现代财税制度的要求。新时代以来的中国特色社会主义财税发展，内在地就体现了“社会主义”“中国特色”和“新时代”的重要内涵。当前，我们迈上全面建设社会主义现代化国家的新征程，就要始终在这一框架下来思考新时代新征程背景下的中国特色社会主义财税发展，就要高举中国特色社会主义伟大旗帜，坚持中国特色社会主义道路，认真总结党的十八大以来，即新时代十多年来（以下简称“新时代十多年”）的伟大变革给财税带来的深刻变化，准确定位新时代新征程背景下中国特色社会主义财税的理论与实践发展。

由此，笔者在自己以及所带团队近年来（2020—2023 年）对新时代新征程背景下中国特色社会主义财税研究的基础上，梳理迈上新征程的中国特色社会主义财税发展的新特征与新要求，为当前和今后中国特色社会主义财税理论发展与实践探索提供支撑。这就是本书写作的主要出发点。

第二节　从“四位一体”分析框架到“新时代中国特色社会主义财税”研究思路

多年来，笔者始终坚持用中国特色社会主义理论与实践来指导中国特色社会主义财税研究。改革开放之初，笔者肩负着财政部门老领导与财政理论研究老前辈的重托，到发达国家研究财税理论相关问题，始终秉持立足国情放眼世界的理念，在比较研究中把握中外财税的共性和个性。1996 年回国后，笔者就明确提出我国财税“既要具有中国特色，又要面向世界”的观点，并较早用“中国特色社会主义财税”来归纳我国财税发展的特征，努力探索构建中国特色社会主义财税理论体系。从改革开放时期到中国特色社会主义新时代，笔者始终沿着这条道路在不断努力，并先后形成了中国特色社会主义财税的“四位一体”研究思路、“五大特征”分析框架和“财税系列观”理念体系①，一路走来，始终坚定不移地为丰富和完善中国特色社会主义财政理论体系而努力。

改革开放以来，围绕改革开放时期的财税实践，笔者深入领会与思考，从国体政体、配置方式、所处阶段和涉外程度四个主要维度把握我国财税发

---

① 邓力平．中国特色社会主义税收系列观［M］．北京：中国税务出版社，2020.

展的特点，认为中国特色社会主义财税应该是国家财税、公共财税、发展财税和统筹财税的有机统一，并逐步形成了对财税发展之“四位一体”的研究思路。从国体政体来看，我国财税体现了社会主义财税的本质特征，既坚持社会主义国家的国体政体与基本制度对财税发展的基本要求，又坚持中国特色社会主义道路、理论与制度对我国财税发展的决定性与引领性作用。从配置方式来看，强调的是特定资源配置方式对国家财税表现形式的要求，意味着当社会主义市场经济成为国家对资源配置的主要方式时，财税就必然要适应市场经济对国家财税的要求，即建立与社会主义市场经济体制相适应的公共财税框架。从所处阶段来看，笔者认为财税活动与安排必须充分考虑到我国依然处在并将长期处于社会主义初级阶段的基本国情，充分发挥财税在促进国家经济社会持续健康发展中的重要作用，并正确把握好“促进发展”与“保障民生”之间的关系。从涉外程度来看，笔者坚持财税要适应国家对外开放与参与经济全球化进程的基本要求，坚持以“统筹内外两个大局，服务国家发展全局”作为研究中国特色涉外财税的出发点。基于“四位一体”框架，笔者于2012年出版了《中国特色社会主义财政“四位一体”的分析》专著，着重运用“四位一体”分析框架来理解与把握我国财政发展改革的重大理论与实践问题，具体回答了“我们这个时代呼唤着什么样的财政”和“财政应该具有什么基本特征”。应该说，这一专著是笔者对中国特色社会主义财税，特别是中国特色社会主义财政的系统性思考，为后来笔者持续探索和完善中国特色社会主义财税理论体系提供了重要支持。

新时代以后特别是党的十八届三中、四中全会以后，全面深化改革和全面依法治国成为时代主旋律对财税发展的期盼，这自然要求财税发展顺应“深化财税体制改革、建立现代财政制度”的新要求，以财税体制改革来推动财税治理现代化和法治化不断前行。同时，党的十九大将习近平新时代中国特色社会主义思想确立为指导思想，更是为中国特色社会主义财税发展提出了新指引、新要求。在这样的时代大潮中，中国特色社会主义财税发展进入了新时代，催生着新实践，呼唤着新理论，对我国财税理论工作者提出了新要求。在这一进程中，笔者继续认真思考，不断执着探索，在中国特色社会主义财税“四位一体”思路的基础上，加上了推动国家财税体制完善、成熟与成型的内在力量，以突出我国财税的改革性。改革财税强调的是中国特色社会主义财税的改革性与改革开放进程共生，是财税体制持续完善的强大动力。改革开放四十多年来，我国财税体制改革始终是改革开放全局中的重要组成部分，在关键节点上发挥了独特作用。据此，笔者形成了中国特色社会主义国家财税、公共财税、发展财税、改革财税和统筹财税相统一的“五大特征”分析框架。这一框架综合考虑了决定我国财税发展的国体政体、配置方式、所处阶段、前进动力和涉外程度五大要素，为新时代研究财税新问题提供了理论支持。站在今天这个时点上，笔者认为这些基本判断既符合当时特定时期的要求，也符合中国特色社会主义财税发展的本质特征与客观进程。沿用这一分析框架，认真学习党的十八大以来党中央的一系列战略部署与工作要求，笔者在2016年出版了《中国特色社会主义财税思考》专著，结合新时代以来我国财税战线在贯彻落实党中央精神、应对复杂多变的国内外形势、努力开创中国特色社会主义财税发展新局面方面的新举措，对中国特色社会主义财税“五大特征”理论体系进行完善与拓展，既包含着对中国特色社会主义财税发展一般规律的认识，又在新条件下不断创新地朝前发展、增加新的动力元素与时代气息。

2019年，党的十九届四中全会围绕“坚持和完善中国特色社会主义制度、推进国家治理体系和治理能力现代化”提出“十三个坚持和完善”要求①。认真学习把握党的十九届四中全会重要精神，特别是“十三个坚持和完善”的重要要求，笔者对新时代构建中国特色社会主义财税理论体系有了新的认识和理解。在“十三个坚持和完善”中，既有对财税发展方向和原则的制度规定，也有对财税服务大局、促进国家制度成型的任务要求。由此，笔者以习近平新时代中国特色社会主义思想和党的十九届四中全会精神为指导，从我国财税发挥的职能作用入手，在对自己已有研究回顾的基础上进一步形成了“财税系列观”理念体系。在“财税系列观”理念体系中，“党管财税观”与“坚持和完善党的领导制度体系，提高党科学执政、民主执政、依法执政水平”相对应，主要强调两点：一是要旗帜鲜明地提出“党管财税”这一最具有中国特色社会主义的财税理念，二是要坚持“党管财税观”在中国特色社会主义财税系列观中的统领地位。“人民财税观”与“坚持和完善人民当家作主制度体系，发展社会主义民主政治”相对应，强调的是要坚持用习近平新时代中国特色社会主义思想，特别是“以人民为中心”的发展思想来研究中国特色社会主义财税，深刻认识人民性是人民共和国财税的

① 中共中央关于制定国民经济和社会发展第十四个五年规划和二〇三五年远景目标的建议［N］．人民日报，2020-11-04（001）．

本质属性，必须把人民满意作为一切工作的出发点与落脚点。“法治财税观”与“坚持和完善中国特色社会主义法治体系，提高党依法治国、依法执政能力”相对应，强调的是要让财税体制改革在中国特色社会主义法治轨道上前行，走好中国特色社会主义财税法定道路。“服务财税观”与“坚持和完善中国特色社会主义行政体制，构建职责明确、依法行政的政府治理体系”相对应，强调的是充分发挥财税在服务政府“放管服”改革、优化营商环境、促进治理体系形成和服务国家大局中的作用。“市场财税观”和“经济财税观”与“坚持和完善社会主义基本经济制度，推动经济高质量发展”相对应。“市场财税观”强调的是把握好社会主义制度下市场作为主要资源配置方式对财税表现形式的要求，财税体制改革和政策调整既要更好地服务于社会主义市场经济发展，又要满足经济行为主体对财税政策的期盼。“经济财税观”强调的是既要将作为基本经济制度组成部分的财税制度坚持和完善好，又要为巩固基本经济制度和推动经济高质量发展作出财税贡献。“文化财税观”与“坚持和完善繁荣发展社会主义先进文化的制度，巩固全体人民团结奋斗的共同思想基础”相对应，国内层面强调的是“文化嵌入财税、财税促进文化”这一双向的时代要求，国际层面强调的是在文化多样化的世界中，要从文化自信角度审视和坚定中国特色社会主义财税道路。“生态财税观”与“坚持和完善生态文明制度体系，促进人与自然和谐共生”相对应，强调的是发挥财税在生态文明建设中的独特优势，构建中国特色绿色财税制度并使之有效运行，同时也用中国实践为世界绿色财税制度构建提供中国智慧。“融合财税观”与“坚持和完善‘一国两制’制度体系，推进祖国和平统一”相对应，强调的是深刻领悟财税对推进祖国和平统一的重要作用，探索财税服务海峡两岸融合发展新路的现实路径。“统筹财税观”与“坚持和完善独立自主的和平外交政策，推动构建人类命运共同体”相对应，强调的是财税要在捍卫国家利益方面展示作为，为人类命运共同体下的国际财税秩序形成作出贡献。在十大财税系列观框架下，笔者对新时代中国特色社会主义财税发展的新实践、新做法进行归纳提炼，形成既具有制度要求又具有时代特征的关于新时代中国特色社会主义财税的新观点，并于2020年出版了《中国特色社会主义税收系列观》专著，主要从税收角度对这一理念体系进行再学习、再认识，再归纳、再提高。

回顾笔者长期以来的研究进程与相关理论成果，可以看到笔者的研究是持续完善、拓展和深化的。有些理念笔者至今都在坚持，有些理念笔者在持续地完善拓展。当前，站在新时代新征程，党的二十大报告对我们开展财税理论研究与实践探索提出了新要求。我们要在新时代十多年财税体制改革与政策调整所积累的成果的基础上，总结既有经验，结合发展要求，在新征程上持续推进新时代中国特色社会主义财税理论研究。这是新时代新征程赋予财税理论工作者的使命和任务，笔者将在其中认真发挥作用、努力贡献力量。

第三节　研究中国特色社会主义财税发展的基本方法

1996 年回国以后，笔者就开始持续研究我国财税理论，力图为构建中国特色社会主义财税理论体系贡献力量。长期以来，不论是研究财政问题，还是研究作为财政重要组成部分的税收问题，笔者的研究思路始终不变，分析方法始终如一，那就是“既有共性、更有个性”，“一以贯之、与时俱进”和“立足财税、走出财税”这三句话、二十四个字。在笔者的重要专著和论文中，都践行了这些研究思路。当前，笔者研究新时代新征程背景下的中国特色社会主义财税理论与实践，也同样遵循这一研究思路展开。

其一，“既有共性、更有个性”的研究思路强调的是中国特色社会主义财税，既存在与世界上其他国家财税一样的共性特征，更体现着社会主义制度下我国财税的个性特征。1996 年回国后，笔者认定的研究方向就是努力从“共性”与“个性”相结合的角度来认识中国特色社会主义财税的发展进程与基本特征。从“共性”来看，中国特色社会主义财税应该和西方财税一样，体现着现代国家对财税职能作用的一般要求和期待，体现着资源配置方式对财税发展形式的基本要求。从“个性”来看，中国特色社会主义财税受制于我国特定国情、国体政体、发展阶段，当然呈现中国特色社会主义制度对财税发展的要求。长期以来，笔者始终遵循这一思路持续研究中国特色社会主义财税的理论与实践问题，从“四位一体”分析框架到“财税系列观”研究思路的把握，都贯穿着笔者对“共性”与“个性”相结合的坚持，都体现着笔者在这一过程中思路的深化。在《中国特色社会主义财政“四位一体”的分析》专著中，笔者主要是从西方财税发展的个性中提炼共性特征，以此为我国的财税发展提供经验参考，并在这一过程中思考我国财税理论与实践中体现的中国特色。在这一阶段，我国财税还在不断发展完善，更多的是在借鉴西方财税体制改革经验中，结合我国国情特征来探索中国特色社会主义财税改革，强调的是“既有共性、又有个性”研究思路。与“四位一体”分析框架相比，《中国特色社会主义财税思考》专著中的“五大特征”理论体系，更进一步从西方财税发展的共性中凸显我国财税发展的个性特征，凸显中国特色社会主义财税所彰显的社会主义制度优势，强调的是“既有共性、更有个性”的研究思路。而《中国特色社会主义税收系列观》专著，以党的十九届四中全会提出的“十三个坚持和完善”为框架来梳理我国税收职能定位与发展特征，是立足中国国情、彰显中国特色财税优势的深入探索，更进一步明确了“既有共性、更有个性”的研究思路。可以看到，紧跟新时代步伐，笔者对我国财税共性和个性的认识是逐渐深入的。学习领悟习近平总书记在党的二十大报告中作出的“中国式现代化，是中国共产党领导的社会主义现代化，既有各国现代化的共同特征，更有基于自己国情的中国特色”重要判断，笔者更加自豪、自信和坚定。因此，在当前迈上新征程的时点上，我们要在把握各国财税共性的同时，更加明确中国特色社会主义财税的个性特征，旗帜鲜明地将“既有共性、更有个性”的重要判断与思路运用到中国特色社会主义财税实践中。

其二，“一以贯之、与时俱进”的研究思路强调的是中国特色社会主义财税，既要一以贯之地高举中国特色社会主义伟大旗帜，始终坚持党的全面领导、以人民为中心、集中力量办大事等凸显中国特色社会主义制度优越性的理念，持续发挥这些成功经验给我国财税发展带来的强大生机活力；又要与时俱进地结合我国国情特征、主要矛盾、时代要求等推进财税体制改革和政策调整，促使中国特色社会主义财税立足中国国情、紧跟时代发展。长期以来，笔者始终坚持沿用这一思路来研究和拓展中国特色社会主义财税理论。从“四位一体”分析框架到“五大特征”理论体系，再到“财税系列观”；从中国特色社会主义财税到新时代中国特色社会主义财税，再到迈上新征程的新时代中国特色社会主义财税；从我国财税“共性和个性的结合”到“既有共性、又有个性”，再到“既有共性、更有个性”的认识；从坚持“党管财税”到坚持“党管财税、财税为党、财税为民、财税为国”的统一；从提出“经济财税观”到持续拓展的“经济社会政治财税观”，再到当前坚持我国财税与中国式现代化的相互作用，都体现了笔者“一以贯之、与时俱进”的研究思路。也正是遵循这一研究思路，笔者在持续深入思考中国特色社会主义财税理论体系过程中，方能做到既“守正”又“创新”，在坚持中国特色社会主义道路毫不动摇中，持续完善中国特色社会主义财税理论，持续探索我国财税在服务政治经济社会等大局上的职能定位。

其三，“立足财税、走出财税”的研究思路强调的是中国特色社会主义财税，不仅要在经济发展中获取必要收入、发挥财力支撑作用，更重要的是站在推动国家经济社会发展大局的高度上发挥财税的能动作用，站在党和国家事业长治久安的高度上发挥财税的重要作用。这是中国特色社会主义财税区别于西方财税的重要方面，体现的是中国特色社会主义“集中力量办大事”的制度优越性。一路走来，笔者始终坚持沿用“立足财税、走出财税”的思路来研究我国财税的职能定位，思考中国特色社会主义财税优于西方财税的重要体现。在长期研究中，笔者形成了“经济决定财税、财税反作用于经济”的“经济财税观”，并在此基础上拓展为同时包含“政治制约财税、财税服务政治”之“政治财税观”和“社会影响财税、财税反馈社会”之“社会财税观”在内的“经济社会政治财税观”。在党的二十大召开以后，认真学习领会党的二十大精神，深入领会习近平总书记在学习贯彻党的二十大精神研讨班开班式上强调的“推进中国式现代化是一个系统工程，需要统筹兼顾、系统谋划、整体推进，正确处理好顶层设计与实践探索、战略与策略、守正与创新、效率与公平、活力与秩序、自立自强与对外开放等一系列重大关系”①。笔者深刻认识到中国式现代化是一项牵一发而动全身的重大工程，也是一项前无古人的探索性事业，涉及经济、政治、文化、社会、生态文明等方方面面。财税在国家治理中发挥基础性、支柱性、保障性作用，当然要对照新时代新征程的要求，在改革创新各项工作中努力服务中国式现代化发展。据此，笔者在坚持政治经济社会与财税之作用与反作用关系的基础上，认真思考中国式现代化与中国特色社会主义财税之间相辅相成、互为支撑的辩证关系，提炼出“中国式现代化决定中国特色社会主义财税，中国特色社会主义财税服务中国式现代化”的完整表述。在新征程上，我们要全面把握这一理念的时代要求和表现形式，为更好地推进财税体制改革和完善进而推进中国式现代化提供理论支撑。

第四节　迈上新征程的中国特色社会主义财税理论研究

在新时代新征程背景下，我国财税作为服务国家政治经济社会发展大局

---

① 习近平在学习贯彻党的二十大精神研讨班开班式上发表重要讲话强调 正确理解和大力推进中国式现代化［N］. 人民日报，2023-02-08（001）.

的重要手段，当然要在其中找准定位、发挥职能，因此研究与此对应的迈上新征程的中国特色社会主义财税理论体系就显得尤为重要。本书在新时代十多年来我国财税理论与实践重要成就的基础上，对迈上新征程以来的我国财税发展进行了梳理和拓展，包含了笔者对新时代中国特色社会主义财税之中国特色、中国优势的思考和探索。本书主要是对笔者和所带团队近年来（2020—2023 年）关于中国特色社会主义财税研究的归纳梳理，写作框架除本章外，重点内容分为四章来展开。

第二章为中国特色社会主义财税的经济制度基础。研究中国特色社会主义财税，最重要的就是把握财税前面的“中国特色社会主义”这一定语。这是我国财税理论研究与实践发展最重要的前提，离开这个前提，我国财税发展的显著优势就不可持续。中国特色社会主义财税的经济制度基础是什么？2022 年《习近平经济思想学习纲要》明确指出，“坚持和完善社会主义基本经济制度，是我国经济发展的制度基础”[①]。由此，研究中国特色社会主义财税，就要在社会主义基本经济制度的框架下展开，就要在把握社会主义基本经济制度与社会主义政治制度等重要制度基础的统一中展开。具体而言，就要考察包含在社会主义基本经济制度中的社会主义所有制制度、分配制度和社会主义市场经济体制，特别是社会主义市场经济体制对我国财税发展的要求。据此，这一章主要是将笔者近年来的这一思路进行梳理与拓展，基于“立足财税、走出财税”的研究方法，深入探讨中国特色社会主义财税的制度基础对财税发展的要求，为我国财税找准发展定位，提供更坚实的理论支撑。

第三章为新时代新征程的中国特色社会主义财政。财政是国家治理的基础和重要支柱，这一章着重从财政角度来研究中国特色社会主义财税发展问题。新时代十多年来，我国通过一系列举措不断推进财政体制改革，取得了重要成就。从逐步建立现代预算管理制度、完善现代税收制度、理顺中央与地方财政关系、健全地方政府债务管理制度等方面，我国财政为新时代十多年来的经济社会发展提供了重要支撑，为实现国家治理体系和治理能力现代化奠定了坚实的基础。在新时代十多年来我国财政发展取得伟大成就的基础上，这一章围绕我国财政发展的重要理论与实践问题展开，同时结合党的二

① 中共中央宣传部，国家发展和改革委员会．习近平经济思想学习纲要［M］．北京：人民出版社，学习出版社，2022.

十大报告对财政工作的要求，力图为新时代新征程的中国特色社会主义财政发展提供更多理论支持。

第四章为新时代新征程的中国特色社会主义税收。税收在国家治理体系中发挥着基础性、支柱性、保障性作用，这一章重点从税收角度来研究中国特色社会主义财税发展问题。我国税收制度与税收政策在新时代十多年来取得了伟大变革，税负不断减轻，税收法定原则加快落实，现代税制体系初步建立，为经济社会高质量发展提供了助力。这一章主要基于新时代十多年来我国税收发展的显著成效，把握新时代对我国税收发展的时代要求，并结合税收现代化建设目标来思考和探索中国特色社会主义税收理论的完善与发展。

第五章为新时代新征程中国特色社会主义财税之国际侧面。长期以来，笔者始终坚持站在统筹国内国外两个大局的高度来发挥我国财税职能作用，展现大国财税的风范。新时代十多年来，我国财税在“围绕中心、服务大局”中取得了更大突破，财税在国际治理领域持续提高站位，尤其是在构建合作共赢的国际税收体系中做出积极努力，显著提高了我国在国际财税治理乃至全球治理中的话语权，为其他国家构建现代财税制度体系提供了中国方案。我们当然要归纳总结其中的成功经验，持续思考进一步彰显大国财税风范的举措，为展现人类文明新形态作出财税贡献。

第二章　中国特色社会主义财税的经济制度基础

研究中国特色社会主义财税，最重要的是把握财税前面的“中国特色社会主义”这一“定语”。这是我国财税理论研究与实践发展最重要的前提，离开这个前提，我国财税发展的显著优势就不可持续，对此的研究就会偏离正确的方向。中国特色社会主义财税的经济制度基础就是社会主义基本经济制度，就是包含在社会主义基本经济制度中的社会主义所有制制度、分配制度和社会主义市场经济体制，特别是社会主义市场经济体制。我们把握中国特色社会主义财税，就是要在这些经济制度基础上展开理论研究与实践探索，就是要深入研究这些经济制度基础对中国特色社会主义财税发展的要求与制约，同时也要在社会主义基本经济制度与社会主义政治制度等的统一中来推进研究。沿着这一重要思路，笔者深入研究了中国特色社会主义财税所依存的制度基础对财税发展的要求，在此大前提下努力探索财税的基本定位与职能作用。近年来，笔者反复思考中国特色社会主义财税的经济制度基础，从与我国财税直接对应的社会主义市场经济体制逐步拓展到社会主义基本经济制度，持续探索这些制度基础对我国财税发展的定位要求，并发表了多篇论文加以阐述。

在对社会主义市场经济体制的探索中，笔者认真领悟习近平新时代中国特色社会主义思想，特别是习近平经济思想，逐步提出并完善了社会主义市场经济“四个就是”体系框架，并在对社会主义市场经济伟大创造的理解中研究中国特色财税理论，也通过对财税理论的探索来加深对社会主义市场经济的把握。在此过程中，笔者尤其关注社会主义市场经济中资本的“内生成长”特征与“双重作用”表现，强调既要看到不断积累的资本为我国经济社会发展作出的积极贡献，也要看到在某些领域中资本无序扩张带来的消极影响。在党的二十大对党和国家事业发展作出科学完整战略部署，明确“高水平社会主义市场经济体制”是我国在新时代新征程的努力方向后，笔者又进一步考察财税在其中的定位，为更好地发挥我国财税的职能作用努力提供理论支撑。

在对社会主义基本经济制度的探索中，党的十九届四中全会结合新时代中国特色社会主义实践发展，首次将社会主义分配制度和社会主义市场经济体制纳入基本经济制度框架之中，提出“公有制为主体、多种所有制经济共同发展，按劳分配为主体、多种分配方式并存，社会主义市场经济体制等基本经济制度，既体现了社会主义制度优越性，又同我国社会主义初级阶段社会生产力发展水平相适应，是党和人民的伟大创造”①。这给笔者的启示是，研究中国特色社会主义财税理论与实践问题，不仅要在社会主义市场经济体制框架下来考察，还应放在社会主义基本经济制度的完整框架下来深化。据此，笔者认真学习党的二十大精神，在多年研究中国特色社会主义财税的社会主义市场经济框架下，用更为完整全面的社会主义基本经济制度框架来把握我国财税定位要求，进一步提升财税服务国家经济社会发展大局的站位。

本章第一节在认真领悟习近平经济思想、特别是习近平总书记提出的牢记“四问”要求和五个“正确认识和把握”重大理论和实践问题的基础上，适应新阶段新要求，对近年来笔者提出的社会主义市场经济“四个就是”体系框架作进一步完善、提升和系统性表述。社会主义市场经济的“四个就是”体系概括为：一是“以人民为中心”的市场经济就是社会主义市场经济，二是与“两个毫不动摇”对应的市场经济就是社会主义市场经济，三是致力于共同富裕的市场经济就是社会主义市场经济，四是与“集中力量办大事”制度性优势相结合的市场经济就是社会主义市场经济。

第二节是在我国社会主义市场经济体制在“既有共性、更有个性”的结合中取得了突破性发展，彰显了社会主义制度显著优势的背景下展开的。考

---

① 中共中央关于坚持和完善中国特色社会主义制度 推进国家治理体系和治理能力现代化若干重大问题的决定 [N]. 人民日报，2019-11-06 (001).

本书对党的十九届四中全会的相关论述中，加引号的句子均来自《中共中央关于坚持和完善中国特色社会主义制度 推进国家治理体系和治理能力现代化若干重大问题的决定》原文，后文不再一一注明。

虑到实现共同富裕目标和把握资本特性规律成为我国面临的重大理论和实践问题，需要在社会主义市场经济体制下深入研究。本节以习近平经济思想为指导，在把握社会主义市场经济体制特征的基础上，围绕实现共同富裕之“必过之坎”和把握资本特性规律之“必破之题”展开，为加快完善社会主义市场经济体制提供理论依据。

第三节是在2021年中央经济工作会议提出“要正确认识和把握资本的特性和行为规律”的要求后写作的。强调在中国特色社会主义市场经济体制发展进程中，既要看到不断积累的资本为我国经济社会发展作出的积极贡献，也要看到在某些领域中资本无序扩张带来的消极影响。本节重点探讨在税制改革、政策运用、税收征管等制度性安排中所体现的税收定位，并将其作为制定引导资本有序发展之税收对策的重要依据，为新时代中国特色社会主义税收现代化发展提供进一步的理论支撑。

第四节是基于“高水平社会主义市场经济体制”是我国在新时代新征程的努力方向，进而考察税收在其中的职能定位。本节在把握社会主义市场经济体制一以贯之的中国特色的基础上，结合“高水平社会主义市场经济体制”是政治优势和经济优势有机结合、市场作用和政府作用相互协调、国内市场与对外开放相互促进的三个方面时代要求，明确了“高水平社会主义市场经济体制”中的税收职能定位，即坚持党管税收与人民税收相结合、坚持阶段措施和制度安排相结合、坚持依法治税与优化服务相结合、坚持立足国情与国际合作相结合。

第五节是从社会主义市场经济向社会主义基本经济制度的拓展，在党的二十大报告为我们坚持和完善社会主义基本经济制度提供遵循的基础上，本节从六个方面对此展开研究：一是在对社会主义道路的执着探索中坚定对基本经济制度的高度自信；二是在中国化时代化的马克思主义指引下把握基本经济制度的发展方向；三是在中国式现代化新征程上发挥基本经济制度的重要支柱作用；四是在根本政治制度与基本经济制度的统一中形成制度优势合力；五是在着力推动高质量发展中凸显基本经济制度的支撑作用；六是在中国特色社会主义财税理论研究中必须体现基本经济制度的时代要求。

第一节　牢记“四问”己任　加深对社会主义市场经济认识

2022年4月25日，习近平总书记在中国人民大学考察时强调，高校哲学社会科学工作者要“自觉以回答中国之问、世界之问、人民之问、时代之问为学术己任，以彰显中国之路、中国之治、中国之理为思想追求”①。这一重要指示激励我们牢记“四问”己任，加快构建中国特色哲学社会科学。作为经济理论工作者，就是要持续推进中国特色社会主义经济理论、特别是社会主义市场经济理论的研究，在新发展阶段还要关注经济发展中的新问题。2022 年 5 月 16 日，习近平总书记在《求是》杂志上刊登的《正确认识和把握我国发展重大理论和实践问题》中明确指出“搞社会主义市场经济是我们党的一个伟大创造”，并提出了要正确认识和把握的五个理论和实践问题，即“正确认识和把握实现共同富裕的战略目标和实践途径”“正确认识和把握资本的特性和行为规律”“正确认识和把握初级产品供给保障”“正确认识和把握防范化解重大风险”和“正确认识和把握碳达峰碳中和”②，为我们提炼出了深刻认识社会主义市场经济伟大创造、构建中国特色经济理论体系的研究重点。

研究一路走来的社会主义市场经济历程，可以从三个层次把握其发展特征。一是改革开放以来社会主义市场经济从逐步探索到基本形成的过程。我国从计划经济走出来，经历了从“计划经济为主、市场调节为辅”到“有计划的商品经济”再到确立了社会主义市场经济体制并发挥市场在资源配置中基础性作用的伟大跨越，前无古人的社会主义市场经济体制始终充满活力地向前发展。二是党的十八大以来，新时代持续为社会主义市场经济伟大创造增添新的内涵。以习近平同志为核心的党中央明确要坚持和完善社会主义基本经济制度，使市场在资源配置中起决定性作用，更好地发挥政府作用。习近平经济思想指引我国经济稳中求进、爬坡过坎，持续展现发展奇迹。三是当前乘势而上开启全面建设社会主义现代化国家的新征程新阶段。立足新发展阶段，贯彻新发展理念，构建新发展格局，实现高质量发展，社会主义市场经济要继续提供体制性保障，要用新的伟大实践解决五个“正确认识和把握”这一经济学上的“中国之问、世界之问、人民之问、时代之问”。

长期以来，作为财税理论工作者，笔者在对社会主义市场经济伟大创造的理解中研究中国特色财税理论，也通过对财税理论的探索来加深对社会主义市场经济的把握。笔者始终关注社会主义市场经济所应具有的共性与个性

---

① 习近平在中国人民大学考察时强调 坚持党的领导传承红色基因扎根中国大地 走出一条建设中国特色世界一流大学新路［N］. 人民日报，2022 - 04 - 26.

② 习近平 . 正确认识和把握我国发展重大理论和实践问题［J］. 求是，2022（10）：4 - 9.

相结合的特征，并作出社会主义市场经济“既有共性、更有个性”的判断。市场经济共性是什么？简言之就是“供求决定、价格导向”，以及据此延伸出的竞争与法治等特征，这些都与“姓资还是姓社”无关，都是市场经济作为资源配置手段的基本内涵。而市场经济个性，强调的是当市场经济与资本主义或社会主义结合时，就会烙上不同制度的特质。在人类社会发展进程中，市场经济先与资本主义联姻，其特质必然与西方私有制、与所谓普世价值体系、与西方政治制度、上层建筑及文化传统等紧密联系。对于这些个性内容，在研究社会主义市场经济时须予以坚决抵制。我国社会主义市场经济的个性必然与中国特色社会主义制度、道路、理论和文化相联系。中国特色社会主义可以用五句话来把握，即“坚持了社会主义、用好了市场经济、仍处在初级阶段、持续着改革能量、推动了全球进程”。社会主义市场经济作为中国特色社会主义的重要组成部分，对其共性与个性的结合、特别是对其个性的研究，必须在这一框架下把握，必须体现出这些制度要求与时代特征。

进入新时代以来，笔者通过对习近平经济思想的学习领悟来把握社会主义市场经济的特质。习近平总书记在 2015 年十八届中共中央政治局第二十八次集体学习时强调“我们是在中国共产党领导和社会主义制度的大前提下发展市场经济，什么时候都不能忘了‘社会主义’这个定语”，要“努力在实践中破解这道经济学上的世界性难题”①。笔者牢记总书记的重要论断和殷切期望，尝试提出了社会主义市场经济“四个就是”的体系概括：一是“以人民为中心”的市场经济就是社会主义市场经济，二是与“两个毫不动摇”对应的市场经济就是社会主义市场经济，三是致力于共同富裕的市场经济就是社会主义市场经济，四是与“集中力量办大事”制度性优势相结合的市场经济就是社会主义市场经济。在这“四个就是”分析框架里，“‘以人民为中心’的市场经济就是社会主义市场经济”居于首位，这是社会主义市场经济的本质特征；后三者分别从所有制制度、分配制度和社会主义制度性优势来说明社会主义市场经济的特质，都内在地包含于社会主义市场经济以人民为中心、为人民服务的本质要求之中。近年来，笔者在研究中国特色财税问题时，已逐步运用这一框架来把握社会主义市场经济中的财税定位（邓力平，2019；邓力平等，2021；邓力平，2022）。站在当前时点上，习近平

---

① 习近平．不断开拓当代中国马克思主义政治经济学新境界［J］．求是，2020（16）：4－9.

总书记又对哲学社会科学工作者、包括经济理论工作者发出了新动员令。2022年4月25日总书记在中国人民大学考察时提出牢记“四问”要求；2022年4月29日总书记在十九届中共中央政治局第三十八次集体学习时强调依法规范和引导我国资本健康发展要求；2022年5月16日，《求是》杂志刊登了总书记的重要文章《正确认识和把握我国发展重大理论和实践问题》。通过对这些重要指示的学习，笔者有两点深刻体会：一是要根据新阶段新要求对社会主义市场经济“四个就是”分析框架进行完善、提升和系统性表述，二是要依据新要求来研究五个要“正确认识和把握”的重要问题，而完善后的“四个就是”分析框架将有助于这一研究的深化。这两点体会构成本节的写作内容，分四个部分依次展开。

一、“以人民为中心”的市场经济就是社会主义市场经济

社会主义市场经济的首要特征是，“以人民为中心”的市场经济就是社会主义市场经济。反之，“以资本为中心”的市场经济就是资本主义市场经济。这一判断体现的是国体政体和市场配置资源机制的关系。新中国成立以来，我国经济发展鲜明地体现了人民当家作主和为人民服务的根本立场。进入新时代后，习近平总书记提出“以人民为中心”的发展思想，同时基于党领导经济工作的全过程提出了“党管经济”要求，彰显了习近平经济思想的根本价值取向，成为研究社会主义市场经济运用“供求决定、价格导向”机制造福人民的重要指导思想。我们要基于此来领悟社会主义市场经济的特质，这也是学习理解五个要“正确认识和把握”问题的基本出发点。理解我国国体政体和市场配置资源的关系，可以从社会主义下的市场和资本这两个方面来把握。

其一，正确认识“以人民为中心”的社会主义市场经济中的市场作用，把握好“党管经济”与“市场运行”的关系。

习近平总书记在2018年博鳌亚洲论坛的讲话中将改革开放四十年经验归纳为“既坚持社会主义制度又坚持社会主义市场经济改革方向”①，这成为研究社会主义市场经济的指导思想。这句话可以从两个层面来领悟：一是社会主义市场经济要体现坚持社会主义制度，这就是“党管经济”与市场经

① 习近平出席博鳌亚洲论坛2018年年会开幕式并发表主旨演讲［N］. 人民日报，2018-04-11（001）.

济的有机结合。“坚持加强党对经济工作的集中统一领导”排在习近平经济思想的第一位，体现的就是要在社会主义市场经济领域高扬“党管经济”旗帜，发挥作为社会主义制度最大优势的党对经济发展的把握。党除了人民利益之外没有自己的特殊利益，坚持“党管经济”和坚持“以人民为中心”高度统一，从而社会主义市场经济就成为坚持“党管经济”下的“以人民为中心”的社会主义市场经济。二是社会主义市场经济要体现市场经济的基本要求和改革方向，这就是党领导下的政府和市场的关系。党的十八大以来，以习近平同志为核心的党中央先是提出“使市场在资源配置中起决定性作用和更好发挥政府作用”①，而后又提出“推动有效市场和有为政府更好结合”②，这些为认识社会主义市场经济中的市场作用提供了遵循。这里分别简要予以阐述。

第一，在社会主义市场经济中坚持“党管经济”和市场规律的有机结合。首先必须明确的是，我们坚持市场在资源配置中起决定性作用，从来都是限定在经济领域，“供求决定、价格导向”之市场规律只能在经济资源配置方面发挥决定性作用，绝对不允许进入国体政体、党政军群等重要领域，市场交易原则不能成为政治领域的基本规则，市场力量不能成为社会生活中的决定性力量。这是“以人民为中心”的社会主义市场经济与“以资本为中心”的资本主义市场经济的最本质区别。在西方市场经济中，资本在政治经济社会领域的所有方面都发挥决定性作用，使得人民利益得不到保障。而在我国社会主义条件下，市场要在经济资源的配置中起决定性作用，但不能在其他领域起决定性作用，这是社会主义市场经济坚持党的集中统一领导、保障人民利益的根本要求。其次，我们坚持“党管经济”，强调的是党在经济领域总揽全局、协调各方的领导核心作用，强调的是党对社会主义制度下经济工作的全面领导，强调的是党领导的政府从国家重大战略出发调控市场经济，而不是说使党领导下的政府取代甚至否定市场在资源配置中的决定性作用。“以人民为中心”的社会主义市场经济，一定是既要坚持“党管经济”又要充分发挥市场配置资源决定性作用的有机结合。沿着这一思路，笔者在对社会主义财税的研究中，也逐步形成了“党管财税”和“人民财税”等理念，强调的是坚持党对作为经济重要方面的财税实现全面领导，必须把

---

① 中共中央关于全面深化改革若干重大问题的决定［N］. 人民日报，2013－11－16（001）.

② 中共中央关于制定国民经济和社会发展第十四个五年规划和二〇三五年远景目标的建议［N］. 人民日报，2020－11－04（001）.

握“人民财税为人民”对我国财税的本质要求，既要坚持党对财税发展方向、财税政策运用、财税制度改革的全面领导，又要坚持财税工作“以人民为中心”、维护人民根本利益的基本导向。

第二，在社会主义市场经济中坚持“有效市场”和“有为政府”的更好结合。首先，坚持发挥市场在经济资源配置中的决定性作用，一方面要把市场机制能有效发挥作用的活动交给市场，实现效益最大化和效率最优化。另一方面，在市场经济前始终都有“社会主义”这一定语，这就要求始终坚持让人民群众享受到市场经济发展的成果，市场决定资源配置的最终目的是实现好、维护好、发展好最广大人民的根本利益，这是社会主义市场经济的本质内涵。其次，党和人民利益的一致性，决定了党领导下的政府能够更有效地纠正市场失灵，形成中国特色的“有效市场”与“有为政府”之融合。任何国家的市场经济都有市场失灵问题，都需要政府宏观调控。但与西方政府纠正市场经济失灵所不同的是，我们是在社会主义市场经济中更好发挥政府作用，其背后始终都有党的长期执政和集中统一领导的保障，始终在党的领导下站稳人民立场，始终在党的领导下把握市场和政府关系。从财税角度来看，笔者多年来坚持在“供求决定、价格导向”的市场共性中把握“取之于民、用之于民”与“取之有道、用之有方”的统一，就是对这一思路持续探索的体现。最后，在坚持市场发挥资源配置决定性作用的同时，我们要更好发挥政府作用，推动有效市场和有为政府更好结合。我们既要看到市场发生失灵后党领导下的政府发挥有效作用、加强宏观调控的必要性，还要看到坚持“党管经济”在确保有为政府更好纠正市场失灵中的重要性，更要看到“党管经济”和“以人民为中心”的高度相通对于推动有效市场和有为政府结合的必然性。党领导下的政府前面始终有“人民”二字，社会主义市场经济也始终“以人民为中心”，不论是有效市场还是有为政府，其出发点和落脚点都是人民，二者的结合也就顺理成章、水到渠成。

其二，正确认识“以人民为中心”的社会主义市场经济下的资本特性，处理好“人民至上”与“资本特性”的关系。

资本是社会主义市场经济的重要生产要素，习近平总书记在五个要“正确认识和把握”的问题中，将“要正确认识和把握资本的特性和行为规律”摆在显著位置①，并在 2022 年十九届中共中央政治局第三十八次集体学习时

① 习近平．正确认识和把握我国发展重大理论和实践问题［J］．求是，2022（10）：4－9.

强调“依法规范和引导我国资本健康发展，发挥资本作为重要生产要素的积极作用”①，明确了当前全面把握资本特性的重要性。学习领会习近平总书记的这些重要论述，就是要把握社会主义市场经济下“人民中心”与“资本特性”的联系，就是要深刻认识资本的双重特性，既要发挥资本助力发展的积极作用，又要限制其消极作用。

一是认识社会主义制度下市场与资本的并存性。市场与资本不可分割。资本作为重要生产要素，与社会生产挂钩，伴随着商品生产流通产生，是生产力发展的必然，在市场经济中是带动其他生产要素集聚配置的重要纽带。习近平总书记指出，资本“是促进社会生产力发展的重要力量”“是市场配置资源的工具，是发展经济的方式和手段”②。我们既要看到市场与资本并存是市场经济的共性，也要看到市场与资本的并存受到不同社会制度的制约和影响。在我国“以人民为中心”的社会主义市场经济中，资本虽然有着不同形式，但都与根本政治制度、基本经济制度有着各种联系，我国市场与资本的共生性内含于社会主义初级阶段的制度安排中，成为社会主义市场经济引导资源有效配置、发挥资本积极作用的重要前提。

二是把握我国资本与西方资本的共性和个性特征。当我们坚持市场在资源配置中的决定性作用、认同资本作为市场配置资源的工具后，就要把握好社会主义市场经济下资本与一般市场经济资本的共性和个性。就资本共性而言，笔者将其归纳为“市场主体、逐利本性”八个字。市场主体运用资本生产要素开展经济活动时，往往因资本与生俱来的逐利本性而以利润最大化为行为目标，这为市场配置资源、创造社会财富提供了前提，这是市场经济下资本的共同特征。而就社会主义市场经济下资本的个性而言，笔者也归纳为八个字，即“内生成长、双重特性”。在理解这八个字之前，要首先区分三类资本的概念：一是资本主义市场经济下以生产资料私有制为基础的资本。这始终体现剥削本质及其与劳动的对立关系，这就是“以资本为中心”的资本主义市场经济下的资本，不是本节重点研究的资本范畴。二是新中国成立初期的资本主义工商业资本。其拥护中国共产党的领导，也在新民主主义革命时期发挥过积极作用，但在“利用、限制、改造”进程中完成了历史使命，也不是本节研究的资本范畴。三是这里重点研究的社会主义市场经济下

---

① 习近平在中共中央政治局第三十八次集体学习时强调 依法规范和引导我国资本健康发展 发挥资本作为重要生产要素的积极作用［N］. 人民日报，2022-05-01（001）.

② 同①。

的资本。必须看到，本节讨论的资本是在党的领导下、在新中国大地上享受着改革开放红利、随着社会主义市场经济发展而壮大，是在不同层次上受到制度安排决定或影响的资本。这就是笔者强调的我国现阶段资本的“内生成长”特性。从这一判定出发，这些资本都是社会主义市场经济下的资本，都是必须服从并服务于“以人民为中心”的资本，都是必须且可以为实现“以人民为中心”目标作出贡献的资本。同样基于这一判定，社会主义市场经济永远都是“以人民为中心”，而不可能“以资本为中心”。进而，我们是在资本“内生成长”重要前提下谈论资本“双重特性”，这八个字共同构成社会主义市场经济下规范引导资本健康发展的基础。一方面，资本促进了生产力的极大发展，其创造利润为我国“以人民为中心”的社会主义市场经济发展贡献力量；另一方面，资本与生俱来的逐利本性将引致市场资源配置“以利润为中心”而非“以人民为中心”，从而须对资本进行规范引导，使之健康发展。简言之，在“以人民为中心”的社会主义市场经济中，我们要把握资本“内生成长、双重特性”的个性特征，既发挥资本的积极作用，又抑制其消极作用。

在把握了社会主义市场经济“以人民为中心”的本质特征、把握了社会主义市场经济中的市场作用和资本特性后，可以认为，“‘以人民为中心’的市场经济就是社会主义市场经济”这一判定，有助于我们深入领会当前五个“正确认识和把握”之重大问题。“正确认识和把握实现共同富裕的战略目标和实践途径”，目的是通过全国人民共同奋斗把“蛋糕”做大做好进而推动全体人民朝着共同富裕目标扎实迈进；“正确认识和把握资本的特性和行为规律”，目的是更好地规范和引导资本使之始终服从和服务于人民利益；“正确认识和把握初级产品供给保障”“正确认识和把握防范化解重大风险”和“正确认识和把握碳达峰碳中和”，目的是在统筹短期与长远、国内与国际等重大问题的基础上增进人民福祉。总体来看，这些既是新发展阶段我国经济发展的重点发力领域，也是提高人民群众获得感的切身利益问题，都体现了“以人民为中心”发展思想的引导，都是对社会主义市场经济坚持“两个毫不动摇”、致力于实现共同富裕目标、发挥“集中力量办大事”制度性优势提出的要求。本节第二部分将细化讨论资本特性和行为规律问题，第三部分将讨论实现共同富裕问题，第四部分将讨论初级产品供给保障、防范化解重大风险和碳达峰碳中和等实践问题，与之相对应的分别就是所有制制度、分配制度、制度性优势与市场配置资源机制之间的关系。

二、与“两个毫不动摇”对应的市场经济就是社会主义市场经济

社会主义市场经济的第二个特征是，与“两个毫不动摇”对应的市场经济就是社会主义市场经济。更完整的表述是，在社会主义初级阶段，与“公有制为主体、多种所有制经济共同发展”的社会主义所有制制度对应的市场经济就是社会主义市场经济。反之，与私有制主体地位对应的市场经济就是资本主义市场经济。这一判断讲的是基本经济制度（特别是所有制制度）与市场配置资源机制的关系。当前与之相对应的就是继续深入领悟习近平总书记提出的“正确认识和把握资本的特性和行为规律”要求，用好各类资本推动经济发展，服务于人民利益。在前述“内生成长、双重特性”的基本前提下，下面从两个方面进行细化阐述。

其一，要全面认识各种经济成分，充分发挥各种经济成分的作用。习近平总书记反复强调要坚持“两个毫不动摇”，即“毫不动摇巩固和发展公有制经济，毫不动摇鼓励、支持和引导非公有制经济发展”，党的十九大报告将其列为新时代坚持和发展中国特色社会主义的基本方略。[①] 我们要发挥公有制经济和非公有制经济在社会主义市场经济中的作用，在相辅相成中促进所有制制度与市场经济的更好结合。

一是毫不动摇地巩固和发展公有制经济，在社会主义市场经济中充分发挥公有制经济在巩固党的执政地位、站稳人民立场中的重要作用。生产资料的社会主义公有制形式，克服了以私有制为基础的资本主义市场经济的生产社会化和生产资料私人占有之间的矛盾，保证生产力提高能够夯实党长期执政的经济基础并服务于人民根本利益。这是社会主义市场经济体现“以人民为中心”发展理念的制度基础。我们要毫不动摇地巩固和发展公有制经济，既要发挥市场“供求决定、价格导向”机制在激发市场活力、提高经济效率方面的作用，又要体现公有制“人民中心、人民至上”立场在增进人民福祉方面的优势。这里要特别关注国有经济在社会主义市场经济中的至关重要作用。习近平总书记指出，“国有企业是中国特色社会主义的重要物质基础和政治基础，是我们党执政兴国的重要支柱和依靠力量”[②]，这一重要论断为把

---

① 习近平．决胜全面建成小康社会 夺取新时代中国特色社会主义伟大胜利——在中国共产党第十九次全国代表大会上的报告［N］．人民日报，2017-10-28（001）．

② 习近平．坚持党对国有企业的领导不动摇 开创国有企业党的建设新局面［N］．人民日报，2016-10-12（001）．

握国有经济性质和作用提供了基本遵循。在新征程上，我们要加强党对国有经济的全面领导，完善中国特色现代企业制度，健全对国有资产的监督管理和责任追究制度，按照“有进有退、有所为有所不为”的原则加快国有经济布局和结构调整，通过做强做优做大国有资本来保持公有制的主体地位，为巩固党的执政地位、站稳人民立场、完善社会主义市场经济体制提供坚强保障。

二是毫不动摇地鼓励、支持和引导非公有制经济，在社会主义市场经济中充分发挥非公有制经济在增强经济社会活力、稳定和扩大就业等方面的积极作用。非公有制经济是社会主义市场经济发展的重要力量，习近平总书记指出，“民营经济是我国经济制度的内在要素，民营企业和民营企业家是我们自己人”[①]，强调要“把团结好、引导好民营经济人士作为一项重要任务”，要“把民营经济人士团结在党的周围，更好推动民营经济健康发展”[②]。这些论述为我们在社会主义市场经济下发挥民营经济作用指明了方向。我们要按照“依法平等、公平公正”的原则为企业参与市场竞争营造良好的法治环境、政策环境和市场环境，赋予民营企业同等的法律保护、健全的政策支持、放宽的市场准入，让民营企业真正从政策中增强获得感，激发民营企业在社会主义市场经济中的活力。以财税政策运用为例，就是既对各类市场主体施以统一的财税政策，又要在当前经济下行压力增大时期，特别考虑加大对民营企业和中小微企业的财税支持。如当前重点聚焦“小微企业和重点支持行业”，加大增值税期末留抵退税政策的实施力度，为促进小微企业和制造业等行业发展、缓解企业资金回笼压力、稳定市场主体信心、激发市场主体活力提供支撑，体现的就是面对新型冠状病毒感染疫情（以下简称“疫情”）[③] 冲击和经济下行压力的非常时期对民营企业、特别是小微企业的特定财税支持。

其二，必须把握各种形态资本的异同，有效控制有些形态资本的消极作用。与公有制经济和非公有制经济相对应，现阶段我国存在国有资本、集体

---

① 习近平主持召开民营企业座谈会强调 毫不动摇鼓励支持引导非公有制经济发展 支持民营企业发展并走向更加广阔舞台［N］. 人民日报，2018－11－02（001）.

② 习近平对新时代民营经济统战工作作出重要指示强调：坚持“两个毫不动摇”把民营经济人士团结在党的周围 更好推动民营经济健康发展［N］. 人民日报，2020－09－17（001）.

③ 根据2023年1月国务院联防联控机制综合组修订形成的《新型冠状病毒感染防控方案（第十版）》，将“新型冠状病毒肺炎”更名为“新型冠状病毒感染”。本书下文中提及的“疫情”“世纪疫情”“百年未遇之大疫情”都是指新型冠状病毒感染疫情。

资本、民营资本、外国资本、混合资本等多种形态资本。这些资本作为社会主义市场经济的重要生产要素，是促进社会生产力发展的重要力量。我们必须在“两个毫不动摇”前提下把握不同形态资本的性质、定位和作用，在把握资本“双重特征”的基础上促进各类资本健康发展，完善社会主义市场经济体制。

一是把握不同形态资本的特征。这里主要阐述的是公有制经济下的国有资本和非公有制经济下的民营资本之间的异同。应该看到，不论是国有资本还是民营资本，都具有逐利属性和增殖属性，两者是相伴而生的。从作用差异上看，一方面，国有资本的所有权属于全体劳动者，除了受到市场机制作用外，还在很大程度上受到代表最广大人民利益的国家或集体的影响；而民营资本的所有权属于私人，民营资本追求利润最大化的动机强于国有资本，而所受到的约束弱于后者，因此更易于产生收入分配两极分化等社会经济问题。另一方面，国有资本是以满足社会需要为基础，以增进人民福祉为导向，更多地为巩固和发展公有制经济服务，是社会主义市场经济体现“以人民为中心”发展思想的主要力量。而民营资本具有私人属性，以利润为首要目标。虽然民营资本内生于社会主义市场经济发展中，天然地体现着社会主义制度的要求，事实上也为人民作了贡献，但在更多时机和条件下，要让民营资本去为“人民中心”服务，既需要鼓励、支持，更需要引导、提醒、要求和规范。从国有资本和民营资本的特征来看，民营资本受到国家宏观调控的影响小于国有资本，从而民营资本逐利和增殖属性更可能因与经济社会目标背离而产生无序扩张甚至贫富分化等问题，这就是引导和规范资本发展，尤其是民营资本发展的理论依据。必须指出的是，强调对民营资本的引导和规范，是针对这类资本逐利之相对无疆界性而言的，这与在社会主义市场经济下各类资本都具有平等地位并不矛盾。不同性质资本发挥作用的领域可以有所差异，但都建立在平等对待基础上，这不仅是现实要求，也是应该长期坚持的理念。

二是在明确各类形态资本定位的前提下，要探索把握资本“双重属性”的具体途径。认真学习领悟习近平总书记关于规范和引导资本的重要论述，笔者有三点体会。首先，我们要明确资本运行需要遵守哪些规则，这就是设置“红绿灯”的规则安排。习近平总书记指出，“要为资本设置‘红绿灯’。‘红绿灯’适用于道路上行驶的所有交通工具，对待资本也一样，各类资本都不能横冲直撞”①，“要以保护产权、维护契约、统一市场、平等交换、公平竞争、有效监管为导向，针对存在的突出问题，做好相关法律法规的立改废释”②。一方面，“红绿灯”的适用对象是在社会主义市场经济范围内被允许发挥作用的各类资本，这意味着各类资本都是一视同仁的，都要遵规守矩，依照统一的制度规则来约束资本行为，从而保证各类所有制企业、内外资企业一律平等发展、公平竞争。另一方面，“红绿灯”制度应以健全完备的法律制度为保障，通过遵守民法典和相关法律法规、加强产权和知识产权保护、强化公平竞争审查制度约束、完善投诉举报及处理回应机制等举措，依法平等地保护国有、民营、外资等各种所有制企业的产权、自主经营权和企业家合法权益。其次，我们要对资本在市场经济相关领域或特别活动作有必要的分类引导，笔者这里尝试用“行驶证”来作形象描述。习近平总书记强调，“要防止有些资本野蛮生长。要反垄断、反暴利、反天价、反恶意炒作、反不正当竞争。要依法加强对资本的有效监管”③。这意味着要依据我国各种资本的性质定位差异，制定必要的运行规则，以更好地发挥资本的积极作用，并有效控制有些资本的消极作用。对于国有资本，其与社会主义公有制的天然联系决定了其受到的监督更严、承担的经济发展任务更重，发给国有资本的“行驶证”应优先考虑其投资风险、收益和效率。如应将国有资本排除在不符合国家产业政策、不符合国家发展战略规划等领域之外，要鼓励国有资本投入到关乎国计民生、国家安全、战略投资、公共服务等领域。而对于民营资本，其更强烈的逐利本性决定了其可能选择与国家宏观政策不协调的投资方向，有些行为甚至可能触及社会主义制度底线，则发给民营资本的“行驶证”就要有明确领域导向、遏制无序扩张、防止野蛮生长、打击资本犯罪等行为要求。比如民营资本不能操纵国计民生重要领域、不能挑战社会主义核心价值观念、不能制造社会对立升级矛盾等。资本可以扩张，但不能无序；资本可以成长，但不得野蛮，这些在特定“行驶证”上都应标明。最后，我们要明确资本是被禁止进入政治社会领域的，笔者这里尝试用“禁入牌”来加以描述。习近平总书记强调，“要加强资本领域反腐败，保持反腐败高压态势，坚决打击以权力为依托的资本逐利行为，着力查处资本无序

① 习近平．正确认识和把握我国发展重大理论和实践问题［J］．求是，2022（10）：4－9．

② 习近平在中共中央政治局第三十八次集体学习时强调 依法规范和引导我国资本健康发展 发挥资本作为重要生产要素的积极作用［N］．人民日报，2022－05－01（001）．

③ 同①。

扩张、平台垄断等背后的腐败行为"[①]。笔者的学习体会是，我国资本发挥作用事实上是有"禁入牌"的，即资本运行和行为规律仅限于经济资源配置领域，对于政治社会领域，市场作用不能到，资本力量就不能及。国有资本作为党长期执政的物质基础和政治基础，在市场经济领域是要按照市场交易原则做大做强的，但在政治社会领域中的活动依然不允许市场交易原则延伸，更不允许管理人员进行资本与权力的交易。而对于民营资本，要在鼓励支持其在市场经济中赚钱发展、展示能力的同时，决不允许其运用资本力量将交易原则拓展到政治社会领域。简言之，资本活动范围都不能超出经济领域，都不能涉足国体政体和党政军群等敏感领域，权力与资本勾结等的贪腐问题都要坚决铲除。通俗地说，这是市场与资本的"禁区"，是保证社会主义市场经济能服务人民利益的底线要求。

三、致力于共同富裕的市场经济就是社会主义市场经济

社会主义市场经济的第三个特征是，致力于共同富裕的市场经济就是社会主义市场经济。反之，任凭贫富差距扩大的市场经济就是资本主义市场经济。这一判断体现的是分配制度和市场配置资源机制的关系。我们要学习领悟习近平总书记提出的"正确认识和把握实现共同富裕的战略目标和实践途径"之重要要求，因为这不仅是社会主义市场经济助力人民从走向富裕到实现共同富裕的必然过程，也是中华民族最终实现伟大复兴进程的必过之坎。必须坚定不移走共同富裕道路，要在运用市场经济做大"蛋糕"的基础上，围绕分好"蛋糕"去体现社会主义的"定语"要求，把握社会主义分配制度在助力实现共同富裕中的优势与作用。

其一，以按劳分配为主体、多种分配方式并存的分配制度是社会主义市场经济实现共同富裕目标的制度依托。党的十九届四中全会指明我国分配制度的内涵包括三个方面：首先在初次分配中明确了劳动所得的主体地位，并要求健全生产要素参与分配的机制，即"坚持多劳多得，着重保护劳动所得，增加劳动者特别是一线劳动者劳动报酬，提高劳动报酬在初次分配中的比重""健全劳动、资本、土地、知识、技术、管理、数据等生产要素由市场评价贡献、按贡献决定报酬的机制"；其次是在初次分配形成的收入格局

---

① 习近平在中共中央政治局第三十八次集体学习时强调 依法规范和引导我国资本健康发展 发挥资本作为重要生产要素的积极作用［N］. 人民日报，2022－05－01（001）.

基础上对社会财富的调整，即“健全以税收、社会保障、转移支付等为主要手段的再分配调节机制”；最后是发挥第三次分配机制的调节作用，即“重视发挥第三次分配作用，发展慈善等社会公益事业”基于社会主义分配制度下不同环节的作用，在社会主义市场经济下实现共同富裕就要相应从初次分配、再分配和第三次分配来推进，包括在财税政策中予以协调配套。

一是在初次分配环节充分发挥市场在资源配置中的决定性作用，尽量减少行政手段对市场机制的干预，充分发挥各种生产要素的积极性。首先，劳动收入是广大人民群众的最主要收入来源，只有坚持按劳分配的主体地位，才能激发广大劳动者进行劳动和创造的积极性，才能保证广大人民群众共享改革发展的成果。其次，随着社会主义市场经济的不断完善发展，劳动、资本、土地、知识、技术、管理、数据等生产要素对市场经济发展的贡献明显上升。只有不断健全按生产要素贡献分配收入的机制，才能激发各类生产要素的积极性，进而为做大社会财富蛋糕贡献力量。在这一过程中，我们强调要尽量减少对初次分配的影响，从而各项制度安排及政策运用主要是通过促进经济发展来做大“蛋糕”。放在财税领域来看，这就是笔者长期强调的“发展财税”理念，也就是“经济财税观”的作用，要在新发展理念引领下发挥财税政策在促进经济高质量发展中的作用。如增大财政在科技创新领域的投入，实施更大力度的研发费用加计扣除、高新技术企业税收优惠等普惠性政策，充分利用科技创新的溢出效应为实现共同富裕目标奠定坚实的经济基础。

二是在再分配环节加强政府的宏观调控作用，通过财政税收、社会保障、转移支付等主要手段来调节收入分配，提高低收入群体收入，扩大中等收入群体。在这一过程中，应主要由政府发挥主导作用，为合理缩小城乡、地区、群体间收入差距、促进社会公平公正提供有力支持。首先，在税收方面，应健全直接税体系并逐步提高直接税比重，更好地发挥税收对收入分配的调节作用。以个人所得税改革为例，调整税率级距、增加专项附加扣除等改革在一定程度上实现了对低收入者的支持；实行综合与分类相结合的综合计征改革等有效提升了纳税人的横向公平。其次，在社会保障方面，应增强社会保障体系的公平性和可及性，遏制贫富分化的加剧。要加快健全覆盖全民、统筹城乡、公平统一、可持续的多层次社会保障体系，发挥社会政策的托底功能，扩大社会保障覆盖面。最后，在转移支付方面，除了要加大对经济欠发达地区的转移支付力度，缓解地方财政收支压力、保障基本民生支出外，还要注意优化转移支付结构、健全转移支付监督问责机制，避免经济欠发达地区政府高度依赖转移支付可能产生的消极影响，以科学合理、规范透明的转移支付制度助力实现共同富裕。

三是在第三次分配环节发挥社会力量作用，鼓励通过民间捐赠、慈善事业、志愿行动方式发展社会公益事业，改善既有的收入和财富分配格局不公平现象。在这一环节，市场机制无法发挥作用，而政府可以通过一定的政策举措引导社会力量参与到社会公益事业中，这是对再分配环节的进一步补充。比如《中华人民共和国企业所得税法》（以下简称《企业所得税法》）规定，企业发生的公益性捐赠支出，超出当年利润总额12%的部分，准予结转以后三年内扣除，其目的就是期待税收工具能在营造支持慈善、参与慈善的良好社会氛围中发挥重要作用。

其二，正确处理好资本和利益分配问题，既要保障资本从社会分配中获得应有利益、提升资本配置效率，更要注重回应人民关切的问题，保证发展成果由人民共享。从社会主义分配制度的内涵中可以看到，资本主要是在初次分配环节发挥作用并参与要素分配，表现为在社会主义非公有经济下的按资分配。不过在健全生产要素参与分配机制的同时，始终不能忘记我国社会主义市场经济的制度基础。习近平总书记强调“既注重保障资本参与社会分配获得增殖和发展，更注重维护按劳分配的主体地位”[①]，这一“既注重”与“更注重”的精辟表述，为研究致力于实现共同富裕的社会主义市场经济如何把握资本和利益分配问题指明了方向。

一是要在非公有经济中保障资本作为生产要素参与初次分配并获得增殖和发展。资本作为社会主义市场经济的重要生产要素，确保其在市场中公平参与分配是资本增殖发展的前提条件。资本在初次分配中的报酬比例是以其在市场中的贡献大小为基准，并由市场决定和评判资本要素的贡献。这是在社会主义市场经济中发挥资本参与生产积极性需要牢记的分配原则。只有确保资本依据要素贡献参与社会分配并获得增殖和发展，才能调动资本积极性进而提高资本投资效率。这是促进生产力发展的重要举措，也是对资本进行规范和引导的基础。

二是资本发展要始终维护按劳分配在初次收入分配中的主体地位。我国

---

① 习近平在中共中央政治局第三十八次集体学习时强调 依法规范和引导我国资本健康发展 发挥资本作为重要生产要素的积极作用［N］. 人民日报，2022－05－01（001）.

以公有制为主体的社会主义市场经济保证了市场经济的社会主义方向，也相应决定了社会主义分配制度应以“按劳分配”为主体。如果以“按资分配”为主体，那么资本扩张和积累将易产生贫富两极分化问题，不符合共同富裕的目标要求。由此，在社会主义市场经济中既要发挥资本促进生产力发展的积极作用，更应始终牢记“按劳分配”的主体地位，正确处理好资本和利益分配问题，在对“既注重”和“更注重”的精准把握与政策运用中坚持人民至上、坚定人民立场。

四、与“集中力量办大事”制度性优势相结合的市场经济就是社会主义市场经济

社会主义市场经济的第四个特征是，与“集中力量办大事”制度性优势相结合的市场经济就是社会主义市场经济。反之，各自为政、一盘散沙的市场经济就是资本主义市场经济。这一判断体现的是社会主义制度性优势和市场配置资源机制的关系。党的十八大以来，习近平总书记多次强调“我们的最大优势是我国社会主义制度能够集中力量办大事”，明确将过去常说的“体制性优势”上升为“制度性优势”，进一步凸显了“集中力量办大事”的制度力量。习近平总书记还明确指出，“要形成社会主义市场经济条件下集中力量办大事的新机制”①。这些论述为我们研究集中力量办大事优势与市场经济的有机统一提供了理论依据，也为总结改革开放以来将集中力量办大事优势与市场经济机制结合的众多成功经验提供了分析框架。笔者这里谈两点学习体会：一是“集中力量办大事”制度性优势是基于我国国体政体、政治制度、文化传统等而形成，其和市场经济的结合不存在矛盾。任何政治制度安排及所形成的制度性特征都可以和市场经济结合，不存在天下只有西方国家制度安排与市场经济结合才是完美联姻这一说。二是“你走你的独木桥，我走我的阳关道”，我国社会主义市场经济与“集中力量办大事”制度特征的结合，体现的是这一制度特征转化成了制度性优势，体现的是制度性优势与市场机制的有机衔接，体现的是改革开放四十多年来我国运用这一结合取得的伟大成果，这种聚合效应是我国克服无数艰难险阻、不断取得社会主义事业胜利的重要法宝，同时也是从理论和实践结合上不断提供着破解这

---

① 全国科技创新大会两院院士大会中国科协第九次全国代表大会在京召开 习近平发表重要讲话［N］. 人民日报，2016-05-31（001）.

一经济学世界性难题的中国答案。当前，面临世界百年未有之大变局①和中华民族伟大复兴战略全局②的叠加，“正确认识和把握初级产品供给保障”“正确认识和把握防范化解重大风险”和“正确认识和把握碳达峰碳中和”成为亟须解决的重大实践问题，对这些重大问题的深刻理解可以从许多方面入手，但笔者认为，我们特别应该在“与‘集中力量办大事’制度性优势相结合的市场经济就是社会主义市场经济”判断中来加深对这三个重要问题的把握，要在新征程上探寻实现“举国体制”与“市场作用”高度统一的更有效实现形式，形成解决当前我国发展重大问题的合力。

其一，要集中力量办好“初级产品供给保障”大事。当前，世界进入了动荡变革期。一方面，政治多极化成为世界格局的第一特征，表明国家间政治竞争关系将深度影响世界发展，保护主义、单边主义的盛行阻碍了全球经济进程，极大冲击了全球产业链供应链；另一方面，疫情全球大流行又引致局部产业链供应链的断裂。而作为人类生存和经济社会发展的物质基础，包括农产品、能源、矿产等在内的初级产品供给又直接影响了我国的经济发展水平和发展安全。由此，在全球产业链供应链不稳定性不确定性显著增强、初级产品在国民经济发展中的基础性地位不会改变的情况下，如何在百年变局和世纪疫情的交织中保障好初级产品供给，是我国统筹发展和安全的重大战略性问题，必须加强战略统筹和谋划。从“举国体制”与“市场作用”相结合的角度来看，一是要发挥集中力量办大事的制度性优势，在党的领导下，集中保障初级产品供给的资源和力量。不论是从新发展格局着手，挖掘我国初级产品的国内供给潜力；还是立足经济社会发展全局考虑和推进初级产品供给保障工作，都需要党从统筹发展和安全的高度来研判和部署，需要在党的领导下强化大局意识。这是确保我们在保障初级产品供给中下好先手棋、打好主动仗的重要领导力量。二是要发挥社会主义市场经济体制优势，在市场和政府的有效配合中助力保障初级产品供给。比如，通过市场和政府的合力来促进国内某些初级产品（如煤炭）价格在合理区间运行，从而保证初级产品的生产、流通和消费基本保持平稳；又如，考虑到初级产品作为大宗商品，通过完善的期货市场来稳定初级产品价格预期是保证初级产品市场平稳运行的重要手段，应该加强培育成熟有效的期货市场，不断增强在国际

① 本书下文中提到的“百年变局”，指的也是“百年未有之大变局”。

② 本书下文中提到的“复兴全局”，指的也是“中华民族伟大复兴战略全局”。

初级产品定价市场上的话语权。从财税政策来看，就要加大财政在推进资源节约领域的投入，以财政资金和税收优惠政策等支持生产领域的废弃物循环利用等技术发展、鼓励消费领域的绿色低碳生活方式，同时推进财政支出标准化并强化预算约束和绩效管理，持续提高财政支出效率，形成对保障初级产品供给的更有效财税支持政策体系。

其二，要集中力量办好“防范化解重大风险”大事。当前我国改革发展面临的风险挑战前所未有。习近平总书记指出，“我们既要坚信中国的发展前途光明，又要充分认识到道路曲折、困难很多，发挥中国共产党领导和我国社会主义制度的政治优势，集中力量办大事，打好防范和抵御风险的有准备之战，打好化险为夷、转危为机的战略主动战”①，这为我们应对风险挑战坚定了信心、指明了方向。近年来，无论是统筹做好疫情防控和经济社会发展工作，还是防范化解重大金融风险攻坚战，都取得了重要的阶段性成果。其共同特点是，既充分展现了集中力量办大事、办难事、办急事的制度性优势与治理优越性，又在这一进程中注重同时发挥市场经济在资源配置中的决定性力量。在疫情防控工作中，我们坚持党的集中统一领导，坚持“令就行、禁就止”，通过动员全社会力量、调动各方面资源，迅速形成了统筹疫情防控和经济社会发展的强大合力，该体现政府作为时体现行政力量，该坚持市场导向时绝不含糊，彰显了集中力量办大事制度性优势对重大突发事件的应对能力，并在这一进程中保持着国民经济的稳中向好发展，保持着市场机制在资源配置中依然发挥决定性作用。而在防范化解重大金融风险攻坚战中，我们坚持党对金融工作的集中统一领导，以集中力量办大事制度性优势为协调各方资源、解决关键难题、战胜风险考验集中了经济社会力量，并在防范这些风险过程中坚持发挥市场机制配置作用。两者的有机结合，在遏制宏观杠杆率过快上升势头、有序处理高风险金融机构风险、妥善应对债券市场违约风险、严厉打击非法集资活动等方面取得了重要成果。站在新征程上，统筹疫情防控和经济社会发展相关工作仍在继续，新的金融风险仍在发生，我们要坚持底线思维，以党的全面领导和中国特色社会主义制度作为应对各种风险挑战的最大底气，集中力量办好“防范化解重大风险”大事，并探索市场机制在其中的有效作用形式，着力避免发生重大风险或危机。

---

① 中共中央召开党外人士座谈会 习近平主持并发表重要讲话［N］. 人民日报，2019－07－31（001）.

其三，要集中力量办好“实现碳达峰碳中和”大事。“2030年前实现碳达峰、2060年前实现碳中和”[①]，是以习近平同志为核心的党中央统筹国内国际两个大局作出的重大战略决策，是着力解决资源环境约束突出问题、实现中华民族永续发展的必然选择。习近平主席在2021年《生物多样性公约》第十五次缔约方大会领导人峰会上指出，“为推动实现碳达峰、碳中和目标，中国将陆续发布重点领域和行业碳达峰实施方案和一系列支撑保障措施，构建起碳达峰、碳中和‘1+N’政策体系”[②]。与此同时，中共中央、国务院印发《关于完整准确全面贯彻新发展理念做好碳达峰碳中和工作的意见》，明确了我国实现碳达峰碳中和的时间表；国务院印发《2030年前碳达峰行动方案》，描绘了2030年前实现碳达峰目标的路线图。在中央经济工作会议将碳达峰纳入2021年工作计划后，目前我国多省份已经明确了碳排放达峰目标。可以看到，在党的领导下，我国碳达峰碳中和工作稳步有序推进，充分体现了我国集中力量办大事的制度性优势。我们在“正确认识和把握碳达峰碳中和”这一问题时，应特别注意结合“双轮驱动”的工作原则，政府和市场两手同时发力，在“举国体制”与“市场作用”的有机结合中确保如期实现碳达峰、碳中和。从市场角度而言，就要加快推进关于碳达峰、碳中和的市场化机制建设（比如全国碳排放权交易市场），运用“供求决定、价格导向”的市场机制充分发挥市场在提升能源效率和资金效率方面的作用，进而引导市场主体控制并减少温室气体排放、推动绿色低碳技术创新与绿色低碳发展转型。从政府角度而言，就要努力探寻财税政策对于激发市场主体绿色低碳投资活力、引导绿色消费和生产等方面的作用。我们可以从预算管理、税收制度、央地关系、债务管理等方面思考相应的政策举措，发挥财税政策在协同推进降碳、减污、扩绿、增长中的积极效应，稳步有序推进碳达峰碳中和。具体地，要将面向“两碳”目标的相关财政支出纳入预算管理，通过合理确定支出预算规模、加强节能环保相关预算整合程度、强化预算执行和绩效管理等举措来进一步提高绿色财政资金使用质效；要完善包括环境保护税在内的绿色税收体系，通过税收政策减少高排放、高耗能、高污染产品的碳排放外部性；要进一步明确中央与地方政府在碳减排中的工作责

---

① 习近平．共同构建人与自然生命共同体——在“领导人气候峰会”上的讲话［N］．人民日报，2021-04-23（001）．

② 习近平．共同构建地球生命共同体——在《生物多样性公约》第十五次缔约方大会领导人峰会上的主旨讲话［N］．人民日报，2021-10-13（001）．

任，对于地方政府在环境治理中承担主要支出责任的项目，应适当提高地方政府在碳减排项目中的受益比例，激发地方政府的碳减排积极性；要积极发挥专项债券作用，除了生态、污水处理领域外，还可以进一步加大对绿色基建领域的专项债投入，为绿色发展提供重要资金支持。

综上，笔者从四个层面对社会主义市场经济的基本特征进行了探索性阐述，并在这一框架内对新发展阶段应该“正确认识和把握”的五个问题展开研究，其目的就是要加深对社会主义市场经济的认识，就是要从经济体制与经济发展角度彰显中国之路、中国之治、中国之理的强大生命力。一路走来的社会主义市场经济彰显了党带领人民深刻改变中国和影响世界的“伟大创造”，体现了在经济领域坚持和发展马克思主义的强大生命力。中国经济理论工作者正基于社会主义市场经济的发展实践，不断回答着“中国之问、世界之问、人民之问、时代之问”。在党的二十大胜利召开后，我们要更加踔厉奋发，牢记“四问”己任。展望未来，笔者坚信，“以人民为中心”的、与“两个毫不动摇”对应的、致力于“共同富裕”的、与“集中力量办大事”制度性优势相结合的我国社会主义市场经济特征一定会更加彰显，社会主义市场经济理论（包括对应的财税理论）研究也必将进入新的大发展大繁荣时期，让我们继续为其不懈努力。

第二节　社会主义市场经济体制下的“必过之坎”与“必破之题”

在 2021 年的中央经济工作会议上，习近平总书记深刻总结了新发展阶段我国发展需要正确认识和把握的重大理论和实践问题，这既是习近平经济思想的最新发展，也为我们提炼出了当前认识社会主义市场经济这一伟大创举的研究重点。在五个方面重要问题中，居于首位的“正确认识和把握实现共同富裕的战略目标和实践途径”，与社会主义分配制度相对应，强调在全面建设社会主义现代化国家新征程中必须更加注重共同富裕问题，这既是中国式现代化的重要特征，也是社会主义市场经济必须体现的显著优势；居于第二位的“正确认识和把握资本的特性和行为规律”，与社会主义所有制制度相联系，强调在社会主义市场经济下发挥资本积极作用、控制其消极作用的必要性和紧迫性。这两个重大问题作为社会主义基本经济制度下的关键问题，必须在同为基本经济制度重要组成部分的社会主义市场经济体制中理解和把握。笔者认为，推动实现共同富裕是社会主义市场经济优于资本主义市场经济的显著特征，是体现社会主义市场经济优越性的“必过之坎”；把握资本特性规律是社会主义市场经济下用好资本的重要前提，是社会主义市场经济体制走向成功的“必破之题”。从这一基点出发，本节以习近平经济思想为指导，围绕坚定迈过“必过之坎”与全力破解“必破之题”展开，为加快完善社会主义市场经济体制并丰富其实践探索贡献理论力量。

一、在习近平经济思想指引下加快完善社会主义市场经济体制

进入新时代以来，习近平经济思想作为研究中国经济问题的指导思想，其对社会主义市场经济体制的一系列重要论述，为我们把握社会主义市场经济的本质与规律提供了基本遵循。我们要在习近平经济思想指引下，努力加深对社会主义市场经济体制本质特征与表现形式的理解，并在此基础上认识迈过“必过之坎”和破解“必破之题”这一时代课题。

2017 年的中央经济工作会议首次将习近平新时代中国特色社会主义经济思想归纳为“七个坚持”，其中市场在资源配置中的决定性作用在这里得到了明确。随后，2021 年党的十九届六中全会将习近平新时代中国特色社会主义思想从党的十九大报告中表述的“八个明确”拓展为“十个明确”，新增的“第七个明确”是对习近平经济思想的进一步阐述，其中关于社会主义市场经济的表述为“明确必须坚持和完善社会主义基本经济制度，使市场在资源配置中起决定性作用，更好发挥政府作用”①。这一要求的含义是清晰的，就是社会主义市场经济研究必须在基本经济制度框架下展开，要探讨所有制制度、分配制度和社会主义市场经济体制之间的相互作用。在此基础上，2022 年 6 月，中共中央宣传部、国家发展和改革委员会组织编写了《习近平经济思想学习纲要》，将习近平经济思想的基本内容归纳为“十三个明确”，其中“第七个明确”进一步强调要在基本经济制度中加快完善社会主义市场经济体制（何立峰，2022）。可以看出，习近平经济思想中关于社会主义市场经济体制的系列重要论述是加快完善社会主义市场经济体制的理论指南。当前，习近平总书记关于我国发展重大理论和实践问题的概括，特别是对实现共同富裕和把握资本特性的相关要求，是对习近平经济思想中关于社会主

① 中共中央关于党的百年奋斗重大成就和历史经验的决议［N］. 人民日报，2021-11-17(001).

义市场经济体制重要论述的进一步发展与深化。

习近平经济思想从提出到发展，始终包含着对社会主义市场经济体制的科学把握，而这些把握是习近平总书记长期以来对社会主义市场经济实践所进行的探索、归纳与总结的延续和发展，这些论述是一以贯之、与时俱进的，体现着习近平总书记对社会主义市场经济理论和中国特色社会主义政治经济学所作出的时代贡献，是马克思主义中国化时代化的又一重要例证。习近平总书记在福建省担任省长期间，就强调社会主义市场经济是政治与经济的结合统一，必须同时发挥政治优势与经济优势（张晓朴，2021）。这是多么深刻的认识，多么清晰的判断，言简意赅，意义深远。党的十八大后，习近平总书记先是明确指出“我们是在中国共产党领导和社会主义制度的大前提下发展市场经济，什么时候都不能忘了‘社会主义’这个定语”（习近平，2015）；随后，习近平总书记又将“既坚持社会主义制度又坚持社会主义市场经济改革方向”归纳为我国改革开放四十年的经验之一（习近平，2018a），强调我们已经走出了一条“从传统的计划经济体制到前无古人的社会主义市场经济体制再到使市场在资源配置中起决定性作用和更好发挥政府作用”的康庄大道（习近平，2018b），这是从资源配置方式特定角度对中国特色社会主义道路的全面诠释。从这些既经得起历史考验、又引领时代前进的重要论述中，我们可以深刻领悟到“社会主义市场经济”这八个字是一个不可分割的统一整体，是彰显社会主义制度政治优势和市场决定资源配置经济优势的统一，是“有效市场”和“有为政府”的统一，这些重要思想必须成为研究社会主义市场经济本质特征与时代要求的指导思想。

多年来，笔者不断深化对社会主义市场经济体制的认识。在学习领悟习近平经济思想后，笔者更坚定这一信念，“社会主义市场经济”是不可分割的整体，是“社会主义制度”与“社会主义市场经济体制”的有机结合。我们要坚持以习近平经济思想为指导，全面把握社会主义市场经济的这一本质要求，把握社会主义市场经济具有“既有共性、更有个性”的重要特征。从这一基点出发，笔者认为可以从三个层面来理解和把握社会主义市场经济体制。

其一，要牢记社会主义市场经济是在社会主义制度制约下运行的。社会主义市场经济前面的社会主义制度条件，是社会主义市场经济区别于资本主义市场经济的鲜明个性。我们把握社会主义市场经济，就要深刻领会政府和市场作用中始终体现的社会主义制度优势，深刻认识到社会主义市场经济就是“以人民为中心”的、与“两个毫不动摇”对应的、致力于“共同富裕目标”的、与“集中力量办大事”制度性优势匹配的社会主义市场经济（邓力平和王智烜，2021）。应该看到，“以人民为中心”和“集中力量办大事”体现的就是社会主义制度对社会主义市场经济的政治要求，而“两个毫不动摇”和“共同富裕目标”则是基本经济制度对社会主义市场经济体制的要求，与之相对应的就是要把握资本特性规律和推动实现共同富裕目标。本节就是在这一框架下进一步认识体现社会主义市场经济优势的迈过“必过之坎”和破解“必破之题”之要求。

其二，要把握社会主义市场经济体制下的政府与市场关系，充分彰显社会主义市场经济的优越性。一是坚持使市场在资源配置中起决定性作用，发挥“有效市场”作用。进入新时代后，习近平总书记作出了“市场配置资源是最有效率的形式”的重要论断，从而将多年沿用的市场在资源配置中的“基础性作用”提升为“决定性作用”（习近平，2013），向世界展示了我国坚定不移地走改革开放道路的决心。这里以笔者的认知过程来谈学习体会。多年来，笔者认同市场在资源配置中的作用，并采用“市场经济是人类社会至今为止比较有效、比较可行的资源配置方式”之表述，强调市场存在失灵从而市场作用不能无限地夸大、政府不是万能但要发挥调节作用（邓力平，2007）。笔者当时这种“比较有效、比较可行”的表述，体现的是对市场经济配置资源职能作用的一些保留，这也是由当时我国社会主义市场经济发展条件所决定的。而当我国改革开放持续深化、显著提升对市场规律的驾驭能力，进而提出“市场在资源配置中起决定性作用”后，笔者对市场作用也有了更深刻认识，观点也愈发鲜明。现在的表述是“市场经济是人类社会至今为止最有效、最可行的资源配置方式”（邓力平，2019）。这里还应注意的是，“有效市场”是提升经济运行质量、提高资源配置效率的前提条件。只有市场有效，才能促使“供求决定、价格导向”之市场机制高效配置稀缺资源，才能促使市场主体公平公正参与市场竞争，才能促使市场对资源配置的决定性作用发挥得更好。当前就要在全面完善产权、市场准入、公平竞争等方面持续发力，并着力构建更加完善的要素市场化配置体制机制以进一步激发市场活力，为破解“必破之题”、迈过“必过之坎”筑牢社会主义市场经济有效运行的体制基础。二是坚持更好发挥政府作用特别是“有为政府”作用，提高宏观经济治理能力。政府发挥作用主要是通过加强必要调控来弥补市场机制不足、保证公共产品供给。凡是能由市场形成价格的都交给市场，凡是应给市场决定权的都放足到位，尽可能引导资源的高效配置，最大限度减少政府的不当干预；凡是市场规律无法有效发挥作用的都交给政府调控，凡是政府该办该管之事都保证政府权威，尽可能完善政府的宏观治理，找准政府职能定位。对于政府的作用边界，既包括市场决定资源配置但无可避免产生市场失灵的领域（如贫富分化、环境污染等关系社会公正的领域），也包括市场不能也不允许发挥决定性作用的领域（如关系国体政体、国家安全、意识形态等领域）。同时还应注意的是，我们强调发挥政府作用，更重要的是发挥“有为政府”作用。一方面，要发挥与市场在资源配置中起决定性作用的、与有效市场要求相匹配的有为政府作用，提高有为政府对社会主义市场经济运行的宏观调控和驾驭能力，确保市场有序规范健康运行、合理高效配置资源。另一方面，有为政府是“人民”的有为政府，这意味着我国政府区别于西方“小为政府”作用，不仅应在市场不愿意、不能及、不可达等领域发挥积极作用，还要在政治制度要求与经济发展期盼的结合中发挥人民政府在中国特色社会主义事业中的更大作用。

其三，要坚持在社会主义基本经济制度框架下研究社会主义市场经济体制。当前，社会主义市场经济体制成为我国基本经济制度的重要组成部分，相应地，就要将“社会主义市场经济体制”和“所有制制度”“分配制度”一并加以考察，就要将“加快完善社会主义市场经济体制”放在“坚持和完善社会主义基本经济制度”的更高格局中来考虑，就要站在包括基本经济制度在内的制度安排下深化对社会主义市场经济的认识。“公有制为主体、多种经济所有制并存”的所有制形式，是现阶段最能实现最广大人民群众利益、满足人民对美好生活向往的制度性安排，我们破解“必破之题”就要在其中找到资本发挥作用的合理定位；“按劳分配为主，多种分配方式并存”的分配形式也是确保人民当家作主制度安排、确保全体人民共享改革发展成果所必须具备的，我们迈过“必过之坎”就要在其中探索实现共同富裕的现实路径。当我们努力把这些基本经济制度内在因素一并考虑时，我国的社会主义市场经济就是体现“以人民为中心”发展思想的社会主义市场经济，就必然要展现其在助力实现共同富裕目标、合理发挥资本作用方面的积极作为。我们要在对社会主义市场经济的这些把握中，研究迈过“必过之坎”和破解“必破之题”的深刻内涵和实现路径，从而持续彰显社会主义市场经济的显著优势。

二、在体现社会主义市场经济优势中坚定迈过“必过之坎”

全面建成小康社会目标实现后，以习近平同志为核心的党中央作出了进入“扎实推动共同富裕的历史阶段”之重要判断。围绕习近平总书记关于实现共同富裕的一系列重要论述，结合当前我国经济社会发展的阶段性特征，笔者认为，把握体现社会主义市场经济体制优势、坚定迈过“实现共同富裕”之“必过之坎”，至少应包含以下两个方面。

其一，必须深刻领会“必过之坎”的内涵特征和时代要求，彰显社会主义制度与社会主义市场经济体制的显著优势。新中国成立后特别是改革开放以来，追求“共同富裕”始终与社会主义进程紧密联系，始终在国家政治经济社会发展中占据重要位置，并在实践探索和经验总结中拓展内涵、努力推进。应该看到，实现共同富裕不仅是关系社会主义现代化建设的经济问题，更是关系社会主义国体政体的政治问题。从这一角度来把握，我们就能清晰地看到实现共同富裕作为体现社会主义市场经济优势“必过之坎”的内在之义。

一是社会主义国家的国体政体决定了实现共同富裕目标的本质要求，这就是“必过”的深刻政治内涵。我国是人民当家作主的社会主义国家，坚持人民当家作主、坚持“以人民为中心”的发展思想，就要在加快推动实现共同富裕目标中予以体现。不论是提出“人民对美好生活的向往就是我们的奋斗目标”“坚定不移走共同富裕的道路”（习近平，2012），还是强调“坚持以人民为中心的发展思想”“不断推进全体人民共同富裕”（习近平，2017），习近平总书记在多个场合的重要论述都指明了实现共同富裕的必过决心。我们坚持走中国特色社会主义道路，坚持“以人民为中心”的发展思想，就必然要以推进实现全体人民共同富裕为目标，这是体现社会主义本质特征和制度优越性的重要要求，是社会主义条件下发展社会主义市场经济必须坚定的必由之路。由此，在我国国体政体下，社会主义市场经济必须致力于为最终实现共同富裕服务，这一目标必须要实现，这是体现社会主义市场经济优势“必过之坎”的深刻政治内涵。

二是我国的基本国情和发展阶段特征决定了实现共同富裕既是当前经济社会发展的一道难“坎”，又是全面建设社会主义现代化国家的“必过”之路，急不得也等不得。实现共同富裕需要解决很多现实问题，需要漫长的历史过程，从来都不是轻轻松松、敲锣打鼓就能完成的。虽然我国经济社会发展取得了历史性成就，在中华大地上全面建成了小康社会，但我国依然处于社会主义初级阶段，依然是世界上最大的发展中国家，为实现共同富裕目标需要完成的任务依然艰巨，面临的挑战依然严峻。从这一基本国情和发展实际出发，实现共同富裕的目标就是当前我国经济社会发展的一道“坎”，需要集中力量努力跨越，不可急于求成，也非一蹴而就。与此同时，我们还应辩证把握已经开启的新征程，这既是社会主义初级阶段中的一个阶段、一段征程，又鲜明地呈现着新发展阶段的新特征和新优势，为扎实推动共同富裕提供了更好的发展条件，也体现了推进这一目标实现的时代要求。不论是党的十九届五中全会提出到2035年全体人民共同富裕取得更为明显的实质性进展，并在党的历次全会文件中首次在改善人民生活品质部分突出强调“扎实推动共同富裕”（习近平，2020）；还是习近平总书记强调的“进入新发展阶段，完整、准确、全面贯彻新发展理念，必须更加注重共同富裕问题”[①]；或是中央决定支持浙江高质量发展建设共同富裕示范区，探索促进全体人民共同富裕的具体实现路径；抑或是2021年习近平总书记主持召开中央财经委员会第十次会议专门研究扎实促进共同富裕问题；体现的都是当前实现共同富裕的紧迫性和必要性，这就是“必过之坎”的现实要求。此外还应认识到，共同富裕是一个长期性任务，不是一步到位的。所以，“必过之坎”就包含着推进实现共同富裕进程中的每一步。而整个实现共同富裕目标的过程，就是中华民族伟大复兴进程的“必过之坎”，就是体现社会主义市场经济优势的“必过之坎”。

三是社会主义市场经济的体制优势决定了实现共同富裕是彰显社会主义制度优势的“必过之坎”。习近平经济思想启示我们，社会主义市场经济就是体现社会主义制度政治优势和发挥市场配置资源经济优势的统一，我国“以人民为中心”的市场经济区别于“以资本为中心”的资本主义市场经济，最根本的就是社会主义市场经济必须而且能够实现共同富裕目标。正是基于这一判断，笔者提出了致力于共同富裕的市场经济就是社会主义市场经济的观点（邓力平和王智烜，2021），强调社会主义条件下“持续富裕”与“共同富裕”的统一。“共同富裕”这个“坎”，是市场经济条件下从来没有存在过也没有实现的目标。社会主义市场经济只有将“共同富裕”作为坚定

---

① 完整准确全面贯彻新发展理念 确保“十四五”时期我国发展开好局起好步［N］．人民日报，2021－01－30（001）．

目标并努力推进实现，才能够也一定能够迈过这个“坎”，这就是体现社会主义市场经济优势的“必过之坎”的内在之义。迈过这个“必过之坎”，社会主义市场经济的体制优势就得以体现，社会主义的本质特征就得以彰显。

其二，必须持续思考迈过“必过之坎”的可行方法与现实路径，扎实推动实现共同富裕。共同富裕的路怎么走？习近平总书记为我们指明了方向，即“实现共同富裕的目标，首先要通过全国人民共同奋斗把‘蛋糕’做大做好，然后通过合理的制度安排正确处理增长和分配关系，把‘蛋糕’切好分好”（习近平，2022）。坚持和完善社会主义基本经济制度作为我国经济发展的制度基础，既包含着“做大蛋糕”的发展优势，又包含着“分好蛋糕”的制度优势，是社会主义基本经济制度推进共同富裕的重要制度保障。当前就要在党的领导下，站稳人民立场，牢牢把握我国社会主义基本经济制度助力实现共同富裕的优势，在所有制制度、分配制度、资源配置方式的相互作用中，正确认识实现全体人民共同富裕中蕴含的“人民性”“富足性”及“共同性”，促进效率和公平有机统一，进而把握实现共同富裕的战略目标和实践途径。

一是坚持“两个毫不动摇”，激发各类市场主体活力，为做大可供全民共享的经济蛋糕营造良好环境，为实现共同富裕奠定重要物质基础。一方面，公有制经济是夯实党长期执政经济基础、确保全体人民共享发展成果、体现社会主义制度优越性的经济形式，这为推动实现共同富裕奠定了坚定的人民立场和坚实的经济基础。另一方面，非公有制经济作为推动社会主义市场经济发展的重要力量，理应为推动经济社会发展、实现“持续富裕”，进而推动实现共同富裕作出贡献。在新征程上，我们就是要坚持“两个毫不动摇”，以确保满足全体人民共同富裕的“人民性”和“富足性”要求，不断积累逐步实现共同富裕的经济基础和物质条件，确保扎实推进实现共同富裕目标。

二是坚持按劳分配为主体、多种分配方式并存的分配制度，在“做大蛋糕”的基础上“分好蛋糕”，这就是“共同性”的要求。社会主义分配制度是社会主义市场经济促进社会公平正义、实现共同富裕目标的基础制度。首先，初次分配强调市场机制下生产要素按贡献进行分配，主要是各种生产要素积累财富的过程。坚持按劳分配为主体能够极大鼓励多劳多得、勤劳致富，为广大人民群众共享改革发展成果提供物质基础，而多种分配方式并存则有利于提高市场经济中各种生产要素的积极性，促进社会主义市场经济加快积累财富。在初次分配阶段，就要有效发挥市场作用，通过完善的薪酬制度和支付保障机制、更高质量和更充分的就业、创新的要素市场化配置方式等举措促使创造社会财富的要素和资源迸发活力。其次，再分配强调在初次分配基础上对社会财富的调整，是缩小收入分配差距、推动实现共同富裕的关键一环。在这一过程中，要充分发挥政府作用，结合税收、社保、转移支付等调节举措的针对性和精准性，按照“提低、扩中、调高”的原则来调整不同群体收入，使全体人民朝着共同富裕目标扎实迈进。最后，第三次分配机制强调动员社会力量改善收入和财富分配格局，是实现共同富裕的重要补充机制。在这一过程中，市场机制无法触及，政府职能则要到位，要调动社会力量发展慈善等社会公益事业的积极性，统筹完善社会救助、社会福利、慈善事业、优抚安置等民生保障兜底机制。

三是坚持社会主义市场经济体制优势，在“有效市场”和“有为政府”更好结合的基础上扎实推进实现共同富裕目标。在社会主义市场经济框架下，我们既能够充分发挥市场在资源配置的决定性作用，促进生产力极大发展，为实现共同富裕积累物质财富；又能够适度发挥政府宏观调控作用，缓和恶性市场竞争可能产生的贫富分化问题，为实现共同富裕奠定制度基础。应该说，推动有效市场和有为政府更好结合是我国促进财富公平分配、缩小收入差距与实现共同富裕的关键所在。首先，从构建高水平、高标准的社会主义市场经济体系来讲，我们要通过完善产权保护制度、推进要素市场化配置改革、健全社会信用体系、完善竞争政策框架、防止资本无序扩张等举措，为经济高质量发展奠定坚实基础，为做大可供全民共享的经济蛋糕营造良好市场环境。同时，经济增长和企业发展所带动的更充分、更高质量就业，能够让民众获得稳定可期的收入增长，进而有助于打破阶层固化、缩小收入差距，增强民众获得感，成为扎实推进共同富裕的重要方面。其次，从提升政府经济治理能力角度来讲，我们要发挥政府引领作用，把准实现共同富裕的发展方向。市场经济是激发财富创造的内生动力，为我们走向共同富裕提供了物质基础，但一般市场经济只在意效率问题而并不关心社会财富分配的公平性，需要更好发挥政府作用来实现共同富裕和防止贫富两极分化。一方面，政府要为社会主义市场经济持续健康发展、为推动实现共同富裕提供稳定安全的环境。这里很重要的一点就是要加强对社会主义市场经济中资本特性和行为规律的认识，注意把握实现共同富裕目标过程中的资本作用，引导资本稳定发展、良性运作进而做大蛋糕。另一方面，党的十九届五中全会、2021 年中央经济工作会议以及中央财经委员会第十次会议都将基本公共服务均等化作为实现共同富裕的重要内容。由此，政府就要加快完善公共服务政策制度体系，加快补齐基本公共服务短板，为实现共同富裕奠定坚实基础。此外还应认识到，经济蛋糕的质量决定了共同富裕的质效，在新发展阶段我们通过政府和市场作用形成的合力来助力推动实现共同富裕目标，在做“大”蛋糕的同时还要注意做“好”蛋糕，这就要求以新发展理念为指导，推动实现更高质量的共同富裕。

三、在体现社会主义市场经济优势中全力破解“必破之题”

实践证明，在党的领导下搞社会主义市场经济是一个伟大创举，也是一个伟大功绩。在坚持社会主义制度和社会主义市场经济改革方向的统一中发展经济，既要看到市场经济的共性，更要把握共性和个性的结合，其中一个关键点就是对资本特性和行为规律的认识和把握。这是社会主义市场经济走向成功的“必破之题”，必须在体现社会主义市场经济优势的实践中全力破解。

如何理解“必破之题”？资本是马克思主义政治经济学的重要概念，而资本作为市场经济的重要生产要素，自然决定了研究社会主义市场经济理论必然要把握好资本特性和行为规律，因此对“必破之题”的回答是新时代马克思主义政治经济学的基本命题。马克思主义政治经济学深刻揭示了资本主义经济规律及资本运行机制和本质特征，虽然肯定了资本在发展生产力和创造财富中的积极作用，明确了“资本的伟大文明作用”，但更多的是对资本主义进行的彻底批判，认为“资本来到世间，从头到脚，每个毛孔都滴着血和肮脏的东西”（马克思，2004）。不过，在当时的历史条件下，“马克思、恩格斯没有设想社会主义条件下可以搞市场经济，当然也就无法预见社会主义国家如何对待资本。列宁、斯大林虽然领导了苏联社会主义建设，但当时苏联实行的是高度集中的计划经济体制，基本上没有遇到大规模资本问题”（习近平，2022），其对资本的批判是以资本主义制度为背景的。当前，我们在社会主义制度下成功地拿来并用好了市场经济，资本不可避免也不可缺少地发挥了重要作用，我们当然就要发展和创新马克思主义政治经济学，在社会主义市场经济下认识和把握资本特性，破解社会制度、市场和资本相互联系和作用这一世界性难题。一方面，资本作为重要生产要素，其与不同所有制形式结合后所形成的不同形态资本在社会主义市场经济中发挥着不同作用，从而我们研究资本特性和行为规律就要与社会主义所有制制度相结合，进一步探究现阶段国有资本、集体资本、民营资本、外国资本、混合资本等在社会主义市场经济中的作用和定位；另一方面，资本作为带动各种生产要素配置的重要纽带，是社会主义市场经济解决许多紧迫难题和关键难题的基础问题。这就是我们在彰显社会主义市场经济优越性和构建社会主义市场经济理论中破解“必破之题”的核心内涵，也是笔者领会习近平总书记关于在社会主义市场经济条件下认识和把握资本发展相关论述的重要心得。

关于如何在社会主义市场经济条件下把握好资本特性和行为规律，笔者在近期发表的文章中已经持续展开研究（邓力平，2022），此处不再赘述。这里主要强调的是，在体现社会主义市场经济优势中全力破解“必破之题”，还应特别注意从以下四个“必须”来把握资本的重大理论和实践问题。

其一，必须清醒认识破解“必破之题”所对应的资本是我国改革开放进程中“内生形成”的资本。资本作为市场经济的重要生产要素和带动要素集聚配置的重要纽带，其与市场的不可分割性决定了资本必然与资源配置方式所依托的社会制度密切相关，从而作为社会主义市场经济下破解“必破之题”所对应的资本问题，就必然受到社会主义制度的影响而呈现资本的个性特征，即资本特性。首先，我国的资本是社会主义市场经济下以公有制为基础、多种所有制并存下的资本，是社会主义初级阶段中的资本，这些资本始终与社会主义市场经济前的“社会主义”定语挂钩，决定了我国各类资本在今天中国大地上的存在与发展必须坚持和接受党的领导，必须坚定人民立场，必须服务于“以人民为中心”的发展思想，这种资本当然与资本主义市场经济下以私有制为基础、体现剥削本质的资本有着显著不同。其次，我国的资本是社会主义市场经济下坚定社会主义方向的资本，对应的是社会主义制度确立后、特别是改革开放进程开启后的资本积累和发展，这必定与新中国成立初期的资本主义工商业资本明显不同。由此，我国资本内在地嵌入社会主义制度发展与改革开放进程之中，这就是我国现阶段资本的“内生成长”特性，这种理解能为认识资本双重作用并规范引导资本健康发展提供必要的前提条件与观察视角。

其二，必须准确把握破解“必破之题”所对应的资本具有“双重特征”。不论是社会主义市场经济还是资本主义市场经济，源于逐利动机的资本都会呈现“双重特征”。一是从积极效应来看，资本在有序发展和创造价值过程中能够促进社会生产力发展，为经济繁荣发展、社会财富积累贡献力量；二是从消极效应来看，资本追求利润最大化的目标决定了资本的无序扩张和野蛮生长将引致平台垄断、操控市场等问题，从而放大甚至引发经济运行风险。还应看到的是，我们的社会主义市场经济，是“以人民为中心”的、与“两个毫不动摇”对应的、致力于“共同富裕”的、与“集中力量办大事”制度性优势相结合的社会主义市场经济，社会主义市场经济要服务的对象更广泛、要肩负的责任更重大、要完成的使命更宏大、要体现的优势更突出，从而正确认识和把握资本的特性和行为规律也就更为重要。由此，我们就要在认识我国资本“内生成长、双重特征”的基础上，提高社会主义市场经济条件下资本治理的能力，引导资本更好创造价值、发挥积极作用，避免资本无序扩张、危害经济社会发展。

其三，必须正确引导破解“必破之题”所对应的资本健康发展并发挥积极作用。一是坚持“依法规范和引导我国资本健康发展”，在把握我国不同形态资本性质作用差异的基础上促进资本健康发展。首先，要全面理解“我国资本”的涵盖范围。社会主义市场经济下运行的资本主要包括国有资本、集体资本、民营资本、外国资本、混合资本等。这里尤其需要注意把握好国有资本和民营资本的定位，基于此有针对性地促进资本健康发展。国有资本更多地服务于社会主义公有制经济发展，是社会主义市场经济破解“必破之题”需要依托的重要力量，要求我们毫不动摇地巩固和发展；而民营资本内生于社会主义市场经济并助力我国社会主义经济发展，是“自己人”，要求我们毫不动摇地鼓励、支持和引导。其次，“健康发展”是目的。我们在新发展阶段强调对社会主义市场经济中的资本问题予以重视，根本目的是促进资本健康发展，引导资本在全面建设社会主义现代化强国的新征程上贡献更大力量。习近平总书记先是在民营企业座谈会上指明“民营经济是我国经济制度的内在要素，民营企业和民营企业家是我们自己人”（习近平，2018c），当前又进一步强调“依法规范和引导我国资本健康发展”，都是一以贯之地释放鼓励资本发展的积极信号，给资本稳定健康发展吃下“定心丸”。当然，与“健康发展”目标相伴随的是我国资本发展中已经初步显现的不规范、不健康的资本发展问题，从而对资本趋利避害、有效引导的要求呼之欲出。最后，“依法规范和引导”是手段。法治是社会主义市场经济的重要特征，当然要求资本依法运行，也要求规范和引导资本依法进行，破除阻碍资本健康发展的体制机制障碍。从资本运行的角度来看，要健全规范与引导资本发展的法律制度，通过完善产权制度、健全破产制度、修订反垄断法、强化约束监督等举措不断完善社会主义市场经济法治体系，为资本运行发展提供法治化保障。从规范和引导的角度来看，要通过规范行政执法、强化公平裁判、强化政治监督等举措最大限度压缩权力设租和寻租的空间，破除权力与资本交易的关系网。二是坚持“发挥资本作为重要生产要素的积极作用”，通过设置“红绿灯”促进资本在完善社会主义市场经济和全面建设社会主义现代化强国中贡献力量。资本的“双重特征”为社会主义市场经济引导资本发挥积极作用创造了条件，这也是设置“红绿灯”的重要依据。对于在社会主义市场经济中发挥作用的各类资本，我们要一视同仁地依照统一的制度规则来约束资本行为，坚定贯彻落实反垄断、反暴利、反天价、反恶意炒作、反不正当竞争要求，促进资本有序发展、积极作为。当然，我们也要在这一安排中看到不同性质资本定位和作用的差异，有针对性、有质效地发挥资本服务社会主义事业的积极作用，比如国有资本应在国家发展重大战略任务中发挥更大作用，而民营资本在这些领域的作用则要有所限制，尤其注意遏制其无序扩张和野蛮生长。这里还需进一步强调的是，资本与市场的并存决定了资本发挥作用的领域仅限于经济领域，对于国体政体、党政军群等政治社会领域，市场作用不能到，资本力量就不能及，腐败行为则必严打。

其四，必须加快破解“必破之题”相关联的资本理论研究。新中国成立以来，特别是改革开放以来，我们拿来并用好了社会主义市场经济，对待资本的态度也从对资本主义工商业资本的社会主义改造，到论证资本非资本主义特有并促成社会主义制度与市场和资本的结合统一，再到强调发挥资本在社会主义市场经济中的积极作用。可以看出，我们党对于社会主义市场经济中资本的特性和作用认识，随着社会主义市场经济改革实践经验的积累而不断加深。站在新征程上，世界百年未有之大变局和中华民族伟大复兴战略全局相互影响，改革发展稳定任务艰巨繁重，社会主义市场经济服务发展大局的作用日益凸显，如何更好发挥资本的积极作用，成为摆在社会主义经济发展面前的一道“必答之题”，也是构建社会主义市场经济理论的一道“必破之题”。由此，我们要贯彻习近平总书记的指示精神，加快推进社会主义市场经济资本理论研究，这是社会主义新时代之需，也是经济理论工作者之责，这里简要谈五点：一是要尝试归纳社会主义市场经济中的资本特性、作用和定位，这是更好发挥资本作用的首要前提，笔者近年来在这些方面做了一些努力，还要继续深化（邓力平，2022）。二是要注重处理社会主义制度条件下的资本和利益分配问题。习近平总书记明确指出：“要注重经济发展的普惠性和初次分配的公平性，既注重保障资本参与社会分配获得增殖和发展，更注重维护按劳分配的主体地位。”[①] 这个提法多么深刻，多么及时，是我们把握资本与利益分配问题的根本遵循，务必时刻牢记。我们要在这一“既注重”和“更注重”的把握中发挥资本作用、站稳人民立场。三是要继续深化资本市场改革并提供理论支撑，为各类资本发展提供更为健全的基础制度、更为公平的竞争环境、更为开放的投资市场。四是要规范引导资本健康发展、发挥积极作用，设立资本健康有序运行的“红绿灯”，这是本节研究社会主义市场经济下破解“必破之题”的重要内容。五是要全面提升资本治理效能，从事前、事中、事后全流程来健全资本治理体系，加强对资本运行全过程的风险把控。我们应该将其作为国家治理体系和治理能力现代化的重要方面加以研究。

四、坚定迈过“必过之坎”和全力破解“必破之题”的时代启示

实现共同富裕和把握资本特性是新征程上要解决的重大理论与实践问题，也是社会主义市场经济展现优势、有效运行的内在要求。我们要迈过实现共同富裕这一“必过之坎”，坚定人民立场，努力体现社会主义制度和社会主义市场经济的显著优势；我们要全力破解把握资本特性这一“必破之题”，这是在社会主义市场经济条件下管好用好资本、推动经济发展的关键内容。在努力把握好这两个问题各自内涵的同时，我们还要探索两者之间的内在联系，促进两个重大理论与实践问题的协调解决，使之更好地服务战略全局。显然，这是一篇大文章，是一个新课题，需要我们不断地去探讨。这里仅从破解“必破之题”助力迈过“必过之坎”这一角度谈一点启示。

共同富裕是中国特色社会主义的本质要求，也是推动经济社会发展的重要目标。我们讲实现共同富裕，是在一般市场经济走向富裕进程中特别突出社会主义市场经济为全体人民谋幸福的优势，是在动态发展中持续提高全体人民实现富裕程度的长远目标，强调的是全体人民共同富裕，不是少数个体或部分群体的富裕，不是整齐划一的同等富裕，也不是齐头并进的同步富裕。而与全体人民共同富裕目标相对应的，是我国依然处于社会主义初级阶段的基本国情和世界上最大发展中国家的国际地位，是人民的美好生活需要

① 习近平在中共中央政治局第三十八次集体学习时强调 依法规范和引导我国资本健康发展 发挥资本作为重要生产要素的积极作用［N］. 人民日报，2022－05－01（001）.

和发展不平衡不充分现实之间的矛盾，是部分领域资本积聚伴随的资本无序扩张、野蛮生长和平台垄断引致的贫富分化现象。由此，在坚定走向富裕、确保持续富裕、推进共同富裕的过程中，发挥资本积极作用、抑制其消极作用就成为其中极为重要的一环。在新征程上，我们要集中社会主义政治制度、社会主义基本经济制度、社会主义市场经济的力量来破解“必破之题”，既要发挥资本创造社会财富、促进经济发展的积极作用，又要避免资本无序扩张引致的两极分化、分配不公问题，进而助力加快迈过“必过之坎”，扎实持续地推进实现共同富裕。从这一基点出发，我们全力破解“必破之题”，意在发挥资本作为重要生产要素的积极作用，意在鼓励引导资本创造社会财富，意在用好资本以实现“持续富裕”，意在要求资本理解、接受并助力“共同富裕”，意在规范与引导资本行为，意在抑制任何有碍于实现共同富裕的资本行为。应该看到，这两个重大理论与实践问题的协调解决与相互促进，有助于构建更加系统完备、更加成熟定型的高水平社会主义市场经济体制，更有利于党的长期执政、人民拥有更加美好生活、中华民族伟大复兴进程的早日实现。显然，这两个问题都是“世界之问、中国之问、人民之问、时代之问”，没有现成的经验可借鉴，前行必有困难与挑战，但这是新时代中国特色社会主义伟大实践必须迈过的坎，必须破解的题。开弓没有回头箭，扎实推进必胜利，这是时代的要求，也是我们的学术责任。

第三节　社会主义市场经济下的资本特性与税收对策

社会主义市场经济体制是中国特色社会主义的伟大实践和理论成果。从改革开放前的计划经济，到改革开放后的“计划经济为主、市场调节为辅”“有计划的商品经济”，再到市场在资源配置中的“基础性”作用到“决定性”作用转变，我国的社会主义市场经济体制在形成与完善中为中国特色社会主义事业发展提供了强大支撑，创造了伟大奇迹。伴随着社会主义市场经济体制优势的进一步显现，作为市场经济运行重要内在力量的资本也拥有了广阔的发展空间。2021 年中央经济工作会议提出“要正确认识和把握资本的特性和行为规律”①，体现了在新发展阶段把握好社会主义市场经济与资本关系的重要性。这一论断的提出，既为理解社会主义市场经济下的资本特性

---

① 中央经济工作会议在北京举行［N］. 人民日报，2021－12－11（001）.

与运行规律提供了思想指引，也为这一新要求下的税收定位及基于这一定位而采用的税收对策提出了明确要求。

长期以来，围绕社会主义与市场经济的关系及对应的税收定位，学术界展开了讨论。笔者也始终关注中国特色社会主义市场经济体制的完善和发展，研究这一资源配置方式对我国税收定位和税收政策的要求，所提出的一些观点也与时俱进地向前拓展。在国内尚处在“有计划的商品经济”时期，笔者重点研究了与现代市场经济发展对应的税制框架，为当时我国正在推进的税制建设提出政策建议。随着社会主义市场经济改革方向的确立，笔者又转向对社会主义市场经济与资本主义市场经济异同的分析，重点研究了社会主义制度下市场作为主要资源配置方式对税收表现形式的要求。在中国特色社会主义市场经济方向明确后，笔者在延续对市场经济差异性研究的同时，尤为关注社会主义市场经济之中国特色，强调必须始终警惕嵌印在国外税制改革中的所谓“普世价值”与资本主义思潮对我国税制改革的影响。新时代以后，笔者在对现代市场经济共性和个性的不断把握中，更加深刻领悟了我国“既坚持社会主义制度又坚持社会主义市场经济改革方向”的成功经验，多次重申“以人民为中心”的社会主义市场经济强于“以资本为中心”的资本主义市场经济的显著优势，更加坚定对中国特色社会主义人民税收的高度自信。在长期探索中，笔者始终坚持我国税收职能的发挥要牢记中国特色社会主义市场经济的要求。一方面，围绕市场经济“供求决定、价格导向”的基本特征及延伸出的竞争与法治等特征，深入解读了“把握税收中性、缴纳必要税收、不忘减轻负担、坚持依法治税”等市场税收的基本特征；另一方面，围绕社会主义市场经济之“市场决定性作用与更好发挥政府作用、市场经济与基本经济制度相匹配、市场经济与根本政治制度相适应、市场经济与集中力量办大事制度性优势相对应”等重要特征，明确阐述了与这些制度性安排相对应的税收定位及其主要表现形式。①

当前，站在全面建设社会主义现代化国家的新征程上，认真学习领悟习近平总书记关于“在中国共产党领导和社会主义制度的大前提下发展市场经济，什么时候都不能忘了‘社会主义’这个定语”② 的重要论述，结合对2021年中央经济工作会议关于社会主义市场经济下资本发展积极与消极作用

---

① 邓力平．新时代社会主义市场经济发展下的税收定位［J］．东南学术，2019（03）：81－90＋248.

② 习近平．不断开拓当代中国马克思主义政治经济学新境界［J］．求是，2020（16）：4－9.

并存特征精神的领会，笔者认为，对于社会主义市场经济的把握及所对应税收定位的认识，还应该从社会主义市场经济下的“资本特性和行为规律”出发，全面理解社会主义市场经济下政府与市场、社会主义与资本等关系的鲜明特征，并在此基础上把握好税收定位，特别是用好有利于引导资本发展所需要的税收对策。

一、立足伟大创造，领悟理论新发展

新中国成立以来，不论是早期探索社会主义制度下利用商品生产优势的市场经济补充计划经济发展，还是新时代发挥市场在资源配置中的决定性作用，党围绕社会主义与市场经济的有机结合进行了大胆探索、取得了伟大成就。2021 年中央经济工作会议对此高度评价——“社会主义市场经济是一个伟大创造”①。我们必须总结这一伟大创造的基本内涵和历史经验，当前特别是要把握在这一伟大创造中的资本特性和行为规律，据此研究税收的定位作用，特别是提出针对资本特性和行为规律采取相关税收对策的理论依据。

（一）在社会主义市场经济的历史经验中汲取奋进力量

充满活力的社会主义市场经济体制是在革命、建设、改革的实践中被证明具有显著优越性的制度。一以贯之地坚持社会主义市场经济体制的成功经验，与时俱进地加以发展完善，是推进社会主义市场经济焕发更大活力的重要前提。这一经验至少包括两个方面。

其一，从计划经济向社会主义市场经济的衔接更替与适应发展，体现了社会主义市场经济的包容性，这种包容性是我国实现市场决定作用和政府主导作用有机统一的重要保障。产生于西方资本主义土壤的市场经济如何适应社会主义制度，既没有现成经验可循，也没有成熟理论可用。在这种背景下，我们党先是破除了社会主义与市场经济的对立，而后又提出计划经济与市场经济的主辅关系，逐渐在市场经济中融入社会主义制度优势，构建了社会主义市场经济体制，并完成了市场在资源配置中的基础性作用到决定性作用的转变，创造了社会主义经济快速发展的伟大奇迹。笔者一贯认为，这一包容性表现为：社会主义市场经济既体现现代市场经济的共性特征，与资本主义条件下的市场经济具有相通的运行规律，又结合了社会主义制度的显著

---

① 中央经济工作会议在北京举行［N］. 人民日报，2021 - 12 - 11（001）.

优势。这种共性和个性的统一，是我国社会主义市场经济在政府宏观调控下释放市场活力的重要前提。同时，随着社会主义市场经济的逐渐成熟定型，还应在共性和个性的统一中更加凸显个性特征，为其他走向现代市场经济的国家提供中国经验。

其二，社会主义市场经济既坚持中国特色社会主义制度，又发挥市场配置资源的优势，这种显著优势长期以来为解放和发展生产力、保障和改善人民生活创造了有利的制度条件。社会主义市场经济这一前无古人的事业，不仅适应了中国特色社会主义制度要求，还在助力完成改革发展稳定任务中交出了世所罕见的中国答卷。而其中最关键的在于，在构建和发展社会主义市场经济体制中，我们始终坚持党的领导，这既是中国特色社会主义制度的最大优势，也是社会主义市场经济取得重大成就的最大优势。从党的十二届三中全会通过《中共中央关于经济体制改革的决定》确定社会主义经济是“公有制基础上的有计划的商品经济”体制[①]，到党的十九届四中全会通过《中共中央关于坚持和完善中国特色社会主义制度 推进国家治理体系和治理能力现代化若干重大问题的决定》将社会主义市场经济体制明确为社会主义基本经济制度的重要构成部分，党的领导贯穿始终，指引体制改革方向。在党的领导下，社会主义市场经济始终在资源配置中坚持“以人民为中心”的发展思想，坚持有效市场与有为政府的有机结合，有效防范了资本主义市场经济的弊端，并能够依据党确定的改革总体方向和阶段性目标与时俱进地调整资源配置，确保了社会主义经济体制改革的前后一致和稳定推进。可以认为，党的领导是社会主义市场经济既能坚定社会主义方向，又能发挥现代市场经济配置资源长处的重要保证。这是当前和今后进一步构建高水平社会主义市场经济体制的重要经验，是“伟大创造”的核心所在，必须始终坚定、一以贯之坚持。

（二）领悟新发展阶段的新要求，进一步构建高水平社会主义市场经济体制

社会主义市场经济体制在支撑我国经济持续高速发展的同时，也积聚了大量资本。资本与市场紧密相关，而社会主义与市场经济的协调统一也决定了社会主义市场经济条件下资本存在的必然性。“社会主义市场经济中必然

---

① 中共中央关于经济体制改革的决定［EB/OL］. http：//www. gov. cn/test/2008 -06/26/content_ 1028140. htm.

会有各种形态的资本”，关键在于“要发挥资本作为生产要素的积极作用，同时有效控制其消极作用”①。这里谈三点认识。

其一，要认识社会主义制度下市场与资本并存共生的关系。资本与社会生产挂钩，伴随着商品生产流通产生，作为生产要素嵌入市场经济中，这是生产力发展的必然，决定了市场与资本的不可分割性。从历史进程来看，市场与资本较早产生于资本主义土壤，导致其带着当时发展阶段和社会制度的烙印。但从资源配置的角度看，市场与资本的并存是社会主义制度下的市场经济和资本主义制度下的市场经济都必须呈现的共性特征。不过，在不同的社会制度下，市场与资本的联系和并存关系又表现出制度制约的影响。我国社会主义市场经济的成功也表明，市场和资本都不是资本主义特有的，其并存关系在社会主义市场经济下也存在，同时也在社会主义制度下体现着对这一关系的制度要求。市场与资本在不同社会制度下均并存共生但又体现制度制约的这一辩证关系，是引导资源有效配置、把握资本共性与特性、辩证发挥资本作用的重要前提。

其二，要总结社会主义市场经济下合理运用资本的成功经验。一是我国的社会主义市场经济逐渐发挥市场在资源配置中的决定性作用，在一系列市场化改革中为提高资本配置效率、促进生产力发展创造了条件。比如，国企混合所有制改革以国有资本、集体资本、非公有资本等交叉持股、相互融合的方式促进各类资本取长补短，既有利于国有资本提高竞争力，又能够为非公有资本提供投资机会，在优化资本布局中实现各种资本互利共赢，推动经济持续健康发展。二是社会主义市场经济在把握各种形态资本方面有着深刻认识。党的十九届四中全会将“坚持公有制为主体、多种所有制经济共同发展和按劳分配为主体、多种分配方式并存，把社会主义制度和市场经济有机结合起来，不断解放和发展社会生产力”作为我国国家制度和国家治理体系的显著优势之一，体现的就是长期以来我国对各种资本的明确定位。在社会主义市场经济条件下，“公有制为主体”确保了国有资本为党执政兴国提供重要支柱与依靠力量，“多种所有制经济共同发展”促进了多样化资本融合发展对全国统一市场和公平竞争环境形成的作用发挥；“按劳分配为主体”明确了在我国分配领域中劳动所得的主导地位，“多种分配方式并存”则强调了提高资本、技术、管理等生产要素拥有者积极性的重要作用。三是社会

① 中央经济工作会议在北京举行［N］. 人民日报，2021－12－11（001）.

主义市场经济在提高资本配置效率中，致力于将资本发展的内在动力与“以人民为中心”的发展要求相挂钩。市场经济和资本发展只有在党领导下的社会主义制度安排中才能确保以“人民中心”为导向。一路走来，特别是党的十八大以来，党和国家出台了一系列政策措施，鼓励和引导各种形态资本投向基础民生、科技创新、环境保护、乡村振兴等符合国家长远发展方向的领域，并在发展成果的分享中体现着“人民至上”与公平正义，这是我国“以人民为中心”的社会主义市场经济区别于西方国家“以资本为中心”的资本主义市场经济的明显特征。四是社会主义市场经济充分发挥市场在资源配置中的决定性作用，但绝对不允许资本进入国体政体、党政军群等重要领域，绝对不允许资本在我国社会生活中成为决定性力量。这种对市场运用领域的限制与资本主义制度下包括政治在内的所有领域都由市场机制决定形成鲜明对比，为党的长期执政提供了坚实保障。

其三，要领会当前为资本设置“红绿灯”的政策信号。当前，在资本全球范围内加速流动和我国加快构建开放型经济新体制的背景下，我国既引进了更多外国资本，也促使中国资本逐渐走向世界，为资本提供了广阔的发展空间。资本天然的逐利性将进一步加剧财富不平等现象，而资本相对社会制度的独立性也为社会主义市场经济有效引导资本发挥积极作用提供了可能。2021 年中央经济工作会议明确提出要为资本设置“红绿灯”，意味着资本加速扩张伴随的消极作用凸显，引导资本发展与规范资本运作成为题中应有之义。在社会主义市场经济下，资本可以扩张，但必须“有序”，不可“无序”；资本必然生长，但必须“规范”，不得“野蛮”。这里“有序”扩张和“规范”生长的规则规矩，当然包含着市场经济“鼓励竞争、反对垄断”等共性要求，但更重要的决定因素是由市场经济前的定语“社会主义”所决定的。简言之，我们要在顺应资本发展和市场经济运行规律的基础上，将产生于资本主义私有制的资本转化为公有制为主体的国家解放和发展生产力的积极动力，在国家宏观调控中抑制资本发展可能产生的消极影响。这是马克思主义政治经济学基本原理与中国社会主义实践相结合的必然要求。

二、对照发展要求，把握税收新定位

税收作为政府宏观调控的重要手段，其作为市场主体的必要负担且须与之共存的特征，决定了明确社会主义市场经济下的合理税收定位的重要性。当前，正确认识资本特性、把握资本规律、引导资本流向成为新发展阶段我国进一步构建高水平社会主义市场经济的关键一环。这既要求一以贯之地坚持社会主义市场经济下税收工作取得的成功经验，又要对照当前的新要求鼓励和引导资本发挥积极作用。笔者认为，结合社会主义市场经济体制发展的显著优势与时代要求，特别是在“正确认识和把握资本的特性和行为规律”的要求下，可以从五个方面来把握税收定位，并将其作为制定引导资本有序发展之税收对策的重要依据。

（一）把握好坚持党管经济与遵循市场规律的统一

坚持党总揽全局、协调各方的领导地位是中国特色社会主义的最本质特征，这也决定了坚持和加强党对经济工作的集中统一领导是构建高水平社会主义市场经济必须始终遵循的首要准则。从“党管经济”出发，作为经济重要方面的税收就要高举“党管税收”的旗帜，坚持“税收为党、税收为民、税收为国”的服务大局定位，拓展服务党和国家工作大局的职能作用。[①] 在坚持“党管税收”的同时，我们还应该认识到，任何国家的市场经济中都存在资本和税收、存在税收作用于资本的空间。税收对资本的调节事实上是对政府与市场关系的调整。从这个角度出发，税收作为市场经济主体的必要负担，就要遵循市场运行规律，尽可能减少对供求的影响和对价格的扭曲，做到“简税制、宽税基、低税率”，助力发挥资本等生产要素的积极作用，在一系列税制改革和税收政策安排中为搞活资本创造良好营商环境。这些做法的本身就是对党管经济、发挥社会主义市场经济作用的重要支持。

（二）处理好以人民为中心与合理运用资本的关系

笔者长期以来坚持“人民税收”的观点[②]，强调社会主义税收具有“取之于民、用之于民”的本质属性。面对社会主义市场经济下存在各种形态资本以及资本逐利性等事实，如何运用税收政策，发挥其对资本的鼓励和引导作用，使其既能符合“以人民为中心”的发展理念要求，又能在适宜的资本市场环境中尽可能提高资本的积极性，成为当前我国税收助力用好资本、用活资本的关键问题。应该看到，中国特色社会主义制度既对税收定位提出了这一明确要求，又在制度性和体制性安排中保障了税收职能定位的实现，这一基本判断对我们认识税收问题至关重要。在社会主义市场经济下，处理好以人民为中心与用好资本的统一关系，就要在税制改革与税收征管促进资本

---

① 邓力平．从百年征程中汲取税收前行力量［N］．中国税务报，2021－06－23（B1）．

② 邓力平．资源配置方式变革中的人民税收［J］．税务研究，2019（10）：5－14．

健康有序发展过程中始终坚持“人民税收”和国家税收的高度统一，促使资本运行目标与国家根本政治制度、基本经济制度相一致，与国家宏观政策相适应。笔者多次强调的“党管税收、为民收税、向民收税、为民轻税、为民改革、为民服务、为民用税”七个方面特定内涵①，也适用于对这一问题的把握。税收要在以人民为中心的基础上，尽可能发挥资本积极性，促进资本有序运行。不论是国有资本还是民营资本，不论是境内资本还是境外资本，都要辅之以税收政策引导，使资本在社会主义市场经济框架下为增进民生福祉贡献力量。

（三）把握好推动走向富裕与实现共同富裕的统一

随着脱贫攻坚战取得重大胜利，共同富裕已成为当前全面建设社会主义现代化国家的重要目标，也是我国社会主义市场经济有效运行的内在要求。与这一目标相对应的是人民日益增长的美好生活需要和不平衡不充分的发展之间的矛盾，是部分领域资本积聚伴随的无序扩张和垄断引致的贫富分化现象。基于此，当前在税收政策安排中加强对资本的监管和引导、协调好走向富裕与共同富裕的关系，成为推动高质量发展、构建新发展格局的关键内容，也是我国社会主义市场经济优于资本主义市场经济的重要特征。这里要注意把握三个方面：其一，走向富裕与共同富裕折射了社会主义市场经济的共性和个性特征，与这一逻辑对应的是大相径庭的税收定位和职能要求。走向富裕是市场经济的共性特征，是所有国家走向现代化的共同物质追求，其对社会主义税收的要求自然是提高初次分配效率，通过构建良好的税收营商环境来释放市场活力、激发资本创造力、增加社会物质财富，发挥市场在初次分配中的决定性作用。共同富裕则是社会主义市场经济的个性特征，是人民民主专政的社会主义国家追求物质财富和精神财富两手抓、个人富裕与全体富裕齐并进的伟大目标。与此相对应的税收则要求发挥其在再分配中调节收入、促进公平的作用，以及在第三次分配中鼓励慈善、改善分配的作用，通过税制安排和政策调整来缩小市场主体间的收入差距。其二，不论是走向富裕还是共同富裕，都要在承认资本逐利的基本属性中强调发挥税收调节和引导职能，而非改变资本属性或限制打击资本。为资本设置的“红绿灯”，就是对诸如无序竞争、垄断行业、操纵市场、内幕交易等不利于全体人民走向富裕的现象“亮红灯”，对公平竞争、合规经营、积极作为、服务大局等

---

① 邓力平．中国特色“人民税收”理念新论［J］．东南学术，2020（04）：126－135＋247．

有利于实现共同富裕的行为“开绿灯”，明确资本运行规则底线，发挥资本市场积极作用。其三，促进全体人民共同富裕不是平均主义，也不是劫富济贫，而是在税收政策中调节和引导资源流向国家宏观政策支持的领域，促进资本稳定有序发展、健康良性运作，用好资本来做大蛋糕，并在做大蛋糕的基础上分好蛋糕，推动社会主义市场经济体制助力实现共同富裕目标。

（四）结合好所有制制度与分配制度的要求用好税收工具

我国的社会主义基本经济制度包括三方面内容：一是“公有制为主体、多种所有制经济共同发展”的社会主义所有制制度；二是“按劳分配为主体、多种分配方式并存”的社会主义分配制度；三是“社会主义市场经济体制”。税收在国家治理中发挥基础性、支柱性、保障性作用，不仅要在社会主义市场经济体制框架下发挥作用，还要提升站位、拓宽视野，结合所有制制度和分配制度来进一步明确定位。这一方面要求在运用税收政策时，要在党的领导下始终贯彻“两个毫不动摇”，既毫不动摇巩固和发展公有制经济，调整和引导资源流向国家重大战略任务领域，保证党执政兴国的基础稳定；又毫不动摇鼓励、支持、引导非公有制经济发展，遵循市场规律尽量保持税收中性定位，尽量减少对市场经济主体行为的扭曲，通过多种所有制经济共同推进社会主义市场经济长期健康发展。另一方面，税收政策运用还要重点发挥其在社会主义分配格局中的职能作用，明确中国特色社会主义税收就是以社会主义国家为主体、体现“人民当家作主”价值取向的特定分配关系。税制设置要确保对应的分配关系以按劳分配为主，并规范多种分配关系的并存，促进劳动报酬和劳动生产率同步提高，调动各类要素所有者的创新、创业、创造热情。

（五）把握好集中力量办大事与释放市场活力的关系

集中力量办大事是我国社会主义制度的最大优势，党的十九届四中全会也将“坚持全国一盘棋，调动各方面积极性，集中力量办大事”明确列入我国国家制度和国家治理体系的十三个显著优势之中。在这一显著优势下还必须强调的是，改革开放四十多年来，我们在社会主义制度与市场经济的结合中始终努力将释放市场经济活力与集中力量办大事的制度性优势结合起来。在新时代，我们既要进一步发挥市场机制的长处，更要发挥集中力量办大事的制度性优势，并努力探寻更加有效的实现形式，以实现“举国机制”和“市场作用”的高度统一。由此，税收就应该有更明确的定位、更好地发挥作用。一方面，税收工作本身就是“大事”，这是服务党长期执政、国家长治久安、社会安定团结、人民生活美好幸福的重要任务。税务部门要始终按照集中力量办大事的制度性要求来办事，听指挥，讲站位，令必行，禁即止，发挥税收作用经济、反馈社会、服务政治的独特作用。另一方面，税收也是社会主义市场经济中发挥调节分配作用的重要手段，在制度设置中为党和国家大局提供更有力支持的同时，要注意尽量不要影响市场机制正常运行，要为激发市场活力创造良好营商环境。

三、立足当前形势，发挥税收新作用

既然中国特色社会主义市场经济是一个伟大创造，与此对应的税制改革、政策运用、税收征管等税收安排也必须是一个伟大创造。税收新作用的发挥必须要有这样的格局思维，必须要有这样的高大站位。当前从构建高水平社会主义市场经济体制的要求出发，特别是从"正确认识和把握资本的特性和行为规律"的新要求出发，税收新作用的发挥可以从三个方面把握。

（一）税制改革方向更加彰显新时代税收定位

进入新时代以来，我国不断深化税制改革，优化税收制度，为资本发展营造了更加公平高效的税收环境，为更好地促进共同富裕发挥了重要作用。我们要坚定新时代税收定位，继续坚持与落实既定税制改革方向，进一步完善现代税收制度，更好发挥税收职能作用。

其一，在初次分配中坚定贯彻税收中性定位，为充分发挥市场在资源配置中的决定性作用构建更有效率的税收环境。可以看到，增值税和消费税在这一环节发挥了重要作用。就增值税而言，从推进营改增来调整税制结构到简并调低税率来降低市场主体负担，再到实行全行业增量留抵退税来畅通抵扣链条，增值税在逐渐深化的改革中提高了税收中性程度。就消费税而言，逐步扩大高耗能、高污染、高价格商品的消费税征收范围并逐步后移至批发或零售环节征收的改革趋势，既能够调节市场主体消费行为，又能够在一定程度上减轻生产企业税负，为完善宏观治理、释放市场活力发挥了积极作用。

其二，在再分配中发挥税收调节收入分配作用，为促进社会公平公正、缩小微观主体收入差距提供有力支持。以 2018 年的个人所得税改革为例，提高基本减除费用标准、增加六项专项附加扣除、优化调整部分税率级距等改革明显增强了低收入者的获得感；实行综合与分类相结合征收、综合所得年度汇算等改革有效提升了同等收入纳税人的横向公平；而对个人避税行为所进行的纳税调整则在反避税中进一步增强了税收的收入调节和促进公平作用。这里还应该看到，在《中华人民共和国个人所得税法》（以下简称《个人所得税法》）中加入反避税条款，不仅是对个人避税行为的制约，更是防范资本成为社会生活决定性力量的重要举措，有利于实现以人民为中心的社会分配格局。

其三，在第三次分配中发挥税收改善既有分配结构、鼓励慈善和社会公益的职能。我国《个人所得税法》规定，个人对教育、扶贫、济困等公益慈善事业的一定限度捐赠额可以从应纳税所得额中扣除；我国《企业所得税法》规定，企业一定规模的公益性捐赠支出准予在当年税前扣除和超额三年结转扣除；在应对疫情过程中，个人和企业支持疫情防控的相关捐赠可予以免除征税并全额从应纳税所得额中扣除。应该看到，这些相关税收规定都为引导社会资本流向第三次分配领域、营造支持慈善的良好社会氛围、促进共同富裕发挥了重要作用。

（二）税收政策调整更加体现引导资本发展的目标

与税制改革相同步，我国配套的税收政策为促进资本良性运行、加强宏观治理提供了强有力的支持。我们要在总结既有经验、持续推动落实中进一步强化税收政策对资本有序发展的引导作用。

其一，税收政策要在助力推进“放管服”改革、优化税收营商环境中为处理好政府与市场关系、更好激发资本发展活力提供支撑。比如，国家税务总局发布的《关于进一步深化税务领域“放管服”改革 培育和激发市场主体活力若干措施的通知》（税总征科发〔2021〕69 号）推出的包含降低制度性交易成本、优化税务执法和监管、持续提升办税缴费便利度三个方面的 15 条新举措，为进一步激发市场主体活力、优化税收营商环境指明了行动路径，也为市场经济中的资本规范健康发展创造了公平公正的税收环境。再如，国家税务总局等十三个部门发布的《关于推进纳税缴费便利化改革优化税收营商环境若干措施的通知》（税总发〔2020〕48 号），提出持续推进减税降费政策直达快享、不断提升纳税缴费事项办理便利度、稳步推进发票电子化改革、优化税务执法方式、强化跟踪问效五个方面共 16 条措施来打造更加市场化、法治化、国际化的税收营商环境，同样有利于资本顺畅运转、维护市场主体合法权益、推进高标准市场建设。

其二，税收政策要在配合税制改革中为促进资本流向国家重大战略领域、发挥资本积极作用提供政策激励。资本的逐利属性决定了其在科技创新、环境保护、文化产业、乡村振兴、共同富裕等收益相对较低领域激励不足，而通过税收优惠政策鼓励和引导资本进入这些领域，并以制度来确保其合规经营，是税收服务经济社会发展大局的重要举措。诸如研发费用加计扣除、购置环保设备限额抵免、符合条件文化企业免征增值税、涉农贷款损失税前扣除、慈善企业非营利性收入免税等税收优惠政策，均鼓励资本流向符合国家长远发展方向的基础性战略性领域，更加符合我国构建新发展格局的需要。

（三）税收征管改革更加强化对资本的有效监管

伴随着资本无序扩张带来的赢者通吃、破坏竞争等消极效应的显现，加强资本监管和规范资本发展成为当前营造公平竞争税收环境、完善社会主义市场经济体制、推进国家治理现代化的内在要求。我国加快推进的税收征管改革也在相关政策安排中体现了这一导向。比如，2021 年中共中央办公厅、国务院办公厅印发的《关于进一步深化税收征管改革的意见》在推进税收征管数字化升级和智能化改造、精准实施税务监管等方面提出的相关举措，通过“技术 + 监管”的政策组合拳，既为及时分析研判纳税人行为提供了技术手段，又为防控纳税人偷逃税等行为强化了监管机制，在规范资本合规行为、促进资本合法运作方面引导了正确社会预期。再如，财政部、国家税务总局发布的《关于权益性投资经营所得个人所得税征收管理的公告》（财政部 税务总局公告 2021 年第 41 号）规定，“持有股权、股票、合伙企业财产份额等权益性投资的个人独资企业、合伙企业，一律适用查账征收方式计征个人所得税”，这是针对高收入人群在核定征收方式下偷逃税款行为的应对措施，有利于落实高收入者多纳税的税负公平原则，发挥税收在再分配中促进社会公平的作用。

近期，当红主播通过隐匿收入、虚假申报等方式偷逃巨额税款的行为产生了很大社会影响，个别明星艺人采用阴阳合同、设立掩护企业等方式来逃避纳税义务也被大众熟知。加强对网络直播行业和娱乐圈的税收监管，避免高收入人群偷逃税行为造成的实际税负不公，既有利于强化行业规范自律、限制资本野蛮生长，也是坚持以人民为中心发展思想、推进实现共同富裕目标的必然要求。同时，在这一过程中，我国税务部门采取的提示提醒、督促辅导、予以警告、立案稽查、公开曝光的“五步工作法”，在宽严相济中既敲响了依法纳税的警钟，又在允许自查整改中引导新经济新业态发展，是合理规范资本行为、探索设置资本“红绿灯”的生动实践。

四、做好当下工作，体现税收新担当

在对社会主义市场经济不断加深的理解中，特别是对资本特性和行为规律的正确认识与把握中，一路前行的税收现代化又必然要被赋予新的要求。2021 年的中央经济工作会议和全国税务工作会议对此作出相关部署要求，我们就要继续坚持和完善已被实践证明有效的税收制度与政策，并根据发展新要求与时俱进地加快调整和改革。本节仅从四个方面提出建议。

（一）稳中求进做好各项税收工作

当前，全球经济充满不确定性，我国经济发展面临需求收缩、供给冲击、预期转弱三重压力，在这一背景下把握稳的节奏、抓住稳的重点，是面对风险挑战、确保经济平稳、协调、安全、可持续增长的关键。税收就要在相关政策和工作安排中为稳住市场主体预期、稳住各种形式资本预期发挥积极作用，更好地服务“六稳”“六保”大局，进而推动经济社会高质量发展。这其中既有稳增税费收入、稳放减负红利、稳定人才支撑等近年需持续推进落实的要求，也有稳推税制改革、稳抓税收征管、稳控税收风险等当前需加快推动实现的要求。在“稳中求进”的工作总基调下，税收才能更好引导资本为稳住经济基本盘添力、为助力经济高质量发展赋能。

（二）灵活有效运用减税降费政策

伴随减税降费政策持续推进和“六稳”“六保”工作落实落细，我国财政收支矛盾扩大引致的财政运行“紧平衡”特征日益凸显。当前，我们要立足“十三五”期间我国在减税降费政策中努力做好政策“有效性”和“可持续性”统一的成功经验，在继续发挥减税降费政策为资本发展提供轻税环境、释放市场活力的同时，还要注意运用好大规模、阶段性、组合式减税降费政策，既要审时度势加大对市场主体的支持力度，又要在灵活调整减税降费强度和力度中确保财政的可持续性。

（三）引导资本发挥积极作用和限制资本消极作用

当前资本无序扩张主要聚集在互联网、房地产、娱乐、金融、教育等领域。我们要在税制安排、政策调整和税收征管中特别注意加强对这些领域的税务执法和监管，通过设置“红绿灯”来促进资本在适应市场需求和规范健康发展中找到平衡点，限制资本在特定敏感领域的投融资活动，防止资本垄断和无序扩张。同时还要看到，实现碳达峰碳中和目标是我国推动高质量发展的内在要求，如何通过税收优惠和税制改革发挥资本在融资支持、资源配置和风险管理方面的优势，助力实现碳达峰碳中和，是当前我国税收工作需要深入的重要方面。这一方面要求在一系列税收优惠政策中增强资本发展的绿色导向，对使用化石能源、造成大气污染的企业开征相应税收，而对使用清洁能源、配置节能设备、落实环境保护的产业加大税收优惠力度；另一方面要求进一步研究有利于碳减排的绿色税收制度，抓紧研究碳税、碳边境税和碳排放权交易等国际通用政策手段在我国的适用性、局限性与协调性，合理发挥资本在加快我国碳达峰碳中和进程中的作用。

（四）积极参与国际税收合作

百年未有之大变局下的资本全球化流动是与世界多极化和经济全球化新特征密切相连的。面对世界格局的新变化，一方面，跨国资本逃避课税和侵蚀税基成为经常现象的事实呼吁各国加强国际税收合作；另一方面，跨国资本依附于不同类型主权国家而表现出来的“选边站队”问题也要求从全新维度来把握国际税收合作。由此，我国既要在国际税收合作框架下为制定全球反避税管理和规范资本流动努力提供中国方案，又要在引入外资过程中警惕跨国资本中可能挟裹的政治色彩对我国社会主义市场经济的影响，通过国内税收政策与国际税收合作来规范和引导资本行为，促使资本运行目标与我国经济发展和社会稳定大局相协调，为增进民生福祉贡献力量。

第四节　“构建高水平社会主义市场经济体制”中的税收定位

在全党全国各族人民迈上全面建设社会主义现代化国家新征程、向第二个百年奋斗目标进军的关键时刻，党的二十大对新时代新征程党和国家事业发展作出科学完整的战略部署，提出“中国共产党的中心任务就是团结带领全国各族人民全面建成社会主义现代化强国、实现第二个百年奋斗目标，以中国式现代化全面推进中华民族伟大复兴”，为我们明确历史方位、把准前进方向、坚定实践步伐提供了纲领性指引。“高质量发展是全面建设社会主义现代化国家的首要任务”，党的二十大报告对此提出了明确要求，其中再次宣示“坚持社会主义市场经济改革方向”，并将“构建高水平社会主义市场经济体制”置于高质量发展要求之首，彰显了“既不走封闭僵化的老路，也不走改旗易帜的邪路”的坚定信心。多么坚定的方向！多么明确的目标！学习党的二十大精神，笔者对社会主义市场经济体制更加信心百倍。作为在国家治理中发挥基础性、支柱性、保障性作用的税收，当然要结合时代新要求找准定位，特别是在新时代新征程上为“构建高水平社会主义市场经济体制”作出新的贡献。本节就是在深刻领悟党的二十大报告之精髓要义的基础上，结合“构建高水平社会主义市场经济体制”中的税收定位，阐述笔者的学习体会。

一、把握社会主义市场经济及税收一以贯之的中国特色

习近平总书记在党的二十大报告中指出，“中国式现代化，是中国共产党领导的社会主义现代化，既有各国现代化的共同特征，更有基于自己国情的中国特色”，向世界宣示了我们走中国式现代化道路的坚定方向。对此，笔者的感受极其深刻。我们是在中国式现代化的中心任务下坚持社会主义市场经济改革方向的，“既有各国共性、更有中国特色”的中国式现代化道路，当然决定了社会主义市场经济也必然是“既有共性、更有个性”，从而对应的税收也是既有一般市场经济对公共税收的共性要求，更有社会主义市场经济对中国特色税收的个性要求。

作为长期研究中国特色税收的理论工作者，笔者深受鼓舞。一路走来，笔者始终坚持以“既有共性、更有个性”的思路来研究社会主义市场经济及对应的税收理论与实践。对于市场经济的“共性”，笔者多年来强调的是“供求决定、价格导向”，并在此基础上形成了税收必须坚持“取之有道、用之有方”的基本思路、坚持“轻税政策、减轻负担”的基本导向等判断，这些观点笔者今天依然坚持。对于市场经济的“个性”，笔者始终将“社会主义市场经济”作为一个不可分割的整体，牢牢把握社会主义制度前提下社会主义市场经济的基本特征，并基于其对税收的期盼和要求，明确社会主义市场经济框架下的税收定位。笔者长期致力于此，必将与时俱进地持续探索。一段时间内，社会上出现一些声音，产生了对社会主义市场经济方向缺乏自信乃至质疑的观点。笔者始终坚定社会主义市场经济体制方向，并发表了一系列文章予以阐述论证。当前，党的二十大再次强调社会主义市场经济体制的改革方向和改革目标，为笔者持续研究社会主义市场经济体制坚定了信心、明确了方向。

应该认识到，我们今天站在新时代新征程上讨论社会主义市场经济体制下的税收定位，肯定不是传统计划经济体制下的“税收无用论”，也不是社会主义市场经济体制建立初期更多讨论税收共性的“公共税收论”，而是社

会主义市场经济体制不断发展完善直至“构建高水平社会主义市场经济体制”要求下，“既有共性、更有个性”特征的社会主义税收定位，是马克思主义中国化时代化指引下符合中国实际和时代要求的税收特征。在这一根本认识下，我们就要特别把握党的二十大报告在“构建高水平社会主义市场经济体制”目标下对税制改革提出的要求，在新时代新征程中找准税收定位，更好发挥作用。这既是“构建高水平社会主义市场经济体制”的要求，也是中国式现代化的重要方面，须持续领会把握。

二、认识“构建高水平社会主义市场经济体制”的时代要求

党的二十大报告提出“构建高水平社会主义市场经济体制”并作出相应部署，这是在党的十九届五中全会首次提出这一要求后的再次重申，是主动应对百年变局与复兴全局之风险挑战的战略选择，也是全面建设社会主义现代化国家、全面推进中华民族伟大复兴的现实需要。对于“构建高水平社会主义市场经济体制”，基于新时代十多年来的实践经验，结合党的二十大报告提出的推动高质量发展的要求，笔者认为至少可以从以下三个方面来把握。

其一，高水平社会主义市场经济体制是政治优势和经济优势有机结合的社会主义市场经济。习近平总书记在多个场合反复强调，“我们是在中国共产党领导和社会主义制度的大前提下发展市场经济，什么时候都不能忘了‘社会主义’这个定语”[①]，并将“既坚持社会主义制度又坚持社会主义市场经济改革方向”[②] 归纳为我国改革开放四十年的经验之一。我们把握“构建高水平社会主义市场经济体制”，一定要将“社会主义市场经济”作为不可分割的统一整体来认识。这是社会主义市场经济区别于资本主义市场经济的显著优势，是新时代十多年来经济发展取得历史性成就的重要经验，也是我们得以“构建高水平社会主义市场经济体制”的最大优势。由此，将社会主义制度与社会主义市场经济相结合，“构建高水平社会主义市场经济体制”首先就应是坚持党的全面领导和坚持“以人民为中心”发展思想的统一，这事实上也是中国式现代化的最本质特征和最根本要求。我们要将党的领导贯穿于“构建高水平社会主义市场经济体制”全过程，在谋定改革方案、推进

---

① 习近平．不断开拓当代中国马克思主义政治经济学新境界［J］．求是，2020（16）：4－9．

② 习近平．开放共创繁荣 创新引领未来：在博鳌亚洲论坛 2018 年年会开幕式上的主旨演讲［N］．人民日报，2018－04－11（3）．

政策实施等各环节都坚持发挥党的举旗定向作用。在此基础上，“构建高水平社会主义市场经济体制”还要进一步适应全面建成小康社会后人民对美好生活更高的要求，紧紧抓住人民群众最关切的急难愁盼问题，为推动全体人民共同富裕取得更为明显的实质性进展贡献力量。

其二，高水平社会主义市场经济体制是市场作用和政府作用相互协调的社会主义市场经济。进入新时代以来，使市场在资源配置中起决定性作用和政府更好发挥作用成为经济体制改革的核心问题，也是十多年来我国经济发展的宝贵经验。我们要按照党的二十大报告的相关要求，在市场和政府的相互协调、相互促进中推进经济体制改革，为“构建高水平社会主义市场经济体制”贡献市场和政府力量。

一是高水平社会主义市场经济体制，必然是市场在资源配置中发挥决定性作用的社会主义市场经济，必然是微观主体充满活力、市场竞争有序公平、要素流动自由畅通、法律法规体系完备的社会主义市场经济。首先，从提高微观主体活力看，要坚持“两个毫不动摇”，完善中国特色现代企业制度，培育更多充满活力的市场主体。一方面，要深化国资国企改革，推进国有经济布局优化和结构调整，做强做优做大国有资本；另一方面，要优化民营企业发展环境，依法保护民营企业产权和企业家权益，营造支持非公有制经济高质量发展的制度环境。其次，从市场竞争有序公平看，要以完善的产权制度确保各种所有制经济依法平等地使用生产要素并参与市场竞争，以统一的市场准入确保各类企业一视同仁地遵循资源配置规律和行为规范，以公平的竞争审查确保垄断和不正当竞争等行为得到有效遏制，以健全的社会信用确保守信激励和失信惩戒依法依规开展，夯实市场经济基础性制度。再次，从要素流动自由畅通看，要推动要素市场制度建设与改革，通过健全统一开放的要素市场、完善市场决定的要素价格、促成高效公平的要素配置，保证各类市场主体在获取土地、劳动力、资本、技术、数据等要素方面的公正平等，为建设高标准市场体系和高水平现代化经济体系夯实制度基础。最后，从法律法规体系完备看，要在推动构建高标准的市场体系中，坚持市场化、法治化改革方向，通过推动完善各类产权、企业破产、个人破产、反垄断等经济领域相关法律法规体系，不断提升社会主义市场经济的法治化水平。

二是高水平社会主义市场经济体制，必然是政府更好发挥作用的社会主义市场经济，必然是宏观治理更为健全、政府职责更为优化、人民福祉有效保障的社会主义市场经济。首先，政府更好发挥作用，要进一步完善宏观调控和宏观治理体系，推动财政政策、货币政策、区域政策等协调配合。以财政政策为例，党的二十大报告提出“健全现代预算制度，优化税制结构，完善财政转移支付体系”，财政的工作重点继续在现代预算制度、税制结构和转移支付方面深化，体现的就是我国财政体制改革着力解决发展不平衡不充分问题的导向，其他宏观政策要配合打好“组合拳”。其次，政府更好发挥作用，要进一步完善政府职责权限。在社会主义中国，有为政府不仅要为弥补市场失灵、促成高标准市场体系发挥作用，更要在市场不能也不允许发挥决定性作用的领域展现作为。对于市场可以有效配置资源的领域，政府要确保不越位，尽可能不直接配置市场资源、不直接干预微观经济活动；对于市场失灵的领域，政府要确保能到位，在保障公共产品供给、促进绿色低碳减排等方面发挥补充作用；对于市场无法发挥作用的领域，政府要确保不缺位，在推动国家重大战略任务完成、维护国家发展安全、促进社会公平正义等方面更好发挥政府作用。最后，政府更好发挥作用，要进一步提高政府在完善基本民生保障兜底机制、提高人民群众获得感方面的职能作用。这既有优化收入分配格局，健全体现效率、促进公平的收入分配制度的要求，也有完善社会保障体系，切实做好“六稳”“六保”工作的要求，目的就是要让改革发展成果更多更公平惠及全体人民。

其三，高水平社会主义市场经济体制是国内市场与对外开放相互促进的社会主义市场经济。以开放促发展是新时代十多年来我国经济建设不断取得新成就的重要经验。不论是作为新发展理念之一的开放发展理念，还是构建以国内大循环为主体、国内国际双循环相互促进的新发展格局，都对开放发展提出了重要要求，这也是“构建高水平社会主义市场经济体制”的内在之义。在新时代新征程上，我们要以高水平的国内市场优势为打造高水平对外开放新格局提供基础前提，同时还要以高水平开放促进深层次的国内市场化改革，在高水平国内市场与高水平对外开放的相互协调与相互促进中，推动“构建高水平社会主义市场经济体制”和形成“更高水平开放型经济新体制”。从高水平国内市场看，要依托我国大规模的国内市场，市场化、法治化、国际化营商环境，合理优化的外资投资管理制度与监管体制，吸引全球资源要素流入。从高水平对外开放看，要以立足国情、对接国际高标准的市场规则体系助力国内企业更好走出去，尤其是以自由贸易区网络和“一带一路”建设为重点，促进形成更大范围、更宽领域、更深层次的对外开放格局。这些都是我国在新时代新征程上“构建高水平社会主义市场经济体制”的内在要求，需要我们提高站位，从统筹国内国际两个大局的高度推动我国经济内外循环畅通，更好利用国内国际两个市场、两种资源，着力推动高质量发展。

三、为“构建高水平社会主义市场经济体制”作出税收新贡献

党的二十大报告在社会主义市场经济“高水平”的发展要求中，明确提出要“优化税制结构”，表明高水平社会主义市场经济对税收“高站位”的要求，这对于我们在新时代新征程把握税收定位、找准改革方向极其重要。笔者的初步体会是，我们既要把握好社会主义市场经济对税收发展的一以贯之期待，又要在服务“构建高水平社会主义市场经济体制”中作出新贡献。这里笔者结合“构建高水平社会主义市场经济体制”之时代要求谈四个方面理解。

其一，坚持党管税收与人民税收相结合。长期以来，我们在党的领导下把握税收制度改革与税收政策调整，始终体现了党管税收与人民税收的统一，并形成了“抓好党务、干好税务、带好队伍”之目标任务和“为国聚财、为民收税”之人民立场，彰显了社会主义税收的显著优势。站在新时代新征程上，我们仍要锚定税收现代化目标，在一以贯之坚持党的领导和坚定人民立场中，结合时代发展新要求与市场主体新期盼，与时俱进地创新税收在减轻税收负担、坚持依法治税、优化税收服务、服务对外开放等方面的政策举措，展现税收在“构建高水平社会主义市场经济体制”中的积极作为，助力推进中国式现代化进程。

其二，坚持阶段措施和制度安排相结合，推进实施新的组合式税费支持政策。当前，世纪疫情影响深远，全球经济复苏乏力，由此引致的市场主体信心疲软、活力不足等问题，成为制约“构建高水平社会主义市场经济体制”的重要因素。由此，税收就要在新时代十多年来实施减税降费政策的经验中，提炼出新征程应该调整完善或持续推进的税收举措，将灵活调整的阶段性举措视市场主体恢复元气之需而作必要调整，将成熟稳定的制度性安排上升为税收制度进而推动税制改革，在阶段性措施和制度性安排中，推动组合式税费支持政策稳定市场预期、提振市场信心、提高市场主体活力，助力企业实现更好发展。

其三，坚持依法治税与优化服务相结合。高水平社会主义市场经济表现

为微观主体充满活力、市场竞争有序公平、要素流动自由畅通、法律法规体系完备的基本特征。通过强化的税收法治，为纳税人构建起权利义务明晰的税收法律体系，并辅之以优化的税收服务，为纳税人降低制度性交易成本，两者的有效配合能够助力营造市场化、法治化、国际化营商环境，进而推动“构建高水平社会主义市场经济体制”。基于此，一方面，要继续推进税收立法进程，深化税收征管改革，严厉打击诸如无序竞争、行业垄断、内幕交易等资本行为，以税收治理的法治性、透明性、规范性、公正性促进市场主体竞争公平，更好地服务市场主体发展；另一方面，要进一步完善便企利民的税收服务举措，以发布优惠政策征管操作办法、涉税业务自动推送提醒等方式，提高纳税人缴费人获得感，进而提高纳税遵从度。

其四，坚持立足国情与统筹内外相结合。如何统筹好税收在“国内市场经济体系”与“开放型经济新体制”中的作用，是税收在新时代新征程服务“构建高水平社会主义市场经济体制”的重要着力点。从国内市场发展看，在社会主义制度与社会主义市场经济的有效结合中，我国税收制度安排要发挥的作用远大于西方发达国家税制，税收不仅要为解决市场机制失灵等问题（比如完善绿色低碳发展的税收政策体系）作出贡献，还要以更大力度推动国家重大战略任务完成，彰显中国特色税收的显著“个性特征”。由此，高水平社会主义市场经济条件下的税收，是与新时代新征程要求相匹配的现代税制，是与中国式现代化目标相一致的现代税制，我们对此要有高度自信。在此基础上，税收除了在“构建高水平社会主义市场经济体制”中展现新作为外，还应在建设现代化产业体系、全面推进乡村振兴、促进区域协调发展、推进高水平对外开放等方面发挥能动作用，从服务经济社会发展大局的高度推动国内市场高质量发展。从统筹内外两个大局的高度看，我们在立足国情找准税收定位、增强税制自信的同时，高水平社会主义市场经济体制还包含着高水平对外开放要求，从而税收就要继续履行统筹内外的职能，找准税收服务形成“更高水平开放型经济新体制”的切入点。既要关注各国税制改革与政策运用的新动向及其影响，不断优化我国现代税收制度，加快培育具有竞争力的税制新优势；又要在参与国际税收合作中，扩大与各国利益的交汇点，并在国际税收治理中提出我们的立场诉求和中国方案，持续提升社会主义税收在全球税收治理中的话语权和影响力。

第五节　在新征程上坚持和完善社会主义基本经济制度

党的二十大报告再次明确宣示，中国将“坚持和完善社会主义基本经济制度”，在所有制制度方面，要“毫不动摇巩固和发展公有制经济，毫不动摇鼓励、支持、引导非公有制经济发展”；在分配制度方面，要“坚持按劳分配为主体、多种分配方式并存”；在社会主义市场经济体制方面，要“坚持社会主义市场经济改革方向”“充分发挥市场在资源配置中的决定性作用，更好发挥政府作用”“构建高水平社会主义市场经济体制”，并将“社会主义基本经济制度”的完整内涵写入修订后的《中国共产党章程》①。这一切都凸显了新时代新征程把握基本经济制度的重要性，为我们一以贯之、与时俱进地坚持和完善社会主义基本经济制度提供了基本遵循。本节学习贯彻党的二十大精神，从六个方面加以论述。

一、在社会主义前进道路上始终坚定对基本经济制度的高度自信

在学习党的二十大报告过程中，笔者特别回顾了从新中国成立初期的社会主义探索到改革开放时期的中国特色社会主义，再到新时代中国特色社会主义的发展进程，我们对社会主义经济制度一路走来的执着探索，对社会主义初级阶段中基本经济制度的形成、发展、坚持与完善，对基本经济制度最终成为我国经济发展的重要制度基础，有了更深刻的领悟，有了更全面的认识，有了更坚定的自信。

其一，要在社会主义伟大实践中把握基本经济制度的形成过程，领悟基本经济制度的确立、坚持与发展是历史的必然，是客观的要求，是人民的选择。

新中国成立之初，生产资料所有制经历了从多种所有制并存，到社会主义改造完成之后的国有和集体所有制为基础的公有制，为社会主义经济制度建立奠定了基础。改革开放后，基于对社会主义初级阶段基本国情的判断，党在中国特色社会主义道路上不断提升对基本经济制度的认识。从党的十四大起的历次党的代表大会都对社会主义所有制制度、社会主义分配制度和社会主义市场经济体制作出部署，并将社会主义所有制制度确立为基本经济制

① 中国共产党章程［N］. 人民日报，2022-10-27（001）.

度。与此相对应，1993 年将“国家实行社会主义市场经济”写入《宪法》，1999 年又将“国家在社会主义初级阶段，坚持公有制为主体、多种所有制经济共同发展的基本经济制度，坚持按劳分配为主体、多种分配方式并存的分配制度”写入《宪法》①，完成了对基本经济制度的确立与坚持。

进入新时代以来，在以习近平同志为核心的党中央坚强领导下，党在长期坚持公有制为主体、多种所有制经济共同发展的基本经济制度基础上，对社会主义分配制度、社会主义市场经济体制及其相互关系的认识实现了新的飞跃，有了重大突破。党的十八届三中全会明确指出，“公有制为主体、多种所有制经济共同发展的基本经济制度，是中国特色社会主义制度的重要支柱，也是社会主义市场经济体制的根基”②，表明了基本经济制度与社会主义市场经济体制的密切联系，并将市场在资源配置中的“基础性作用”提升为“决定性作用”。党的十九届四中全会则结合新时代中国特色社会主义实践发展，首次将社会主义分配制度和社会主义市场经济体制纳入基本经济制度框架之中，提出“公有制为主体、多种所有制经济共同发展，按劳分配为主体、多种分配方式并存，社会主义市场经济体制等基本经济制度，既体现了社会主义制度优越性，又同我国社会主义初级阶段社会生产力发展水平相适应，是党和人民的伟大创造”。党的二十大又在《关于〈中国共产党章程(修正案)〉的决议》中庄严宣示，“社会主义基本经济制度，是中国特色社会主义制度的重要支柱”③。这些重要突破与显著拓展标志着党对基本经济制度的认识更加成熟、更加定型、更加完备。

必须强调的是，新时代党对坚持和完善基本经济制度认识的不断升华，归根结底在于有习近平新时代中国特色社会主义思想、特别是习近平经济思想的正确指引。在习近平经济思想中，对基本经济制度及其各个部分的把握始终是重要组成部分。从 2017 年习近平经济思想“七个坚持”中的“坚持使市场在资源配置中起决定性作用，更好发挥政府作用”明确要求④，到

---

① 中华人民共和国宪法［EB/OL］. http://www.gov.cn/guoqing/2018-03/22/content_5276318.htm.

② 中共中央关于全面深化改革若干重大问题的决定［N］. 人民日报，2013-11-16 (001).

本书对党的十八届三中全会的相关论述中，加引号的句子均来自《中共中央关于全面深化改革若干重大问题的决定》原文，后文不再一一注明。

③ 中国共产党第二十次全国代表大会关于《中国共产党章程（修正案）》的决议［N］. 人民日报，2022-10-23 (001).

④ 中央经济工作会议在北京举行［N］. 人民日报，2017-12-21 (001).

2021 年党的十九届六中全会归纳的习近平新时代中国特色社会主义思想之“第七个明确”中对“坚持和完善社会主义基本经济制度”的系统表述①，再到 2022 年《习近平经济思想学习纲要》提出的“坚持和完善社会主义基本经济制度，是我国经济发展的制度基础”全新定位，始终体现着习近平经济思想在基本经济制度发展完善中的指导地位②。同时，习近平总书记还在一系列重要讲话中对坚持和完善基本经济制度作出深刻论述，从对社会主义市场经济本质特征的全方位多维度阐释到对国有经济在党和国家发展中之关键作用的定位论述，从对社会主义市场经济下民营经济发展与资本行为特性的精辟判定，到对既要让资本增值发展、更要注重维护按劳分配主体地位的立场宣示，这些重要指示始终引领我们提升对基本经济制度的认识，不断强化对践行与拓展这一基本经济制度的高度自信。

其二，要在基本经济制度框架内认识所有制制度、分配制度和社会主义市场经济体制的相互关系，三者构成中国特色社会主义制度之重要支柱、成为我国经济发展之制度基础。

一是所有制制度决定了生产资料归谁所有，这是在社会主义初级阶段一切发展进步的前提基础，是分配制度与社会主义市场经济体制的重要基础。从国有企业“放权让利”改革打破政企不分，到“抓大放小”开启现代企业制度改革，再到作为国资“四项改革”重点内容的混合所有制改革，我国在不断做强做优做大国有资本过程中逐步巩固了公有制主体地位。同时，我国将民营企业作为自己人、着力构建亲清政商关系，又增强了对非公有制经济发展的鼓励、支持和引导。在所有制制度的发展完善过程中，始终伴随着分配制度的对应调整和社会主义市场经济体制的丰富完善。在生产资料归谁所有的问题确定后，致力于缩小贫富差距的分配制度才得以发挥作用，社会主义市场经济体制中的市场与政府作用边界才得以更加明确，进而确保中国特色社会主义的方向不偏、制度不移。

二是社会主义分配制度决定了收入怎么分配，是实现共同富裕的基础性制度安排。一方面，以公有制为主体的所有制结构，是确保人民共享改革发展成果的前提，也是按劳分配为主体的分配制度之前提。没有公有制为主体

---

① 中共中央关于党的百年奋斗重大成就和历史经验的决议［N］. 人民日报，2021-11-17(001).

② 中共中央宣传部，国家发展和改革委员会. 习近平经济思想学习纲要［M］. 北京：人民出版社，学习出版社，2022：3-4.

的所有制制度，按劳分配为主体的收入分配方式就无法彻底缩小贫富差距，也就无法迈过实现共同富裕之“必过之坎”，无法实现“持续富裕”与“共同富裕”之统一。另一方面，我们坚持按劳分配为主体、多种分配方式并存的分配制度，既有对劳动力市场公平竞争机制的要求，又有对各种生产要素在市场决定资源配置中参与收入分配的要求，还有对政府依靠财税等手段调节收入分配差距的要求，这些都有赖于社会主义市场经济体制的支撑。一路走来，从推行家庭联产承包责任制，到确立按劳分配的主体地位，到明确各种生产要素按贡献参与分配，再到当前将公平与效率放在更突出的位置、致力于共同富裕目标，社会主义分配制度在不断完善中，既对所有制制度和社会主义市场经济体制提出了对应要求，也对两者的完善和发展产生了重要影响。

三是社会主义市场经济体制作为特定制度安排和一般资源配置方式的结合，决定了市场经济中的资源如何分配，尤其是在公有制和非公有制经济及各种生产要素之间的分配。从计划经济到有计划的商品经济，再到社会主义市场经济体制的确立，这一发展进程始终建立在社会主义所有制制度和分配制度基础之上，是一种体现并受制于所有制关系和分配关系的资源配置方式。之所以称社会主义市场经济为“体制”，之所以能将社会主义市场经济与所有制和分配制度并列称为“制度”，就是因为这是“制度”与“方式”的统一，是“政治优势”和“经济优势”的统一。同时，社会主义市场经济体制也在不断调整市场和政府定位中推进国有和民营企业的市场化经营、促进收入分配的效率和公平。对社会主义市场经济的这一辩证判断是我们理解社会主义市场经济体制能够作为基本经济制度组成部分的重要依据。

其三，要在领悟新时代十多年伟大变革中更加坚定对基本经济制度的高度自信。新时代我国社会主要矛盾发生了改变，但社会主义初级阶段的基本国情没有变。我们既要坚持基本经济制度对经济发展的有力支撑，又要结合时代发展对基本经济制度加以完善。新时代十多年我们正是这样做的，正是依托包含基本经济制度在内的中国特色社会主义制度优势，党和国家事业取得了历史性成就、发生了历史性变革。也正是与这一伟大变革同行，我们更加坚定了对基本经济制度的高度自信，更加从容地在新征程上为完善基本经济制度而持续奋斗。

一是从所有制制度来看，新时代十多年来我国相继推进国有企业的公司制改革、混合所有制改革、以管资本为主的管理体制改革等市场化改革方向，相继推进民营企业的产权保护法治化、放开市场准入等提高市场主体活力的改革方向，为坚定“两个毫不动摇”、夯实党和国家事业发展的制度基础予以有力支撑。在新征程上，社会主义所有制制度的完善还要按照党的二十大的部署，从深化国资国企改革、优化国有经济布局结构、保护民营企业产权和企业家权益、完善中国特色现代企业制度、支持中小微企业发展、深化“放管服”改革等方面着力，促进公有制经济和非公有制经济的共同健康发展。

二是从分配制制度来看，新时代十多年来我国在初次分配、再分配和第三次分配中不断发力，努力缩小收入分配差距、改善收入分配格局、追求效率与公平的统一。从初次分配的促进就业机会公平、健全工资增长机制、提高最低工资标准，到再分配的改革个人所得税、健全社会保障体系、推进基本公共服务均等化，再到第三次分配的培育慈善组织、完善慈善捐赠税收优惠政策等，我国持续深化收入分配制度改革，推动了各种所有制经济依法平等使用生产要素，推动了社会主义市场经济体制的完善。在新征程上，分配制度还需继续深化改革，以党的二十大报告提出的“两提高、三增加”为目标加快落实。“两提高”即“提高居民收入在国民收入分配中的比重”“提高劳动报酬在初次分配中的比重”；“三增加”即“增加低收入者收入，扩大中等收入群体”“增加中低收入群众要素收入”“增加城乡居民财产性收入”。这一过程既涉及市场机制的改革完善，也需要税收、社会保障、转移支付等手段的调节支持。特别需要强调的是，在深化收入分配制度改革中，我们要领悟好习近平总书记提出的“既注重保障资本参与社会分配获得增殖和发展，更注重维护按劳分配的主体地位”的重要要求①，使“既注重”与“更注重”的协调要求与明确导向成为我国实现共同富裕的路径方向。

三是从社会主义市场经济体制来看，新时代十多年我国基于市场在资源配置中的“基础性作用”到“决定性作用”的转变，社会主义市场经济开启了力度更大的改革，既符合市场经济一般规律又体现中国特色治理优势。一方面，全方位产权保护制度体系逐步形成、要素市场化改革步伐加快、社会信用体系建设持续完善、公平竞争审查制度逐步建立、法治化体系日益完善，社会主义市场经济中的市场机制改革取得全面突破。另一方面，我国不

---

① 习近平在中共中央政治局第三十八次集体学习时强调 依法规范和引导我国资本健康发展 发挥资本作为重要生产要素的积极作用［N］. 人民日报，2022-05-01（001）.

断加强宏观调控政策运用，财政货币政策发挥组合优势、逆周期与跨周期调节有机结合、简政放权与优化服务协同推进，提高了宏观经济治理能力。在新征程上，我们既要始终坚定社会主义市场经济的改革方向，还要努力实现“构建高水平社会主义市场经济体制”目标任务。要在构建全国统一大市场、深化要素市场化改革、完善市场经济基础制度、加强财政货币政策协调配合、深化金融体制改革、依法规范和引导资本健康发展等方面发力，充分发挥市场在资源配置中的决定性作用，更好发挥政府作用。

二、在中国化时代化的马克思主义指引下把握基本经济制度的发展方向

党的二十大报告指出，“我们创立了新时代中国特色社会主义思想，明确坚持和发展中国特色社会主义的基本方略，提出一系列治国理政新理念新思想新战略，实现了马克思主义中国化时代化新的飞跃”。新时代十多年对基本经济制度的把握领悟都是在新思想引领下推进的，在新征程上坚持和完善基本经济制度，就要继续在中国化时代化的马克思主义指引下，特别是要学习领悟习近平新时代中国特色社会主义思想的世界观和方法论，牢牢把握“两个结合”和“六个坚持”的要求，持续把握基本经济制度的发展方向。

其一，要在“两个结合”的指引下坚持和完善基本经济制度。

一是要领悟马克思主义中国化时代化的“第一个结合”是坚持和完善基本经济制度的方向定标与基础前提。实践已经证明，我国的基本经济制度是适应社会主义初级阶段社会生产力发展水平的制度体系，体现的就是马克思主义与中国具体实际的结合。党的十九届四中全会将基本经济制度拓展为包含所有制制度、分配制度和社会主义市场经济体制在内的更广内涵，就是基本经济制度在习近平经济思想指导下解决中国实际问题的重要实践。新征程坚持和完善基本经济制度，就要始终体现马克思主义中国化时代化的新要求，尤其是坚持习近平经济思想的指导，以能否有效解决社会主义现代化建设的实际问题作为评判标准，对中国之问、世界之问、人民之问、时代之问作出创新性回答，并在科学认识社会主义经济发展客观规律的基础上形成更多关于基本经济制度的理论成果。

二是要领悟马克思主义中国化时代化的“第二个结合”对基本经济制度在中华大地上根深叶茂和在中国人民认知中坚信不疑的历史意义与时代意义。坚持用体现马克思主义原理同中华优秀传统文化相结合的新思想来指引、来掌舵、来领航，这已经并将继续是基本经济制度根基牢靠、历久弥

新、人民拥护、发展需要的根本原因。长期以来，正是根植于中华五千年文明，正是将马克思主义与中华传统文化相结合，我们走的中国特色社会主义道路取得了历史性成就，社会主义基本经济制度也走出了一条与西方资本主义经济制度并存、竞争并展示优势之路。在新征程上坚持和完善基本经济制度，就要充分考虑深植于中华优秀传统文化土壤之优势。要把马克思主义基本原理与中华优秀传统文化贯通起来，在文化的滋养浸润中推动基本经济制度满足国情特征、得到普遍认同。要以马克思主义的创新性理论为中华传统优秀文化的创造性转化、创新性发展注入动力。要坚持习近平经济思想的指引，在坚持和完善基本经济制度中满足人民的精神文化需求，展现基本经济制度的文化根基与显著优势。

其二，在“六个坚持”的指引下坚持和完善基本经济制度。

一是要明确“坚持人民至上”是马克思主义政党最根本的政治立场，也必然是党领导下的基本经济制度的本质要求。长期以来，我们在基本经济制度中所坚持的“两个毫不动摇”，目的就是巩固党的长期执政基础，促使发展成果惠及全体人民；我们坚持的按劳分配为主体、多种分配方式并存的分配制度，目的就是协调效率与公平、提高社会公平正义、致力共同富裕；我们坚持的社会主义市场经济改革方向，就是践行以人民为中心的思想，进一步解放和发展生产力，不断满足人民的美好生活需要。在新征程上，基本经济制度当然要更坚定人民立场，牢记以人民为中心，永远为人民谋幸福。

二是要在“坚持自信自立”与“坚持胸怀天下”的把握中坚持对基本经济制度的高度自信。自信自立增强了胸怀天下的底气，胸怀天下彰显了自信自立的胸襟。“坚持自信自立”的启示是，我们要坚持基本经济制度的主体性，这是立足中国国情的实践经验和理论探索的总结，这是能够与资本主义基本经济制度并存、竞争并持续凸显优势的基本经济制度，体现的就是“既不走封闭僵化的老路，也不走改旗易帜的邪路”的道路自信。同时，与“坚持自信自立”相对应，我们还要深刻领悟“坚持胸怀天下”的启示。在对中国特色社会主义之道路自信、理论自信、制度自信、文化自信的基础上，还要有胸怀天下的气度，既确保基本经济制度回答中国之问、人民之问，又积极回应全球发展的普遍关切和共同问题，体现基本经济制度在回答世界之问、时代之问上的包容性。

三是要在“坚持守正创新”引领下推动基本经济制度的始终坚持与不断完善。实践已经证明，基本经济制度的形成过程就是守正创新的过程。在中国特色社会主义道路上，我们先是将社会主义所有制制度确立为基本经济制度，而后党的十九届四中全会又将社会主义分配制度和社会主义市场经济体制作为基本经济制度的重要组成部分，既坚持了制度方向，又充实了制度内涵。在新征程上坚持和完善这一基本经济制度，我们需要“守正”的是马克思主义基本原理的中国化时代化，是中国特色社会主义的坚定不移，是党的全面领导的“两个毫不动摇”，是对“两个确立”与“两个维护”的贯彻落实。同时，我们需要“创新”的是全面建设社会主义现代化国家的时代任务，是应对百年未有之大变局与中华民族伟大复兴战略全局的战略选择。应该说，“守正创新”是我国基本经济制度既能体现社会主义制度优势，又能紧跟时代发展完善的重要遵循。

四是要在“坚持问题导向”与“坚持系统观念”的深刻领悟中完善基本经济制度。问题导向是制定政策和防范风险的起点，而系统观念则是解决问题并建章立制的重要理念。“坚持问题导向”强调的是要牢牢抓住新征程上的重大战略问题，发挥基本经济制度解决这些重大问题的显著优势。在解决新问题过程中，必然伴随着基本经济制度的自我完善和发展。“坚持系统观念”可以说是建立在问题导向基础上的重要方法论，强调的是不仅要发挥基本经济制度体系的整体合力，还要协调好基本经济制度与其他制度体系之间的内在联系，进而在把握好整体与局部、短期与长远的关系中推进基本经济制度的不断完善。

三、在中国式现代化新征程上发挥基本经济制度的重要支柱作用

党的二十大报告提出，“从现在起，中国共产党的中心任务就是团结带领全国各族人民全面建成社会主义现代化强国、实现第二个百年奋斗目标，以中国式现代化全面推进中华民族伟大复兴”，并对中国式现代化的“基本内涵”“五大特征”“九条要求”和“五项原则”作出全面阐释，使持续推进的中国式现代化道路得到创新性拓展，也指引着我们深刻领悟把握中国式现代化这一使命任务对坚持和完善基本经济制度的要求。

其一，要在对中国式现代化“基本内涵”的领悟中发挥基本经济制度的支柱作用。党的二十大报告指出，“中国式现代化，是中国共产党领导的社会主义现代化，既有各国现代化的共同特征，更有基于自己国情的中国特色”。坚持和完善基本经济制度，就要特别理解中国式现代化所体现的中国模式、中国立场和中国国情，以基本经济制度助力推进中国式现代化。一是

从“既有共同特征”的角度来讲，中国式现代化是在世界各国走向现代化的进程中探索出的中国道路，包含各国走向现代化的共同特征，从而基本经济制度也要助力发挥现代经济的共性优势，比如营造支持民营经济高质量发展的制度环境、发挥市场在资源配置中的决定性作用等，为建成质量更高、效率更优、创新更强、安全更稳、协调更好、开放更大的现代化经济体系服务，在推动实现新型工业化、信息化、城镇化、农业现代化中发挥作用。二是从“更有中国特色”的角度来讲，中国式现代化相对于其他社会主义国家、相对于西方资本主义国家具有显著个性特征，同时包含社会主义制度优势和中国国情特征。由此，基本经济制度既要体现社会主义制度优势，如公有制为主体、按劳分配为主体、社会主义改革方向等社会主义制度安排，又要体现中国国情特征，比如从我国依然是发展中国家、依然处在社会主义初级阶段的国情出发所作出的多种所有制经济共同发展、多种分配方式并存、有效市场与有为政府结合等体现中国特色的制度安排。

其二，要在对中国式现代化“五大特征”的理解中发挥基本经济制度的支柱作用。中国式现代化具有五大基本特征，我们要把握这些特征对发挥基本经济制度作用的要求。一是“中国式现代化是人口规模巨大的现代化”和“中国式现代化是全体人民共同富裕的现代化”，表明中国式现代化“以人民为中心”的坚定立场，与西方以资本为中心、呈现两极分化的现代化存在显著区别。“人口规模巨大的现代化”意味着我国十四亿多人口将整体迈进现代化，从而基本经济制度助推中国式现代化进程既是压力与挑战，也是优势与机遇，需要在这一过程中结合我国发展实际，在基本经济制度的各项安排中采取更稳健有力、更综合协调的经济举措。“全体人民共同富裕的现代化”明确了坚持和完善基本经济制度的目标是实现全体人民共同富裕，不同于西方资本主义国家贫富差距不可逆转的现代化，基本经济制度既要为“做大蛋糕”优化营商环境，又要为“分好蛋糕”给予制度支撑。二是“中国式现代化是物质文明和精神文明相协调的现代化”“中国式现代化是人与自然和谐共生的现代化”和“中国式现代化是走和平发展道路的现代化”，强调中国式现代化是追求人的全面发展的、具有包容性的现代化，在实现物质现代化的基础上，还要从人的精神文明、人与自然的关系、人与人的交往方面实现全面现代化，与物质主义膨胀、对外扩张掠夺的现代化大相径庭。“物质文明和精神文明相协调的现代化”强调基本经济制度不仅要从经济上为实现现代化厚植物质基础，还要从精神上为实现现代化充实文化底气，助力实现物质富裕与精神富裕的同步和统一。“人与自然和谐共生的现代化”要求基本经济制度同时服务于物质文明建设和生态文明建设，促进经济高质量发展与生态环境保护协调统一，满足人民日益增长的美好生活需要。“走和平发展道路的现代化”表明基本经济制度支持下的中国式现代化，是既促进自身发展又谋求世界大同的统一体，从而基本经济制度要与人类命运共同体理念相融合，在与西方资本主义经济制度的并存竞争中走出一条和平发展的现代化道路。

其三，要在对中国式现代化“九条要求”的落实中发挥基本经济制度的支柱作用。中国式现代化的“九条要求”是：“坚持中国共产党领导，坚持中国特色社会主义，实现高质量发展，发展全过程人民民主，丰富人民精神世界，实现全体人民共同富裕，促进人与自然和谐共生，推动构建人类命运共同体，创造人类文明新形态”，我们坚持和发展基本经济制度，就要在把握中国式现代化本质要求中找准定位。一是“坚持中国共产党领导，坚持中国特色社会主义”摆在首位，是管总的、管根本的。实践证明，基本经济制度中所坚持的公有制为主体的所有制形式、按劳分配为主体的分配原则、社会主义市场经济体制前的社会主义制度要求等，都是坚持党的全面领导、坚持中国特色社会主义方向的本质体现，在新征程上还要进一步加强这一导向，这是中国式现代化体现“中国式”优势的根本属性。二是“实现高质量发展，发展全过程人民民主，丰富人民精神世界，实现全体人民共同富裕，促进人与自然和谐共生”这五条，对应的是经济建设、政治建设、文化建设、社会建设和生态文明建设的“五位一体”总体布局要求，强调的是基本经济制度中不仅要着眼于经济发展，还要跳出经济框架，在更高站位上发挥基本经济制度的作用，助力推动物质文明、政治文明、精神文明、社会文明、生态文明协调发展的中国式现代化进程。三是“推动构建人类命运共同体，创造人类文明新形态”是中国式现代化本质要求的国际侧面。面对逆全球化思潮抬头、单边主义保护主义盛行、“脱钩断链”论调甚嚣尘上等现实，这一宣示表明了中国态度，表明了大国担当。由此，基本经济制度作用的发挥也要站在统筹内外两个大局的高度来认识。我国基本经济制度的作用发挥得越到位，优势体现得越明显，我们提出的和平发展立场、我们提出的人类命运共同体设想、我们追求的文明新形态就能得到越来越多国家与人民的理解与认同。

其四，要在对中国式现代化“五项原则”的坚持中发挥基本经济制度的支柱作用。当前推进中国式现代化面临着机遇与挑战，必须审时度势，迎难而上，贯彻好“五项原则”，发挥好基本经济制度的支柱作用。一是“坚持和加强党的全面领导”“坚持中国特色社会主义道路”和“坚持以人民为中心的发展思想”，这是新征程坚持和完善基本经济制度的三项最根本原则。对此，基本经济制度一路走来的历程已经充分证明，新时代十多年基本经济制度提升与发展的事实也已经充分证明，在新征程上继续推进这一制度的前行、发挥这一制度的作用当然离不开这些基本原则。二是“坚持深化改革开放”成为新征程坚持和完善基本经济制度的内生动力。当前，我国经济发展还面临很多深层次的体制机制障碍，深化改革开放成为必由之路，发挥基本经济制度的重要支柱作用成为应有之义。我们既要对基本经济制度中长期凸显的社会主义优势毫不动摇，又要结合改革发展需要在与时俱进的自我改革和创新中增强基本经济制度的活力和动力。三是“坚持发扬斗争精神”坚定了新征程坚持和完善基本经济制度的必胜信心。世界上不存在定于一尊或是放之四海而皆准的现代化模式，从而资本主义现代化与社会主义现代化道路之间的并存与竞争就不可避免，当然也相应地存在与不同发展道路相结合的经济制度之间的较量。新征程上我们发扬斗争精神，就要做好社会主义基本经济制度与资本主义经济制度并存、竞争乃至斗争的准备，以不断完善的基本经济制度来支撑中国式现代化，来彰显中国特色社会主义制度的优越性。

四、在根本政治制度与基本经济制度的统一中形成制度优势合力

在社会主义国家，政治与经济是有机统一的。正确认识和把握政治与经济的关系，在根本政治制度与基本经济制度的相互支撑中发挥制度优势合力，是坚持和完善社会主义基本经济制度的重要方面。学习党的二十大精神，笔者对此有了更清晰的认识。

其一，新时代十多年我国根本政治制度与基本经济制度的相互支撑，共同形成了经济社会发展的重要支柱与制度基础。长期以来，我国既在人民代表大会制度这一根本政治制度安排中为党领导人民取得经济社会发展的历史性成就提供重要制度保障，又在基本经济制度安排中内在地体现党的领导、人民当家作主和依法治国有机统一等政治制度的本质要求，两者在相互作用中彰显了制度的显著优势，并在新时代达到了新的高度。一是党的全面领导贯穿于经济社会治理的方方面面，是坚持和完善基本经济制度的根本依据。新时代十多年来，不论是推动国有资本在国家发展重大战略任务中发挥更大

作用，还是将民营企业和民营企业家作为自己人；不论是注重维护按劳分配的主体地位，还是注重提高各种生产要素的积极性；不论是强调市场在资源配置中的决定性作用，还是提出有效市场与有为政府的统一，基本经济制度中的一系列安排都是在党的领导下推进的，也都是同时在根本政治制度的框架内予以论证、确立与支撑的，都是通过党领导下的人大立法、监督与代表等工作予以协同推进的，这些丰富的实践探索与理论升华为党的长期执政夯实了经济基础和制度基础。二是坚定人民立场、保障人民当家作主是基本经济制度的本质特征。新时代十多年来，在以人民为中心发展思想指引下，我国基本经济制度始终坚持让人民群众享受到改革发展成果，人民群众有了更加充实的获得感、更有保障的幸福感、更可持续的安全感，在“党管经济”和“以人民为中心”理念的高度统一中既体现了对根本政治制度的坚定支持，也彰显了基本经济制度的显著优势。三是依法治国的基本方略始终贯穿于新时代基本经济制度的各项安排中。从保证各种所有制经济依法平等参与市场竞争，到保障各种生产要素参与收入分配，再到健全产权保护制度打造市场化、法治化、国际化营商环境，基本经济制度始终体现了法治思想的引领，并在实践中全面推进社会主义经济各方面工作法治化，为建设中国特色社会主义法治体系贡献力量。

其二，要在新征程上更有效地形成基本经济制度和根本政治制度的优势合力，这是坚持和完善基本经济制度的重要内生动力。党的二十大报告对坚持和完善根本政治制度和基本经济制度都作出谋划安排，也为把握两者的相互结合与支撑提供了遵循。一是按照“经济是政治的基础”思路，以经济发展积累的物质基础保障社会主义民主政治。党的二十大报告指出，“发展是党执政兴国的第一要务。没有坚实的物质技术基础，就不可能全面建成社会主义现代化强国”。我们坚持和完善基本经济制度，就要以促进经济发展为第一要务，在完善所有制制度、分配制度、社会主义市场经济体制的进程中，把增进人民福祉作为经济发展的出发点和落脚点，巩固党的执政地位、夯实社会主义根本政治制度的经济基础。二是按照“政治是经济的集中体现”思路，在保障人民当家作主中为社会主义经济发展开辟广阔空间。党的二十大报告提出“人民民主是社会主义的生命，是全面建设社会主义现代化国家的应有之义”，要“加强人民当家作主制度保障”。我们坚持和完善基本经济制度，本质要求是确保人民管理经济事务、享受经济发展成果，相应地，就要发展全过程人民民主，并在持续激发人民群众的积极性主动性创造性中体现基本经济制度优势，为社会主义经济发展开辟广阔空间。三是在应对长期风险考验中把握好根本政治制度与基本经济制度的统一。党的二十大报告再次重申“党面临的执政考验、改革开放考验、市场经济考验、外部环境考验将长期存在”的基本判断，特别是长期执政考验和市场经济考验直接对应我国的政治制度与经济制度，为新征程把握两者的统一提出了要求。对此，我们既要从毫不动摇坚持党的领导、健全人民当家作主制度体系、完善中国特色社会主义法治体系着手，充分发挥人民代表大会制度的制度作用，以强大的政治稳定性和政治基础来有效应对执政考验和市场经济考验；又要从确保公有制经济主体地位、维护按劳分配主体地位、正确处理政府和市场关系着手，不断完善基本经济制度，为党的长期执政奠定坚实经济基础，为党提高驾驭市场经济的能力提供制度保障。

五、在着力推动高质量发展中凸显基本经济制度的支撑作用

党的二十大报告对作为全面建设社会主义现代化国家首要任务的高质量发展提出了新要求，作出了新部署。面对这一首要任务，包含所有制制度、分配制度与社会主义市场经济体制在内的基本经济制度就必须发挥更为完备、更加成熟、更加高效、更加稳定的作用来支撑和推动高质量发展。

其一，要以社会主义市场经济体制作为基本经济制度支撑高质量发展的重要着力点。党的二十大报告两次明确提到社会主义市场经济，先是宣示要“坚持社会主义市场经济改革方向”，而后又将“构建高水平社会主义市场经济体制”作为新征程推动高质量发展的首要任务，这既体现了党面对市场经济考验作出的重要安排，也彰显了党“既不走封闭僵化的老路，也不走改旗易帜的邪路”的坚定信心。根据党的二十大的部署安排，推进高质量发展，就要将社会主义市场经济体制作为基本经济制度之一来支撑高质量发展。一是在构建高水平社会主义市场经济体制中贯彻新发展理念。新时代十多年来，新发展理念有力地指导我国经济发展，提高了经济发展的质量和效益。在新征程上，经济改革发展还面临许多风险挑战，发展不平衡不充分的问题依然突出，这就要求高水平社会主义市场经济体制为贯彻新发展理念、推动高质量发展贡献力量，尤其是从夯实社会主义市场经济基础性制度、健全宏观经济治理体系、依法规范和引导资本健康发展等方面着手，营造市场化、法治化、国际化营商环境，在有效市场和有为政府的结合中努力推动实现“创新成为第一动力、协调成为内生特点、绿色成为普遍形态、开放成为

必由之路、共享成为根本目的的发展”①。二是在构建高水平社会主义市场经济体制中服务新发展格局。新发展格局的关键是畅通无阻的经济循环，既包括生产、分配、流通、消费等各环节的有机衔接，也包括国内市场与国际市场的循环流转。由此，我们构建高水平的社会主义市场经济体制，进而坚持和完善基本经济制度，就要有高站位和大格局，以高水平社会主义市场经济体制助力打造高水平开放型经济新体制，既完善国内市场机制以吸引全球资源要素流入，又对接国际发展要求以助力企业更好走出去，在促进国内国际两个市场和两种资源相互作用、畅通循环中推动高质量发展。

其二，要围绕推进高质量发展的“五大任务”，在坚持和完善基本经济制度中助力高质量发展。党的二十大报告对推动高质量发展进行部署安排时，提出了“构建高水平社会主义市场经济体制”“建设现代化产业体系”“全面推进乡村振兴”“促进区域协调发展”和“推进高水平对外开放”五大任务，涉及经济社会发展的重要方面，每一项任务的完成都必须有基本经济制度的有力支撑。在新征程上，我们就要把握“五大任务”之间的有机联系和内在协调，在对标“五大任务”要求中既坚持和完善基本经济制度，又以基本经济制度支撑高质量发展。比如，我国实施产业基础再造工程和重大技术装备攻关工程、夯实粮食安全根基、优化重大生产力布局、提升国家产业链供应链现代化水平等国家重大战略任务的实现，尤其需要财税金融政策的支持引导，并更多发挥国有资本在这些关系国民经济命脉、国家安全的关键领域的“压舱石”作用，这既是坚持和完善基本经济制度的题中应有之义，又是更好发挥国有经济主导作用的客观要求。再如，对于促进传统产业数字化转型、发展乡村特色产业、加强城市基础设施建设、吸纳农村转移劳动力等市场机制可以解决的问题，则应充分发挥市场配置资源的决定性作用，充分调动民营资本等社会资本的积极性，发挥基本经济制度对这些领域的支持作用。

六、在中国特色财税理论研究中体现基本经济制度的时代要求

一路走来，笔者始终在社会主义基本经济制度（特别是社会主义市场经济体制）的发展中研究我国财政税收实践与理论，始终对其中蕴含的中国特

---

① 何立峰．高质量发展是全面建设社会主义现代化国家的首要任务［N］．人民日报，2022－11－14（001）．

色与中国优势坚定不移。学习了党的二十大报告，尤其是报告对中国式现代化作出的“既有各国现代化的共同特征，更有基于自己国情的中国特色”基本判断，更感所选道路之正确，更增继续前行之信心。我们走的中国式现代化道路，是“既有各国共性特征、更有自己中国特色”的现代化道路。而在这一框架下把握社会主义市场经济体制改革方向，同样是“既有一般市场经济之共性特征，更有社会主义市场经济之个性特征”，这当然也决定了包含社会主义所有制制度、分配制度和社会主义市场经济体制在内的基本经济制度“既有共性、更有个性”的显著特征，从而对应的中国财税就应该“既有公共财税的共性要求，更有中国特色财税的个性优势”。新时代以来，在学习领悟习近平经济思想的过程中，笔者事实上就是沿着“既有共性、更有个性”的思路来把握中国特色社会主义财税的特征与定位。对于财税的“共性”，笔者提出中国特色财税必须坚持“取之有道，用之有方”、坚持“轻税政策，减轻负担”等基本判断①。对于中国特色财税的“个性”，笔者先是强调要把握“党管税收”与“人民税收”的高度统一、“公共税收”与“集中力量办大事”制度性优势的密切相连②，而后又从社会主义市场经济要使市场在资源配置中起决定性作用、要更好地发挥政府作用、要与基本经济制度相适应、要与根本政治制度相适应、要发挥集中力量办大事制度性优势、要体现中华文化自信六个方面来探讨税收定位③，并结合时代新要求特别提出要强化财税对资本有序发展的引导作用④。

在这一研究过程中，笔者主要是在社会主义市场经济框架下来把握中国特色社会主义财税的显著特征，同时也逐步形成了对社会主义市场经济体制“既有共性、更有个性”的深刻认识。2022 年，笔者将其提炼为“四个就是”重要特征，即“以人民为中心”的市场经济就是社会主义市场经济，与“两个毫不动摇”对应的市场经济就是社会主义市场经济，致力于共同富裕的市场经济就是社会主义市场经济，与“集中力量办大事”制度性优势相

---

① 邓力平．资源配置方式变革中的人民税收［J］．税务研究，2019（10）：5－14.

② 邓力平．人民财政：共和国财政的本质属性与时代内涵［J］．财政研究，2019（08）：3－12＋59.

③ 邓力平．新时代社会主义市场经济发展下的税收定位［J］．东南学术，2019（03）：81－90＋248.

④ 邓力平．社会主义市场经济下的资本特性与税收对策［J］．税务研究，2022（05）：5－13.

结合的市场经济就是社会主义市场经济[①]。应该看到，在“四个就是”框架下，既有体现社会主义政治制度优势的坚定人民立场、集中力量办大事等政治要求，又有体现社会主义经济制度优势的所有制制度、分配制度和社会主义市场经济体制等经济要求，事实上形成了笔者对社会主义基本经济制度“既有共性，更有个性”的初步认识。今天领悟习近平总书记对“既有各国现代化的共同特征，更有基于自己国情的中国特色”[②] 的中国式现代化的重要论述，笔者深受鼓舞、深感自豪、倍感振奋、备受激励，为我们在新征程上以“既有共性、更有个性”的思路研究基本经济制度及其对应的中国特色财税定位与特征提供了基本遵循。笔者将更加坚定信心、潜心研究，一以贯之、与时俱进地为中国特色财税理论体系形成贡献力量，为新征程坚持和完善社会主义基本经济制度贡献力量。

---

① 邓力平．牢记“四问”己任 加深对社会主义市场经济认识［J］．经济理论与经济管理，2022，42（07）：4－15．

② 习近平．高举中国特色社会主义伟大旗帜 为全面建设社会主义现代化国家而团结奋斗——在中国共产党第二十次全国代表大会上的报告［N］．人民日报，2022－10－26（001）．

第三章　新时代新征程的中国特色社会主义财政

在习近平新时代中国特色社会主义思想，特别是习近平经济思想指引下，新时代中国特色社会主义始终是我国财政发展的必然方向。社会主义基本经济制度进一步明确为我国经济发展的制度基础后，这一重要判断对我国财政工作发展提出了最直接、最根本的要求。财政体制改革和政策运用都要在这一要求中找到定位，展示作为，并在新时代新征程为巩固和完善中国特色社会主义财政发展体系贡献力量。党的二十大报告归纳总结了过去五年的工作和新时代十年的伟大变革，为我们更好地认识中国特色社会主义发展的历史规律和伟大成就，从而更好地把握未来发展方向和趋势提供了重要指引。习近平总书记在主持二十届中共中央政治局就学习贯彻党的二十大精神第一次集体学习时强调，“要全面把握新时代 10 年伟大变革的深刻内涵和重大意义，深刻感悟这些伟大变革对党、对中国人民、对社会主义现代化建设、对科学社会主义在 21 世纪中国的发展的深远影响，深刻领会在新时代新征程上必须坚持新时代党的创新理论和战略布局、战略举措不动摇，坚定战略自信。”① 只有牢牢把握我国新时代十多年伟大变革中蕴含的成功经验和显著优势，才能在把握新时代新征程中国特色社会主义所处历史方位中明确前进目标，找准应对风险挑战的有力举措，推进中国特色社会主义理论与实践进一步创新和拓展。

---

① 习近平在中共中央政治局第一次集体学习时强调 全面学习把握落实党的二十大精神 奋力夺取全面建设社会主义现代化国家新胜利［N］. 人民日报，2022 - 10 - 27（001）.

由此，我们推进新时代新征程的中国特色社会主义财政发展，同样要在新时代十年的财政发展和财政服务伟大变革进程中，总结新时代中国特色社会主义财政发展的成功经验，为新征程中国特色社会主义财政发展提供有力支持。新时代十多年来，我国坚持实施积极的财政政策，并通过一系列举措不断推进财政领域的改革，逐步建立现代预算管理制度、逐步健全现代税收制度、逐步理顺中央与地方的财政关系、逐步完善地方政府债务管理制度。这些改革使我国财政宏观调控能力得到了加强，为实现国家治理体系和治理能力的现代化打下了坚实的基础。其一，在预算管理制度改革方面，《中华人民共和国预算法》（以下简称《预算法》）和《中华人民共和国预算法实施条例》（以下简称《预算法实施条例》）的修订为中国特色社会主义的现代预算管理制度之确立奠定了法律基础。随后，我国在预算编制方面重点关注政府财务状况、制定财政中长期规划和其他相关规划，在预算绩效管理方面努力建成全方位、全过程、全覆盖的预算绩效管理体系，在预算管理信息化方面推行制度规范与信息系统建设相结合的“预算管理一体化”建设，进一步提高了我国预算管理水平。其二，在健全现代税收制度方面，新时代十多年来我国税制改革和征管体制改革成效显著，税负不断减轻，税收法定原则落实加快，现行十八个税种中有十二个已完成立法，现代税制体系初步建立，为社会经济高质量发展提供了助力。关于这部分内容，本书第三章将深入归纳与阐述。其三，在理顺中央与地方财政关系方面，我国从改革和完善中央对地方转移支付制度、推进中央与地方财政事权和支出责任划分改革等方面推出一系列举措，进一步规范中央对地方均衡性转移支付分配、使用和管理，对相关领域的中央与地方共同财政事权和支出责任进一步细分，推进基本公共服务均等化。其四，在完善地方政府债务管理制度方面，从开始试点地方政府债务管理“自发自还”模式到赋予地方政府依法适度举债融资权限，我国加快建立规范的地方政府举债融资机制，同时坚决制止地方政府违法违规举债，为完善地方政府债务管理提供了制度支撑。

从上述简要回顾中可以看到，新时代十多年来我国在财政体制改革方面取得了重大成就，这为我国财政理论工作者在这一伟大变革中持续推进中国特色社会主义财政理论研究提供了重要实践基础。基于此，本章结合笔者新时代十多年来特别是“十四五”时期以来对财政发展理论与实践的一系列思考，对笔者的相关研究作进一步的梳理。

第一节是笔者 2020 年基于我国即将进入全面建设社会主义现代化国家

新征程的新发展阶段，回顾党的十八大以来的财税改革经验，锚定“十四五”规划和二〇三五年远景目标，研究新发展阶段对深化财税体制改革的要求，从“深化预算体制改革、理顺央地财政关系、提升现代税收治理、健全债务管理制度、推进财税法治建设”五个方面把握中国特色现代财税体制发展，持续为建立现代财税体制提供理论佐证。

第二节是在建党百余年之际，从“百年风华正茂、千秋民族伟业”中总结历史经验、领悟时代要求，对我们在新征程上“建立现代财税体制”具有重要指导意义。围绕“党管财税、财税为党、财税为民、财税为国”之基本定位，本节提出在领悟“建立现代财税体制”要求时要特别注意三个方面：一是要始终明确中国特色社会主义财税发展是历史必然，二是要深刻领会建立现代财税体制的时代要求，三是要动态把握建立现代财税体制的重要内涵。

第三节是新时代以来，习近平总书记多次强调要坚持和弘扬和平、发展、公平、正义、民主、自由的全人类共同价值，在认真学习这一重要论述后，笔者提出要站在“实现全人类共同价值的中国方案”的高度来推进中国特色社会主义财政理论体系构建。本节以此为立足点，通过比较中国方案区别于西方实践的鲜明特征，从财政政治理论、国家财政理论、市场财政理论和统筹财政理论四个方面对中国财政理论的进一步研究提出见解。

第四节是以学习贯彻党的十九届六中全会精神为出发点，在党的十九届六中全会梳理党的百年奋斗重大成就和历史经验、高度肯定马克思主义中国化三次飞跃的伟大理论成就、重点阐述习近平新时代中国特色社会主义思想的深刻内涵的基础上，笔者认真总结一路走来的我国财政发展的实践经验和理论支撑，从马克思主义中国化指引中国财政理论发展这一重要角度作了研究探索。本节从四个方面展开研究：一是毛泽东思想指引下的中国社会主义财政理论建立；二是中国特色社会主义理论体系指引下的中国特色社会主义财政理论形成；三是习近平新时代中国特色社会主义思想指引下的新时代中国特色社会主义财政理论构建；四是结合笔者的长期研究提出构建新时代中国特色社会主义财政理论体系的一些认识。

第五节是基于新时代以来我国财政既伴随着党和国家事业发展取得了更大突破，又在解决发展新问题中为发展大局贡献了重要力量，在习近平经济思想指导下，笔者将事实上已在运用的或逐步推进的财政工作实践和时代要求加以梳理，提炼出新时代我国财政发展之“指导思想、根本遵循、时代特征、体系支撑、重大战略、工作方法”这六个重要特征，并在此基础上将笔者长期以来坚持的“发展财政”理论加以拓展和提升，突出新时代新阶段新征程之中国特色社会主义财政的新定位和新站位。

第六节是笔者面对扩张性财政政策运用中极易伴随的财政收支矛盾与财政难以持续之世界性难题，思考我国在近年来大规模减税降费中如何努力做到积极财政政策“有效性”和“可持续性”的统一，如何彰显中国特色社会主义及其财政的制度优势。基于“十三五”时期的实践，本节探讨减税降费中财政政策有效性和可持续性统一的中国特色与制度元素，以便为“十四五”时期更好实施“提质增效、更可持续”的积极财政政策提供理论支撑。

第七节从财政支出的角度出发，以人民为中心发展思想为指导，深刻理解党中央提出的、财政部门正在落实的“过紧日子”重要思想与相关实践。在新时代中国特色社会主义财政框架中，笔者认真把握“过紧日子”的人民宗旨和时代要求，提出应在财政工作中做到四个方面：一是基于“人民财政”理念领会“过紧日子”内涵；二是按照“财政平衡”原则做好“过紧日子”工作；三是立足“现代财政”目标确立“过紧日子”制度；四是按照“统筹内外”要求认清“过紧日子”趋势。

第八节基于“加强财政资源统筹”是“十四五”时期我国建立现代财税体制的重要任务与要求，笔者从坚持“党管财政”、实现“财金联动”、促成“财税一体”、优化财政政策、统筹内外大局五个角度来领悟和理解，提出“加强财政资源统筹”既要在财政框架内引导资源有效配置流动，促进财政税收一体把握和财政政策优化调整；还要跳出财政框架兼顾政治、经济、社会等因素影响，研究党对财政资源统筹的全面领导、财政与金融相互作用对财政资源配置的要求；更要拓展定位外延、提升财政站位，从国内国外两个大局的高度展现财政资源统筹在提升国家治理能力中的作用，为国家重大战略任务实现提供坚实财力保障。

第一节　新发展阶段与建立现代财税体制

党的十八大以来，中国特色社会主义进入了新时代，而作为其中重要组成部分的中国特色社会主义财政税收也与时俱进地向前发展。尤其是党的十八届三中全会将“深化财税体制改革”“建立现代财政制度”作为“完善和发展中国特色社会主义制度，推进国家治理体系和治理能力现代化”的组成部分，提升了财税体制改革的时代站位，加快了财税治理现代化的步伐。当前我国在全面建成小康社会基础上开启全面建设社会主义现代化国家新征程，在新的起点上，笔者从“把握新发展阶段、贯彻新发展理念、构建新发展格局”要求出发，锚定“十四五”规划和二〇三五年远景目标，从“深化预算体制改革、理顺央地财政关系、提升现代税收治理、健全债务管理制度、推进财税法治建设”五个方面研究新发展阶段对建立现代财税体制的要求，持续探索中国特色财税治理现代化的发展规律。

一、把握新发展阶段对建立现代财税体制的要求

进入新时代以来，财税体制改革在国家治理现代化进程中稳步推进，为中国特色社会主义国家治理现代化提供了有力支撑。回顾这一发展进程，梳理和领会党对财税体制改革的顶层设计和战略部署，对于进入新发展阶段后更清晰把握中国特色财税体制改革的重点任务、更好地适应高质量发展需要具有重要意义。

其一，理解“深化财税体制改革”在国家治理现代化大局之中的时代内涵。我国财税服务于国家政治经济社会大局是一以贯之的鲜明特征，长期以来的“国家本质论”“立足财税，走出财税”“围绕中心，服务大局”等观点也始终体现在社会主义财税理论与实践发展中。而新时代从政治上、全局上、战略上将财税置于国家治理现代化框架中，既肯定了“国家本质论”和“财税作用政治经济社会”的职能作用，更界定了财税在统筹服务经济、政治、文化、社会、生态文明“五位一体”总体布局中的支撑作用。应该看到，新时代财税“国家治理说”强调的不论是将财税实践经验上升到制度层面的现代化，还是将制度落到实处以实现执行能力的现代化，都不仅仅是建立一般意义上的现代财税制度，而是中国特色社会主义制度下的现代财税制度。在全面建设社会主义现代化国家新进程中，我们要继续将财税发展与中国特色国家治理现代化挂钩，以财税体制改革来助力国家治理现代化，这是财税改革在新发展阶段中必须始终坚持的方向。

其二，领会“深化财税体制改革”在不同发展阶段被不断赋予的特定要求。党的十八届三中全会对财税体制的要求是“完善立法、明确事权、改革税制、稳定税负、透明预算、提高效率”，这是根据现代国家财税制度一般要求，结合财税适应经济新常态的实际而提出的，对应的是“理顺央地关系”“完善税收制度”和“改进预算管理”这三项具体改革任务。而随着我

国进入全面建成小康社会决胜阶段，相继召开的党的十八届五中全会、十九大和十九届四中全会既始终围绕以上三项任务展开，又根据经济社会发展的阶段特点调整先后顺序，持续优化每一项改革任务。就预算制度改革而言，从“全面规范、公开透明”，到“全面规范透明、标准科学、约束有力”，再到“标准科学、规范透明、约束有力”要求，预算制度改革要求逐渐明晰，年度预算向支出预算和政策拓展的方向转变也逐渐强化。就税收制度改革而言，从“改革税制、稳定税负”到“税种科学、结构优化、法律健全、规范公平、征管高效”，始终在服务大局中展现税收治理新作为。就央地财政关系而言，从“完善立法、明确事权”到“权责清晰、财力协调、区域均衡”，明确了当前和未来主要考虑事权与支出责任的界定，考虑中央和地方划分收入的协调，考虑区域间财力水平与公共服务均等化的匹配。

其三，把握新发展阶段关键特征对中国特色现代财税体制建立的新要求。党的十九届五中全会通过的《中共中央关于制定国民经济和社会发展第十四个五年规划和二〇三五年远景目标的建议》（以下简称《十四五规划建议》）之核心要义体现在三个“新”中，即“把握新发展阶段、贯彻新发展理念、构建新发展格局”。这里主要围绕新发展阶段的特征把握。简言之，新发展阶段是在“全面建成小康社会”任务完成后开启“全面建设社会主义现代化国家”征程的新阶段。我们要深刻理解“中国式现代化”“中国特色社会主义现代化”的深刻含义，即这是前所未有的十四多亿人口在党的领导下即将同步进入的现代化，是以人民为中心、全体人民共同富裕的现代化，是物质文明和精神文明协调推进的现代化，是人和自然和谐共生的现代化，也是和世界各国合作共赢、构建人类命运共同体的现代化。要在二〇三五年基本实现这样的社会主义现代化，就要继续贯彻新发展理念、推动高质量发展，就要实现更高质量、更有效率、更加公平、更可持续、更为安全的发展，就要深刻理解构建国内大循环为主体、国内国际双循环相互促进的新发展格局的深刻含义，就要将党中央战略部署和工作要求落实到十九届五中全会提出的十二个方面任务中去。我们必须将一路走来的中国特色现代财税体制构建之路放在新发展阶段、新发展理念、新发展格局大背景中去再把握。在新发展阶段中，我们要持续发挥财政之“国家治理的基础和重要支柱”与税收之“国家治理的基础性、支柱性、保障性作用”，既要把握新发展阶段在预算制度、税收制度、央地关系方面提出的新要求，又要考虑新发展阶段将要赋予财税体制改革的新任务。中国特色现代财税体制只有在这一大背景下找到准确定位，才能既推动财税治理现代化进程，又助力我国经济行稳致远、社会安定和谐、国家长治久安。

其四，全面领会《十四五规划建议》对建立中国特色现代财税体制的要求。《十四五规划建议》第22条对“建立现代财税体制”的要求有六句话，即“加强财政资源统筹，加强中期财政规划管理，增强国家重大战略任务财力保障。深化预算管理制度改革，强化对预算编制的宏观指导。推进财政支出标准化，强化预算约束和绩效管理。明确中央和地方政府事权与支出责任，健全省以下财政体制，增强基层公共服务保障能力。完善现代税收制度，健全地方税、直接税体系，优化税制结构，适当提高直接税比重，深化税收征管制度改革。健全政府债务管理制度”①。这六句话在继续围绕预算制度、央地关系、税收制度三方面改革展开的同时，还将债务管理单独列出，既一以贯之，又与时俱进，体现了新发展阶段的时代要求。此外，《十四五规划建议》第56条还强调要“加强人大对‘一府一委两院’的监督”，这也为我们从人大立法监督和财税治理法治化的视角理解现代财税体制建立提供了依据和参考。

二、对加强财政资源统筹和深化预算体制改革要求的把握

“加强财政资源统筹，加强中期财政规划管理，增强国家重大战略任务财力保障。深化预算管理制度改革，强化对预算编制的宏观指导。推进财政支出标准化，强化预算约束和绩效管理。”这主要是从收支整体、预算管理、财政支出三个角度来阐述深化预算体制改革的重点内容。

其一，财政资源有效统筹是加强中期财政规划管理的前提和基础，而实行中期财政规划管理又有利于促进财政资源在全国范围内的更有效配置，两者在相互配合中发挥财政治理效能，最终为塑造创新优势、发展现代产业、构建新发展格局、全面深化改革、推进乡村振兴、协调区域发展等“国家重大战略任务”的完成提供“财力保障”，更好发挥财政作为国家治理的基础和重要支柱作用。这应是深化财税体制改革的总体要求和首要任务。就“加强财政资源统筹”而言，近年来，财政部门已在推进项目资金、重点科目资

---

① 中共中央关于制定国民经济和社会发展第十四个五年规划和二〇三五年远景目标的建议［N］. 人民日报，2020-11-04（001）.

金、部门资金、各类收入、存量资金、债务资金、转移支付资金的统筹使用方面做了大量工作，同时推进了政府预算体系、跨年度预算、预算编制和执行的统筹协调。而在“十四五”时期强调要跳出预算资金框架来加强统筹财政资源，意味着在现有财政资金统筹使用机制基础上要促进其成熟定型，真正做到“预算一个盘子、收入一个笼子、支出一个口子”；也意味着财政资金的统筹不仅要着力于一般公共预算，还要实现该主体预算与政府性基金预算、国有资本经营预算和社会保险基金预算之间的协调统筹；还意味着财政统筹的范围要从预算资金统筹扩大到数据统筹、人才统筹、征管机构统筹等财政的方方面面，充分发挥集中力量办大事的制度性优势，为形成强大国内市场、构建新发展格局服务。而就“加强中期财政规划管理”而言，通过科学合理的测算来对三年期的财政收支情况以及重大改革与政策进行统筹安排，能够增强财政预算与财政政策、经济周期之间的关联性。在我国进入制度优势显著与发展短板突出交织的新发展阶段，强调继续实行并加强中期财政规划管理，从预测现行财政收支情况、分析财政收支政策、制定收支政策改革方案和测算改革后变动等方面推动中期财政规划管理，并最终促使中期财政规划渐进过渡到中期预算，对于加强年度预算约束性都具有重要意义。而将“中期财政规划管理”从“预算管理制度改革”中单独提出加以表述，意味着新发展阶段不仅要对预算收支实行逐年更新滚动管理，更要加强对规划期内重大改革、重要政策和重大项目的统筹安排，提高财政政策的前瞻性、有效性和可持续性。

其二，稳步推进预算管理制度改革，强化对预算编制的宏观指导。近年来，我国预算收支管理持续深化，在建立跨年度预算平衡机制、实施支出经济分类科目改革、全面推进预算绩效管理、扩大细化预算公开范围、持续推进部门预算管理等方面已取得重大进展，但依然存在一些不符合现代预算制度和现代财政治理的问题。因此要依据新发展阶段的要求，深化拓展和稳步推进预算收支管理制度改革。尤其要注意在预算编制上加强宏观指导，坚持党对预算编制的全面领导，结合年度经济社会发展目标、国家宏观调控和跨年度预算平衡等要求进行编制。当前特别要将财政资金直达基层民生机制尽快制度化。2020 年 10 月 21 日的国务院常务会议要求“研究建立常态化的财政资金直达机制”，紧接着，11 月 12 日的国务院政策吹风会又提出“把财政直达资金作为今后深化预算管理制度改革的一项重要内容，推动把直达机制嵌入预算管理流程，不断完善体制机制，加强制度保障和约束，切实提高财政资金的使用效益”,[①] 这些都为谋划新发展阶段预算管理制度改革提供了重要的起点。

其三，从财政支出角度推动现代预算制度构建，为在新发展阶段更好体现“重点拓展”改革要求提供必要载体。一是“推进财政支出标准化”。这与党的十九届四中全会将“标准科学”作为完善预算制度要求相适应，是深化预算制度改革的主要支撑手段。我们强调继续推进财政支出标准化，不仅要求预算草案按照财政部门制定的预算支出标准来编制，还包含了预算支出管理各环节、各层级间的标准化要求。一方面，推进财政支出标准化需要各级财政部门完善细化科学合理的基本支出和项目支出定额标准体系，健全强化财政支出标准应用机制；另一方面，则需要全面加快推进预算管理一体化建设，在《预算管理一体化规范》和《预算管理一体化系统技术标准》下推动政府预算支出、部门预算支出、单位预算支出以及支出管理环节的有效衔接和统筹管理。二是“强化预算约束”。这是我国财政在今后较长时期处于“紧平衡”状态的必然要求，是落实党和政府带头“过紧日子”换取人民“过好日子”方针的关键举措。在《预算法实施条例》框架下，我们要更加注重在审核预算时向支出预算和政策拓展，要加强对支出预算总量与支出结构、重点支出与重大投资项目、财政转移支付、部门预算、政府债务等的审查监督，强化政策对支出预算编制的指导和约束作用。在这一改革进程中，笔者还要重申，“收支联动、重点拓展”体现的是中国特色预算管理体系的制度要求与改革方向，“重点拓展”是在“收支联动”基础上的拓展，是在“以支定收”与“以收定支”统一的新财政平衡观下的拓展，是体现“党管支出”“人民支出为人民”要求下的拓展，必须时刻牢记。三是“强化绩效管理”。全面实施预算绩效管理是持续提高财政支出的责任与效率的关键点。我们要按照部署安排，在中央部门和省级层面基本建成全方位、全过程、全覆盖预算绩效管理体系的基础上，推动市、县层面预算绩效管理体系的构建，大幅提升预算管理水平和政策实施效果。

三、对中央和地方财政关系改革要求的把握

“明确中央和地方政府事权与支出责任，健全省以下财政体制，增强基

① 国务院政策例行吹风会文字实录［EB/OL］. http://www.gov.cn/xinwen/20202ccfh/41/wzsl.htm.

层公共服务保障能力。”这是从构建事权和支出责任相适应的制度来深化财政体制改革，对应的是“建立权责清晰、财力协调、区域均衡的中央和地方财政关系”要求。结合对近年来已经起步的这一进程的跟踪，笔者这里谈两点学习体会。

其一，继续明确中央和地方政府事权与支出责任是关系国家治理效能的重大改革。近年来，在党中央的坚强领导下，财政部门勇于担当，有关部门密切配合，改革取得了重大进展，当前还要继续全力推进，要在持续扩大财政领域事权和支出责任划分改革范围的同时，全面推进政府事权和支出责任划分改革，从局部到整体来适应国家治理现代化要求。就财政领域而言，已经基本形成了中央与地方财政事权和支出责任划分框架，但还需要特别注意相互联系的两个方面。一是要根据制度要求、治理需要和国情制约，减少并规范中央和地方共同事权，厘清各级政府应当承担的主体职责。这是一个必须“稳步推进”和“适度把握”的中国特色治理大题目。既要做到“适当减少并逐步规范”，还要注意“适当保留并提供支撑”。就前者而言，笔者高度认同财政部的提法，“适当上移并强化中央财政事权和支出责任，重点将涉及生产要素全国流动和市场统一的事务，以及跨区域外部性强的事务明确为中央财政事权，减少委托事务，加强中央直接履行的事权和支出责任；按照地方优先的原则，将涉及区域性公共产品和服务的事务明确为地方财政事权”①。就后者而言，当前我国发展仍然处于重要战略机遇期，发展不平衡不充分问题仍然突出，要实现高质量发展和基本实现社会主义现代化，就要适当保留一定规模的财政共同事权，并对其进一步规范化和制度化。二是要深刻理解对应的“共同事权转移支付”之中国特色与时代要求。我们要全面理解“以一般性转移支付为主体，共同财政事权转移支付和专项转移支付有效组合、协调配套、结构合理的转移支付体系”的制度含义②。一般性转移支付和专项转移支付的并存是各国预算共性，我国预算法也作出了明确安排，当前还要继续完善。我们要特别把握中国特色“共同事权转移支付”这一特殊财政范畴存在的必要性。共同财政事权转移支付配合财政事权和支出责任划分改革，既能推动中央政府承担共同财政事权的支出责任，又能保障地方政府有财力、有质效落实相关领域方针政策，是支撑中央和地方分税制

---

① 刘昆．建立现代财税体制［M］//文件起草组．中共中央关于制定国民经济和社会发展第十四个五年规划和二〇三五年远景目标的建议辅导读本．北京：人民出版社，2020.

② 刘昆．我国的中央和地方财政关系［J］．中国人大，2020（16）：51－55.

财政管理体制完善的重要手段，更是体现和坚持中央领导权威、维护中央宏观调控、调动中央地方两个积极性的重要举措。当前，在中国特色转移支付体系中，共同事权转移支付所占比重较大既是现实又有必要。笔者认为，我们既要在将来预算法需要修订时确立这一财政范畴的法律地位，还要从制度性质、发展阶段、治理特征等方面加强相应理论研究，提出“既有共性、更有个性”的论据支撑，做到既规范必要的中央地方共同事权，又配套地从法律、运行、监督和理论等方面做实做优共同事权转移支付。虽任重道远，但必自信前行。

其二，健全省以下财政体制的单列提出是稳定地方预期、调动地方政府积极性、保障基层公共服务水平的现实需要，是构建从中央到地方权责清晰、运行顺畅、充满活力工作体系的重要环节。事实上，推进中央与地方财政事权和支出责任划分改革中始终包含了推进省以下财政体制改革的要求。这一提法的这次单列，一是出于我国高质量发展需要，通过强化省级政府责任，激励省级政府维护本地经济社会协调发展、防范和化解地方债务风险，从而提高区域经济发展质效；二是出于兜牢民生底线考虑，基层政府稳定的收入来源有助于发挥其在信息管理方面的优势，增强基层对国家政策的执行力，逐步建立起基层“保基本民生、保工资、保运转”的长效机制。由此，要在当前基本完成主要基本公共服务领域中央与地方财政事权和支出责任划分改革的基础上，充分发挥省以下财政体制形成的改革合力，加强对省以下财政事权和支出责任划分标准的管理和控制，督促形成省以下财政事权和支出责任划分的清晰框架。

四、对完善现代税收制度相关改革要求的把握

“完善现代税收制度，健全地方税、直接税体系，优化税制结构，适当提高直接税比重，深化税收征管制度改革。”这是发挥税收在国家治理中的基础性、支柱性、保障性作用的重要内容，笔者这里谈四个方面的学习体会。

其一，“完善现代税收制度”的提法是对党的十八届三中全会以来深化税制改革成效的肯定，也是对新发展阶段更准确地建立现代税收制度的要求。“完善”一词的使用是点睛之笔、恰到好处。一路走来，笔者始终关注中国特色现代税制的深化改革与逐步成型之路。简要地说，我们既按照现代市场经济要求设置并使用了现代税制，更按照“以人民为中心”的社会主义

市场经济要求不断在现代税制中增添中国特色与制度要素，特别是近年来在大规模减税降费中形成具有中国特色的减税降费观，不断同步推进税制改革与税收立法这“车之两轮”之进程。因此，完善是基本任务，改革是前进动力，速度仍必须加快。

其二，“健全地方税、直接税体系”的提法必须全面理解。我们可以从“健全地方税体系”和“健全直接税体系”两个维度来把握，并按照已经运作或确定运作的方向与方案稳中求进地贯彻实施。在健全地方税体系方面，既要完善培育地方稳定税种，扩大地方财源，又要建立健全地方税税制，理顺税费关系。有关部门拟定的后移消费税征收环节并稳步划归地方、加快扩大水资源税改革试点等壮大地方财力方法，都可以付诸实施。在健全直接税体系方面，既要完善地方专属直接税种，又要提高直接税的地方分成比例，有关部门提出了一些改革方案经过论证后都应该加以实施。个人所得税和企业所得税作为直接税的重要组成部分，适时提高地方分享中央地方共享税这个“大蛋糕”的比例也是扩大地方财源的思路之一。在这些把握的前提下，笔者更关注的是“健全地方税、直接税体系”这种“顿号隔开、税系并列”的提法。在《十四五规划建议》中关于税制改革的完整一句话中，分两处提及直接税内容，虽然侧重点不同，但将地方税和直接税一并加以提及的要求必须认真领会。可以看出这种提法中必须考虑的关联乃至重合部分，即既要有利于健全地方税体系，又要有利于完善国家的直接税体系。通过对一些直接税种的改革设置并将其作为地方税体系的组成部分，就可望达到“一石二鸟”之效果。这种地方税、直接税并提的地方税系改革导向必然要求加快破解一些还有待解决的理论问题，推进相关税种的改革前行。例如，按照党中央的部署安排，有关部门多次在直接税制改革的范围内谈及房地产税问题，提出按照“立法先行、充分授权、分步推进”原则积极稳妥推进房地产税立法和改革，理论界也普遍认同可以将其作为地方重要税种来健全地方税体系。因此，理论界应按照这次地方税和直接税税系并提的要求，对房地产税的定位把握、税类属性、设计导向与立法进程等加强研究。笔者坚信在党中央领导下，政府财政部门和人大相关部门在这方面一定能拿出符合新发展阶段要求的统筹方案，坚持顶层设计与问计于民、倾听基层的结合，平衡设计，兼顾各方，稳步推行健全地方税、直接税体系的进程。

其三，“优化税制结构，适当提高直接税比重”强调的是税制结构安排要以现代化为目标导向，在间接税与直接税并存的“双主体”税制结构中适当提高直接税比重。在前述地方税系和直接税系并提中，涉及的是“直接税制自身优化”，这里强调的则是税类结构优化，对应的是“适当提高直接税比重”的要求。这一提法已有多年，当前再次重申，需要注意两个方面。一是继续坚持“立足国情、合理借鉴、市场导向、渐进次优”的税制改革优化思路，在新发展阶段中依然不能忘记。既要看到以间接税为主的现实是从国体政体、发展阶段和发展目标出发作出的重要安排，又要看到提高直接税比重在发挥调节收入分配、缩小贫富差距中的重要作用；既要不断追求现代税收制度的“理想最优”，又要认识到阶段条件下税收制度的“现实次优”。这个观点在“全面建成小康社会”时期的税制改革中被始终坚持了，在“全面建设社会主义现代化”新阶段的税制优化中也要继续倡导，要体现在中国特色财税治理现代化的进程中。二是深刻把握“适当提高直接税比重”的内涵。这句话有三层含义：第一，占比偏低是现实，第二，提高比重是要求，第三，适度约束是关键。税制结构在相当长一段时期依然是间接税所占比重较大，提高直接税比重不仅要考虑经济因素影响，还要考虑社会接受程度和国体政体约束。因此，从推动高质量发展并解决发展不平衡不充分问题等现实出发，既要不断完善间接税制，推动增值税简并降低税率改革；又要进一步完善各类直接税制改革，稳步有序地提高直接税比重。

其四，“深化税收征管制度改革”强调的是从征管角度为深化“放管服”改革、优化税收营商环境、提升税收治理能力提供有力保障。我们要在巩固国地税征管体制改革成果的基础上，进一步推动税收征管制度改革，探索税收征管的新机制与新方式。笔者赞同从“严格征管、简政放权、智慧税务”三个方面来把握。一是严格征管，应收尽收，既要不折不扣落实减税降费任务，又要坚决堵塞偷税逃税行为，将依法征管和税收任务的统一尽快在税收征管法中显性地加以确立，建立起规范、公正、透明，符合税收治理现代化要求的税收征管基本程序。二是简政放权，释放活力，推进简化办事流程、加快审核程序、改进备案方式，助力深化“放管服”改革，激发市场主体活力和发展内生动力。三是智慧税务，提升效能，依托信息技术走科技兴税之路，加快推动构建涉税信息共享平台和智能化电子税务局，以智慧税务提升税收征管效能，全力服务构建新发展格局，推进高质量发展。

五、对健全政府债务管理制度改革要求的把握

“健全政府债务管理制度”这次从原属于“预算管理制度改革”下的

“债务管理制度”中单独列出，我们既必须看到这是对新财政平衡观认识深化的必然结果，更必须将其放在新发展阶段面临的重要国内外形势背景下看待。这是底线思维和安全理念在建立现代财政制度方面的体现，是规范债务管理制度、控制举债融资风险的必然，是落实新发展理念、构建新发展格局的要求。笔者结合近年来财政部门的工作要求和作为理论工作者的思考，谈三点学习体会。

其一，努力促进政府债券发行管理机制的市场化和规范化。目前，我国债券市场已经成为全球第二大债券市场，债券市场管理取得了积极成效，债券筹资机制不断完善、债券发行市场化程度显著提升、国债收益率曲线建设提速加快，但仍然存在着债券二级市场流动性相对不足、信用违约机制不够健全等问题。持续推动我国债券市场健康发展、控制举债融资风险任重道远。从国债来看，按照《中共中央 国务院关于构建更加完善的要素市场化配置体制机制的意见》，从“提高债券市场定价效率，健全反映市场供求关系的国债收益率曲线，更好发挥国债收益率曲线定价基准作用”方面发力，进一步深化国债市场化改革。从地方政府债券来看，笔者认同财政部关于进一步做好地方政府债券发行工作的相关要求，从不断完善地方债发行机制、科学设计地方债发行计划、优化地方债期限结构、加强地方债发行项目评估、完善地方债信息披露和信用评级、规范承销团队组建和管理、加强相关部门组织领导等方面入手，构建“管理规范、责任清晰、公开透明、风险可控”的政府举债融资机制。

其二，必须强化对政府债务资金使用的监督和考评，坚守财政可持续的底线。财政部已在这些方面积累了经验，提出了要求，笔者高度赞同。一是要做好“事前”和“事中”债务管理与监督，前移风险防控关口，完善常态化监控机制，从加强偿债能力评估、做好信息公开工作、关注隐性债务风险、健全风险预警机制、严格违约处置机制、严禁变相举债行为等方面强化对政府债务的约束、管理和监督，促进经济社会健康持续发展。二是要做好“事后”债务管理与监督，坚持“举债问效、无效问责”，强化政府债务绩效管理，从债务资金的实施情况、用途安排、使用效益等角度入手，建立全方位、全过程、全覆盖的地方政府债务预算绩效管理体系，提高债务资金使用绩效，统筹协调财政紧平衡与经济高质量发展。

其三，加强对中国特色新财政平衡观下债务管理理论的研究。一路走来，我们对财政平衡内涵和财政政策使用的理解从来都是与时俱进的。从改革开放前的“没有赤字、没有债务才是平衡”发展到今天市场经济下的“赤字用好是平衡、债务可控是平衡”，从过去高速增长阶段政府发债必要但难控到今天高质量发展阶段对政府债务的有效管理，都动态体现了我们对现代市场经济下运用赤字和债务手段的认知和把握，体现了逐步将政府债务管理纳入国家治理与对应财政治理中的决心和能力。这次《十四五规划建议》将“健全政府债务管理制度”单列，作为财政治理现代化和现代财政制度的组成部分加以提出，应该说对理论界提出了更高要求。我们既要对实际部门正在做和拟定要做的债务运用和管理方式从制度设计上给予观点支撑，更要对中国特色社会主义财政发展中的债务较长期运用提出理论依据，既要符合新发展阶段对新财政平衡观的要求，又要顺应底线思维和安全理念等新形势的检验，从政府债务有效管理的角度诠释统筹发展和安全的关系，确保财政治理现代化行稳致远。

六、对推进财税治理法治化进程要求的把握

党的十八大以后，我国驶入了全面推进依法治国快车道，从党的十八届四中全会作出全面推进依法治国决定，到党的十九大明确到二〇三五年基本建成法治国家、法治政府、法治社会，从提出组建中央全面依法治国委员会统筹协调全面依法治国工作，到此次中央全面依法治国工作会议将习近平法治思想明确为全面依法治国的指导思想，全面依法治国实践取得了重大进展。今天从“把握新发展阶段、贯彻新发展理念、构建新发展格局”的要求出发，从深刻理解“要坚持在法治轨道上推进国家治理体系和治理能力现代化”的要求出发，我们要把视野放得更宽，要将“加快财税法治建设”纳入“建立现代财税体制”的框架中，积极推进预算、税收、财政管理等领域立法，实现财税立法与财税体制改革的统一协调，同时做好人大对财税的审查监督工作，合力推进法治财税现代化，共同服务国家治理现代化目标。这里结合自己在人大财经系统工作的实际谈两点体会。

其一，坚持党对财税法治的全面领导，全面落实财税法定进程。党的十八大以来，财税法治化建设已取得较大进展，相继修订了《预算法》《预算法实施条例》《中华人民共和国税收征收管理法》（以下简称《税收征管法》）《中华人民共和国税收征收管理法实施细则》（以下简称《税收征管实施细则》）等，十八个单行税种中有八个税种在此期间实现了立法。但财税法定进程与全面推进依法治国要求还存在差距，新发展阶段加快推动财税法

治化建设成为必然要求。就预算法律领域而言，现行《预算法》和《预算法实施条例》已经构成了较为完整的体系，虽然随着形势发展将来还可能对预算法进行修订（如“党管支出”原则的体现、政府性基金定义的完善、共同财政事权转移支付地位的确立等），但近期的主要任务是严格执行，用改革和法治之双轮推动中国特色现代预算制度的健全完善。就税收法律领域而言，主要是在考虑税收改革实际的基础上，适时进行增值税、消费税等立法工作，稳妥有序地开展关税、城镇土地使用税和房地产税的立法研究。同时，《税收征管法》及其实施细则在必要时也应修订。在这些基础上，将来还可以考虑制定《中华人民共和国税收基本法》。就中央和地方财政关系领域而言，目前在这方面的法律法规还较缺乏，但已经开始起步。财政部在2016年就提出要“加强重点领域财政立法”“探索建立以政府间财政关系法和预算法为两大支柱的现代财政法律制度体系”，同年国务院有关文件也提出“研究起草政府间财政关系法，推动形成保障财政事权和支出责任划分科学合理的法律体系”相关要求。近年来，一些人大代表与学者也提出制定财政法的建议，近期也得到有关部门的积极回应。可以认为，随着中央与地方财政事权和支出责任划分改革的稳步推进，这些原有设想和基层建议将会在新发展阶段中结合新需要有所落实。笔者始终关注这方面的进展，但坚持两个基本观点。一是坚持实事求是、循序渐进，中央地方财政关系改革进展到位后，成功经验就可以上升为法律，这是财税治理现代化和法治化的要求；二是无论是哪部法律，无论何种名称，都是中国特色社会主义的财政法律，反映的都是中国特色财税治理现代化的成果，《预算法》修订过程的成功经验证明了这一点，并将在新的财政法规制订中得以体现。笔者对此充满信心，并将为之继续努力。

其二，加强人大根本政治制度对财税治理现代化进程的重要作用，共同推动中国特色国家治理现代化。我国的人民代表大会制度是党的领导、人民当家作主和依法治国统一的根本政治制度，宪法和预算法也赋予了全国人大及其常委会审查批准预算、监督预算执行等重要职权。长期以来，特别是党的十八大以来，在党中央的坚强领导下，全国人大及其常委会与政府财税部门的各司其责与相互配合已经凸显了中国特色社会主义的制度优势，笔者有幸在不同层级参与了相关工作，对此深有体会，也提出了一些体现“中国特色、时代特征”的人大对预算审查监督、人大政府配合落实税收法定原则等理论观点。今天，我们在迈向“基本实现国家治理体系和能力现代化”的新发展阶段中，更应该结合中国特色国家治理现代化的新要求来把握人大根本制度和财税治理现代化的关系，既要在国家治理法治实践中完善“党管人大”“党管监督”和“党管财税”原则的落实形式，又要在理论构建中体现新时代“人民财税”由“人民监督”的制度导向，体现人大与政府财税部门协调运作是中国特色国家治理现代化内在组成部分的原则要求。

七、在“立足财税、走出财税”中服务新发展阶段国家大局

我国将进入的新发展阶段，既有国内人民对美好生活的向往与不平衡不充分发展之间的矛盾，也有供给侧结构性改革进入深水区、发展短板不足依然存在、推动国家治理现代化任务紧迫等现实的交织；既有国际保护主义单边主义甚嚣尘上与和平发展合作共赢主流意愿之间的冲突，也有全球疫情防控常态化、世界经济深度衰退因素的叠加。因而我们要认清形势，明确任务，牢牢把握新发展阶段对财税发挥作用的要求，在从持续推进到基本实现国家治理现代化的进程中贡献财税力量，这应是学习领会《十四五规划建议》对“建立现代财税体制”要求的目的所在。

我们还应该认识到，“建立现代财税体制”不能仅仅将目光局限于财税领域，还要坚持我们多年倡导的“立足财税、走出财税”思路，将建立现代财税体制与建立现代金融体制、供给侧结构性改革、政府“放管服”改革、落实“六稳六保”、推进国家治理现代化和服务人类命运共同体等重大战略任务协调推进、统筹谋划，为实现“十四五”期间“经济发展取得新成效、改革开放迈出新步伐、社会文明程度得到新提高、生态文明建设实现新进步、民生福祉达到新水平、国家治理效能得到新提升”的经济社会发展目标，为二〇三五年基本实现“社会主义现代化”“新型工业化、信息化、城镇化、农业现代化”“国家治理体系和治理能力现代化”“美丽中国建设目标”“国防和军队现代化”等群策群力，协同奋斗。这是中国特色社会主义财税“围绕中心、服务大局”应该拥有的站位和胸怀，必须始终坚持并不断践行。

第二节　“风华正茂、千秋伟业”视野下的“建立现代财税体制”

2021年2月20日，习近平总书记在党史学习教育动员大会上明确指出，

“中国共产党立志于中华民族千秋伟业，百年恰是风华正茂!”这既道出百年大党饱经磨难依然风华正茂的客观现实，也道出百年大党历经沧桑始终永葆活力的内在之义。习近平总书记早在十九届中共中央政治局常委同中外记者见面时就首次作出这一表述，随后在十九届中共中央政治局第二十一次集体学习、2021 年春节团拜会等重要讲话中又强调这一观点，并始终就确保党的长期执政、永立不败之地提出明确要求。由此，我们要不断加深对“百年风华正茂、千秋民族伟业”深刻含义的认识，要将包括中国特色社会主义财税发展在内的各项事业放在这一伟大进程中去领悟，要将党的十九届五中全会提出的“建立现代财税体制”要求放在这一大历史观视野下去落实。笔者这里在近年来坚持的“党管财税”基础上，提出“党管财税、财税为党、财税为民、财税为国”相互统一的基本定位，进而加深对党中央提出的“建立现代财税体制”要求的认识，主要从三个方面展开：一是从党百年征程中更加明确中国特色社会主义财税发展是历史必然；二是以大历史观思维来把握建立现代财税体制的时代要求；三是在历史规律和时代大潮结合中强调建立现代财税体制必须注意的五个重要方面。

一、明确中国特色社会主义财税发展乃历史必然

在建党百余年与“两个一百年”之历史交汇点上，我们要通过学习党史来进一步探究我国财税发展的历史方位，明确中国特色社会主义财税发展乃历史必然，并在这一历史必然中“建立现代财税体制”，这里谈三点依次递进的认识。

其一，要在“百年风华正茂、千秋民族伟业”中汲取财税发展的奋进力量。习近平总书记在 2021 年春节团拜会上将百年来我们党风华正茂、立于不败之地的制胜要领归纳为始终“站在时代潮流最前列、站在攻坚克难最前沿、站在最广大人民之中”，这为我们在新征程上以加快建立现代财税体制来巩固党的核心领导地位指明了方向。一是要紧跟党的脚步“站在时代潮流最前列”。在党的百年征程中，党领导人民从事的是革命、建设、改革、复兴的伟大事业，追求的是救国、建国、富国、强国的崇高使命，始终站在了时代潮流的最前列。我国财税是党领导下人民共和国的财税，也当然必须始终服务于这一最前列的伟大事业。我们要做的就是在党的领导下建立现代财税体制，使其服务于党继续走在时代潮流最前列的要求，使其成为党长期执政和实现国家治理的基础与重要支柱。二是要按照党的要求“站在攻坚克难

最前沿”。历史告诉我们，党在百年克服艰难险阻的征程中展现出了集中统一领导的政治优势和战略定力，这是事业成功最重要的制度力量。我们要以党的全面领导和中国特色社会主义制度作为应对各种风险挑战的最大底气，要通过建立现代财税体制来为国家重大战略任务的完成提供坚实财力保障，为党永葆生机活力、为中华民族千秋伟业贡献财税力量。三是要听党指挥“站在最广大人民之中”。一路走来，从“全心全意为人民服务”到“坚持以人民为中心的发展思想”，党始终坚持党性和人民性的统一。作为我国社会主义事业的重要组成部分，中国财税必须始终坚持人民立场，把人民对美好生活的向往作为财税工作始终不渝的奋斗目标。用这一历史视野来看待“建立现代财税体制”，我们就会有新的感悟。财税在所有国家都有，现代对所有国家都是，但我们讲的“现代财税”有着特定含义，这是与党、国家、人民、民族密不可分的中国现代财税，是与“风华正茂、千秋伟业”始终同行的中国现代财税。我们要在“学史明理、学史增信”中坚定地走好这条道路，坚持这一方向，此处笔墨虽不多，行间观点已鲜明。

其二，要在“紧跟时代脉动，把握历史大势”中认清我国财税体制改革的历史方位。在革命、建设、改革、复兴的伟大进程中，党始终高度重视对所处历史方位的认识和界定，并在把握时与势的基础上不断建立与推进财税体制改革。在中央苏区成立中华苏维埃共和国临时中央政府后，党从维护工农大众根本利益出发，相继颁布了《中华苏维埃共和国暂行财政条例》《中华苏维埃共和国中央执行委员会第一次会议关于颁布暂行税则的决议》，以“统一财税、健全制度”的红色财税体制为巩固苏区政权提供了重要财力支持。新中国成立初期，财税体制在探索中经历了从“统收统支、高度集中”到“统一领导、分级管理”的转变，契合了当时促进国民经济恢复需要和形势转好后调动地方政府积极性的目的。改革开放后，根据党的工作重点转移和向社会主义市场经济转变，“划分收支、分级包干”的财税体制改革开启了集权型向分权型管理体制的过渡。社会主义市场经济框架确立后，以“简化税制、合理分权”的分税制改革和“财政公开、加大投入”的公共财政体制改革为主力，财税体制改革为经济发展方式转变和市场主体公平竞争提供了支撑和保障。党的十八大以后，财政之“国家治理的基础和重要支柱”和税收之“国家治理的基础性、支柱性、保障性作用”，呼吁着我国财税在统筹推进经济、政治、文化、社会、生态文明五位一体建设中的职能作用，也推动了财税体制向现代化迈进。从目前来看，回顾建党百余年来这些关键节点上的财税体制重大改革，都是党领导的、结合国家发展阶段特征而作出的重大决策。由此，党坚定地站在历史正确的一边、顺应乃至引领时代潮流是中国特色社会主义财税事业前行的重要前提，中国财税体制始终都具有这样的历史定位。我们必须认清这一事实，并在当前“建立现代财税体制”进程中熟记于心。

其三，要在“党管财税、财税为党、财税为民、财税为国”的内在统一中建立现代财税体制。笔者在这里把“党管财税”理念细化为体现党与财税关系的“十六字”提法，是学习百年来党领导社会主义财税事业前行的深刻体会，强调的既是财税事业一路前行至今的经验总结，又是立足当下、面向未来建立现代财税体制必须把握的基本准则。笔者的这一学习体会有三个层面：一是“党管财税”居于统领层面，确保“财税为党”“财税为民”和“财税为国”的基本性质与发展方向。历史已经证明，党的集中统一领导能够确保我国财税沿着社会主义方向发展，而我国“集中力量办大事”的制度性优势则能够确保财税服务政治经济社会大局并取得成功。所以，坚持“党管财税”是实现“财税为党”“财税为民”“财税为国”职能作用的必要前提。二是“财税为党”“财税为民”和“财税为国”三者高度一致，体现的是党、人民和国家的统一。无论是什么制度的国家，其财税都是国家财税，都与特定国体政体相联系。在我国，中国共产党是执政党，党领导的社会主义国家决定了“党管财税”与“国家财税”的一致性。同时，中国共产党除了人民利益之外没有自身特殊利益，党代表人民来统领财税，确保人民财税为人民的根本导向，体现的就是“党管财税”和“人民财税”的统一。基于此，笔者从来坚持“党管财税”“人民财税”和“国家财税”的统一性。在坚持党对财税的集中统一领导下，发挥财税服务于党、服务于人民、服务于国家的职能作用，也就意味着“财税为党”“财税为民”“财税为国”的一致性，三者共同为党的长期执政服务、为增进民生福祉服务、为确保国家长治久安服务。三是“党管财税、财税为党、财税为民、财税为国”之统一强调的是党的领导与财税职能的相互作用。党的领导是确保我国财税坚持正确方向的重要前提，这在财税理论与实践中已经得到证明。我们同时还要看到我国财税在服务政治经济社会大局中的职能作用，就是在党的领导下，为人民谋福祉，为国家谋强盛，为民族谋长存。所以，我们推动建立现代财税体制，就要在理论与实践的结合上始终凸显“党管财税、财税为党、财税为民、财税为国”的统一。

二、用大历史观审视建立现代财税体制的时代要求

在党的十九届五中全会提出“建立现代财税体制”要求后，党的十九届五中全会通过的《十四五规划建议》第22条相应细化了建立中国特色现代财税体制的主要任务和实现路径，为新征程上展现财税作为提供了重要遵循。围绕“建立现代财税体制”，笔者已经依据新发展阶段等对深化财税体制改革的要求，从深化预算体制改革、理顺中央地方财政关系、提升现代税收治理、健全债务管理制度、推进财税法治建设等方面谈了学习认识[①]。笔者认为，我们既要在“把握新发展阶段、贯彻新发展理念、构建新发展格局”要求中持续找准财税定位，还应将党对“建立现代财税体制”的部署安排置于“风华正茂、千秋伟业”视野下审视，用大历史观来加深对这一部署要求的把握。这里围绕“一个基本把握，两个重要文件”谈三点学习体会。

其一，要从“党管财税、财税为党、财税为民、财税为国”的统一来进一步认识“建立现代财税体制”的要求。一是从“十四五”规划的总体要求上看，党从全局作出谋划安排，对财税的发展改革始终寄予厚望。《十四五规划建议》提出“十四五”时期经济社会发展必须遵循“坚持党的全面领导、坚持以人民为中心、坚持新发展理念、坚持深化改革开放、坚持系统观念”五大原则。这些原则作为“十四五”时期经济社会发展的指导方针，自然要将其落实到国民经济和社会发展的十二项任务中去，当然就包含了对“建立现代财税体制”的相应要求。“坚持党的全面领导”，在财税领域对应着坚持和完善党领导财税发展的体制机制，在坚持和完善中国特色社会主义制度下为实现高质量发展提供根本保证。“坚持以人民为中心”，要求始终做到发展为了人民、发展依靠人民、发展成果由人民共享，财税发展方向、改革重点和政策安排都要围绕激发全体人民积极性、主动性、创造性展开，不断实现人民对美好生活的向往。“坚持新发展理念”“坚持深化改革开放”和“坚持系统观念”则为实现“财税为党”“财税为民”和“财税为国”提供了实现手段和科学方法，为推进国家治理体系和治理能力现代化提供了行动路径。二是从“十四五”规划的具体部署上看，《十四五规划建议》第22条将“建立现代财税体制”要求进一步细化，提出要“加强财政资源统筹，

---

① 邓力平．新发展阶段与建立现代财税体制［J］．经济理论与经济管理，2020（12）：4－12.

加强中期财政规划管理，增强国家重大战略任务财力保障。深化预算管理制度改革，强化对预算编制的宏观指导。推进财政支出标准化，强化预算约束和绩效管理。明确中央和地方政府事权与支出责任，健全省以下财政体制，增强基层公共服务保障能力。完善现代税收制度，健全地方税、直接税体系，优化税制结构，适当提高直接税比重，深化税收征管制度改革。健全政府债务管理制度”。用大历史观来解读，可以看到处处都体现着“党管财税、财税为党、财税为民、财税为国”的协调和统一。首先，加强财政资源统筹、深化预算管理制度改革、理顺中央地方财政关系、完善现代税收制度、健全政府债务管理制度等都是党根据当前国家发展需要和财政紧平衡状态作出的重大决策。这些决策不仅是为了建立现代财税体制，也是为了防范化解财政运行风险，确保财税安全，为党长期执政、人民安居乐业、国家长治久安保驾护航。其次，以中期预算为目标的中期财政规划管理、以税收现代化为导向的适当提高直接税比重、以调动中央地方积极性为指向的中国特色共同财政事权转移支付等举措，既是在考虑国情基础上顺应建立现代财税体制要求的重要安排，更是体现和坚持党中央领导权威、维护宏观调控的重要举措。再次，推进财政支出标准化、硬化预算约束加强监管、全面实施预算绩效管理等措施致力于发挥财政资金效益，为党和政府过紧日子、人民过好日子腾挪空间，体现了我国“立党为公、执政为民”的长期执政理念和财税“取之于民、用之于民”的长期为民方针。最后，深化“放管服”改革、优化税收营商环境、明确中央地方政府事权与支出责任、增强国家重大战略任务财力保障等政策导向则有助于更好地体现集中财税力量办大事的制度优势，能更好地为推进党领导下的国家治理现代化提供保障与支持。

其二，近期出台的预算管理重要文件是对党中央提出的“深化预算管理制度改革”的细化和落实。《国务院关于进一步深化预算管理制度改革的意见》（以下简称《预算改革意见》）是经过中央全面深化改革委员会第十七次会议通过、以国务院名义颁布的。《预算改革意见》从加大预算收入统筹力度、规范预算支出管理、严格预算编制管理、强化预算执行和绩效管理、加强财政风险防控、增强财政透明度等方面着手，既是对《十四五规划建议》提出的“深化预算管理制度改革”的贯彻执行，也是在财政处于紧平衡状态下确保党长期执政的有力举措，体现了党的领导和财税作用的相互影响。一方面，《预算改革意见》开宗明义地将“坚持党的全面领导”作为首要原则，要求“全面贯彻党的基本理论、基本路线、基本方略”“将坚持和加强党的全面领导贯穿预算管理制度改革全过程”，既强化了党对预算编制的宏观指导，也是预算管理制度改革沿着正确方向发展并获得显著成效的重要保障。另一方面，《预算改革意见》也在各项工作安排中展现了“财税为党、财税为民、财税为国”的大局导向。从鲜明指出“各级预算安排要将落实党中央、国务院重大决策部署作为首要任务”“强化预算对落实党和国家重大政策的保障能力”，强调了财政工作的重点要以党的重大决策部署为依据；到明确提出“坚持以人民为中心”“以满足人民日益增长的美好生活需要为根本目的，更加有效保障和改善民生”，坚持了预算安排要突出保基本民生之重点；再到反复强调“增强对国家重大战略任务、国家发展规划的财力保障”“进一步增强与国家发展规划的衔接”，确保了财政规划管理与国家大政方针同频共振。可以看到，我国在进一步深化预算管理制度改革中着眼于为巩固党的领导地位、为保障人民生活、为实现国家战略服务，在提升站位、服务大局中助推国家治理体系和治理能力现代化。与此同时，近期《全国人民代表大会常务委员会关于加强中央预算审查监督的决定》（以下简称《决定》），赋予了全国人民代表大会及其常务委员会对预算审查监督的职责，也完成了贯彻落实党中央对预算管理制度改革部署的法定步骤，形成了从《预算法》（2014 年修订）、《关于人大预算审查监督重点向支出预算和政策拓展的指导意见》（2018 年），到《预算法实施条例》（2020 年修订）、《预算改革意见》（2021 年），再到《决定》（2021 年修订）的完备框架。这一框架与 1994 年我国完成《预算法》立法后相继出台《预算法实施条例》《国务院关于加强预算外资金管理的决定》和《决定》的配套举措如出一辙，都是始终以党管财政和党管预算为前提，在坚持党的领导下将党的主张经过法定程序变成国家意志。既是坚持党对预算管理集中统一领导的必然结果，也是巩固党长期执政地位和领导地位的重要手段，体现的是党一以贯之把方向、管大局的能力和定力。此外，《决定》强调的要“坚持党中央集中统一领导”“坚持以人民为中心”“坚持围绕服务党和国家工作大局”“保障国家方针政策和决策部署贯彻落实”，也进一步体现了“党管财税、财税为党、财税为民、财税为国”的统一。

其三，近期出台的税收征管改革重要文件则是对党中央提出的“深化税收征管制度改革”的细化和落实。《关于进一步深化税收征管改革的意见》（以下简称《征管改革意见》）也是经过中央深化改革委员会第十七次会议通过、以中共中央办公厅和国务院办公厅印发的。这一文件以“四精”和

“四突破”为主要抓手，为新发展阶段全方位推进规范执法、便捷服务、精准监管明确了行动路径。将这一改革摆在“风华正茂、千秋伟业”的大历史观下理解，依然可以清晰地看到其中蕴含的党管税收和税收服务大局之鲜明导向。一是《征管改革意见》的发布既是贯彻党的十九届五中全会对“十四五”时期“完善现代税收制度”要求的重要安排，也是落实中央深化改革委员会对“推动税务执法、服务、监管的理念方式手段变革”部署的重要实践，在这其中所表现出来的党对税收制度改革及其出台时机的全面把握、从思想到行动上与党中央决策部署步调一致、党中央有号令税务铁军有行动等特征，正是坚持党对税收工作全面领导的集中体现和坚定维护，也是中国特色社会主义税收运行的重要特点和必要保证。而同时，《征管改革意见》强调的“精确执法、精细服务、精准监管、精诚共治”之“四精”重点，和“税收征管从合作、合并到合成的突破；税收服务、执法和监管深度融合的突破；税收治理实现数字化、智能化、智慧化的突破；税收改革创新从渐进式到体系性集成的突破”之“四突破”，则在不折不扣完成税费收入任务、防范化解税收风险、提高税收法治水平、优化征管体制设计、提升税收治理效能中彰显了党集中统一领导的制度优势，进一步巩固和维护了党的长期执政地位。二是《征管改革意见》将“坚持为民便民，进一步完善利企便民服务措施，更好满足纳税人缴费人合理需求”摆在重要地位，凸显了以人民为中心的鲜明导向。笔者多次强调，在人民当家作主的社会主义国家，社会主义纳税人和国家的关系不仅是一般征纳关系，更是作为人民群众整体中一员与国家整体的关系。此次以数据赋能、税务执法、税费服务、税务监管、税收共治和组织保障为主要内容的税收征管改革致力于建设以服务纳税人缴费人为中心的智慧税务，事实上就是为提高社会满意度、提升人民群众获得感做贡献的，对此必须有清晰认识并始终牢记于心。三是《征管改革意见》的重点在于推动税务执法、服务、监管的理念和方式变革，并强调执法、监管要寓于服务之中，在税收征管各环节有机融入服务理念。这里的服务理念，不仅包含着基于税收征纳关系的纳税服务和基于市场与政府关系的税收服务，更包含着建立在税收与政治、税收与大局关系之上的为国家稳定发展作贡献的服务、为民族千秋伟业作贡献的服务。

三、当前建立现代财税体制必须研究的五个重要问题

从《十四五规划建议》对“十四五”时期“建立现代财税体制”的具

体部署和我国采取的一系列举措中，可以看到“党管财税、财税为党、财税为民、财税为国”之统一体现着中国特色财税治理现代化的重要制度特征，既展现了风华正茂的百年大党带领人民奋进在现代化道路上的指路领航作用，也彰显了中国特色财税体制在坚持党的长期全面领导、满足人民美好生活需要、建设富强民主文明和谐美丽现代化强国、推进中华民族千秋伟业中的积极作为。站在全面建设社会主义现代化国家的新征程上，将认识历史规律和把握时代大潮结合起来，我们要不断动态地去贯彻落实党提出的“建立现代财税体制”之要求。从财税理论工作者的角度出发，笔者这里就建立现代财税体制进程中要注重研究的问题谈五点认识。

其一，中国特色社会主义制度和国家治理体系是“建立现代财税体制”必须遵循的基本前提和框架。在党的领导下，我国财税在长期实践探索中始终以马克思主义为指导，始终根植于中国大地形成了独具中国特色的财税制度体系。这是我国财税体制显示强大生命力与明显优越性的根本原因，不论何时都要旗帜鲜明地坚定走中国特色社会主义道路，始终确保财税体制改革的正确方向。进入新时代以来，从党的十八届三中全会指明全面深化改革的总目标是“完善和发展中国特色社会主义制度，推进国家治理体系和治理能力现代化”，到党的十九届四中全会提出“坚持和完善中国特色社会主义制度、推进国家治理体系和治理能力现代化”，突出强调了中国特色社会主义制度和国家治理体系和治理能力现代化目标的既一以贯之又与时俱进，也对建立中国特色现代财税体制提出了新的时代要求。由此，在新征程中我们要始终坚持中国特色社会主义根本制度、基本制度和重要制度对建立现代财税体制的要求，并将百年来党领导下的财税发展中积累的成功经验与有效做法不断完善直至成型，推动中国特色现代财税体制更加完备成熟，更好发挥财税在国家治理中的基础性和支柱性作用。同时还应该认识到，中国共产党的领导是中国特色社会主义最本质的特征，也是中国特色社会主义制度的最大优势。党的领导与中国特色社会主义之间的不可分割性决定了党的领导同样应是中国特色现代财税体制的最本质特征和最大优势。所以，把握建立现代财税体制的中国特色社会主义道路方向，必须依靠“党管财税”来加以保证，对此必须保持高度自觉，丝毫不能动摇。

其二，从历史长镜头中捕捉财税发展的历史规律和发展态势是“建立现代财税体制”必须持有的长期视角。“学党史、悟思想、办实事、开新局”是我们从百年大党奋斗征程中汲取力量的必修课程，也是用更长远的眼光来思考新时代中国特色现代财税体制的应有之义。这启示我们要运用历史和发展的眼光，将建立中国特色现代财税体制放在百年来党领导人民探索财税发展，当下“十四五”时期财税服务全面建设社会主义现代化国家新征程，二〇三五年基本实现社会主义现代化和21世纪中叶建成富强、民主、文明、和谐、美丽的社会主义现代化强国的历史长镜头中来整体把握谋划，既要总结历史经验规律为建立中国特色现代财税体制厘清发展脉络，又要结合“把握新发展阶段、贯彻新发展理念、构建新发展格局”要求确保财税体制改革行稳致远，更要在时与势的清醒洞察中提高中国特色现代财税体制的前瞻性和预见性，为实现第二个百年奋斗目标和中华民族千秋伟业贡献财税智慧。当前，我国面临中华民族伟大复兴战略全局和世界百年未有之大变局之国情世情，建立现代财税体制就要把握新时代我国财税发展规律和大势，结合习近平总书记着眼历史大势作出的一系列科学判断，在“开放合作仍然是历史潮流，互利共赢依然是人心所向”“经济全球化潮流不可逆转”“我国现代化是人口规模巨大的现代化，是全体人民共同富裕的现代化，是物质文明和精神文明相协调的现代化，是人与自然和谐共生的现代化，是走和平发展道路的现代化”等重要论述中把握和理解建立现代财税体制所处的历史方位和发展趋势，在对中国特色社会主义道路的坚定自信中走好中国特色财税治理现代化之路。

其三，在防范化解风险挑战中维护好改革发展稳定大局是“建立现代财税体制”必须坚守的底线思维。一路走来，不论是毛泽东同志就“其兴也勃焉，其亡也忽焉”的历史周期律提出的“只有让人民来监督政府，政府才不敢松懈”之新路，还是邓小平同志强调的“要把工作的基点放在出现较大的风险上，准备好对策”，在治党治国的百年历程中，我们党始终将忧患意识和底线思维贯穿于革命、建设、改革的全过程，为中华民族伟大复兴营造了稳定大局。党的十八大以来，习近平总书记更是反复强调“增强忧患意识、防范风险挑战要一以贯之”，并指出“我们现在所处的，是一个船到中流浪更急、人到半山路更陡的时候，是一个愈进愈难、愈进愈险而又不进则退、非进不可的时候。越是在这种时候，越应该强化忧患意识，保持清醒头脑”。站在建党百余年来前所未有的重要关口，我国的财税体制改革当然也要在党的全面领导下，以见微知著的预见性和见叶知秋的敏锐性防范化解各种风险挑战，以健全稳定的中国特色现代财税体制对冲国内外不稳定不确定因素的影响，在攻坚克难中为维护社会主义国家改革发展稳定大局贡献财税力量。

其四，提升站位服务大局是“建立现代财税体制”必须肩负的责任使命。习近平总书记在十九届中共中央政治局常委同中外记者见面时强调，“中国共产党是世界上最大的政党。大就要有大的样子。”从统筹国内国际两个大局的全球视野来看，这个最大的政党，大就大在有大作为和大担当。与之相对应，在风华正茂的百年大党领导下的中国特色现代财税体制也必须在新征程中展现大作为、彰显大担当。一是在发展道路的共存合作竞争中展现大国财税作为。在国际交往中，不同价值体系、不同发展阶段、不同市场经济体制的国家不可避免地存在发展道路的共存、合作和竞争。我们要立足“共存”之常态，在“合作”中加快推进财税现代化进程，在“竞争”中展现中国特色现代财税体制的独特优势，为其他国家走向财税现代化提供道路选择。在2020年疫情全球蔓延之际，我国率先运用财税政策工具统筹推进疫情防控和经济社会发展，就是凸显中国特色财税体制集中力量办大事制度性优势、彰显大国责任与作为的重要例证。二是在构建人类命运共同体中彰显大国财税担当。党的十九大报告强调，“中国共产党是为中国人民谋幸福的政党，也是为人类进步事业而奋斗的政党”，这一提法将党的使命与人民幸福、民族命运和世界发展紧密联系起来，这就要求我们建立的中国特色现代财税体制，要胸怀中华民族伟大复兴战略全局和世界百年未有之大变局，为人民谋幸福、为民族谋复兴、为世界谋大同。我国在参与和引领国际税收治理中积极争取新兴经济体与发展中国家的主权利益和税收话语权，就是为人类命运共同体下的国际税收秩序形成贡献税收力量的重要体现，必须长期致力于此，始终彰显担当。

其五，中国财税发展更好地服务国家对外战略是“建立现代财税体制”必须同时考虑的重要方面。中国财税服务统筹内外两个大局、统筹发展与安全是一篇大文章，我们必须在党中央的统一部署指挥下审时度势地把握领悟与贯彻落实。在此，笔者主要以在党的领导下继续做好中国国际税收研究谈一点体会。党的十八大以来，笔者继续延续着“紧跟党和国家要求、紧贴国际形势变化”的思路来研究国际税收，从提出我国财税部门在应对国际经济政治新问题中应该发挥积极作用，强调国际税收研究要引入国际政治因素的重要性①；到提出财税体制改革和相应国际税收研究要适应“百年未有之大

---

① 邓力平，陈斌，王智烜．当前国际经济政治与国际税收关系的七个问题［J］．国际税收，2017（03）：6－11.

变局”的新特征，强调要为国际税收新规则体系建立提供中国方案①；再到探讨在“世界进入动荡变革期”后国际税收治理体系建立的可能趋势，强调我国应该在财税体制改革中统筹考虑这些新变数②，笔者所提的这些观点都体现着中国国际税收的制度特征与时代要求，都在强调我国财税要始终坚持统筹国内国外的双重作用，既适应不同阶段特征深度参与全球财税治理，又能推动中国特色财税治理现代化进程。而当我们以“风华正茂、千秋伟业”的更广更远视野来审视“建立现代财税体制”的国际侧面时，我们的站位就会更高远，研究就会更贴切、工作就会更到位。在党的领导下，国际税收作为连接国内国外两个大局的一个重要桥梁，可以更好地发挥服务发展和安全大局的作用。这里仅简要阐述。一是要紧跟时代潮流，在参与和引领国际税收治理中推动国内财税体制改革。当前，数字经济的蓬勃发展对传统国际税收规则和税收管理模式形成了重大挑战。G20 和 OECD 相继发布的《应对数字经济的税收挑战》《关于以双支柱提案应对经济数字化税收挑战的声明》，为数字经济带来的国际税收挑战提出了应对方案，也为各国开展数字经济方面的国际税收合作提供了方向指引。作为数字经济大国，我们要在深入研究、参与和引领数字经济国际税收规则制定与完善的同时，同步进行国内税制的改革与衔接，在“十四五”时期乃至更长时期的“建立现代财税体制”要求中做好前瞻性准备。二是不仅仅局限于税收框架之中，而要从国际政治、经济、文化、科技等多维度来把握国际税收发展，进而拓宽中国特色现代财税体制的全局视野。在“世界多极化、经济全球化、文化多样化、社会信息化”的当今世界格局中，各国税收体系在共存、合作与竞争中折射出了不同执政党领导、不同国体政体、不同市场经济、不同文化背景、不同发展水平对国际税收的影响。许多国家间的税收联系体现的不仅是一般税收或经济关系，还是不同制度安排与发展道路的比较与角力。所以构建中国特色的现代国际税收体系，要看到在百年大党领导下体现中国特色社会主义方向、发挥社会主义市场经济优势、根植中华传统文化沃土、依托创新驱动发展的中国特色国际税收体系与西方国际税收体系的差异，在这一比较与竞争中更坚定建立中国现代财税体制的正确方向，在为人类命运共同体下国际税收治理体系作出贡献的同时，向世界展现中国共产党领导下的中国现代财税体制

① 邓力平．百年未有之大变局下的中国国际税收研究［J］．国际税收，2020（02）：3－9.

② 邓力平，陈丽．中国特色税收治理现代化之国际侧面研究［J］．国际税收，2020（12）：3－10.

服务中华民族千秋伟业的显著优越性。

第三节　实现全人类共同价值的中国方案与财政理论研究

习近平总书记在庆祝中国共产党成立一百周年大会上提出"以史为鉴、开创未来，必须不断推动构建人类命运共同体"，并指出"中国共产党将继续同一切爱好和平的国家和人民一道，弘扬和平、发展、公平、正义、民主、自由的全人类共同价值，坚持合作、不搞对抗，坚持开放、不搞封闭，坚持互利共赢、不搞零和博弈，反对霸权主义和强权政治，推动历史车轮向着光明的目标前进"①。全人类共同价值是由习近平主席在2015年9月第七十届联合国大会一般性辩论上首次提出的，而后在多次重要场合中反复强调这一理念。这次在建党百年大会上再次庄严重申，并表述了实现这一共同价值的中国方案，高屋建瓴，意义深远。

笔者认真学习领悟习近平总书记"七一"重要讲话精神，努力领会在当前错综复杂的国际环境中再次强调全人类共同价值的深刻含义，有三点基本体会。其一，要正确把握"全人类共同价值"与"中国方案"的内在联系。这里有三个依次递进的判断：一是全人类共同价值客观存在，是全人类追求的共同目标与价值取向；二是在现实世界不同制度、不同阶段，不同民族、不同文化条件下，实现和践行全人类共同价值有多种方案；三是实现全人类共同价值的中国方案是其中最重要、最具生命力并越来越得到广泛公认的伟大实践。其二，必须明确"实现全人类共同价值的中国方案"就是我们始终坚持的中国特色社会主义道路，就是走在新时代的中国特色社会主义伟大实践，就是中国共产党"为人民谋幸福、为民族谋复兴、为世界谋大同"初心使命的生动体现。一路走来，我们坚定地在中国自己的发展道路上奋斗并取得了伟大成就，今天我们更在道德和价值高地上再次阐明了中国实践与世界大同的关系，更加鼓舞人心，更加信服天下。习近平总书记是在庆祝建党百年"以史为鉴、开创未来"之"九个必须"的大框架中强调推动构建人类命运共同体，强调弘扬全人类共同价值的。"九个必须"是全面完备的宏大体系，是实现全人类共同价值中国方案的完整表述，是中国道路、中国理论、中国制度、中国文化的集中展示。其三，以习近平同志为核心的党中央

---

① 习近平．在庆祝中国共产党成立100周年大会上的讲话［M］．北京：人民出版社，2021.

在“百年变局、世纪疫情”之复杂条件下再次重申“实现全人类共同价值的中国方案”，将对我国社会科学理论体系构建具有重要引领作用，中国财政理论研究也不例外。在中国特色社会主义实践中成长起来的中国财政理论，已经与西方财政理论及其实践形成了鲜明对比。笔者认为，中国特色社会主义财政理论要在与西方财政理论并存、比较、对话、平视、竞争的进程中不断展示优势，要逐步被越来越多的国家和民众所接受，既要通过实力去证明，也要靠道德和理论高地的夺取去引领。实现全人类共同价值之中国方案的提出，就是为我们提供这样的指引、启示和力量，促进我们更好地坚持、完善和发展中国自己的财政理论体系和生动实践。

笔者始终紧跟中国特色社会主义财政理论的发展。改革开放以来，笔者既关注社会主义市场经济条件下财政的共性，更积极归纳总结我国财政发展的个性，逐步提出了中国特色社会主义财政之国家财政、公共财政、发展财政和统筹财政的“四位一体”分析框架。党的十八届三中全会开启全面深化改革后，笔者又提出了中国特色社会主义财政之国家性、公共性、发展性、改革性与统筹性“五大特征”的表述。在党的十九届四中全会提出坚持和完善中国特色社会主义制度、推进国家治理体系和治理能力现代化的决定后，笔者又提出了新时代“党管财政”“人民财政”等中国特色社会主义财政理念。在建党百余年之际，笔者认真领悟习近平总书记“七一”重要讲话精神，认为中国特色社会主义财政理论的持续丰富与完善还可以从“实现全人类共同价值的中国方案”角度进行提炼。在从事财政理论研究中，我们要坚持共性与个性结合，要立足“实现全人类共同价值的中国方案”这一价值高地，不断完善正在形成的中国特色社会主义财政理论。这是一个大课题，非一文所能穷尽。本节仅围绕财政政治理论、国家财政理论、市场财政理论和统筹财政理论等领域的几个方面谈一些体会。

一、“党管财政”理念与中国财政政治理论

在当今政治多极化的世界中，各国人民在进行价值判断和政治选择时，都会形成与之相匹配的政治制度与上层建筑。过去多年在引入、借鉴与评价源于西方国家实践的财政理论时，我们发现这些理论往往与西方价值观念和实现这一理念的西方实践相联系。在与西方同行交流中，我们时常处于守势，苦于找不到能够理直气壮强调全人类共性价值并适合中国实践的答案。今天，全人类共同价值给出了答案，这是人类不同文明价值、文化背景、现

实政治下可以提炼凝聚成的“最大同心圆”，反映了当前世界各国人民对价值理念的共识。中国作为全人类共同价值这一重要表述的提出者和倡导者，为人类跨越封闭、对抗、零和博弈、霸权主义和强权政治提供了价值遵循和理论基础。习近平总书记在2021年7月中国共产党与世界政党领导人峰会上特别强调要“以宽广胸怀理解不同文明对价值内涵的认识，尊重不同国家人民对价值实现路径的探索，把全人类共同价值具体地、现实地体现到实现本国人民利益的实践中去”①。可以认为，全人类共同价值是开放和包容的，各国基于自身国情来践行全人类共同价值具有多样性。基于此，中国共产党团结带领中国人民为了实现中华民族伟大复兴，在革命、建设、改革事业中不断蹚出的中国特色社会主义道路，当然就是践行全人类共同价值的中国方案，必须旗帜鲜明地宣示，必须坚定不移地作为和各国对话的基础。财政是各国政府职能的基本组成部分，也是各国实现全人类共同价值之不同方案的组成部分。在中国共产党领导下的我国财政是党和国家事业的重要组成部分，也是实现全人类共同价值之中国方案的重要组成部分。2021年6月，财政部刘昆部长在党史学习教育主题讲授时指出，要“传承弘扬以政领财、以财辅政的优良作风，旗帜鲜明讲政治，以实际行动践行‘两个维护’”②。基于“实现全人类共同价值中国方案”在财政领域的体现，笔者认为我国财政理论的首要任务，就是要为做好“以政领财、以财辅政”工作提供理论依据，就是要建立中国自己的财政政治理论。

建立中国自己的财政政治理论，首先要明晰与西方财政政治理论的根本区别。西方财政政治理论是围绕不同时期西方私有制国家市场与政府关系的变化而发展的。西方财政政治理论经过重商主义、古典主义、凯恩斯主义和新古典主义等多个阶段的发展，形成了较为完备的体系。总的来看，西方财政政治理论主要是以国家为主体研究财政收支活动、较少阐述财政阶级性但本质上是为资产阶级统治服务的理论。特别是在新古典主义下，无论是貌似与制度安排无关的一般财政纯理论，还是以布坎南等为代表的公共选择理论，都是将微观个体利益与私有制度作为基本前提，都是将经济人假设推广到政府层面去研究政府失灵、寻租等表现，都是将西方国家政治安排与对应财政活动作为标杆、将所谓普世通用的西方价值体系和实践方案作为衡量标

---

① 习近平出席中国共产党与世界政党领导人峰会并发表主旨讲话［N］. 人民日报，2021-07-07（001）.

② 以史鉴今 资政育人 奋力开创财政高质量发展新局面［J］. 中国财政，2021（13）.

准。笔者多年来始终坚持，西方主流的财政政治理论仅适用于西方政治经济环境，并不适合在我国借鉴和使用。例如，作为西方财政政治理论重要代表的公共选择理论是建立在西方价值体系之上，与选民投票、多党轮流执政、"三权鼎立"和两院制等西方政治制度相联系的。对西方所谓"普世"价值我们应始终抵制，因为人类历史长河已经证明西方价值体系并非放之四海都适用，与之相联系的政治经济制度不应被世界所有国家普遍接受。实际上，人类历史并没有被西方价值体系所终结，反而呈现出今天政治多样化的发展路径。从这个角度再看全人类共同价值的提出，就是要明确其与西方"普世"价值完全不同。全人类共同价值的中国方案提出，就是要在中国财政理论体系的构建中，把中国财政政治理论确立摆在首位。这一理论既要体现"共同价值"又要符合"中国方案"，就要研究中国人民自己选择的政治制度下的财政活动一般规律。

建立中国自己的财政政治理论，就要理解"实现全人类共同价值的中国方案"这一制度安排的核心是党的领导，就要把握我国政治制度的根本要求，就要充分领悟"中国共产党领导是中国特色社会主义最本质的特征，是中国特色社会主义制度的最大优势，是党和国家的根本所在、命脉所在，是全国各族人民的利益所系、命运所系"①，从而把"党管财政"这一理念放在中国财政政治理论构建的统领地位。在近年来的研究中，笔者回顾了我国革命、建设、改革事业中的财政发展，始终认为"党管财政"是确保我国财政沿着正确方向发展的根本保证。而从财政政治理论出发，坚持"党管财政"理论的统领地位，就是要与公共选择理论等西方财政政治理论形成鲜明对比，就是要展现出我国制度的强大优势。西方公共选择理论的基础是经济人等一系列假设，而中国共产党没有自己特殊的利益，在任何时候都把人民利益放在第一位，这是作为马克思主义政党的中国共产党区别于西方政党的显著标志。基础前提不同，得出的结论也就大相径庭。个人主义、利益集团等条件下的西方政府失灵肯定导向政府滥用财政资源进而需要控制财政规模等结论。而以"为中国人民谋幸福，为中华民族谋复兴"为初心使命的中国共产党，必将形成人民至上的政府，而与之匹配的财政也理应比西方财政覆盖的领域更广、受益的范围更大、使用的效益更好。简言之，中国财政政治理论既要研究一国财政活动对全人类共同价值的倡导与追求，又要研究在党

① 习近平．在庆祝中国共产党成立100周年大会上的讲话［M］．北京：人民出版社，2021.

的领导下不断推进中国财政造福人民、惠及全球的实践方案。

当前，我们要紧紧围绕“党管财政”这一根本要求来加快中国财政政治理论的建设步伐。笔者近年来特别研究了“党管财政”的基本原则、主要内容、制度安排、工作重点等，强调要在这一理念下研究党对财政工作的集中统一领导、明确党对财政改革的举旗定向作用、把握党对财政重点领域和关键环节的一锤定音作用等重要内容。与此同时，笔者还将“党管财政”扩展为“党管财政、财政为党、财政为民、财政为国”的完整表述，这既是因为党、人民、国家的利益是一体的，也是因为在党的领导下，财政将在进行伟大斗争、建设伟大工程、推进伟大事业、实现伟大梦想中起到重要作用。因此，遵从“党管财政、财政为党、财政为民、财政为国”之“党管财政”理念，我们就能在坚持社会主义基本方向下为“以政领财、以财辅政”工作提供理论依据，就能在“实现全人类共同价值的中国方案”实践中推进中国财政政治理论系统构建。

二、“人民财政”理念与中国国家财政理论

国家是宏观层面实现不同个体追求共同价值目标的主体。在实现全人类共同价值的过程中，国家是制定、实践和调整各自方案的执行者。因此，研究全人类共同价值和各国方案下的财政理论，就必须将国家财政放在重要位置。而从财政与国家的角度出发，从古至今任何国家都有财政，财政与国家存在天然联系，财政是国家职能的重要组成部分，因此研究国家财政也是理论研究的题中之义。基于此，研究中国自己的国家财政理论就是要在“实现全人类共同价值的中国方案”下研究国家财政共性与个性的结合，特别要研究为了实现追求“共同价值”共性而展示“中国方案”的特征和属性。笔者曾在庆祝新中国成立七十周年之际，回顾了我国财政一路走来的历程，提出从新中国成立伊始，我国国家财政就鲜明地体现出“人民性”这一本质属性。因此，我国国家财政理论就应当始终站稳人民立场，不断研究“人民财政”的本质属性和时代内涵。当前，笔者高兴地看到越来越多理论界同仁加强了对“人民财政”的研究。笔者这里从“实现全人类共同价值的中国方案”角度再对“人民财政”理念作进一步阐释，主要以“民主”与“发展”这两个价值取向为例。

从全人类共同价值所弘扬的精神来看，“人民财政”在发展过程中首先集中体现了人民当家作主的中国特色社会主义民主优势。中国特色社会主义

民主政治始终坚持党的领导、人民当家作主、依法治国有机统一。这既保证了党、人民和国家的利益是一致的，也不断展现出中国特色社会主义民主的优势和特点。而从财政理论出发，可以看到“党管财政”和“人民财政”是一体的。“党管财政”确保了“人民财政”的正确方向，“人民财政”又是“党管财政”的必然要求。我们还应认识到“党管财政”和“人民财政”还必须通过法治财政去巩固已有的实践经验。新时代以来，在全面推进依法治国总目标下，伴随着中国特色社会主义法治体系不断完善，以《预算法》修订与“落实税收法定原则”等立法工作为代表的法治财政工作持续推进。这充分彰显了“党管财政”“人民财政”与法治财政的同频共振，共同在财政层面推进我国人民当家作主事业，这也成为体现中国特色社会主义民主优势的鲜活案例。

在理解“人民财政”助力人民当家作主的过程中，我们要充分认识中国特色人民代表大会制度的强大优势，把握其与时俱进的时代特征，明确“人民财政”在其中的独特作用，认识这一“中国方案”所呈现的价值取向与世界意义。新时代以来，全国各级人大及其常委会深入学习贯彻习近平总书记关于坚持和完善人民代表大会制度的重要思想，不断推进民主政治建设。这其中特别包含着对“人民财政”职能作用发挥的全新展示，即“人民财政”在接受民主监督、服务人民民主中表现出“一体两翼”的新特征。这里的“一体”指人民代表大会制度，其作为我国的根本政治制度代表人民行使国家权力，就包括对我国财政运行情况进行监督的权力。“两翼”则是指对财政的民主监督，内容主要有二：“一翼”是人大代表根据《预算法》《关于人大预算审查监督重点向支出预算和政策拓展的指导意见》以及《预算法实施条例》等法律法规对财政预算进行批准、审查和监督，简言之，就是“人民的钱”由人民批准并由人民审查和监督；另“一翼”则是人大代表根据《中共中央关于建立国务院向全国人大常委会报告国有资产管理情况制度的意见》《全国人大常委会关于加强国有资产管理情况监督的决定》等法律法规文件监督国有资产管理，简言之，就是“人民的资产”由人民政府管理并受人民监督。我国人大监督职能在“人民财政”理念支撑下的不断强化，既体现了中国特色社会主义民主政治建设不断向前，更表明了监督这一民主职能在中国不断展示着新的时代特征。

在坚持“人民财政”理念前提下研究国家财政理论，我们还要充分把握中国国家财政始终致力于推动“以人民为中心”之发展的重要职能。发展是全人类共同价值的重要内涵，更是解决我国一切问题的基础和关键，财政自然要在发展中发挥重要职能作用。笔者通常用十八个字来总结国家财政促进发展的基本特征，即通过“配置、分配、稳定”的国家财政职能，使用“生财、聚财、用财”的国家财政实现方法去达到“稳固、平衡、强大”的国家财政目标。应当说，回顾我国财政长期发展历程，我国财政就是围绕上述职能、目标与方法努力做好“促进发展、围绕中心、服务大局、维护稳定、宏观调控”等经济社会发展工作。进入新时代以来，财政作为国家治理的基础和重要支柱，持续成为坚持和完善中国特色社会主义制度、推进国家治理体系和治理能力现代化的重要力量。从“深化财税体制改革”，到“加快建立现代财政制度”，再到“建立现代财税体制”，我国财政始终通过改革的力量去释放制度的发展红利，围绕“现代预算制度、现代央地关系、现代税收制度”等重要方面去对接国家治理现代化的体系与目标。在全面开启建设社会主义现代化国家新征程上，我国财政将在原有重点方向上持续拓展“加强财政资源统筹”“完善现代债务管理”等新抓手，按照立足新发展阶段、贯彻新发展理念、构建新发展格局的要求，持续推动高质量发展。而这些国家财政体制的深化改革、国家财政促进发展的一切努力，目的都是实现“发展为了人民、发展依靠人民、发展成果由人民共享”。这是“人民财政”的应有之义，也是用令世人信服的发展佐证“实现全人类共同价值的中国方案”的强大力量，既有持续发展事实，又有价值追求导向。

三、社会主义市场经济与中国市场财政理论

对主要配置资源方式的选择从来都与现代财政活动密切相关。在世界上绝大多数国家都采用市场作为资源配置主要方式的今天，现代财政活动都必须以此作为必要前提与制约条件。这就是市场经济下财政的含义，对应的财政理论也可以称之为市场财政理论。改革开放以来，在学习和借鉴西方市场经济运作、建设中国特色社会主义市场经济的进程中，我们始终面临的一个问题就是，要如何辨别出西方市场经济中哪些属于市场经济共性，即哪些内容既不姓“社”也不姓“资”，这是需要予以保留的；而还有哪些内容是仅属于西方私有制为前提的市场经济个性，这是需要加以甄别和剔除的。这样的辨析就是对反映西方市场经济下财政活动的公共财政理论引进与消化的过程。必须清醒认识，这些财政理论中哪些是与一般市场经济要求相对应的，必须赞同吸收；而哪些是与资本主义市场经济特定安排相联系的，必须警惕

并明确反对。经历了改革开放四十多年实践特别是新时代以来，这一答案已经愈发明晰。笔者始终认为，基于“供求决定、价格导向”的市场经济特征以及由此延伸出的市场竞争、法治建设以及营商环境等都属于市场经济的共性，是既不姓“社”也不姓“资”的部分，我们需要在社会主义市场经济建设中不断完善。而与西方“普世”价值体系、政治制度和上层建筑紧密联系、与西方私有制下市场经济发展实践不可分割的部分，我们要予以坚决抵制，不能有丝毫犹豫。同理，与一般市场经济要求对应的财政理论范畴必须采用；而与资本主义市场经济活动本质相连或紧密交错的财政理念与实践必须坚决反对。理论界在这一重大问题上的立场总体鲜明，但在具体判断中仍存在不足。人们往往难以区分市场经济一般特征与运行已久西方市场经济的异同，从而自觉或不自觉地将反映着西方“普世”价值与资本主义市场经济特征的财政理念等同为公共财政一般。长期以来，包括笔者在内的学者强调这样一种逻辑，即市场经济是一种资源配置方式，但这一方式的实现形式各异；中国特色社会主义市场经济是一种资源配置方式，其对应的公共财政就是中国式公共财政，并进而论证我国这种市场财政实践的优势与成果。笔者今天依然坚持这一观点，但从“实现全人类共同价值的中国方案”的高度来把握，笔者进一步认为，社会主义市场经济是最能体现全人类共同价值的资源配置方式，中国大地上正在进行的社会主义市场经济伟大实践，就是实现这一共同价值中国方案的重要载体。而在这一实践中形成的中国市场财政理论，必将在与基于西方“普世”价值和资本主义市场经济的财政理论之对比、辨析中体现出更加强大的生命力。这里仅就社会主义市场经济中体现的全人类共同价值和对财政的要求作一简要梳理，并以中国特色民生财政作一佐证。

之所以作出“社会主义市场经济是最能体现全人类共同价值的资源配置方式”的判断，主要是源于对中国特色社会主义市场经济四个重要特征的认识。而这些认识决定了中国财政在社会主义市场经济条件下运行的目标、任务、重点与特征。其一，“以人民为中心”的市场经济就是社会主义市场经济。我国社会主义市场经济需要发挥市场在资源配置中的决定性作用，笔者基于以人民为中心的视角认为这里所指的资源就是经济资源。之所以指出经济资源，就是必须旗帜鲜明地明确，市场可以在我国经济资源配置中起决定性作用，但资本决不能进入国体政体、党政军群等重要部门，资本不能在社会政治资源配置中成为决定性力量。只有这样才能确保人民利益的最大化，才能确保人民享受发展的成果，才能保证公平正义的实现，人民才能享受真正的民主自由。财政作为人民政府发挥重要职能的经济活动，必须始终据此突出以人民为中心，围绕这一基点来发挥作用。其二，以公有制为基础的市场经济是社会主义市场经济。在社会主义初级阶段，我们要坚持以公有制为主体、多种所有制经济共同发展的基本经济制度，贯彻“两个毫不动摇”。既毫不动摇巩固和发展公有制经济，保证党执政兴国的基础稳定，又毫不动摇鼓励、支持、引导非公有制经济发展，通过多种所有制经济共同推进社会主义市场经济长期健康发展。财政作为经济活动的重要组成部分，应在贯彻“两个毫不动摇”中发挥重要作用。其三，致力于实现共同富裕的市场经济是社会主义市场经济。共同富裕是社会主义的本质要求，是区别于资本主义社会两极分化的重要特征。我们要领悟党中央关于在高质量发展中促进共同富裕的要求，财政要在初次分配、再分配、三次分配协调配套的基础性制度安排中发挥必要作用，推动全体人民朝着共同富裕目标扎实迈进。其四，能够与“集中力量办大事”等制度性优势相匹配的市场经济是社会主义市场经济。“集中力量办大事”是社会主义国家的制度性优势，实践证明其能同市场经济结合并高效发挥作用，也最能维护最广大人民群众的根本利益。这和西方政府“小政府大社会”“一盘散沙”特征与市场经济的结合形成了鲜明对比。我国财政是实现“集中力量办大事”的重要手段，当前我国通过财政政策等促进统筹推进疫情防控和经济社会发展就是典型案例，成绩举世公认，效果有口皆碑。

按照这样理解的社会主义市场经济性质，体会这样一路走来我国市场经济的巨大能量，我们就能坚信实现全人类共同价值与社会主义市场经济能够有效结合，就能坚信随岁月前行，这一组合必定优于西方“普世”价值与资本主义市场经济的组合，对应的中国市场财政理论也将优于西方市场财政理论。笔者长期研究中国市场财政理论，并持续探索既保证效率又确保公平、既注重民生又考虑发展、既关注今天又把握明天的理论表现形式。这里不予详细展开，仅以新时代民生财政在体现公平中的作用进行简要说明。当前，我国已经实现了第一个百年奋斗目标，历史性地解决了绝对贫困问题，这在人类社会实现公平的进程中具有里程碑意义。在此过程中，财政部门全力以赴支持打赢脱贫攻坚战，通过中央财政专项扶贫资金、中央财政衔接推进乡村振兴补助资金等财政支出，加强普惠性、基础性、兜底性民生建设。由此，民生财政通过支持全面建成小康社会，成为了近年来市场财政促进社会公平的重要途径。除此之外，随着《基本公共服务领域中央与地方共同财政事权和支出责任划分改革方案》《国家基本公共服务标准（2021 年版）》等政策文件的出台，以及推进财政支出标准化、健全省以下财政体制等改革的推进，民生财政在促进基本公共服务均等化中的作用不断增强，这将有力促进我国社会公平的实现。而在当前朝着共同富裕目标迈进的新征程中，各地财政部门都在探索促进这一社会主义市场经济成功关键一步的各种方式，理论界必须高度关注这些新实践，必须始终与时代同行。

四、构建人类命运共同体与中国统筹财政理论

党的十八大以来，在构建人类命运共同体大旗引领下，中国为推动构建新型国际关系、共同创造世界更加美好未来做了大量工作，赢得了爱好和平国家和人民的高度认同。在这一过程中，中国财政始终把握定位，坚持为统筹国内中华民族伟大复兴战略全局和国际百年未有之大变局这两个大局服务，并在这一伟大实践中逐步形成了中国统筹财政理论。笔者长期关注这一理论的发展，也做了归纳探讨，今天站在“实现全人类共同价值中国方案”的高度来审视，又有了新领悟。中国财政在统筹国内国外两个大局上做的工作应视为对全人类共同价值的践行，是实现这一共同价值之中国方案的财政篇章，我们应加强从这一侧面把握的力度，并在实践中继续完善对应的理论体系，这既包括服务国家大局又有益于人类命运共同体构建的统筹财政理论，也包括能助力构建以合作共赢为目标的新型国家间财政关系之理论框架。这里主要谈三个方面。

其一，在助力全人类共同价值实现的过程中，中国财政始终致力于和平与发展理念的实现。在实现第一个百年奋斗目标的进程中，我国高举和平、发展、合作、共赢旗帜，始终奉行独立自主的和平外交政策，坚持统筹国内国际两个大局，始终不渝走和平发展道路。应当说，我国的发展离不开和平的国际环境和稳定的国际秩序。同时，我国的和平发展道路既为希望和平发展的国家提供了中国方案，也成为了世界和平发展的重要力量。从狭义角度研究统筹财政支持和平发展，就必须看到在国内层面，我国国防费开支保持适度和克制，国防费占 GDP 比重长期低于世界平均水平；在国际层面，我国积极参加联合国维和行动，及时缴纳维和行动经费并持续加大维护世界和平发展的相关投人。而从广义角度出发，就必须研究推动构建人类命运共同体赋予统筹财政的时代使命。从和平共处五项原则、和平发展道路、构建和

谐世界一路走来，推动构建人类命运共同体思想是我国不同时期重大外交思想和主张的创新和升华，而和平发展是其中的重要基石。多年来，在推动构建人类命运共同体的进程中，中国财政已经在解决治理赤字、信任赤字、和平赤字、发展赤字中提供了中国智慧和中国方案。特别是通过《“一带一路”融资指导原则》等共同标准的出台，我国财政部门推动“一带一路”融资体系的建立，推动了“一带一路”建成和平之路、繁荣之路、开放之路、创新之路、文明之路，为实现第二个百年奋斗目标提供了和平与发展的国际基础。

其二，面对错综复杂的国际形势，中国财政在处理国家间财政经济关系中始终促进公平正义价值的实现。当前，百年变局和世纪疫情交织叠加，世界进入动荡变革期。我们必须理解百年变局下“世界多极化、经济全球化、文化多样化、社会信息化”深入发展对中国财政定位的深刻含义。我们过去多年对世界格局的提法是“经济全球化、世界多极化、科技信息化”，之后又延伸为“经济全球化、世界多极化、科技有进步、全球新问题”。在此世界格局中，“经济全球化”放在首位意味着各国对经济全球化“有认同、共推进”。但在当下百年变局中，“世界多极化”已事实上居于“经济全球化”之前，这说明国家间政治关系影响是当今世界首要因素，主要国家对“经济全球化”共识持续削弱，合作共赢与孤立主义、顺全球化与逆全球化针锋相对。站在历史的十字路口，中国财政坚定站在历史正确的一边，站在人类进步的一边，不断践行全人类共同的正义价值。近年来，中国财政通过“大国财政”理念服务大国外交，以负责任大国形象推进财经外交。具体来看，中国财政促进亚洲基础设施投资银行、金砖国家新开发银行等一批新型多边机构形成和发展。中国财政助力“一带一路”建设成为范围最广、规模最大的国际合作平台和最受欢迎的国际公共产品，推动着新型国际间财政经济关系的逐步形成。

其三，在建设更高水平开放型经济新体制的进程中，中国财政始终不断践行人类共同的自由价值理念。2021 年是我国加入世界贸易组织的第二十个年头。回望过去二十多年，我国坚决维护多边贸易体系，促进国际贸易和投资自由化便利化，不断践行全人类自由价值，逐渐成为了顺应和推动经济全球化发展的重要支撑。站在“两个百年”进程和加入世界贸易组织二十多年这一时间耦合点上，我们看到全球疫情起伏反复，逆全球化与慢全球化交织进行，世界的不稳定性和不确定性持续加大。在这一背景下，我们既要明确经济全球化是不可逆的潮流，更要通过中国财政力量继续助力推动国际贸易和投资自由化。例如，在“十三五”期间中国财政会同相关部门连续多次自主降低关税并有效应对贸易摩擦，充分捍卫了贸易自由化。站在新征程上，中国财政将继续推进贸易和投资自由化、便利化，在更大范围、更宽领域、更深层次实施对外开放。而随着中国特色社会主义道路的成功为越来越多的人们所认同，中国将为世界范围内人的全面发展提供更加自由的国际政治经济环境，将会更坚定地朝着世界大同的崇高目标奋力前行，这也是我们研究中国统筹财政理论与实践必须时刻铭记的时代责任。

第四节　马克思主义中国化指引下的中国财政理论发展

在中国共产党成立一百周年的重要历史时刻，在“两个一百年”奋斗目标历史交汇的关键节点上，2021 年 11 月召开的党的十九届六中全会具有重大现实意义和深远历史意义。党的十九届六中全会审议通过的《中共中央关于党的百年奋斗重大成就和历史经验的决议》（以下简称《决议》），全面梳理了中国共产党百年进程取得的伟大实践成果，深刻总结了建党百年来积累的“十个坚持”历史经验，高度肯定了“毛泽东思想、中国特色社会主义理论体系、习近平新时代中国特色社会主义思想”马克思主义中国化三次飞跃的伟大理论成就，明确了“党确立习近平同志党中央的核心、全党的核心地位，确立习近平新时代中国特色社会主义思想的指导地位”对新时代党和国家事业发展的决定性意义，是一篇闪耀着马克思主义真理光芒的纲领性文件[①]。作为在国家治理中起基础和重要支柱作用的财政，长期以来始终在党的领导下与党的百年历程同发展共前进，当前也要将学习贯彻党的十九届六中全会精神与发展中国特色社会主义财政理论紧密结合，深入研究党坚持把马克思主义基本原理同中国具体实际相结合、不断推进马克思主义中国化的百年历程，从党的奋斗成就与历史经验中汲取中国财政理论发展的智慧和力量。建党百余年来，马克思主义中国化的三次飞跃，都对应着党领导人民奋斗所创造的伟大历史成就，也都要求我国政治经济社会各领域实践与理论的同步发展，财政也不例外。由此，本节立足党的百年历史经验和深远意义，

---

① 中共中央关于党的百年奋斗重大成就和历史经验的决议［N］. 人民日报，2021 - 11 - 17 (001).

重点领会毛泽东思想、中国特色社会主义理论体系、习近平新时代中国特色社会主义思想指引下的中国财政实践与理论发展，并结合笔者对中国财政理论体系的长期研究，力图为构建新时代中国特色社会主义财政理论体系添砖加瓦。

一、在毛泽东思想指引下建立中国社会主义财政理论

马克思主义中国化的第一次历史性飞跃，是以毛泽东同志为主要代表的中国共产党人创造性地将马克思列宁主义基本原理与中国具体实际相结合形成的毛泽东思想。从独立领导武装斗争反抗国民党反动统治，到坚定不移地推动全民抵抗日本帝国主义侵略，从恢复国民经济进行社会主义改造，到巩固新生人民政权维护国家主权安全，毛泽东思想始终贯穿于中国革命和建设的全过程，为中国社会主义事业发展提供了科学指引、指明了正确方向。在此过程中，承担重要财力支撑作用的中国财政也在逐步发展中形成了社会主义财政的独有特征。在新民主主义革命时期，党的反帝反封建斗争、武装夺取政权革命和抗日民族解放战争等革命任务，决定了这一时期财政的首要任务是为支援革命战争、保障军民供给、巩固红色政权服务。毛泽东同志提出的“发展经济，保障供给，是我们的经济工作和财政工作的总方针”“陕甘宁边区的财政问题，就是几万军队和工作人员的生活费和事业费的供给问题，也就是抗日经费的供给问题”等论述①，为当时的财政发展导向提供了思想和理论指引。在社会主义革命和建设时期，为实现从新民主主义到社会主义的转变，解决人民对于建立先进工业国的要求同落后农业国的现实、对于经济文化迅速发展的需要同当时经济文化不能满足人民需要的状况之间的矛盾，财政的职能作用开始从保障供给转向为社会主义改造和建设服务。不论是毛泽东同志强调的“我国的经济建设是以重工业为中心”“发展工业和发展农业同时并举”思想②，还是1964年政府工作报告提出“把我国建成一个具有现代农业、现代工业、现代国防和现代科学技术的社会主义强国”③，都迫切要求社会主义财政在历史基础薄弱和资源条件匮乏的情况下，发挥其在推进实现社会主义工业化和现代化建设目标中的作用。简言之，旗帜

① 毛泽东．毛泽东选集（第三卷）[M]．北京：人民出版社，1969：846.

② 毛泽东．毛泽东选集（第五卷）[M]．北京：人民出版社，1977：400.

③ 在第三届全国人民代表大会第一次会议上周恩来总理作政府工作报告 [N]．人民日报，1964-12-31（001）.

鲜明地坚持马克思主义，尤其是马克思主义中国化第一次历史性飞跃的成果的指导，是中国社会主义财政理论区别于西方资本主义财政理论的重要特征。

基于此，老一辈财政理论工作者在马克思主义和毛泽东思想的指导下，围绕社会主义财政的本质展开深入讨论，并针对财政的职能作用形成了“人民财政”“计划财政”“建设财政”“稳定财政”等理论[①②]。“人民财政”理论基于我国社会主义公有制经济特征，认为党领导下人民共和国的财政要始终坚定人民立场，事实上遵循的就是“人民当家作主”“全心全意为人民服务”等原则的理论指导。这是人民民主专政国家的社会主义财政区别于西方财政为资产阶级统治服务的显著特征和鲜明特色。“计划财政”理论是计划经济体制下的财政职能定位，其认为在新中国成立初期，面对经济运行困难、资金严重短缺、工业基础薄弱的困境，只有通过计划对财政收支进行统一分配、统一管理，才能促进再生产顺利进行，引导和调节经济运行方向。“建设财政”理论是与计划经济体制背景和“统收统支、高度集权”的财政体制安排相适应的，强调财政收支活动要体现国家意志，将财政资源集中分配到生产和建设领域中，服务于国家工业化和现代化目标。这是与资本主义财政的根本区别之一，资本主义财政脱离物质生产领域，基本不参与生产。而社会主义财政参与物质生产领域的产品分配，其生产包含着为满足人民生活需要、为人民谋福利的生产，与“人民财政”理论不谋而合。“稳定财政”理论认为，社会主义财政是建立在社会主义公有制基础上的财政，能按照客观经济规律对国民经济实行计划管理，而不像资本主义国家有生产社会性与生产资料私人占有之间的矛盾。在这种体制安排下，既能够确保社会主义财政的稳定可靠，又有助于促进社会主义建设的平稳进行。

回顾社会主义革命和建设时期的中国社会主义财政理论，应该看到这些理论都反映了马克思主义人民观、再生产理论等和毛泽东思想的理论原则，也反映了社会主义基本经济规律和财政规律的要求，为当时有效促进经济社会发展提供了理论支撑。党的十九届六中全会充分肯定了毛泽东思想指引下的我国社会主义建设时期的重大成就，这些重大成就当然就包含着这一时期

---

① 许毅．建立具有中国特色的社会主义财政理论——为纪念中华人民共和国成立三十五周年而作［J］．财贸经济，1984（10）：6－12＋17.

② 邓子基．社会主义财政理论若干问题［N］．北京：中国财政经济出版社，1984：34－39.

财政的重大贡献，也体现了对应的中国社会主义财政理论的强大生命力，为我们全面、历史、客观地评价这一时期的财政理论提供了指引。前些年，我国财政理论界对改革开放前这一段时期的财政理论认识较为不足，往往将这些财政理论简单地与计划经济体制相联系，不敢予以必要的肯定，这种认识是不全面的。笔者认为，对于这一时期的中国社会主义财政理论，可以从三个层次来把握：一是在百年征程中体现本质属性、必须长期坚持的财政理论，这就是人民财政理论。这一理论始终坚持的人民立场，虽经历了具体表述上的调整，但高举人民旗帜的人民财政理论在新时代依然焕发着勃勃生机。二是在社会主义建设时期发展起来的、在我国不同发展阶段具有不同表现形式的财政理论，这就是建设财政和稳定财政。这些理论在解决新中国成立后一穷二白困境、助力站稳脚跟、巩固人民民主专政的国家政权等方面给予了强大理论支撑，必须予以肯定。社会主义建设时期的财政就是建设财政，虽随时代发展表现形式可以且必须有所调整，但其本质特征依然相同。我们今天坚持的发展财政，就是建设财政在新时期的表现。三是在计划经济体制背景下发挥过作用、目前已经不适应资源配置方式变革的财政理论，这就是计划财政。对于这一理论，我们既要肯定其历史作用，又要认识到资源配置方式变化对该理论的扬弃。简言之，对这一时期中国社会主义财政的全面辩证认识，将有助于我们始终如一地在马克思主义中国化指引下推进中国财政理论向前发展。

二、在中国特色社会主义理论体系指引下形成中国特色社会主义财政理论

在社会主义建设探索的后期，党及时纠正了“文化大革命”的错误，开启了改革开放和社会主义现代化建设的新时期。中国共产党人从新的实践和时代特征出发，坚持和发展马克思主义，在持续推进中国特色社会主义现代化建设中相继创立了邓小平理论，形成了“三个代表”重要思想和科学发展观，共同构成了中国特色社会主义理论体系，实现了马克思主义中国化新的飞跃，这为中国特色社会主义财政理论提供了进一步的指导思想。

在中国特色社会主义理论体系指导下，党和国家的工作中心向经济建设转移，从“计划经济为主，市场调节为辅”到“有计划的商品经济”，我国在经济体制改革上取得了很大突破。随后，邓小平同志的南方谈话进一步指明，“计划经济不等于社会主义，资本主义也有计划；市场经济不等于资本

主义，社会主义也有市场”①。这一论述明确了我国社会主义市场经济的改革方向，最终实现了“市场在国家宏观调控下对资源配置起基础性作用”的重大突破。正如《决议》所明确指出的，我国实现了“从高度集中的计划经济体制到充满活力的社会主义市场经济体制、从封闭半封闭到全方位开放的历史性转变”②。我国既坚持社会主义制度又坚持社会主义市场经济改革方向这一成功经验，既彰显了社会主义制度“集中力量办大事”的体制优越性，又释放了市场经济“供求决定、价格导向”的资源配置活力。可以说，“社会主义市场经济”这一不可分割的整体，为我国解决人民日益增长的物质文化需要同落后的社会生产之间的矛盾提供了重要路径。与此相对应的，是相继完成的“放权让利，分灶吃饭”“划分收支，分级包干”“两步‘利改税’，利税分流”“简化税制，合理分权”和“收入分享，税费改革”等财税体制改革，开启了由集权型向分权型管理体制过渡、由计划经济向社会主义市场经济转型的新路径。这些财税体制改革，都是财政基本原则与社会主义市场经济体制理念相结合的产物，既有赖于财政理论提供的有效支撑，也推进了中国特色社会主义财政理论的发展。

以中国特色社会主义理论体系为引领，理论界在一般公共财政理论和中国国情特征的基础上探讨社会主义市场经济体制下的财政运行规律，逐步形成了既考虑市场经济共性又注重社会主义市场经济个性的财政理论框架。特别是在这一时期形成的中国特色公共财政理论，回答了我国由计划经济向社会主义市场经济转轨时期的财政改革问题。这一理论也是理论界在思想交锋、学术辩论、各抒己见、求同存异中逐步形成的。早期西方公共财政理论的引进，曾引发我国财政学界老一辈学者和中生代学者对“国家分配论”和“公共财政论”的激烈理论争论。部分学者认为“国家分配论”产生于计划经济背景，其以国家为主体的分配关系是完全体现国家意志的财政职能发挥，与市场经济体制不相适应。也有学者认为，“公共财政论”强调的市场主导资源配置、政府弥补市场失灵观点，否认了财政的国家主体作用，无法解释财政在我国重大战略任务中发挥的保障作用。随着改革开放和财政实践的深化，绝大部分财政理论工作者都认同，要在中国特色社会主义理论体系指引下努力朝着社会主义市场经济对应的公共财政方向前行，要在中国制度

---

① 邓小平．邓小平文选（第三卷）［M］．北京：人民出版社，1993：373.

② 中共中央关于党的百年奋斗重大成就和历史经验的决议［N］．人民日报，2021－11－17（001）.

安排和国情制约下促进国家财政与公共财政等的有机统一。这些财政理论的发展，是老一辈财政理论工作者和中生代财政理论工作者共同努力的结果。而站在今天这个时点上，我们要总结的就是“从高度集中的计划经济体制到充满活力的社会主义市场经济体制”① 的财政理论发展的历史经验和理论成果，就是要在新的历史条件下继续推进马克思主义中国化指引下的财政理论发展。

三、在习近平新时代中国特色社会主义思想指引下构建新时代中国特色社会主义财政理论

新时代以来，面对世界百年未有之大变局和中华民族伟大复兴战略全局的交织，面对人民日益增长的美好生活需要和不平衡不充分的发展之间的主要矛盾，以习近平同志为核心的党中央从新时代、新要求、新特征出发，提出了一系列新理念、新思想、新战略，形成了习近平新时代中国特色社会主义思想。党的十九届六中全会确立了这一思想的指导地位，指出这一思想是“当代中国马克思主义、二十一世纪马克思主义，是中华文化和中国精神的时代精华，实现了马克思主义中国化新的飞跃。”②

笔者认真领悟习近平新时代中国特色社会主义思想的深刻内涵，主要学习体会是：其一，这一思想是当代中国马克思主义，体现为拓展马克思主义理论回答中国难题。即在中华民族伟大复兴战略全局中，以习近平同志为核心的党中央用马克思主义的立场、观点和方法来开创性解决新时代中国面临的改革发展稳定任务和矛盾风险挑战等实际问题，通过马克思主义与中国国情相结合来实现国家治理体系和治理能力现代化，并实现了中国特色社会主义理论体系的自我跃升。其二，这一思想是21世纪马克思主义，体现为创新马克思主义理论回答时代问题。即在一以贯之地坚持马克思主义基本原理的基础上，结合百年未有之大变局的时代背景，与时俱进地对马克思主义政治经济学、科学社会主义等理论提出了应对时代问题的新思想新观点，推动马克思主义不断发展。其三，这一思想是中华文化和中国精神的时代精华，体现为赋予中国底蕴的理论创新。马克思主义中国化要做好为国家立心、为民族立魂的工作，就必须结合中华文化和中国精神，凝聚新时代精华。

---

① 中共中央关于党的百年奋斗重大成就和历史经验的决议［N］. 人民日报，2021－11－17（001）.

② 同①。

习近平总书记持续吸收中华优秀传统文化这一中华民族最突出的优势，不断通过社会主义意识形态凝聚中国精神，始终发挥中国共产党人精神谱系中的时代力量，形成了最基础、最广泛、最深厚的文化自信，在新时代实现了马克思主义中国化新的飞跃。

在习近平新时代中国特色社会主义思想的指引下，党领导人民创造了伟大成就。习近平总书记强调这一伟大成就“为实现中华民族伟大复兴提供了更为完善的制度保证、更为坚实的物质基础、更为主动的精神力量”，“中华民族迎来了从站起来、富起来到强起来的伟大飞跃”①。而我国财政也在提升站位中为党和国家事业取得历史性成就、发生历史性变革提供了坚实财力保障。在财政体制改革上，从预算体系中的强化预算编制、促进支出标准化、增强预算约束、加强绩效管理、实施中期财政规划，到税收制度中的营业税改征增值税、资源税从价计征、消费税调整征收范围、个人所得税综合与分类相结合、开征环境保护税，再到央地关系中的基本公共服务、交通运输、生态环境、自然资源等领域中央与地方财政事权和支出责任划分改革，都表明我国现代财税体制的加快形成。在现代财税体制建立的进程中，诸如推进财政管理法治化、深化国库管理制度改革、加强国有金融资本管理、推进政府会计改革等一系列举措，提升了新时代我国财政管理水平。应该看到，这些在党的坚强领导下进行的财税改革措施，不仅在促进经济建设方面发挥了重要作用，也为加强党的建设、促进社会发展、维护大局稳定作出了应有贡献，是推进国家治理体系和治理能力现代化的重要力量，也是践行习近平新时代中国特色社会主义思想的重要财政实践。不论是党的十九大报告提出的“八个明确”和“十四个坚持”，还是党的十九届六中全会总结的“十个明确”和“十三个成就”，我国财政政策安排和财政体制改革既应对了新时代中国面临的改革发展稳定任务，又融入中国国情、中华文化和中国精神的要求加以创新发展，都内在地包含了习近平新时代中国特色社会主义思想核心内容对财政发展的要求。

基于对习近平新时代中国特色社会主义思想的学习领悟以及新时代以来我国财政的现代化实践，理论界围绕如何发挥财政在国家治理体系和治理能力现代化中的作用，努力构建新时代中国特色社会主义财政理论体系。归纳

① 习近平．关于《中共中央关于党的百年奋斗重大成就和历史经验的决议》的说明［N］．人民日报，2021－11－17（002）．

现有的理论研究成果，这一体系至少体现了以下三个特点：其一，强调国家财政的本质特征和在国家治理中的重要作用。伴随着财政在国家治理中的基础和重要支柱作用得以明确，我国财政改革和发展与国家治理现代化进程相联系，既在更高站位上发挥财政基础性和支柱性作用，又对财政的效应发挥与职能定位提出了更高要求。这是对传统“国家分配论”坚持国家主体观点的进一步发展，也是基于新时代新特征对国家财政治理本质的创新性研究。其二，强调“立足财政，走出财政”理念，强调财政在“围绕中心，服务大局”中的重要作用。这一定位要求财政的职能作用发挥不能仅仅局限于社会主义市场经济框架内，而要跳出经济领域，在政治、文化、社会、生态文明和党的建设等国家治理的方方面面发挥重要作用。这是对习近平新时代中国特色社会主义思想“十个明确”核心内容的坚定践行。《决议》概括的“十个明确”核心内容，包含了党的领导、中国特色社会主义、以人民为中心的发展思想、“五位一体”总体布局和“四个全面”战略布局、全面深化改革、推进依法治国、市场与政府关系、新时代强军目标、中国特色大国外交、全面从严治党等战略思想和创新理念，都要求财政实践和财政理论要不折不扣地为国家治理现代化作出应有贡献。其三，强调对中国财政发展道路的强大自信。从我国向社会主义市场经济转型以来，财政理论界往往在借鉴西方发达国家财政理论的基础上，结合中国国情来解释并指导中国财政实践问题，这是我国在“富起来”阶段引入西方市场经济体制的必然结果。而随着进入“强起来”的中国特色社会主义新时代，我国在财税体制改革和财政收支管理方面的创新性做法和理念，更多地凸显了中国特色社会主义财政的“个性特征”，对应的财政理论也开始提倡用中国的财政理论讲好中国财政故事，形成具有中国实践特征的财政理论。比如，政府过“紧日子”使人民过好日子、发展与综合国力相匹配的大国财政、明确财政在国家治理现代化中的作用、税收为政治和大局服务、个人所得税专项附加扣除中增加赡养老人支出项等安排，都体现了鲜明的中国特征和中国文化。由此，新时代的现代财政理论主张要增强理论自信和文化自信，在共性和个性的结合中更突出个性，结合中国特色社会主义现代财政工作实践构建起现代财政制度和理论的中国话语体系。我们这一代财政理论工作者的任务，就是要在习近平新时代中国特色社会思想的指导下，结合新时代党和国家事业的伟大成就和财政具体实践，不断完善和丰富新时代中国特色社会主义财政理论体系。

四、持续为新时代中国特色社会主义财政理论体系贡献力量

在马克思主义新的飞跃指引下构建新时代中国特色社会主义财政理论体系，是时代的要求，是历史的必然。这既是老一辈财政理论工作者对我们的期盼①，也是我们这一代财政理论工作者的责任和担当。笔者长期围绕我国财政工作实践经验展开深入思考，并致力于为构建中国特色社会主义财政理论体系贡献力量。改革开放之初，笔者肩负着财政部门老领导与财政理论研究老前辈的重托，到发达国家研究财政理论，始终秉持立足国情放眼世界的理念，在比较研究中把握中外财政的共性和个性。1996 年回国后，笔者就明确提出我国财政既要“具有中国特色，又要面向世界”的观点，并较早用“中国特色社会主义财政”的理念来归纳我国财政发展的特征。从改革开放时期到中国特色社会主义新时代，笔者始终沿着这条道路在不断努力，并先后形成了中国特色社会主义财政的“四位一体”研究思路、“五大特征”分析框架和“财政系列观”理念体系②，一路走来，始终坚定不移地为丰富和完善中国特色社会主义财政理论体系而努力。

围绕改革开放时期的财政实践，笔者深入领会与思考，从国体政体、配置方式、所处阶段和涉外程度四个主要维度把握我国财政发展的特点，认为中国财政应该是国家财政、公共财政、发展财政和统筹财政的有机统一，并逐步形成了对财政发展之“四位一体”的研究思路。从国体政体来看，我国财政体现了社会主义财政的本质特征，既坚持社会主义国家的国体政体与基本制度对财政发展的基本要求，又坚持中国特色社会主义道路、理论与制度对我国财政发展的决定性与引领性作用。基于此，笔者用“十八字”来概括国家财政的基本特征，即“六字”基本职能（配置、分配、稳定）、“六字”奋斗目标（稳固、平衡、强大）和“六字”实现方法（生财、聚财、用财）。其中国家财政的分配和稳定职能既与老一辈财政理论工作者提出的“国家分配论”“稳定财政”等理论一脉相承，又结合新时期发展特点进行了完善与拓展。从配置方式来看，强调的是特定资源配置方式对国家财政表现形式的要求，意味着当社会主义市场经济成为国家对资源配置的主要方式时，财政就必然要适应市场经济对国家财政的要求，即建立与社会主义市场

① 陈共. 财政学［M］. 北京：中国人民大学出版社，2020：8－9.

② 邓力平. 中国特色社会主义税收系列观［M］. 北京：中国税务出版社，2020.

经济体制相适应的公共财政框架。基于这些判断，笔者逐步形成了“四层次公共财政”“三个同心圆”与“交叉提供”等一些既反映公共财政一般特征、又立足中国国情的独特观点。从所处阶段来看，笔者认为财政活动与安排必须充分考虑到我国依然处在并将长期处于社会主义的初级阶段的基本国情，充分发挥财政在促进国家经济社会持续健康发展中的重要作用，并正确把握好“促进发展”与“保障民生”之间的关系。如前所述，“发展财政”的观点与社会主义革命和建设时期的“建设财政”理论不谋而合，两者都是始终坚持财政要介入经济社会发展领域。过去的“建设财政”强调的是财政要介入生产建设领域，笔者的“发展财政”则是强调改革开放时期和当前新发展理念指引下的财政要为经济社会发展服务。从涉外程度来看，笔者坚持财政要适应国家对外开放与参与经济全球化进程的基本要求，坚持以“统筹内外两个大局，服务国家发展全局”作为研究中国特色涉外财政的出发点。站在今天这个时点上，笔者认为上述基本判断既符合当时特定时期的要求，也符合中国特色社会主义财政发展的本质特征与客观进程。

党的十八大以来，特别是党的十八届三中、四中全会以后，全面深化改革和全面依法治国成为时代主旋律这自然要求财政发展顺应“深化财税体制改革、建立现代财政制度”的新要求，以财政体制改革来推动财税治理现代化和法治化不断前行。基于此，笔者在中国特色社会主义财政“四位一体”思路的基础上，加上了推动国家财政体制完善、成熟与成型的内在力量，即财政的改革性，形成了中国特色社会主义国家财政、公共财政、发展财政、改革财政和统筹财政相统一的“五大特征”分析框架。这一框架综合考虑了决定我国财政发展的国体政体、配置方式、所处阶段、前进动力和涉外程度五大要素，为新时代研究新问题提供了理论支持。当前，笔者仍沿用这一分析框架来把握中国特色社会主义财政改革与发展进程，并在实践中结合新时代发展新特征与新要求，不断为丰富和完善新时代中国特色社会主义财政理论体系贡献力量。

2019 年，党的十九届四中全会围绕“坚持和完善中国特色社会主义制度、推进国家治理体系和治理能力现代化”提出“十三个坚持和完善”要求①，既有对财政发展方向和原则的制度规定，也有对财政服务大局、促进

---

① 中共中央关于制定国民经济和社会发展第十四个五年规划和二〇三五年远景目标的建议［N］. 人民日报，2020-11-04（001）.

国家制度成型的任务要求。由此，笔者以习近平新时代中国特色社会主义思想和党的十九届四中全会精神为指导，从我国财政发挥的职能作用入手，在对自己已有研究回顾的基础上进一步形成了“财政系列观”理念体系。今天学习党的十九届六中全会精神，特别是对习近平新时代中国特色社会主义思想核心内容的“十个明确”与党和国家事业取得的“十三个成就”的领悟，笔者认为“财政系列观”符合当前我国财政的发展与站位，有利于新时代中国特色社会主义财政理论体系构建。这里仅以“党管财政”“人民财政”“市场财政”和“文化财政”为例展开具体说明。

其一，“党管财政”理念作为“财政系列观”之首，强调的是坚持和加强党的全面领导在我国财政事业中“总揽全局、协调各方”的领导核心地位，体现的是马克思主义建党学说和国家学说同中国具体财政实践的结合。党的十九届六中全会将“中国共产党的领导”置于习近平新时代中国特色社会主义思想“十个明确”核心内容的首位，明确了新征程上坚持和加强党的全面领导在社会主义财政事业中的举足轻重作用。党的十九届六中全会进一步指出，“党确立习近平同志党中央的核心、全党的核心地位，确立习近平新时代中国特色社会主义思想的指导地位，反映了全党全军全国各族人民共同心愿，对新时代党和国家事业发展、对推进中华民族伟大复兴历史进程具有决定性意义。”① 从财政角度来理解，就要在新时代始终坚持“两个确立”，在思想上、实践上坚定地与以习近平同志为核心的党中央保持高度一致，坚定地发挥习近平新时代中国特色社会主义思想对财政工作的指导作用，推动中国特色社会主义现代财政事业不断向前发展。

其二，“人民财政”理念强调社会主义财政“取之于民、用之于民”的本质属性和发展思想，既是对百年来人民立场的一以贯之坚持，也是对新时代满足人民对美好生活向往的与时俱进发展。笔者始终坚持“人民财政为人民”是中国财政的本质属性，无论是建党以来始终强调的“人民当家作主”“为人民服务”，还是今天的“以人民为中心”的发展思想，我国财政体制改革和政策运用有利于人民群众根本利益、致力于增进人民福祉的出发点始终不变，变的只是与经济体制变革相适应的、随着时代要求不断发展完善的财政体制安排。在社会主义加计划经济的年代，“人民财政”与“计划财

① 中共中央关于党的百年奋斗重大成就和历史经验的决议［N］. 人民日报，2021-11-17(001).

政”相伴而行，而在社会主义市场经济发展路上，“人民财政”与市场经济所要求的“公共财政”相适应，不断体现中国特色。进入新时代后，当我们在习近平总书记“以人民为中心”的发展思想指引下对社会主义市场经济有了新认识后，“人民财政”本质属性与社会主义市场经济的内生联系得到了前所未有的巩固。

其三，“市场财政”理念是市场经济体制对应的财政定位，这里特指的是“社会主义市场经济”体制对应的财政定位。其中理解的关键就是社会主义市场经济是什么？对财政的要求又是什么？笔者认为，社会主义市场经济在坚持一般共性的前提下，还应该从以下四个方面来把握：一是“以人民为中心”的市场经济就是社会主义市场经济。这意味着坚持人民立场与市场经济是高度统一的，财政作为人民政府发挥重要职能的经济活动，既要使市场经济迸发出无限活力，又要使人民群众享受到市场经济发展带来的成果。二是以公有制为基础的市场经济、在初级阶段体现为“两个毫不动摇”的市场经济，就是社会主义市场经济。这里体现的是社会主义分配制度与社会主义所有制制度的一致性，而财政作为社会主义市场经济的重要组成部分，就要在财税体制改革和财政政策安排中始终坚持以公有制为主体、多种所有制经济共同发展的基本经济制度。三是致力于实现共同富裕的市场经济就是社会主义市场经济。共同富裕是社会主义区别于资本主义社会两极分化的重要政策目标。由此，社会主义财政就要在初次分配、再分配、第三次分配中为推动全体人民朝着共同富裕目标扎实迈进贡献力量。四是能够与“集中力量办大事”等制度性优势相匹配的市场经济就是社会主义市场经济。我国财政是实现“集中力量办大事”的重要手段，同时也能同市场经济结合并高效发挥作用，这就要求社会主义财政发挥能动作用，更好地为实现人民利益服务。

其四，“文化财政”理念研究的是文化与财政的关系，这是近年来笔者基于对“文化自信”“文化多样性”等在财政领域中的表现的学习体会。中国特色社会主义之所以能取得成功，其重要原因是这种制度性优势和体制性安排根植于中华文化传统和文化传承中。党的十八届三中全会以来，随着财政在国家治理中的基础和重要支柱作用提升，社会主义财政与文化建设的联系日益密切。尤其是习近平总书记在多次重要讲话中围绕“文化自信”作出系列重要论述，从历史创造的厚度上彰显了中国特色社会主义的文化根基。而党的十九届六中全会也高度评价习近平新时代中国特色社会主义思想是“中华文化和中国精神的时代精华”。这些都要求我国在新时代建立的现代财政制度要注重“文化自信”的要求，既要以文化这一更基本、更深沉、更持久的力量支撑中国特色社会主义现代财政发展，又要运用财政政策推动文化事业和文化产业发展，提高国家文化软实力。同时，在多元文化交融、碰撞与共存的国际格局中，还要以全人类共同价值的理论底蕴和实现这一共同价值的中国方案为基础，在与资本主义现代财政的并存与竞争中，坚定对中国特色社会主义现代财政及其发展道路的高度自信，不断展示我国财政的优势。

我们这一代财政理论工作者，生在新中国，长在红旗下，沐浴着改革开放的春风，走在新时代的大道上。回顾百年来党领导财政工作的实践探索与理论创新，可以看到，在马克思主义中国化成果指引下不断前行的财政实践与理论体系，本身就是百年党史的重要内容。这一进程对于马克思主义中国化成果的一以贯之坚持和与时俱进创新的逻辑脉络清晰可见。一路走来，笔者有幸参与了中国特色社会主义前提下对“国家财政”“人民财政”“党管财政”等的发展和对“公共财政”“发展财政”“改革财政”“现代财政”等的探索，也有幸在新时代仍能为中国特色社会主义财政理论体系的丰富和完善继续奋斗。笔者和所带领的团队始终积极奋斗在财政理论与实践的研究过程中，深感在中国大地上发展的财政理论一定是立足于中国财政实践、根植于中华文化和中国精神、不断被赋予新的时代内涵与精华的理论。本节研究的结论就是一句话：马克思主义中国化永远是中国财政理论前行的指导思想。在新时代，我们要以习近平新时代中国特色社会主义思想为指导，持续构建新时代中国特色社会主义财政理论体系。笔者长期躬耕于此，必将继续执着追求。

第五节　新时代中国特色财政发展与发展财政理论

党的十八大以来，习近平总书记对关系新时代我国经济发展的重大理论和实践问题作出了一系列科学判断和重要论述，形成了指导我国经济发展的习近平新时代中国特色社会主义经济思想。作为财政理论工作者，笔者认真领悟习近平经济思想，主要学习体会是：中国特色社会主义财政在新时代提升为国家治理的基础和重要支柱，这意味着财政在一以贯之服务于经济发展的同时，还要跳出经济框架在更高的站位上践行“服务大局、促进发展”的使命。长期以来，笔者先是在“四位一体”框架下提出，而后又在“五大特征”体系下完善的“发展财政”理论也要被赋予新的时代内涵，持续地根据新征程的新要求来丰富和完善。本节就是立足新时代，深入探究中国特色财政如何在社会主义实践中实现发展、促进发展，又如何在习近平经济思想指导下不断完善理论体系，特别是对发展财政理论进行拓展和提升。

一、坚决贯彻新时代我国财政发展的指导思想

紧跟习近平经济思想不断发展丰富的过程，笔者深切感到，习近平经济思想引领着我国经济发展行稳致远并取得历史性成就，是中国特色社会主义政治经济学的最新成果，也是研究中国特色财政发展实践和理论的指导思想，必须长期坚持，持续学习领悟。以习近平经济思想指导新时代我国财政发展和财政理论研究，需要从以下三个方面深入体会。

其一，在习近平经济思想持续丰富的内涵中领会中国特色财政日益清晰的发展主题。2017 年 10 月，党的十九大报告提出了以“八个明确”为主要内容的习近平新时代中国特色社会主义思想，为新时代坚持和发展中国特色社会主义、为实现中华民族伟大复兴提供了根本遵循。随后，12 月召开的中央经济工作会议将习近平新时代中国特色社会主义思想在经济领域的理念加以提炼总结，明确指出“我们坚持观大势、谋全局、干实事，成功驾驭了我国经济发展大局，在实践中形成了以新发展理念为主要内容的习近平新时代中国特色社会主义经济思想”①，并将习近平经济思想归纳为“七个坚持”。这是新时代我国经济发展实践的理论结晶和科学指南，在每一个“坚持”中都体现了“发展”的内在之义。步入新征程后，党的十九届六中全会又将习近平新时代中国特色社会主义思想的“八个明确”拓展为“十个明确”，新增的“第七个明确”是关于经济发展的，即“明确必须坚持和完善社会主义基本经济制度，使市场在资源配置中起决定性作用，更好发挥政府作用，把握新发展阶段，贯彻创新、协调、绿色、开放、共享的新发展理念，加快构建以国内大循环为主体、国内国际双循环相互促进的新发展格局，推动高质量发展，统筹发展和安全”②。这是习近平总书记对我国经济发展提出的明确要求，为新征程中推动社会主义经济发展指明了方向。2022 年出版的《习近平经济思想学习纲要》，将习近平经济思想的基本内容梳理并拓展为

---

① 中央经济工作会议在北京举行［N］. 人民日报，2017－12－21（001）.

② 中共中央关于党的百年奋斗重大成就和历史经验的决议［N］. 人民日报，2021－11－17（001）.

“十三个明确”，其中的明确进入新发展阶段是我国经济发展的历史方位、明确坚持新发展理念是我国经济发展的指导原则、明确构建新发展格局是我国经济发展的路径选择、明确推动高质量发展是我国经济发展的鲜明主题、明确坚持和完善社会主义基本经济制度是我国经济发展的制度基础、明确统筹发展和安全是我国经济发展的重要保障（中共中央宣传部与国家发展和改革委员会，2022），就是对党的十九届六中全会提出的“第七个明确”作出的新拓展，为我们在新征程上做好经济工作提供了理论指南。回顾习近平经济思想持续丰富完善的过程，可以看到，其中一以贯之的逻辑就是“发展”，这一导向尤其在“十三个明确”中得到进一步凸显。与此相适应，财政就要围绕发展主题，在习近平经济思想既指导财政发展实践又指导发展财政理论中，不断展现中国特色财政的新作为。

其二，从“七个坚持”到“十三个明确”中把握新征程我国财政发展实践的重要内容。在习近平经济思想从“七个坚持”到“十三个明确”的丰富和完善中，笔者的学习体会有五个方面，这也是本节研究财政发展实践的主要脉络。一是党的领导和人民立场始终是财政发展必须一以贯之坚持的根本遵循。不论是“坚持加强党对经济工作的集中统一领导”“坚持以人民为中心的发展思想”，还是“明确加强党对经济工作的全面领导是我国经济发展的根本保证”“明确坚持以人民为中心的发展思想是我国经济发展的根本立场”，“党管经济”和“以人民为中心”在习近平经济思想中占据极其重要的地位，从而财政发展最根本的任务就是坚持和加强党对财政工作的全面领导，为满足人民群众对美好生活的向往贡献财政力量。二是发展阶段与时代特征是确保财政发展与时俱进需要把握的重要方面。“坚持适应把握引领经济发展新常态”为当时我们转变经济发展方式和经济结构提供了理论先导。当前，在“十三个明确”中，把握新发展阶段、贯彻新发展理念、构建新发展格局、推动高质量发展成为新阶段我国发展的核心要义，统筹发展和安全则成为新阶段发展不可忽视的关键一环。这些时代特征是我们党在把握经济发展新常态特征基础上，对新阶段经济发展的历史方位、指导原则、路径选择、鲜明主题、重要保障的深刻认识，也为回答好财政实现什么样的发展、怎样实现发展这个重大问题提供了指引。三是社会主义基本经济制度是财政发展的制度依托。随着党的十九届四中全会将“公有制为主体、多种所有制经济共同发展，按劳分配为主体、多种分配方式并存，社会主义市场经济体制”明确为我国的基本经济制度，财政发展所依托的经济制度也相应从社会主义市场经济体制拓展为社会主义基本经济制度。我们从习近平经济思想的“七个坚持”之“坚持使市场在资源配置中起决定性作用，更好发挥政府作用”，到“十三个明确”之“明确坚持和完善社会主义基本经济制度是我国经济发展的制度基础”的调整中，也可以看到这一清晰的思路。四是我国发展的重大战略任务是财政服务经济社会发展大局的重要方面。在“七个坚持”中，“坚持适应我国经济发展主要矛盾变化完善宏观调控，相机抉择，开准药方，把推进供给侧结构性改革作为经济工作的主线”，要求财政要以合理的体制安排和积极的财政政策来配合供给侧结构性改革，助力经济社会持续健康发展。“十三个明确”还进一步强调要结合我国重大发展战略在更高站位上发挥财政的职能作用，即“明确坚持问题导向部署实施国家重大发展战略是我国经济发展的战略举措”“明确坚持创新驱动发展是我国经济发展的第一动力”“明确大力发展制造业和实体经济是我国经济发展的主要着力点”“明确坚定不移全面扩大开放是我国经济发展的重要法宝”等重要要求。五是工作策略和方法是推进财政更好地服务发展大局的重要手段。不论是“七个坚持”中的“坚持问题导向部署经济发展新战略”“坚持正确工作策略和方法”，还是“十三个明确”中的“明确坚持正确工作策略和方法是做好经济工作的方法论”，都一以贯之地强调了财政发展实践要坚持正确的方法论。总体而言，学习领悟习近平经济思想不断丰富的内涵，始终可以看到的是“发展”这一关键词与主旋律，其对财政发展的五个方面启示，是我国当前和未来财政实践和理论研究的重点，必须深刻领会。

其三，在“财政发展”和“发展财政”的有机结合中发挥财政“围绕中心、服务大局”的重要作用。习近平经济思想为我们认识和把握新时代中国特色财政的根本立场、职能定位、核心目标和重点任务等提供了理论遵循，这其中既包含着对财政实践的更高要求，也蕴含着对财政理论的深入指导。今天面对新征程的期待，我们在财政实践和财政理论的认识把握上还要进一步深化。财政发展如何匹配其在国家治理中的作用，现有的财政理论又如何对应财政实践和时代要求完善、拓展和提升，这些都是当前推进财政实践创新和理论创新的重要方面。基于此，笔者在习近平经济思想指导下，尝试将事实上已在运用的或逐步推进的财政工作实践和时代要求加以梳理，将笔者长期以来坚持的“发展财政”理念加以提升，形成了对应实践之“财政发展”和对应理论之“发展财政”论述，突出新时代中国特色财政的新定位。这里的“财政发展”，讲的是财政事业，属于历史逻辑和实践逻辑的范畴，是不局限于经济领域而在国家治理领域发挥重要作用的“定位突破”，是全面建设社会主义现代化国家的关键一环，成为中国特色社会主义事业的重要部分。这里的“发展财政”，讲的是财政理念，属于理论逻辑的范畴，是强调财政为大局服务而体现发展特征的“站位提升”，是中国特色财政理论的重要方面，特别体现了新时代对财政发展性的期待和要求。从“财政发展”和“发展财政”的相互联系和相互作用上看，“财政发展”实践是“发展财政”理论建立和完善的基础，检验着“发展财政”理论的合理性和完备性；“发展财政”理论则是对“财政发展”实践的理解和反映，并在不断发展中推动“财政发展”实践持续向前。从而，“财政发展”实践与“发展财政”理论的结合统一形成了中国特色财政的完整体系和逻辑框架，是作为财政理论工作者必须牢牢把握的重要内容。基于此，笔者从“发展财政”理论扎根于中国特色社会主义“财政发展”实践土壤的这一角度出发，先是阐述了我国“财政发展”一以贯之、与时俱进的实践要求，然后结合新的阶段特征和发展要求对“发展财政”理论作进一步提升，在实践逻辑与理论逻辑的统一中更好把握中国特色财政。

二、始终坚持新时代我国财政发展的根本遵循

党的十八大特别是党的十九大以来，“党领导一切”和“以人民为中心”的思想得到了前所未有的强化，中国特色财政一以贯之地体现“党管财政”和“人民财政”特征。近年来，笔者围绕“党管财政”和“人民财政”展开了许多研究，既强调坚持“党管财政”是确保“人民财政”正确方向的根本要求（邓力平，2019），也提出在新发展阶段推动建立现代财税体制要在理论与实践的结合上始终凸显“党管财税、财税为党、财税为民、财税为国”的统一（邓力平，2021），这里不再进一步展开。本节主要研究的是如何在财政发展中更强有力地坚持和加强党对财政工作的领导？如何在财政实践中更高质量地体现“以人民为中心”的发展思想？笔者的观点主要有二。

其一，党的领导核心作用要在财政发展中得到充分体现，确保财政发展的正确方向。一是在财政实践中坚持“两个确立”、做到“两个维护”。党的十八大以来，我国财政之所以能为党和国家事业取得历史性成就提供坚实保障，最根本的原因就在于我们既有坚强的领导核心，又有科学的理论指引。坚持“党管财政”，就要在财政发展和实践中深刻领悟“两个确立”并

将其落实为“两个维护”的实际行动，在思想上始终以习近平新时代中国特色社会主义思想，特别是习近平经济思想为指导，在行动上坚决以贯彻落实习近平总书记关于财政工作的重要指示批示精神和党中央决策部署为己任，确保财政各项工作始终沿着正确的方向推进。这里需要强调的是，坚持“党管财政”，要将党对财政发展的重大方针政策落到实处，是令行禁止，不能选择执行或随意变更；是总揽全局，不是包办一切或事无巨细。“党管财政”管的是方向、管的是大事，管的是大局，在这一前提下，财政发展还要充分发挥积极性、主动性和创造性。二是在财政发展中将“党管财政”的制度优势转化为财政治理效能，进而巩固党对财政的全面领导。党的十八大以来，在党的坚强有力领导下，我国财政法律制度体系不断健全，财税法治迈出坚定步伐；中央和地方财政关系加快理顺，省以下财政体制改革稳步推进；政府债务风险防控持续精准，稳增长与控风险的平衡一以贯之。这一系列党领导下的财政发展实践极大程度上提高了财政部门在依法行政、基层管理、风险防控等方面的能力。奋斗在新征程上，我们在党的全面领导下进一步推进现代化财政改革与发展，相应就要将实践经验总结提升为理论，推进财政治理体系和治理能力现代化，并以现代化的财政体制来进一步巩固和彰显“党管财政”的政治优势。

其二，“以人民为中心”的发展思想要在财政发展中成为根本目的，彰显财政发展的政治本色。进入新时代，我国社会主要矛盾已经转化为人民日益增长的美好生活需要和不平衡不充分发展之间的矛盾。坚持“以人民为中心”的发展思想，就要紧扣社会主要矛盾，在财政工作中主动回应人民群众所急、所难、所愁、所盼。这里需要重点把握的至少有两个方面：一是立足眼前，把握好促进发展和改善民生的平衡。之所以强调短期，是由于只要我国“初级阶段”基本国情与“最大发展中国家”的国际地位没有变，发展就始终是第一要务，而我国的国体政体又决定了发展的最终目的是人民。所以从长远来看，强调促进发展与改善民生实际上是统一的，财政所体现的发展性与人民性从来都同行同向。但从短期来看，财政在促进发展上多投入一些，就意味着改善民生的资金就紧促一些，从而把握好促进发展和改善民生的平衡尤为重要。现阶段还要结合新时代要求，以高质量发展来保障和改善民生、提高人民生活品质，形成高质量发展与高质量保障民生之新平衡。二是着眼长远，为实现全体人民共同富裕贡献财政力量。共同富裕是中国特色社会主义的本质要求，既是经济问题，更是关系党执政基础的政治问题。在全面建成小康社会目标实现后，我们已经进入扎实推动共同富裕的历史阶段，财政必然要在助力实现共同富裕中发挥更大作用，必须要更好满足人民日益增长的美好生活需要。

三、深刻领会新时代我国财政发展的时代特征

长期以来，笔者始终坚持用“变”与“不变”的辩证思路来把握中国特色财政发展。只要我国仍处于并将长期处于社会主义初级阶段的基本国情“不变”，我国是世界最大发展中国家的国际地位“不变”，财政就要持续履行促进发展的职能。在这一基本判断下，财政动态发展的时代要求又发生了新变化，其历史方位、指导原则、路径选择、鲜明主题、重要保障都呈现新特征。我们要随时总结财政在不同时期发挥作用的形式，对于那些具有共性、能够适应“不变”要求的方式方法必须加以坚持，而对于那些具有特定时期特征，或已经明显不适应已“变”形势的具体做法，则要给予必要的调整。当前的任务是，根据全面建设社会主义现代化国家的要求，在“变”与“不变”的把握中领会财政发展的时代要求。

其一，在把握新发展阶段中找准财政发展的历史方位。在新发展阶段持续推动中国特色财政事业发展、持续发挥财政服务发展大局作用，就要对财政发展的表现形式和职能作用作必要调整。一是新发展阶段的落脚点仍是“发展”，从而发展依然是解决我国所有问题的关键，财政在发展中实现发展、在发展中服务发展的基本定位依然不变，坚持“发展财政”理论也就坚定不动摇。这也是本节研究“财政发展”实践与“发展财政”理论结合统一的重要依据。二是新发展阶段体现着“新”起点和“新”特征。新发展阶段建立在新中国成立七十多年特别是改革开放四十多年奋斗的基础上，建立在全面建成小康社会、三大攻坚战取得决定性成就的基础上，我国政治影响力、经济竞争力、国家凝聚力和人民生活水平都实现了历史性跨越。这一“新”起点为我们从容有力应对各种风险挑战创造了更大可能，为财政助推全面建设社会主义现代化国家提供了坚强保障。同时，新发展阶段面临着中华民族伟大复兴战略全局和世界百年未有之大变局的交织影响，面临着人民对美好生活的向往与不平衡不充分发展的社会矛盾，面临着发展仍然处于重要战略机遇期与发展短板弱项依然存在的发展现实，这一“新”特征对财政发展提出了更严峻要求。由此，财政就要结合“新”起点和“新”特征，在更高站位和更广格局上服务经济社会发展大局。

其二，在贯彻新发展理念中坚持财政发展的指导原则。一是“创新、协调、绿色、开放、共享”的新发展理念，首先强调的依然是发展，是关于发展的理念，不是什么其他理念。财政发展以新发展理念为指导原则和发展方向，就要在创新发展中推动科技创新、制度创新，解决发展动力问题；就要在协调发展中重点支持诸如城乡协调发展、乡村振兴等尚有短板领域，解决发展不平衡问题；就要在绿色发展中引导以减污、降碳、循环、扩绿为导向的发展方式，解决人与自然和谐问题；就要在开放发展中助力推动形成陆海联动、东西互济的全面开放新格局，解决发展内外联动问题；就要在共享发展中保障人民群众共享改革发展成果，解决社会公平正义问题。二是新发展理念决定了财政的新发展，财政新发展又要服务于新发展理念。新发展理念是与新发展阶段相对应的发展理念，当然就不是改革开放初期的起步发展，不是简单以 GDP 增长率论英雄、先发展后治理的发展，也不是过去那种传统的粗放发展模式下的发展，而是更高质量、更有效率、更加公平、更可持续、更为安全的发展。我们要对照新发展理念要求，对已经形成的财政实践和理论中不适应、不适合甚至违背新发展理念的内容，坚决予以调整、纠正或摒弃。只有这样，财政才能更好地“围绕中心、服务大局”，“财政发展”实践与“发展财政”理论才有生命力，财政的发展性才能具有服务时代、紧贴实践的强大活力。

其三，在构建新发展格局中做好财政发展的路径选择。构建以国内大循环为主体、国内国际双循环相互促进的新发展格局，是我国应对全球政治经济环境变化的必然选择。新发展格局对外面临的是逆全球化趋势加剧与单边主义、保护主义盛行，对内面临的是发展中大国迈向现代化的机遇和挑战。当前财政实践的重点就是要在加快形成新发展格局中担当新使命、实现新作为。一是面向国内大循环，财政体制和政策安排要支持生产、分配、流通、消费各环节及其之间的衔接。比如通过加计扣除、加速折旧等措施提高供给端生产效率，促进产业结构转型升级；再如，通过扩大个人所得税综合计税范围等举措促成橄榄型收入分配格局，提高整体消费能力等。二是面向供需循环，财政一方面要牢牢把握扩大内需这一战略基点，通过支持推进“两新一重”建设来促进投资、加强社会保障来扩大消费基础等举措，释放经济增长的内需潜力；另一方面要始终坚持供给侧结构性改革这一主攻方向，通过完善固定资产加速折旧、规范清理涉企收费、加大落后地区财政补贴等方式，助力解放和发展社会生产力，最终促成需求与供给良性循环、动态平衡。三是面向国内国际双循环，财政既要立足国内，畅通国内市场的良性循环，又要统筹内外，更好利用国内国际两个市场、两种资源来塑造我国参与国际合作和竞争新优势，在国内国际双循环中实现更加强劲可持续的发展。

其四，在推动高质量发展中凸显财政发展的鲜明主题。高质量发展主题意味着经济发展方式从“数量追赶”到“质量比拼”的转变，是当前乃至更长时期我国确定发展思路、把握发展重点、制定发展政策的根本要求，相应也期待着财政通过制度改革、政策运用、工作实践来助力实现。一方面，财政是构建现代化经济体系的重要一环，经济高质量发展必然包含着努力实现财政高质量发展的要求。这既要求在财政工作中提高政治判断力、领悟力和执行力，还要按照“积极的财政政策要提升效能，更加注重精准、可持续”和“健全符合高质量发展要求的财税制度”相关要求来作具体落实。另一方面，习近平总书记明确指出，高质量发展就是能够很好满足人民日益增长的美好生活需要的发展，是体现新发展理念的发展，是创新成为第一动力、协调成为内生特点、绿色成为普遍形态、开放成为必由之路、共享成为根本目的的发展（习近平，2020）。所以，财政要坚持“以人民为中心”的发展思想，重点服务以五大发展理念为根本目的的高质量发展，以“好不好”作为检验财政服务经济社会发展成效的重要原则。

其五，在统筹发展和安全中筑牢财政发展的重要保障。2020 年 7 月，十九届中共中央政治局会议首次将安全作为新发展理念的重要内容，提出“必须把新发展理念贯穿发展全过程和各领域，实现更高质量、更有效率、更加公平、更可持续、更为安全的发展”①。随后，党的十九届五中全会又将“统筹发展和安全”作为“十四五”时期经济社会发展的指导思想和必须遵循的原则，凸显了新发展阶段做好发展和安全两件大事的重大意义。相应地，我们就要在辩证把握发展和安全的基础上，统筹财政发展和安全，使财政既能在实现自身发展中服务发展大局，又能在确保自身安全中保障经济社会总体安全。一是安全是发展的前提，从而确保财政可持续性并为应对各种风险挑战提供支撑成为财政发展的基础前提。从确保财政可持续性的角度看，当前在实施积极财政政策的过程中，要始终坚持财政政策有效性和可持续性统一，在不折不扣落实减税降费政策的同时，从坚决完成预算确定的收

---

① 中共中央政治局召开会议 决定召开十九届五中全会［N］. 人民日报，2020-07-31（001）.

入任务、精细高效安排必要的财政支出、加强地方政府债务管理等方面促进财政可持续发展。从财政支持应对风险挑战的角度看，要对关系国家安全问题的重要方面予以坚实财力支撑，通过提高财政资源统筹能力、加强中期财政规划管理等举措，着力保障我国在粮食、能源、金融、数字经济、产业链供应链等领域的安全发展，当前更要统筹做好疫情防控和经济社会发展工作。二是发展是安全的保障，从而建立现代财政体制并促进经济社会发展成为财政发展的根本目的。一方面，完善的财政体制能为财政发展提供制度保障，我们要按照“十四五”规划的要求，从加强财政资源统筹、深化预算管理制度改革、明确政府间财政事权与支出责任、完善现代税收制度、健全政府债务管理制度、推进财税治理法治化进程等方面着手加快建立现代财政制度；另一方面，发展是解决一切问题的基础和关键，安全问题也不例外。财政要致力于经济社会持续健康发展以筑牢国家富强安全的物质基础，在高质量发展与高水平安全的统一中贡献力量。这是我国“财政发展”实践要努力实现的目标，也是“发展财政”理论要反映的全新内容。

四、全面把握新时代我国财政发展的体系支撑

习近平经济思想的“第七个明确”，将坚持和完善社会主义基本经济制度明确为我国经济发展的制度基础，对财政发展提出了最直接、最根本要求。财政体制改革和政策运用都要在基本经济制度中找到合理定位，并在新发展阶段为巩固和完善财政发展的体系支撑贡献力量。具体地，我们可以从“三个就要”来把握财政发展对社会主义基本经济制度的坚持。

其一，新发展阶段的财政发展，就要毫不动摇巩固和发展公有制经济，毫不动摇鼓励、支持、引导非公有制经济发展。一是结合不同经济主体的特征和作用更好维护社会主义所有制度。公有制经济是巩固党长期执政地位、体现“以人民为中心”发展理念的重要保证，而非公有制经济则是我国经济持续健康发展的重要力量，两者相辅相成、有机统一。财政体制改革和政策运行要考虑这些差异，必须为维护“两个毫不动摇”服务。国有企业对国家财政收入长期稳定、对国家重大战略任务完成等作出的贡献，民营企业对总体税收收入增长、对增加经济社会活力、稳定和扩大就业等作出的贡献，都值得在财政制度设计和政策调整中加以研究。既有的财政预算支出、税收制度安排和相关优惠政策是否有利于巩固和发展公有制经济，是否有利于鼓

励、支持、引导非公有制经济发展，都需要在财税体制中加以考虑。二是坚持不同的经济主体享受一视同仁的财政政策待遇。尽管我国国有企业和民营企业在经济发展中所扮演的角色定位存在差异，但民营企业同样是“自己人”，两者都在社会主义市场经济中享有平等的地位，从而财税制度设计、政策待遇和财税服务就要对其一视同仁，确保公平公正。我们强调考虑国有企业和民营企业的差异，是在坚持两者地位平等基础上的、有针对性支持市场主体更好发展的财政政策安排，而非带着所有制的歧视和壁垒。这里还应注意的是，民营企业在促进发展、扩大就业、改善民生等方面发挥了不可替代的作用，在经济下行压力增大的阶段，尤其是当前我国面临统筹疫情防控和经济社会发展压力时，财税政策要增强对民营企业特别是中小企业的支持。比如扩大享受税收优惠小微企业范围、加大研发费用加计扣除力度等，进一步减轻企业税费负担，支持企业纾困解难、渡过难关。

其二，新发展阶段的财政发展，就要坚持按劳分配为主体、多种分配方式并存。我国的社会主义分配制度是贯彻习近平总书记提出的“正确认识和把握实现共同富裕的战略目标和实践途径”之重要要求，是致力于共同富裕的社会主义市场经济坚定迈过“必过之坎”之制度依托。财政在其中发挥作用，一是要“做大蛋糕”更要持续“做好蛋糕”，既要以“提升效能，更加注重精准、可持续”的积极财政政策和财税体制改革为手段，助推经济实现质的稳步提升和量的合理增长，夯实实现共同富裕的物质基础，还要注意合理安排和调整财政政策的时、度、效，为财政可持续性留出空间。二是要“切好蛋糕”更要努力“分好蛋糕”，财政既要在初次分配中助力发挥有效市场作用，在支持就业优先、教育为重等方面促进机会均等，提高劳动报酬在初次分配中的比重，还要在再分配和第三次分配中更好发挥有为政府作用，通过税收、社会保障、转移支付、鼓励慈善等手段缩小收入分配差距，改善财富分配格局。

其三，新发展阶段的财政发展，就要加快完善社会主义市场经济体制。一是财政发展要坚持使市场在资源配置中起决定性作用、更好发挥政府作用，并在领会社会主义市场经济“既有共性、更有个性”特征中持续发挥财政作用。一方面，市场经济的“共性”就是“供求决定、价格导向”。财政坚持市场配置资源的决定性作用，就要尽可能减少政府运用财政手段对资源的直接配置，尽可能减少财政收支行为对微观主体经济活动的干预扭曲，即笔者长期以来强调的“取之有道、用之有方”。这些年来，我们在财政发展中事实上也在践行着这一理念，尤其体现在财政“做大蛋糕、促进发展”的把握中。财政助力做大国民经济发展的“大蛋糕”，主要靠的是从支持市场主体发展的“小蛋糕”中筹集财政收入做大“中蛋糕”，进而以坚实的财力为发展大局服务。这里财政支持市场主体发展，首先就要支持市场在资源配置中的决定性作用，为激发市场主体活力营造良好营商环境。另一方面，社会主义市场经济的“个性”与“社会主义”这一定语联系，决定了市场机制只是起“决定性作用”而非起“全部作用”。对于市场失灵、党政军群、国体政体等领域，市场作用不能介入，政府作用就要到位，财政要在保障公共产品供给、促进社会公平正义、巩固党的执政地位、增进改善人民福祉等方面发挥更大作用。二是新征程要在推动有效市场和有为政府更好结合中发挥财政职能作用。党的十九届五中全会将“推动有效市场和有为政府更好结合”作为“十四五”时期构建高水平社会主义市场经济体制的要求，体现的是党对政府和市场关系认识的进一步升华，成为我们理解把握财政发展的重要遵循。一方面，发挥有效市场作用，强调的是通过完善社会主义经济的市场机制来破解体制机制障碍，进一步保障市场在资源配置中更好发挥决定性作用。所以，我们党强调构建“有效市场”，就要发挥财政在维护市场公平竞争、完善财税法律法规、持续优化营商环境中的作用。比如，加快清理和审查有违国企和民企、内资和外资一视同仁原则的财政政策措施，尤其是在政府采购中不能因所有制形式、组织形式、股权结构、成立年限等而对供应商施以差别待遇。再如，进一步提高对反垄断执法的财政补助力度，加强财政在依法规范和引导资本健康发展方面的作用。另一方面，在社会主义国家，发挥有为政府作用，既强调要发挥与有效市场要求相匹配的有为政府作用，还要在政治经济社会的更大范围内发挥有为政府作用。财政要在优化税制结构体系、深化征管制度改革、健全政府债务管理等“收”的方面为发挥有为政府作用增强财力保障，在加强财政资源统筹、统一财政支出标准、强化预算约束管理等“支”的方面提高有为政府的治理效能。

五、深入理解新时代我国财政发展的重大战略

战略问题是关系我们党和国家事业发展的根本性问题。党的十八大以来，习近平总书记多次强调要坚持战略思维，深刻指出“战略上判断得准

确，战略上谋划得科学，战略上赢得主动，党和人民事业就大有希望”①。当前和今后一个时期，我国发展仍然处于重要战略机遇期，坚持战略思维、把握战略问题成为党和国家事业发展的重要思路，要求我们把财政发展实践放到国家重大发展战略中去探究谋划，在谋全局、思长远、观大势、抓大事中促进财政实践和理论发展。

其一，在把握好我国发展重大战略任务的时与势中考虑财政发展。战略环境判断是我们把握战略问题、制定战略策略的基本前提和重要依据。从国际上看，当前我国发展面临的最大背景是世界百年未有之大变局的深度调整和百年未遇之大疫情的严重冲击，其对国际的影响表现为世界经济新旧动能转换、国际格局和力量对比加速演变、全球治理体系深刻重塑、产业链布局发生重要变化、实体经济遭受重大冲击等。而从国内来看，中华民族伟大复兴战略全局是党和国家发展社会主义事业、努力实现“两个一百年”奋斗目标的时代方位，这一战略全局贯穿于治国理政、改革发展、内政外交等一系列工作全过程，相应就要求结合我国发展条件来谋划复兴伟业，在解决发展重大问题中提出新思路与新举措。应该看到，复兴全局和百年变局这“两个大局”，既是我们谋划工作的基本出发点，也是理论创新的基本出发点。财政要站在统筹内外两个大局的高度上，顺应我国发展重大战略任务面临的时与势，因时而动、应势而谋，既在发展重大战略任务完成中提供坚强财力保障，又不断推进中国特色财政理论完善与发展。

其二，在思考和把握我国发展面临的重大战略问题中发挥财政作用。党的十八大以来，以习近平同志为核心的党中央统筹全局，对关系我国长治久安的重大问题作出系统谋划与部署，坚持实施了创新驱动发展、振兴实体经济发展、区域协调发展、乡村振兴、对外开放、科技和人才强军等一系列重大发展战略，这既是当前正在推进实现的战略任务，也是新征程需要持续跟进的工作重点。此外，习近平总书记在2021年中央经济工作会议中还明确提出要正确认识和把握五个重大理论和实践问题，其中正确认识和把握初级产品供给保障、正确认识和把握防范化解重大风险、正确认识和把握碳达峰碳中和（习近平，2022），是关系我国长远发展的重要实践问题，同样需要在新征程中坚定不移推进完成。不难看出，这些战略举措的顺利推进和最终

---

① 继续把党史总结学习教育宣传引向深入 更好把握和运用党的百年奋斗历史经验［N］. 人民日报，2022-01-12（001）.

完成，都离不开财政资金与政策支持。从而，财政发展就要坚持战略思维，从全局、长远、大势上作出财政体制改革与调整的判断和决策。比如，要加强财政资源统筹的能力，合理安排财政资源在国家各项重大战略任务中的分配，不可毕其功于一役，而要落子于谋全局。再如，要完善跨年度预算平衡机制，加强中期财政规划管理，持续提高资金使用的预判性，在有限的财政资金中做好统筹协调。

六、始终坚持新时代我国财政发展的工作方法

不论是“七个坚持”还是“十三个明确”，做好经济工作的方法论始终是习近平经济思想的重要内容。在我们明确了新时代我国财政发展的指导思想、根本遵循、时代特征、体系支撑、重大战略后，就要用正确的策略方法来将这些要求都落到实处，以科学有力的举措推动财政服务经济社会发展大局。

其一，在财政发展实践中坚持稳中求进工作总基调。一是“稳”为财政发展的基础和前提。不论是政策调整还是体制改革，财政都要在优先确保稳住大局的前提下谋求发展。在百年变局和复兴全局的叠加影响下，财政要在稳住经济社会运行上作出更大努力，通过“提升效能，更加注重精准、可持续”的积极财政政策，做好“六稳”工作、落实“六保”任务，持续改善民生，着力稳定宏观经济大盘。二是“进”乃财政发展的目标和任务。当前我国经济发展稳中有变、稳中有忧，财政要在确保“稳”的前提下谋“进”，通过体制改革来提高财政治理质效，进一步展现财政服务经济发展、促进社会公平、提升国家治理等方面的作为。财政在工作实践中只有坚持稳字当头、稳中求进，在“稳”和“进”的把握中有侧重、有选择地运用财政政策和推进体制改革，才能在稳扎稳打中促进经济平稳运行，才能在勇于进取中推进现代财税体制改革取得新进展、推动高质量发展取得新成效。

其二，在财政发展实践中坚持问题导向与目标导向相结合。一是目标导向是“目标指向哪里，奋斗方向就在哪里”，回答的是目标与现实的差距。我们已经完成了“十三五”规划、全面建成小康社会、实现第一个百年奋斗目标，当前正在朝着完成“十四五”规划、全面建设社会主义现代化国家、实现第二个百年奋斗目标努力奋斗。与发展目标调整相对应的，就是我们对于财政在把握新发展阶段、贯彻新发展理念、构建新发展格局、推动高质量发展、统筹发展和安全中的新定位新作为的判断。目标导向确保了奋斗方向的不偏不移，也为我们倒推当前时点财政必须完成的任务、把握当前时点必

须破解的难题提供了重要遵循。由此，我们扎实推动财政实践与理论发展，就要牢牢把握“十四五”规划这一路线图，加快建立现代财税体制的步伐。二是问题导向是“问题出在哪里，拳头挥向就在哪里”，回答的是目标与现实的矛盾。看到“三期叠加”的阶段问题，我们相应推出供给侧结构性改革以推动经济转型升级；看到经济发展的下行压力，我们相应实施大规模减税降费政策以激发微观主体活力；看到疫情带来的强烈冲击，我们相应建立常态化财政资金直达机制以助力做好“六稳”“六保”工作等，这些坚持问题导向的工作方法，为我们做好财政工作、提升财政治理能力打开了突破口。当前，我国改革发展稳定任务艰巨繁重，风险挑战前所未有，财政就要坚持以问题为导向的发展，立足新发展阶段，解决影响新发展理念落实、阻碍新发展格局构建、违背高质量发展主题、制约统筹发展和安全的突出问题，紧抓关系国家发展的重大战略问题，跟着问题走、扭住问题改，为全面建设社会主义现代化国家贡献财政理论与实践力量。

七、不断完善新时代我国财政发展的理论体系

在学习领会习近平经济思想对我国财政发展的指导、深入研究新征程财政发展的时代要求与职能作用后，笔者的深刻体会是：长期以来笔者坚持的“发展财政”理论必须依据新时代新阶段新征程的要求来予以拓展和提升，从而为完善和发展中国特色财政理论体系作出新的贡献。

一路走来，笔者始终以中国特色财政理论为研究重点。从对国家财政的坚持，到对国家财政和公共财政统一的理解，再到财政服务统筹内外两个大局的统筹财政理念的加入，最后到考虑初级阶段基本国情制约的发展财政理论提出，笔者逐步形成了对中国特色财政之“四位一体”的理论概括。新时代以来，笔者又依据全面深化改革和全面依法治国对财政的期盼，提出了改革财政理念。由此，中国特色财政“五大特征”分析框架成为笔者研究财政发展的重要思路，对应的财政就是国家财政、公共财政、发展财政、改革财政和统筹财政的有机统一。就发展财政理论而言，笔者当时提出的观点是，发展财政是财政在发展中国家经济起飞过程中充当社会先行资本等独特作用的理论与实践，强调的是当市场还无法全部、及时、有效地满足发展中国家所有的发展需要，还不能弥补发展过程中存在的众多不足时，在公共财政必须完成的任务外还应有发展财政运作的空间（邓力平，2010）。可以看到，当时笔者提出的发展财政理论，是基于“发展中国家市场机制不完善导致的

失灵”来强调发展财政之必要，主要还是对应于公共财政，强调财政在提供公共产品的时候，还要理直气壮地拿出一些钱来搞建设、谋发展，这是狭义上的发展财政理论，也在一段时期发挥了作用、引起了理论界关注。

今天我们在习近平经济思想指引下重新思考发展财政理论，站在围绕中心、服务大局的高度上重新审视财政职能作用，应该说，原来的发展财政理论还远远不够，有些内涵也已经不适应当前的阶段特征，这就是本节拓展和提升发展财政理论的内在之义。一是我国已经实现了从站起来、富起来到强起来的历史性飞跃，已非发展中国家的经济起飞阶段。在强起来的社会主义新时代，社会主义市场经济体制已经更为完善，市场在资源配置中的作用也从“基础性”提升为“决定性”，从而原先笔者提出的发展财政在弥补公共财政不足上的运作空间就要结合目前的发展条件予以调整。二是我国发展财政的职能范围已经远超社会先行资本。当前财政作为国家治理的基础和重要支柱，其作用范围就要跳出经济框架，站在统筹国内国际两个大局的高度展现财政作为。这其中既包含着笔者原来提出的财政提供社会先行资本的要求，还包含着财政在社会主义市场经济中弥补市场失灵的作用，更包含着财政服务政治经济社会发展全局中的作为。综上，今天的发展财政，已经不再是作为公共财政补充，或者与公共财政并列的概念，其对应的是社会主义国家治理要求的发展财政，是统筹国内国外两个大局高度的发展财政，是最符合中国特色、具有很强生命力并将在实现“两个一百年”奋斗目标征程中发挥重要作用的发展财政。从这个意义上把握，这样定义的发展财政理论一定是有伟大思想指引、根植于神州大地、内嵌并推动伟大祖国发展前行的中国特色之重要财政理论。

面对新时代新征程对于“发展”主旋律的把握，对于“发展财政”理论要赋予新内涵的要求，在笔者提出的中国特色财政“五大特征”框架下，就要把财政的国家性、公共性、改革性和统筹性融入发展财政理论中，把握发展财政理论中所体现的国家财政、公共财政、改革财政、统筹财政理念。这是时代之需，也是理论之要。一是习近平经济思想旗帜鲜明地将“党领导一切”和“以人民为中心”的思想作为经济发展的根本遵循和根本要求，这意味着发展财政理论也必然要体现“党管财政”和“人民财政”的要求，而党、人民和国家的高度统一就决定了在发展财政理论中对国家财政理念的坚持和体现。二是新时代社会主义市场经济是市场在资源配置中起决定性作用、政府更好发挥作用的有机统一，财政既要解决市场机制失灵问题（公共财政发挥作用），又要为市场机制更好发挥作用贡献力量，更要在市场机制外展现治国理政的积极作为。在这样的有为政府作用下，发展财政不仅没有否定公共财政的作用，还支持和保障了市场在资源配置中更好发挥决定性作用。三是改革财政与发展财政始终不可分割，不论是财政体制的自我完善，还是财政服务发展大局，都离不开财政体制机制的不断改革、创新、发展与完善，而改革财政的最终目的事实上也是促进财政发展，从而发展财政理论中就始终包含了对改革财政的期待。四是随着财政在国家治理中的基础和重要支柱作用得以明确，财政在统筹国内国际两个大局、办好发展安全两件大事方面的作用得到了进一步强化，这既是发展财政的重要要求，也是统筹财政的具体表现，体现了财政的发展性与统筹性之间的紧密联系。从以上四个方面理解和把握，新时代中国特色发展财政理论就内在地体现了国家财政、公共财政、改革财政和统筹财政的期盼与要求，在动态前行中极大丰富了内涵、提升了站位，也将继续在新阶段新征程中为财政服务大局提供坚强理论支撑。这是习近平经济思想，尤其是习近平经济思想中关于财政工作的思想对我们研究发展财政理论的重要引领与深刻启迪。党的二十大对我国未来五年乃至更长时期的工作进行了科学谋划和战略部署，将深刻影响我国财政发展实践与发展财政理论，要求我们持续学习领悟党的行动纲领、及时总结提升发展财政理论。笔者坚信，只要依然处在社会主义初级阶段，只要中华民族伟大复兴进程还在奋力推进，只要永不停歇的发展还在不断滋润神州大地、满足人民需要，发展财政之任务就始终必然在，发展财政之理论就始终必然在，对此，我们必须始终坚信不疑，持续努力为之奋斗。

第六节 论减税降费中财政政策的有效性和可持续性

伴随着扩张性（积极）财政政策的运用，以减少收入增加支出或减收增支并举为特征的财政政策往往会加剧财政收支矛盾，进而引致财政可持续能力降低的风险。因此，平衡好财政政策“有效性”（Effectiveness）与“可持续性”（Sustainability）的关系始终是各国必须面对的问题，我国也不例外。在刚过去的“十三五”时期，包括极不平凡的2020年，我国实施了持续大规模的减税降费措施和显著提质增量的财政支出安排，既发挥了提振经济、兜牢底线的效应，又应对了收支失衡、压力剧增的风险，在把握好政策效应和财政持续的统一中交出了中国答卷，彰显了制度优势与运行特色。当前已经进入“十四五”时期，根据中央经济工作会议部署，第十三届全国人民代表大会第四次会议通过的2021年《政府工作报告》明确提出“要保持宏观政策连续性稳定性可持续性，促进经济运行在合理区间”“积极的财政政策要提质增效、更可持续”,① 并在积极财政政策运用中强调要“优化和落实减税政策”，既表明了减税降费将作为较长时期持续运用的措施而存在，又对新阶段财政政策有效性与可持续性的统一提出了新要求。基于此，笔者这里讨论三个问题：一是立足“十三五”实践，回顾我国在积极财政政策有效性和可持续性统一方面的成功经验；二是基于对我国和西方国家财政政策运用与维护可持续性异同的分析，提炼出实现财政政策有效性和可持续性统一的中国特色与制度优势；三是结合“十四五”时期新要求，为持续用好“提质增效、更可持续”的积极财政政策提供进一步的理论支撑。

一、回顾“十三五”：财政政策有效性与可持续性统一的成功做法

我国在“十三五”时期实施的是包括减税降费在内的积极财政政策，从决策部署到具体实施，都强调平衡好“稳增长”与“防风险”关系，体现对政策有效性和可持续性的关注，并在两者统一中推动经济高质量发展，体现财政重要作用。

在减税降费的决策部署过程中，以习近平同志为核心的党中央既鲜明提出要确保减负政策落地生根以释放政策红利，又同步强调要增强危机观念以妥善应对包括财政在内的经济运行风险。从2018年在民营企业座谈会上将“减轻企业税费负担”作为支持民营经济发展六个方面政策举措之首到同年贯彻党的十九大精神研讨班开班式上明确“增强忧患意识、防范风险挑战要一以贯之”，从2019年在新年贺词中强调“减税降费政策措施要落地生根，让企业轻装上阵”到同年省部级主要领导干部坚持底线思维着力防范化解重大风险专题研讨班开班式上提出“既要保持战略定力，推动我国经济发展沿着正确方向前进；又要增强忧患意识，未雨绸缪，精准研判、妥善应对经济领域可能出现的重大风险”,② 从2020年在企业家座谈会上提出“要继续减

① 政府工作报告［N］. 人民日报，2021-03-13（001）.

本书对2021年《政府工作报告》的相关论述中，加引号的句子均来自此文件，后文不再一一注明。

② 下好先手棋 打好主动仗——习近平总书记关于防范化解重大风险重要论述综述［N］. 人民日报，2021-04-15（001）.

税降费、减租降息”到同年中央全面深化改革委员会第十七次会议要求“把推进改革同防范化解重大风险结合起来”，习近平总书记关于做好减税降费和防范风险工作的一系列重要论述，为实施积极的财政政策提供了根本遵循，为在大规模减税降费中把握好财政政策有效性和可持续性之平衡指明了方向。

在抓细抓实积极的财政政策过程中，我国财税部门始终坚持对政策有效性与可持续性平衡的高度重视，始终注重减税降费政策与其他财政政策的配合协调，体现了对平衡稳增长和防风险关系的高度自觉与积极作为。其一，在不折不扣落实党中央交给的减税降费光荣任务中，从全面推进营改增到增值税简并调低税率，从扩大进项税抵扣范围到提高部分纳税人加计抵减比例，从小微企业普惠性税收减免到小规模纳税人标准提高，从提高研发费用税前加计扣除比例到延长科技企业亏损结转年限，从个人所得税六项专项附加扣除到社会保险费率降低，从延缓缴纳小微企业所得税到延长阶段性减免企业社会保险费政策实施期限，从清理规范行政事业性收费到降低政府性基金征收标准，财税部门都不折不扣地将减税降费政策落地生根，在长期制度和短期政策、整体减负和局部优化的配合中，既实现了让利于民、激发活力的减负成效，又促成了放水养鱼、增强后劲的税源培育，从而有利于从长期增强财政的可持续性。“十三五”时期我国新增减税降费规模累计达到7.6万亿元，新办涉税市场主体5 745万户，比“十二五”时期增长了83%①，体现的就是减税降费政策的积极效应。其二，为了控制财政收支失衡风险，我国还在落实减税降费任务的同时，采取一系列配套措施确保财政可持续性。一是依法依规地完成预算确定的税费收入任务，并应收尽收地统筹使用财政沉淀资金，为组织财政收入、保障政府财力作出了积极努力。“十三五”期间，我国财政收入总量达到88.6万亿元，比“十二五”期间增长了38%，其中税收收入65.7万亿元，比“十二五”期间增长了39%②，为经济社会健康发展提供了坚实的物质基础，显现的就是配套的收入政策缓解财政收支矛盾、确保财政政策持续发挥作用的积极贡献。二是协同推进财税改革与管理的配套举措，以“艰苦奋斗、勤俭节约”“以收定支、量力而行”“过紧

---

① 郭瑞轩．带好队伍展现新气象 干好税务开拓新局面 高质量推进新发展阶段税收现代化：全国税务工作会议在北京召开［J］．中国税务，2021（02）：6－9.

② 2020年全国税务部门组织税收收入情况［EB/OL］．http：//www.chinatax.gov.cn/chinatax/n810214/n810641/n2985871/n2985918/c5160638/content.html.

日子、有保有压”“把钱花在刀刃上”等作为开展财政工作的重要原则，坚持非必要不支出、有必要须精准、有支出必问效，在调整优化支出结构、推进预算绩效管理、深化财政体制改革、强化政府债务管理、提高财政治理效能上取得明显成效。其三，不断根据变化的形势和实际财政能力调整我国财政赤字率水平，确保政策既有效又能将风险控制在最小。在“十三五”时期，除2020年以外，赤字率均控制在3%警戒线以内。2016年和2017年的3%赤字率为减税降费措施提供了条件，确保政策红利实实在在地落实到市场主体上；在减税降费效应显现、财政增收基础拓展、经济发展稳中向好条件下，2018年下调为2.6%的赤字率为宏观调控留下了更多空间；而2019年赤字率提高到2.8%，则是综合考虑了财政收支、专项债券发行等因素，为应对今后可能出现的风险又留出了政策空间；2020年面对突如其来的疫情影响，我国采取了特殊时期的坚定举措，将赤字率调整到3.6%（3.76万亿元）以上来支撑疫情防控和经济社会发展。简言之，“十三五”时期减税降费及配套政策实施的“组合拳”，从政策部署到贯彻落实中已经形成了“增强发展后劲并考虑财政可持续”的有效统一，既充分释放了减税降费政策的有效性，又在系列政策配合中对冲风险确保财政可持续性，为促进经济持续健康发展提供了重要支撑。

事非经过不知难，越见困难越前行。这里需特别回顾2020年对政策有效性与可持续性统一的坚守。在确保政策有效性方面，为统筹推进疫情防控和经济社会发展，我国实施了更加积极有为的财政政策，除了继续巩固落实既有减税降费政策以外，还依据疫情防控形势和复产复工需要出台了阶段性、针对性的减税降费举措。2020年财税部门连续发布实施了7批28项减税降费政策①，为市场主体减负超过2.6万亿元，为399万户纳税人办理延期缴纳税款292亿元②，帮助企业复工复产、渡过难关，既经受住了疫情考验又实现了较好政策效应。在增强财政可持续性方面，我国采取了发行抗击疫情特别国债、设置财政资金直达机制、安排中央本级支出负增长、压减地方一般性支出、党和政府“过紧日子”等政策，既及时补充地方政府财力又把财政资源用在紧要处，为缓解财政压力腾挪了空间。尤其是安排3.6%

---

① 减税降费将继续发挥关键作用［EB/OL］. http：//www.gov.cn/xinwen/2020－12/29/content_5574409.htm.

② 郭瑞轩．带好队伍展现新气象 干好税务开拓新局面 高质量推进新发展阶段税收现代化：全国税务工作会议在北京召开［J］. 中国税务，2021（02）：6－9.

（3.76 万亿元）以上的财政赤字率，在短期取舍中“以合理代价取得较大成效”，防止经济运行滑出合理区间，为稳住经济基本盘贡献了重要力量。

可以认为，我国在“十三五”实施积极财政政策过程中，既注重政策稳增长的效应，又强调财政防风险的必要，体现了提升发展质量效益、保持经济持续发展的政策导向，展示了新时代中国特色社会主义的强大能力与制度优势。当前，疫情全球流行和外部诸多不确定性相互叠加，国内发展不平衡不充分问题和重点领域关键环节改革任务仍然艰巨相互交织，继续实施积极财政政策以保持对经济恢复的支持势在必行，兼顾考虑财政承受能力和防范化解风险也是应有之义。基于此，我们就要提炼出释放减税降费政策红利和加强防范化解风险并举的中国经验和制度特征，从而为持续把握好政策有效性与可持续性的统一提供理论支撑。

二、制度有优势：解决世界性难题的中国答案与制度元素

“十三五”时期的实践证明，我国财政政策有效性和可持续性之统一是可以实现的，这也在一定程度上回应了前几年一些学者对于减收增支将导致财政不可持续的担忧。一路走来，笔者始终关注并强调财政政策有效性和可持续性的统一。2009 年，笔者就已经关注结构性减税背景下这两者的统一，提出要有效处理好政策作用（减税增支应对经济下行挑战）与收入持续（增收节支确保财政良性运行）的关系，从动态上探寻一个合适的财政收入与经济发展之比例关系以保证政策运用的可持续性（邓力平等，2009）。之后在实施大规模减税降费背景下，笔者又在 2019 年提出既要努力降低经济主体税费负担，又要确保财政可持续性发展以满足人民群众对美好生活的追求，发挥财政服务经济高质量发展的作用（邓力平，2019a）。对于这些观点，笔者今天不仅继续坚持，而且认为应该结合“十三五”时期的成功实践持续提炼、不断充实。

笔者的基本观点是，要特别注意研究我国减税降费等政策有效运用和保持财政可持续性的中国特色，要在对“共性”和“个性”特征的把握中深刻理解两者的统一。在过去的几年，笔者从“共性”和“个性”结合的角度对减税降费政策和财政政策的有效性进行了研究，既提出要从“重大决策与贯彻落实、光荣任务与收入职能、长期要求与特定使命、税费同行与效应把握、减负期盼与民生刚性、纳税个体与人民群众”等方面理解中国特色的减税降费进程（邓力平，2019b），也认为要从坚持党的领导和发挥“集中力

量办大事”制度性优势的高度认识我国财政政策有效性问题[①]。在这里，笔者将这一思路拓展到对财政政策有效性和可持续性相统一的研究中。

无论是社会主义财政，还是资本主义财政，财政可持续性关注的都是作为经济实体的国家财政的存续状态或能力，这就是财政可持续性的“共性”特征。而这种财政可持续性主要体现在政府能否偿还其债务。当经济实体无法偿还债务时就意味着政府不可持续，其财政也就不可持续。通常从财政平衡、筹资能力、偿债能力等角度理解的财政可持续性，其本质都是相通的，都是围绕政府收支行为展开，强调政府当期及未来所拥有和获得的全部收入与资源能够保证其履行偿债义务与支出责任。但是，我们在讨论财政可持续性的“共性”特征时，不要忘记我国财政可持续性的“个性”特征。即在众多特征中，最重要特征在于中国共产党的长期执政、全面领导的本质属性和“党管财政”的基本定位。其一，中国共产党的长期执政、全面领导决定了我国政权运行的稳定性和对应财政运行的稳定性，决定了我国财政实现跨期平衡和控制风险能力要比资本主义国家多党轮流执政下的财政强得多。这是中国特色社会主义财政的独特优势，源于“党管财政”“人民财政”和“国家财政”三者的有机统一。一方面，坚持党的长期执政和全面领导意味着长期政治与经济周期的匹配能够确保国家长治久安，意味着宏观政策的连续性、稳定性和持续性能够显著增强财政可持续性，宏观调控的手段能更多，政策运用的弹性、空间与余地都更大。这种财政可持续性必然与西方政党轮流执政下的财政可持续性存在很大区别。另一方面，社会主义财税长期坚持“以人民为中心”的思想，“为民收税、向民收税、为民轻税、为民改革、为民服务、为民用税”[②]，这些重要理念与实践必然能增强人民群众获得感和认同感，进而确保党的长期执政和全面领导，确保人民群众对人民共和国财政可持续性的信赖。其二，我国坚持的是中国特色的经济财政观，必须在经济与财政相互作用的框架中理解和维护财政可持续性。这赋予了中国财政可持续性更广义的概念范畴，契合财政在国家治理中的基础和重要支柱定位。一方面，社会主义市场经济持续健康发展是我国财政得以持续发展的前提，只有先做大“经济蛋糕”并确保其做大蛋糕的持续能力，“财政蛋糕”方有保障，才能拥有足够财力有效地、持续地发挥财政职能作用；另一方

---

① 邓力平，王智烜．坚持人民财政理念 完善现代财政制度［J］．中国财政，2020（17）：19－24.

② 邓力平．中国特色“人民税收”理念新论［J］．东南学术，2020（04）：126－135＋247.

面，财政可持续性是实现长期经济社会可持续发展的重要支撑，只有确保财力和作用的可持续才能推动经济社会高质量发展。从这一角度理解的财政可持续“个性”特征，实际上就是笔者长期坚持的既要研究财政对经济社会可持续发展的作用、又要努力实现财政自身可持续发展的“可持续财政观”理念（邓力平，2008）。当然，在研究新时代中国特色的财政可持续性问题上，还要与时俱进地结合新发展阶段的新特征赋予其新的时代内涵，促进经济与财政的可持续发展。

从这一思路出发，结合“十三五”时期减税降费下财政政策有效性与可持续性统一的实践，笔者归纳回答这一世界性难题之中国答案的五个基本元素。

其一，要在坚持“党管政策”和“党管平衡”的前提下寻求政策有效性与可持续性的统一。这是我国始终能保持积极财政政策效应发挥和财政可持续的根本保障。在党的全面领导下，无论是应对经济下行压力的减税降费决策部署、政策安排，还是防范化解财政风险的支出有保有压、赤字相机调整、债务限额管控措施，其出发点和落脚点都是最广大人民的利益，由此决定了积极财政政策的运用在稳增长和防风险上始终得以统筹，不会顾此失彼，能在统一指挥、集中办事的制度内根据形势随时调整，在统筹平衡中既促成有效性，又实现防风险，并实现长期持续。比如，出于风险控制需要，通过《预算法》作出的“经国务院批准的省、自治区、直辖市的预算中必需的建设投资的部分资金，可以在国务院确定的限额内，通过发行地方政府债券举借债务的方式筹措”之“黄金法则”，将地方政府举借债务限定在投资性项目内，既能推动经济社会发展，又能增加未来还债能力，通过促成跨期财政平衡控制地方政府债务风险，为确保地方财政可持续性作出了法律安排，而各级党组织根据中央决策用好债务和防范风险为《预算法》实施提供了制度保障。这些制度元素始终内嵌于我国积极财政政策的运用中，体现了党的长期执政对财政政策有效性和可持续性之统一所提供的保障，展现了在党的领导下谋定而后动实现“集中力量办大事”的制度性优势。

其二，要在“以收定支”和“以支定收”联动的中国式“紧平衡”财政框架中寻求有效性与可持续性的统一。财政就是一收一支，收支相互作用和财政平衡从来都是要考虑的，而我国制度特质、国情特征和阶段要求都决定了“紧平衡”是一种常态，必须始终牢记于心，并以此统筹考虑政策有效性和可持续性的统一。在“十三五”期间，伴随着减税降费政策相继出台和

“六稳”“六保”工作落实落细，财政收入增速放缓和民生支出需求刚性相互作用引致的财政收支矛盾，更加凸显了我国预算平衡难度加大、财政收支运行紧张的“紧平衡”特征。这里的“紧平衡”，既有财政收入趋“紧”特征又有支出袋子勒“紧”要求，既显现了收支紧约束中的财政潜在风险又强调了收支联动中的财政必然平衡，既有短期政策运用因素也有我国依然处在社会主义初级阶段、方方面面都需要发展的长期要求。简言之，体现的就是对政策有效性和可持续性统一难度的认识，就是通过合理制度安排实现统一的持续探索。笔者将这样一种财政称为“中国式紧平衡财政”。为了维护这样一种财政的平稳健康运行，财政实践必须坚持“收支联动、突出重点”的基本要求，必须将“以收定支”与“以支定收”两者的结合重新确立为基本原则，以既促成政策有效应又确保财政紧平衡。从“以收定支”的角度看，必须始终坚持“有多少钱办多少事”来精准规划项目支出管紧政府“钱袋子”，明确提出“有足够的钱办必要的事”来围绕中心服务大局做好必要民生保障，坚持避免“找过多的钱办过多的事”来把控整体财政风险注重绩效考核，从而实现了财政政策提质增效和风险管控持续推进。从“以支定收”的角度看，中国特色社会主义市场经济下的“以支定收”，不是西方式的“只管支出”，而是在“收支联动”中向支出预算和政策拓展，既包含着减税降费政策和民生支出刚性并立时税费收入任务必然长期存在的“保收”要求，也包含着推进财政支出标准化、强化预算约束和绩效管理的“提质”要求，以财政支出的压缩为减税降费腾挪空间，为平衡好促进经济增长、熨平经济波动与防范财政风险之间的关系提供了重要支持。立足于这一基点，在我国实施力度大、范围广、层次深、时间久的减税降费政策条件下，必须旗帜鲜明地重提“以收定支”，必须坚持在“紧平衡”的前提下统筹“以收定支”与“以支定收”，既要考虑减税降费之减收的必要，又要坚持支出“压一般、保重点”“调结构、优配置”的政策导向。面对财政收入回升空间有限和兜牢民生保障支出刚性的矛盾，我们既要强调放水养鱼的减负政策切切实实地惠及市场主体，发挥提振经济积极效应，也要强调兜牢底线的民生支出实实在在地增进人民福祉，满足人民对美好生活的向往。从财政收入和财政支出两个方面共同发力、联动配合，以提质增效的收支政策激发市场活力、提高人民幸福感，进而在长期实现财政健康持续运行。笔者欣喜地看到，近年来财政部已经明确提出“以收定支”的要求，就是对“中国式紧平衡财政”运行规律的深刻认识，就是促进财政政策效应与可持续性一体推进的有力抓手，在未来还需继续坚持，持续优化。

其三，要在对完成预算确定的财政收入任务的坚守中促进有效性与可持续性的统一。近年来，我国财税实践表明，收入任务事实上包含着完成法定收入任务和减税降费任务的要求，强调的是“应收尽收”和“该减必减”。就完成法定税费收入任务而言，国家税务总局依法依规将该收的税费收到位，并坚决避免“多征、提前征收”等“收过头税”问题及“减征、免征、缓征”等“藏富于民”问题，既筹集了必要收入为国家重大战略任务完成提供财力保障，又避免了经济下行压力加大时收过头税进一步压缩市场主体空间，在寻求财政可持续发展中增强了改革发展和改善民生的财力保障。此外，在依法征收税费的同时，财政等部门对政府各类结余、沉淀资金应收尽收，着力于盘活存量、用好增量，也为财政平稳运行、确保财政可持续提供了重要支持。就落实减税降费政策而言，财税部门始终坚持不打折扣地释放减负红利，既在激发市场主体活力中实现了减负成效，又在扩大税基税源中确保了财政长期持续。一是坚持阶段性减税与制度性减税并重。我国的减税降费政策既有灵活调整的临时性、阶段性措施，又有稳定成型的固定性、制度性安排；既能结合优惠政策调整在短期实现纾困解难之成效，又能通过财税制度结构优化从长期培育税源税基。在这样的政策“组合拳”下，就有动态调整当前少征一点和未来多增一点的空间，就有灵活调整减税降费强度和力度的弹性，有利于我国审时度势调整政策力度、作用范围和着力重点，从而实现提振经济与把控风险的统筹，以确保财政连续性、稳定性和可持续性。比如，2020 年我国采取的小微企业和个体工商户税收优惠、阶段性减免社会保险缴费等具有政策时效的减税降费政策，就可以依据将来的经济运行情况、财政可持续性状况等因素确定执行期限，决定哪些政策可以稳妥退出、哪些政策需要延续拓展乃至进一步上升为制度。再如，营改增打通增值税抵扣链条、消费税调整税率和征收范围引导消费、资源税改革完善要素价格形成机制等一系列制度性改革调整，能够推进市场结构优化调整、矫正要素配置扭曲，能动地促进整体经济的持续健康发展，进而在经济与财政的相互作用中增强财政可持续性。二是坚持普惠性减税与结构性减税并举。普惠性减税致力于放水养鱼，为经济发展积蓄动能，而结构性减税着力于特定对象，以推进市场结构调整优化。这种点面结合、统筹兼顾的政策设计为有效激发市场主体活力和有力应对经济下行压力发挥了积极作用，进而以倍增的经济发展后劲弥补财政收支缺口，助推财政可持续发展。这里以我国支持疫情防控的政策为例。为了对冲疫情对经济运行产生的重大风险，在2020年，我国的减税降费政策注重一视同仁与因地施策、因时制宜的结合，既有面向全国的普惠性政策，又有依据企业行业类型与地域影响的精准措施，通过减征免征小规模纳税人增值税、暂缓征收小型微利企业和个体工商户企业所得税、阶段性减免企业社会保险费、减征职工基本医疗保险费等阶段性政策，加大对经营规模较小、抵御风险能力较差、疫情影响较为严重的困难企业支持力度，为统筹疫情防控和经济社会发展目标、做好“六稳”“六保”工作贡献了重要力量。

其四，要在财政支出的精细高效安排中促进政策有效性与可持续性的统一。在大规模减税降费背景下，与之相配套的压减一般支出、强化绩效管理等政策安排既减少了非必要支出，又提高了必要支出的使用效益，在一定程度上缓解了收支矛盾，从而实现提振经济与把控风险的统筹。一是在党和政府“过紧日子”中释放政策效应、增强财政可持续性。“过紧日子”是党领导财政工作长期坚持的基本方针，体现了“立党为公、执政为民”的长期执政理念和税收“取之于民、用之于民”的长期为民方针。“过紧日子”的政策安排通过节约政府财力，为财政紧平衡下落实减税降费、保障民生支出、应对外部冲击留出空间，既能从“过紧日子”和“财政紧平衡”的联动配合中增强财政可持续性，又能从节用裕民、为民服务中助力党的长期执政进而确保财政可持续性。财政部对“过紧日子”作出了精细有效的安排，要勤俭节约当好“铁公鸡”，精打细算打好“铁算盘”，艰苦奋斗过好“紧日子”，助力缓解财政收支矛盾、确保财政可持续性，为随时应对可能出现的新风险新挑战留足政策空间。二是在强化预算约束和绩效管理中把握好积极财政政策发挥效应与财政运行确保持续的平衡关系。财政部门通过将各级政府预算收支、部门和单位预算收支、政策和项目资金使用统一纳入预算和绩效管理，能够有效规范政府有质有效地使用财政资金，并将节约下来的财政资金更多投入到群众呼声强烈的重要领域，推动实现既提质增效、又确保持续的财政政策目标，以财政的平稳持续运行助力经济社会高质量发展。

其五，要在配套体制改革与政策安排中保障政策有效性与可持续性的统一。近年来，在中央统一指挥下，财税与其他相关部门密切配合的实践已经提供了有益的经验。一是要在权责清晰、财力协调、区域均衡的央地财政关系中增强财政可持续性。从统收统支到分灶吃饭，再到分税制财政体制改革，我国的财政事权和支出责任划分逐渐清晰，但当前依旧存在政府职能定位不清、央地事权和支出责任不匹配等问题，由此引致的纵向财政失衡和横向财政失衡是当前地方政府财政运行存在风险的重要因素。一方面，财权上移、事权下解的纵向失衡将扩大地方政府支出责任和自有财政收入之间的财力缺口，加剧地方政府财政收支矛盾；另一方面，资源禀赋和经济发展差异下的横向失衡将进一步加大财政纵向失衡引致的财政收支压力，增加地方财政运行风险。同时，政府为应对财政纵向和横向失衡采取的大规模举债措施又将进一步扩大财政收支矛盾和运行风险。由此，增强财政可持续性就要通过明确央地政府事权与支出责任、健全省以下财政体制，促进各级政府权责归位，合理划分地方政府事权并匹配与之相适应的财力范围，进而缓解地方财力缺口和财政收支矛盾，为控制地方政府财政风险和推动财政持续健康运行提供体制支撑。二是要在中国特色财政转移支付体系中增强财政可持续性。我国以一般性财政转移支付为主体、共同财政事权转移支付和专项转移支付协调配合的转移支付体系是与财政事权和支出责任划分改革相衔接的一项制度安排，其积极效应是缓解地方财政收支压力、矫正财政体制失衡、保障基本民生支出，进而增强地方财政可持续性。但同时也应看到，地方政府高度依赖转移支付可能产生的一些道德风险问题也将扭曲地方政府财政收支行为，对财政可持续性形成消极影响。由此，把握好转移支付体系与财政可持续性之间的关系至关重要，尤其是要加强转移支付的监督激励和问责约束机制，以科学合理、规范透明的转移支付制度支撑财政可持续发展，为防范化解地方政府财政风险发挥积极效应。此外，2020 年我国还在统筹疫情防控和经济社会发展中形成了财政资金直达基层这一特殊转移支付机制，通过科学安排将财力直接下沉到基层，为提高财政资金使用效益、支撑基层财政的可持续运转发挥了重要作用。三是要在健全政府债务管理制度改革中促进财政可持续发展。应该认识到，在政府收支压力较大时，适当的政府债务融资能够为促进经济社会发展、提高政府公共服务能力、保障和改善民生提供重要支撑。但政府超过其财政承受能力大规模举借债务则会直接引致财政可持续性风险。所以从坚持底线思维出发，健全政府债务管理制度是确保财政可持续性的应有之义，完善规范、安全、高效的政府举债融资机制是防范化解财政风险的必然要求。我们要尤其关注地方政府的举债融资行为，做好“事前”“事中”“事后”债务管理与监督工作，根据经济社会发展需要、财政可持续性要求和地方政府财政承受能力合理确定发债规模、科学规范债券发行、加强风险评估预警、强化债务绩效管理，及时防范化解地方政府债务风险，持续发挥政府债务对于增强财政可持续性的积极作用，严守财政可持续性的底线。

三、展望“十四五”：“提质增效、更可持续”地再谱财政政策新篇章

当前，我国已经开启了全面建设社会主义现代化国家新征程。结合“十四五”时期的规划安排，可以看到平衡稳增长与防风险的工作思路依然贯穿于新发展阶段，通过不同力度或不同形式表现出来的减税降费将是一个长期导向，这也是本节将题目定为“论减税降费中的财政政策有效性和可持续性”的内在之义。我们要在实践总结与理论升华的基础上，认真领悟党中央提出的积极财政政策要“提质增效、更可持续”的深刻含义。“提质增效”点明的就是政策的有效性，“更可持续”对应的就是财政的可持续性，两者并提则是再次强调要更好地平衡政策实施效果与控制财政风险的关系。结合对“十四五”规划纲要和2021年《政府工作报告》相关内容的学习，笔者这里谈三点体会。

其一，要把实现财政政策有效性与可持续性的统一放在“十四五”规划的大局中领悟。“十四五”规划的核心要义是“把握新发展阶段、贯彻新发展理念、构建新发展格局”，积极的财政政策要在其中找到准确定位，就要结合新发展阶段的实际，以新发展理念为引导，把工作重点放在提高发展质量和效益上，助力实现高质量发展，推动构建新发展格局。这里尤其需要把握新发展理念对于实现政策有效性和可持续性之统一的引领作用。坚持创新、协调、绿色、开放、共享的新发展理念，强调的是在多方面统筹协调中，以积极财政政策助力塑造创新优势、解决发展不平衡问题、推动构建生态文明、增强改革发展活力、提升社会公平正义，进而“实现更高质量、更有效率、更加公平、更可持续、更为安全的发展”①。积极的财政政策在这些方面发挥作用，体现的就是对政策“有效性”的新要求和实现更“可持续”发展的目标导向。同时还要认识到，多年来我国已经在包括减税降费政策在内的积极财政政策运用中取得了显著成效，并在有效性和可持续性的统一中更注重发挥前者对经济的提振作用。而伴随着我国高质量发展从“转向”到“进入”的阶段转变，就要看到我国经济社会追求发展质量与效益的持续加快，今后就要在确保政策有效性的同时更注重防范风险以增强财政可持续

---

① 习近平．正确认识和把握中长期经济社会发展重大问题［J］．求是，2021（02）：4－10.

性。我们要认真领会习近平总书记关于要“增强机遇意识和风险意识”“实现更高质量、更有效率、更加公平、更可持续、更为安全的发展”[①] 的重要指示精神，要在财税工作中“高度警惕防范涉及财政领域的重大风险”[②]，要将推动实现更高质量、更有效率、更可持续发展作为开展财税工作的重要要求，并在把握政策效应与财政持续的权衡中高度警惕财政运行风险。

其二，要立足当下、“提质增效”促成“十四五”时期经济社会的持续健康发展。2021 年既是我国常态化疫情防控、巩固经济基本盘的关键之年，也是开启全面建设社会主义现代化国家新征程的开局之年，我国政策效应与风险控制的显性统一在政策安排中体现得尤为明显。根据 2021 年《政府工作报告》的明确要求，全国财政工作会议要求“持续推进减税降费，保持政策的连续性……做好重点领域风险防范化解工作，确保财政经济稳健运行、可持续”；2021 年全国税务工作会议也提出“进一步巩固拓展减税降费成效促进完善现代税收制度，助力高质量发展”[③]。强调的都是要平衡好巩固财政政策效应与确保财政可持续性的关系，尤其是在减税降费政策的运用中把握两者统一。一方面，保持政策的“连续性”“稳定性”“不急转弯”“提质增效”，就是要求我国阶段性和制度性减税降费政策要依据市场主体恢复元气、增强活力需要，适当延长部分政策的执行期限，通过连续、稳定、提质增效的减税降费政策发挥其巩固经济基本盘的积极效应，助力经济高质量发展。同时，“不急转弯”的安排提高了政策灵活度，既意味着减税降费政策不能急刹车，要给予市场主体一定过渡和预期，再帮一把助力市场主体青山常在、生机盎然；也意味着当疫情防控和经济社会发展形势转好时，积极的财政政策将适度调整转而更多考虑财政可持续性，适当退出一些非必要的阶段性减税政策，为财政可持续性留出空间；更意味着对于能够增强经济发展后劲的制度性减税政策，要稳定执行以确保稳增长的效应得以充分发挥。另一方面，保持政策的“可持续性”，则是要求在落实巩固制度性减税降费政策的同时，要结合新的结构性减税举措和其他财政政策对冲部分政策调整带来的影响和风险。比如 2021 年我国赤字率调低为 3.2%（3.27 万亿元）左右、中央本级支出继续安排负增长、压减非急需非刚性支出等配套措施，实际上

---

① 习近平．正确认识和把握中长期经济社会发展重大问题［J］．求是，2021（02）：4－10.

② 2020 年全国财政工作视频会议在北京召开［J］．中国财政，2021（01）：18－20.

③ 郭瑞轩．带好队伍展现新气象 干好税务开拓新局面 高质量推进新发展阶段税收现代化：全国税务工作会议在北京召开［J］．中国税务，2021（02）：6－9.

就是在财政收支紧平衡情况下，统筹宏观调控需要和防范财政风险作出的合理安排和调整，既体现了财政政策的积极取向，又释放出我国不搞“大水漫灌”式强刺激、推动高质量和可持续发展的明确信号，为今后应对新的风险挑战留出政策空间。

其三，要更加丰富中国特色的财税理论体系。从“十三五”到“十四五”，我国财税实践从来都是坚持积极的财政政策有效性和财政运行可持续性之间的统一。在这方面积累的成功经验和中国特色，彰显了中国特色社会主义财税的显著优势。比如，在两者统一中体现的“党管财税”理念要求始终坚持党对财政税收工作的全面领导，全力贯彻党中央关于平衡稳增长和防风险的相关决策部署，在党的长期执政中确保了我国财政的可持续性；“人民财税”理念则体现了我国“以人民为中心”的财政政策比西方国家更连续、更稳定、更可持续的特征；“经济财税”理念强调的经济与财政的相互作用成为我国财政可持续性呈现中国特色的重要方面；“财政平衡”理念作为我国财政一以贯之坚持的理论，也要在未来的财政收支政策安排中予以体现和落实，并结合发展阶段特点特别注重其“紧”的特质。作为理论工作者，我们要在新发展阶段将这些实践经验进一步总结和完善，并促进形成研究紧平衡财政政策有效性与可持续性统一的理论体系，推动中国特色社会主义财税理论与实践的同步发展。我们一定要紧跟这一伟大实践的步伐，从理论的角度为财政政策有效性和可持续性统一、为实现经济社会高质量发展作出自己应有的贡献。

当前，我们要在新的征程上进一步寻求稳增长和防风险的平衡，展现中国特色社会主义财税的新作为。对于继续把握好政策有效性和可持续性的统一，笔者这里提出四句话：“增收减支最为容易，减收增支最能考验，政策效应高质展现，紧张财政必须持续。”坚持这种清晰的认识，我们就能以高质量和可持续的经济发展为全面建设社会主义现代化国家增添动能、贡献力量。

第七节　对“过紧日子”重要思想与财政实践的几点认识

艰苦奋斗、勤俭节约是我们党一以贯之、一脉相承的优良传统和政治本色，从革命战争时期到社会主义建设时期，从改革开放到中国特色社会主义新时代，这一宝贵精神财富始终体现在伟大事业之中，始终被赋予时代内涵。2019 年 3 月，习近平总书记在参加第十三届全国人大二次会议内蒙古代表团审议时指出，“过去我们党靠艰苦奋斗、勤俭节约不断成就伟业，现在我们仍然要用这样的思想来指导工作。吃不穷、穿不穷，计划不到一世穷。党和政府带头过紧日子，目的是为老百姓过好日子，这是我们党的宗旨和性质所决定的。不论我们国家发展到什么水平，不论人民生活改善到什么地步，艰苦奋斗、勤俭节约的思想永远不能丢”①。这段话点出了党和政府与人民的关系，点出了党和政府“过紧日子”的目的，同样也点出了我国财政发展中要高度重视的重要方面。围绕党中央决策部署，财政部党组紧抓落实，在 2019 年的全国财政工作会议上明确要求“认真贯彻习近平总书记关于艰苦奋斗、勤俭节约一系列重要论述精神，坚决落实过紧日子要求，开源节流、增收节支、精打细算，执守简朴、力戒浮华，厉行节约办一切事业”②。应该认识到，当前，“过紧日子”已经成为党领导财政工作的重要指导思想。因此，从理论与实践的结合中把握“过紧日子”时代内涵、落细落实“过紧日子”工作要求是应有之义。本节将围绕以人民为中心发展思想，从四个方面研究牢固树立“过紧日子”重要思想：一是内化于心，在思想上从“人民财政”理念领会“过紧日子”的人民宗旨；二是付之于行，在行动上依“财政平衡”原则抓好“过紧日子”的工作落实；三是固化于制，在机制上按“现代财政”目标建立“过紧日子”的制度保障；四是守之于线，在视野上按“统筹内外”要求认清“过紧日子”的长期趋势。

一、基于“人民财政”理念领会“过紧日子”内涵

党的十八大以来，习近平新时代中国特色社会主义思想成为党和国家的指导思想，其中以人民为中心发展思想具有极其重要的地位。2020 年 5 月，习近平总书记在参加第十三届全国人大三次会议内蒙古代表团审议时再次强调以人民为中心发展思想，指出“中国共产党根基在人民、血脉在人民”，要在决策部署和实际工作中“坚持人民至上、紧紧依靠人民、不断造福人民、牢牢根植人民”③。认真学习习近平总书记重要讲话，笔者深切体会到总书

---

① 习近平总书记参加十三届全国人大二次会议内蒙古代表团审议时的重要讲话［N］. 人民日报，2019－03－06（001）.

② 全国财政工作会议在京召开［J］. 中国财政，2020（01）：13－15.

③ 习近平总书记参加十三届全国人大三次会议内蒙古代表团审议时的重要讲话［N］. 人民日报，2020－05－23（001）.

记为民情怀的一以贯之，也深刻领会到在新时代财政工作中践行“人民中心、人民至上”之人民理念的坚定不移。应该认识到，老一辈财政理论工作者提出的“人民财政”理念是共和国财政的本质属性，必须始终坚持并与时俱进探索其在新时代中的实现形式，当前强调的党和政府“过紧日子”重要思想和对财政工作的要求就是其中关键内容。

牢固树立“过紧日子”思想是“人民财政”理念在新时代财政工作中的重要体现。从贯彻执行中央八项规定精神到坚决制止餐饮浪费行为，党中央始终将“过紧日子”作为重要抓手来落实以人民为中心的发展思想，实现党和政府“过紧日子”换取人民“过好日子”。以“人民财政”理念为引领，对于“过紧日子”的内涵和外延，我们要从中国特色社会主义财政之共性与个性出发来把握，需要在“过紧日子”既是一种“状态”更是一种“理念”的认识中来领悟。

其一，“过紧日子”可以是一种状态，这里主要体现的是财政共性，即在经济社会发展受到重大冲击的情况下，各国政府都会主动调整财政支出来应对风险挑战。例如，在疫情全球大流行的背景下，各国都会压缩原有财政支出，将财政资源投向保障防疫抗疫和促进经济复苏的各项活动中，这种以压缩政府开支来“过紧日子”应对外部冲击的财政状态在各国都普遍存在。

其二，“过紧日子”在中国则更多的是一种理念，这取决于我国的制度性安排，取决于共和国财政的本质特征，可以从两个方面来把握：一是“过紧日子”体现了我国“立党为公、执政为民”的长期执政理念。作为马克思主义执政党，党没有自己的特殊利益，以全心全意为人民服务为宗旨，始终代表最广大人民的根本利益，必然坚持以人民为中心发展思想，必然通过长期“过紧日子”的内在安排来让老百姓过上好日子。可以认为，“节用裕民、过紧日子”是“党管财政”“党管支出”必须坚持的工作导向。不论是将财政引入党领导下国家治理领域的发展方向，还是在抗击疫情等事件中财政职能的有效发挥，或是解决发展不平衡不充分问题的财政政策的提领作用，党在全面领导财政工作过程中，始终坚持“人民至上”，不断以“过紧日子”等现实举措体现党为了人民艰苦奋斗、勤俭节约的长期理念。二是“过紧日子”体现了我国财政“取之于民、用之于民”的长期为民方针。社会主义财政从人民中征收、为人民所有、用之于人民的特征本身就要求人民政府要长期“过紧日子”，要尽量减少不必要的用于自身的支出。共和国财政一路走来，“过紧日子”方针始终坚持不渝，始终是践行“人民财政”的重要内容。新中国成立后，国家通过“过紧日子”建立了社会主义基本制度，保证了人民当家作主基本经济基础的建立；改革开放之后，国家通过“过紧日子”加快建立了社会主义市场经济，不断满足人民日益增长的物质文化需要；进入新时代后，国家更是通过“过紧日子”来促进实现高质量发展，坚决兜牢基本民生底线。今天站在两个百年交汇点，我们必须继续将“过紧日子”作为建设人民满意的服务型政府、建设社会主义现代化国家的重要抓手，不断满足人民对美好生活的向往。

从新时代中国特色社会主义财政发展脉络中可以看到，党和政府“过紧日子”是一个内涵丰富的系统性理念，是一个体现“人民至上”的重要思想，是一个既体现共性状态更展现个性特质的中国特色财政范畴。我们要深刻加以理解，坚定“党管财政”方向，坚持“人民财政”宗旨，在认真践行党和政府“过紧日子”的实践中，全力做好相对应的新时代财政工作，务必实现让全体人民都“过好日子”的最终目标。

二、按照“财政平衡”原则做好“过紧日子”工作

既然党和政府“过紧日子”是我国财政工作中应考虑的制度要求，既然“过紧日子”一般与特定财政收支状态密切相关，我们就必须在中国特色财政平衡框架中研究做好“过紧日子”的相关工作，当前特别要研究我国财政将长期处于“收支紧平衡”的客观事实，为切实做好长期“过紧日子”提供坚实的机制保障。

无论是从历史还是现实看，牢固树立“过紧日子”思想都应该是我国财政紧平衡状态下的必然选择。新中国成立后，我国面对一穷二白、民生凋敝的状况，不仅解决了“吃饭财政”的问题，还在此基础上提出并实施了“生产建设财政”，在这一过程中，如果没有“过紧日子”的财政方针，就不可能快速恢复国民经济，建立社会主义经济制度。改革开放后，党和国家以经济建设为中心，在“公共财政”基础上发挥了“发展财政”重要职能。同样如果没有坚持党和政府“过紧日子”的长期紧财政要求，就不可能有市场经济下的经济高速发展。进入新时代，我国经济在“三期叠加”影响中下行压力加大，经济高质量发展阶段进一步凸显了财政压力，在确保减轻市场行为主体税费负担和确保民生发展支出两不误的前提下，党和政府“过紧日子”更是成为我国财政收支中的必然决策。应该看到，未来相当长一段时间

内，面对更加复杂的国内外形势，我国财政收支将长期处于紧平衡状态，有时还会有所加剧。不论是统筹协调财政国家性、公共性、发展性、改革性和开放性等方面的持续发力，还是扎实做好财政服务改革发展稳定各项工作，都需要党和政府“过紧日子”的强力支撑和配套支持。“过紧日子”助力“财政紧平衡”实现，“财政紧平衡”因“过紧日子”而更可持续，两“紧”联动配合，共同体现财政围绕中心服务大局的职责和能力，共同在新形势下凸显我国财政之“稳固、平衡、强大”，凸显我国财政之人民属性。

2019 年以来，自“过紧日子”重要思想再次强调后，全国各地财政部门在认真落实指示要求、探索实现“过紧日子”要求方面做了大量工作，也为财政理论工作者提出了从理论角度予以进一步佐证的要求。我们要坚持中国特色的“财政平衡”观，要认识“以收定支”和“以支定收”之统一是我国财政平衡的特定形式，只有坚持动态的“财政平衡”观才能从理论上佐证“财政紧平衡”的存在，也才能将党和政府“过紧日子”制度要求在“财政紧平衡”状态下予以贯彻落实，用党和政府“过紧日子”来支撑“紧平衡”下的减税降费与民生支出，支撑人民群众“过好日子”。近年来，笔者加强了对新时代中国特色财政平衡观的阐述，一方面始终坚持对“以收定支”的时代解读，即包含着依次递进的三句话，“有多少钱办多少事”“有足够的钱办必要的事”和“避免拿过多的钱办不必要的事”；另一方面则坚持“以支定收”作为市场经济所要求的财政改革方向，突出“该办什么事去找什么钱”，坚持根据国家需要和形势发展做好财政支出工作。把这两方面结合起来就是中国特色“收支联动、重点拓展”之时代特征，就是这些年不断坚持的财政改革方向。必须看到，这种“财政平衡”观中所强调的“必要的事”，主要指的是政府根据“党管支出”要求，根据“市场在资源配置中起决定性作用、政府更好发挥作用”要办的“事”，其中有支持市场主体发展之“事”，有惠及人民大众的民生之“事”，有政府纠正市场失灵之“事”。用以人民为中心发展思想来解读，用“以人民为中心的市场经济就是社会主义市场经济”的思路来分析，这些党和政府办的必要之“事”，就是为了让人民“过上好日子”，就是依据“人民中心”要求的我国财政之有效作为。笔者这里进一步强调，还应该把多年隐含在这一收支平衡体系中、当前再次突出的党和政府“过紧日子”要求一并加以考虑。所谓政府不该去办的“不必要的事”，既包含着政府超越市场与政府疆界所做之“事”，包含着在传统政绩观下的急功近利之“事”，也必然包含着一段时间以来一些地方大手大脚、铺张浪费所做之“事”。换言之，党和政府“过紧日子”，就是为了腾出更多“钱”来办“人民过好日子”之“必要的事”，这既是为了助力“财政紧平衡”的实现和财政可持续，更是为了体现党代表人民利益的根本宗旨，体现人民财政的担当作为。

2020年是极不平凡的一年，在统筹做好疫情防控和经济社会发展过程中，我国财政在“收支紧平衡”制约下努力实现党交给的各项任务，并在这一过程中认真兑现党和政府“过紧日子”和人民群众“过好日子”的要求，中国特色收支平衡实践又有了新发展。一是体现“为民轻税”的“以收定支”持续发展。2020年政府工作报告指出要通过阶段性和制度性减税降费等政策为企业减负2.5万亿元规模以上，这是党中央统揽全局做出的重大政治安排，是在保证国家必要财政收入的同时，尽量降低市场主体，特别是广大人民群众的税负水平，进而促进经济高质量发展的重要举措。在如此大规模减税降费下，必要的让人民“过好日子”的支出必须确保，收支出现紧平衡自然同时要求党和政府“过紧日子”，财政部门强调“以收定支”下的量入为出、有保有压、应压尽压等措施也就顺理成章，其中各种“过紧日子”措施就更体现出必要性。二是“应收尽收”内涵持续丰富。按照预算确定的税费收入任务对纳税主体“应收尽收”是我国财政体制优势的体现，而在2020年我国财政压力不断加大、紧运行持续深入的情况下，财政工作转换思路，明确要求挖掘政府自身财政潜力对各类结余、沉淀资金“应收尽收”，坚决落实“过紧日子”，而非指向广大人民群众和市场微观主体。三是“该减必减、应压尽压”。聚焦“压减侧”发力，坚决压减一般性支出，严禁新建政府性楼堂馆所，严禁铺张浪费，中央本级支出下降0.2%，其中非急需非刚性支出压减50%以上，地方政府也大力压减一般性支出，按规定比例压缩出国经费、会议经费与出差经费等。这些当前保证收支平衡、统筹“政府紧日子、人民好日子”的有力举措，充分证明以人民为中心的发展思想已经深入财政实践。四是财政纪律持续加强。当前财政重点工作是依据财政经济法规和相关制度规定，加强财政纪律，特别是做好预算执行工作，坚持先有预算后有支出，严控预算追加事项。各级人民代表大会及其常委会监督预算运行并加强预算联网监督工作，各级审计部门严格审查预算执行过程并及时要求整改，各有关单位形成合力加强财政管理，保证“收支平衡”的实现。而在此过程中，要特别认识到加强财政纪律约束保证了“过紧日子”的落实，其目的是保证更多财政资金造福人民群众，更好提升人民群众的幸福感和获得感。

三、立足“现代财政”目标确立“过紧日子”制度

既然党和政府“过紧日子”重要思想必须牢固树立与长期坚持，我们就必须将近年来持续形成的做法用制度机制安排加以确立，就必须在正努力构建的中国特色现代财政制度中将“过紧日子”安排统筹考虑在内，使之于法有据、有规可依、有技保障、有效实施。党的十八大以来，围绕建立和完善现代财政制度，财政部门在预算制度、税收制度以及中央和地方财政关系三个方向持续发力，已经事实上在现代财政制度的建立和完善中体现了“过紧日子”理念。在预算制度改革中，《预算法》作为我国财政活动的根本法规，其实施为政府相关部门依法“过紧日子”提供了制度保障和法定准则。在税制与征管改革中，财税部门努力把握“人民过好日子与政府过紧日子”的统一，注重获取必要收入与降低主体负担的平衡，力争降低征纳成本和增强纳税服务的协调。在中央和地方财政关系改革中，以《基本公共服务领域中央与地方共同财政事权和支出责任划分改革方案》为代表的改革进一步划分了相关事权与支出责任，事实上也为如何“过紧日子”提供了基本框架。总的看来，将“过紧日子”要求制度化已是建立和完善现代财政制度的重要内容。根据当前现代财政制度不断改革和完善进程，笔者这里再举三例来进一步讨论现代财政制度对“过紧日子”提供保障的重要性。

其一，预算法实施条例的修订为更好“过紧日子”奠定了制度实施基础。2020 年 8 月发布的《预算法实施条例》是持续推动现代财政预算制度完善的又一重大体制性安排。从把“过紧日子”制度化的角度来看，《预算法实施条例》至少从四个方面完善了相关制度化安排。一是《预算法实施条例》推动预算体系更加清晰和规范，保证各级政府能明明白白地“过紧日子”。《预算法实施条例》依据预算法“为了规范政府收支行为”原则，进一步明晰预算收支范围和编制内容，同时规范部门预算管理，促使政府“过紧日子”的每一步迈得稳健。二是《预算法实施条例》加强地方政府债务管理，保证各级政府能心中有数地“过紧日子”。《预算法实施条例》在落实落细地方债务余额限额管理，完善地方债务风险评估、预警和化解，规范地方政府举债机制，明确地方政府债务主体责任，界定地方政府一般债和专项债等方面做出了修订。这些内容能够有力防范化解地方债务风险，做好“堵后门”工作，从而促使地方政府下定决心统筹做好必要支出和“过紧日

子”安排。三是《预算法实施条例》完善转移支付制度，保证上下共心地“过紧日子”。《预算法实施条例》在完善专项转移支付定期评估和支付，严格规范转移支付资金拨付，明晰转移支付内容和概念等方面进行了部署，更好地维护党中央权威和集中统一领导，保证党中央“过紧日子”重要思想在各级政府执行中不变形、不走样。四是《预算法实施条例》加大预算透明度，保证清清楚楚地“过紧日子”。《预算法实施条例》遵循“公开为常态，不公开为例外”原则，规定公开政府债务、机关运行费等情况，并进一步对部门预算和一般性转移支付等公开内容进行细化和完善。通过公开形成监督合力让“过紧日子”更受认可，从而保证高质量完成“过紧日子”目标。必须指出的是，《预算法》与《预算法实施条例》的逻辑始终一脉相承，让“过紧日子”制度化的要求始终如一。例如，《预算法》第十二条规定“各级预算应当遵循统筹兼顾、勤俭节约、量力而行、讲求绩效和收支平衡的原则”，而《预算法实施条例》第七十八条则表明“各级一般公共预算年度执行中厉行节约、节约开支”，可以看到“过紧日子”理念在现代预算制度建立中始终得到坚持。

其二，预算管理一体化改革的推进为确保政府“过紧日子”赋予了增效机制。2020 年 4 月发布的《预算管理一体化规范（试行）》（财办〔2020〕13 号）和《预算管理一体化系统技术标准》标志着我国预算管理一体化改革进入全面推广实施阶段。预算管理一体化以系统化思维和信息化手段推进预算制度改革，力图为现代预算制度发挥基础性支撑作用。从“过紧日子”的角度看待预算管理一体化改革，可以从三个方面把握其赋能增效作用。一是通过标准赋能，实现提质增效以切实“过紧日子”。推进预算管理一体化能全面规范预算标准化管理，明确各级政府和各部门单位“过紧日子”应该“紧什么”“怎么紧”“紧多少”，尤其是强化预算支出的基层管理和细节控制，从而确保预算一般性支出的有效缩减，更好贯彻“过紧日子”要求。二是通过监督赋能，增强“过紧日子”的执行力度。预算管理一体化改革通过构建“制度 + 系统”的管理机制，实现各级财政之间、各预算管理环节之间、政府预算与部门单位预算之间的有效衔接，打通财政信息在整个预算体系中逆向可溯的反馈渠道，向上级动态客观地反映各预算执行主体落实“过紧日子”要求的具体情况，从而为硬化预算约束、强化全过程监督、落实主体责任提供约束手段。三是通过技术赋能，提高“过紧日子”的精准施策。预算管理一体化能通过全国预算数据的集中管理，并辅以大数据模型分析技术，实现目标地区、目标层级政府的各类财政信息自动化、智能化、可视化汇总处理。这些财政信息可以根据政策制定者的需要，量化财政资金流动、政策项目运行等综合情况，为科学研判财政形势，动态调整“过紧日子”相关政策，提升调控效果提供信息基础。

其三，预算绩效管理的全面实施为政府“过紧日子”、人民“过好日子”提供了制度桥梁。2018 年 9 月发布的《关于全面实施预算绩效管理的意见》（以下简称《预算绩效管理意见》）提出加快建成全方位、全过程、全覆盖的预算绩效管理体系，这是开启全面实施预算绩效管理新时代的关键一步，也是落实习近平总书记提出的“政府的钱不能乱花，所以要控制好支出”“把钱用在刀刃上”重要指示的有力抓手。《预算绩效管理意见》中既强调财政支出的责任与效率，又要求保障和改善民生水平，即“花尽量少的资金、办尽量多的实事；以尽量紧的约束、换尽量高的福利”，为全面巩固“过紧日子”与“过好日子”制度桥梁提供了有效保证。至少可以从三个方面把握《预算绩效管理意见》对“过紧日子”要求的落实与保障。一是“全方位、全过程、全覆盖”的预算绩效管理体系为政府落实落细“过紧日子”指明了具体方向。“全方位”预算绩效管理格局囊括各级政府预算收支、部门和单位预算收支、政策和项目资金使用，能够拓展政府落实“过紧日子”范围，推动政府当好政府支出“铁公鸡”，打好民生支出“铁算盘”。“全过程”预算绩效管理链条涉及预算编制安排、审查批准、实施执行全流程，将“过紧日子”落实在资金使用事前、事中、事后全过程，为人民群众“过好日子”提供坚实财力保障。“全覆盖”预算绩效管理体系则将绩效管理范围从一般公共预算扩大到四本预算，确保了我国财政能在民生发展等更多领域发挥制度优势，为人民群众赢得更多“好日子”。二是责任与激励相结合的预算绩效管理明晰了政府“过紧日子”成本与收益。在政府“过紧日子”的努力程度与预算安排、政策调整和转移支付相挂钩的机制安排下，既通过从严从紧控制预算支出、有保有压安排资源配置的“过紧日子”实践来推动预算绩效管理，预算绩效评价结果又能倒逼政府“过紧日子”，将节省下来的钱花在群众呼声强烈的领域。三是加强绩效管理组织领导、监督问责、工作考核等保障措施为政府“过紧日子”扎牢了坚固的制度篱笆。坚持党对全面实施预算绩效管理工作的领导保证了用“紧日子”换“好日子”政策的落实，为“过紧日子”财政工作长效化提供了坚实基础和支撑。加强对预算绩效管理的审计监督并同步报送同级人大，则体现了“为人民过紧日子由人民监督”的导向，督促政府落实“过紧日子”以增进人民福祉。此外，政府绩效和干部政绩考核体系的构建充分调动各地区各部门履职尽责和干事创业积极性，为贯彻落实“过紧日子”部署提供了助力。

综上可知，我们已经初步确立了以《预算法》为法治框架，预算法实施条例为执行准则，预算管理一体化规范为标准流程，全面预算绩效管理为科学方法的现代预算制度，这为牢固树立、长期坚持“过紧日子”重要思想提供了必要的制度保障。我们要深入贯彻党的十九届四中全会精神，将党和政府“过紧日子”的财政实践按照国家治理体系和治理能力现代化的要求持续推进，特别是从财政角度助力“坚持和完善中国特色社会主义行政体制，构建职责明确、依法行政的政府治理体系”的实现。当前，我国已进入“十四五”时期并要到2035年基本实现社会主义现代化的远景目标，在这一新进军的伟大过程中，我们要认真学习党的十九届五中全会精神，坚定按照党中央的要求来推进中国特色现代财政制度建设，并在这一建设中继续为党和政府“过紧日子”提供坚实的制度保障。

四、按照“统筹内外”要求认清“过紧日子”趋势

牢固树立、长期坚持“过紧日子”思想还可以且需要在统筹内外两个大局的层面上来把握其发展趋势。当今世界正经历百年未有之大变局，突如其来的疫情全球性蔓延增大了不确定性。应该看到，未来国际关系的形成将充满发展道路之争、执政理念之辩、治理能力之比，世界已经进入动荡变革期。而从国内来看，我国正处于实现中华民族伟大复兴的关键时期和全面深化改革的攻坚期。面对波谲云诡的国际形势和艰巨繁重的改革任务，要保持社会大局稳定，保证坚定实现让人民过上更加美好生活的奋斗目标，就必须统筹内外两个大局，坚持底线思维，做好自己的事。笔者认为，我们要站在这一层面上来加深对党和政府“过紧日子”要求的深刻认识，从而更加坚定“过紧日子”是一个长期要求的信念。

其一，党和政府“过紧日子”的财政安排要有利于促进新发展格局的形成。2020年，党中央决定要加快形成以国内大循环为主体、国内国际双循环相互促进的新发展格局。这是统筹内外两个大局的新举措，也是保证我国发展安全的关键一招。以国内大循环为主体体现了以我为主、立足国内的思路，保证了国际形势变革动荡下的国内发展稳定。根据这一新发展格局思路，财政要在供需两端促进国内大循环的形成。我们依然要坚持以供给侧结

构性改革为主线，通过“过紧日子”腾挪出财力支持“两新一重”投资项目，让补短板和锻长板共同发力经济社会发展。我们还要牢牢把握扩大内需战略基点，加快构建完整的内需体系，通过“过紧日子”带来的节用裕民和积极财政政策拉动消费需求增长、扩大国内需求。与此同时，国内国际双循环始终是开放的，我们要认真学习习近平总书记在深圳经济特区建立40周年庆祝大会上的重要讲话，在更高起点上推进改革开放，我国财政收支活动同样要在新开放形势下审视定位。总之，对党和政府“过紧日子”的意义把握、财政安排、贯彻落实必须与“进入新发展阶段、贯彻新发展理念、推动高质量发展、形成新发展格局”的新特征结合起来，必须认真加以思考。

其二，对党和政府“过紧日子”长期趋势的把握还要从打赢持久战角度来认识。当前，“发展仍然处于重要战略机遇期”“和平与发展仍然是时代主题”“发展不平衡不充分问题仍然突出”是党中央对这一时期发展大势的基本研判和政策出发点。因此，未来党和政府主动带头“过紧日子”的目的依然是促进经济和社会发展，让老百姓过上好日子，未雨绸缪，心中有数，守住底线，合理安排，做好打赢持久战的准备，坚定地沿着既定目标前进。顺着这一逻辑，“过紧日子”相关安排还要有助于保证我国国防有足够能力捍卫国家主权和领土完整，要为建立疫情防控和经济社会发展工作中长期协调机制提供资金保障，也要腾挪出足够财力空间应对可能的经济政治社会风险挑战。因此，“过紧日子”不是一阵风，不是一时之举，不是临时措施，而是必须长期坚持的方针。

其三，我国党和政府“过紧日子”的制度安排还要为构建人类命运共同体发挥作用。当今世界在动荡变革中不断进行全球治理模式的演化，应当说全球化和多边主义必然是长期趋势，世界各国融合发展势在必行。但必须看到的是，没有一个公平公正的国际环境，缺乏共商、共建、共享、共赢的国际格局，世界不确定性必然是不断增加的。长远地看，构建人类命运共同体是实现世界稳定发展的正确路径，在这一不同制度、不同道路、不同价值等共存、竞争与合作的世界格局中，我国制度安排与发展过程中的做法都将带来深刻影响并起着重要的比较和启示作用。从这个意义出发，在人民当家作主的社会主义中国，党和政府“过紧日子”是体现中国道路成功、中国制度优越性的一个重要方面，这将会同资本主义国家政党与政府以资本为中心的制度安排和财政使用形成鲜明对比。在中国特色社会主义财政与西方国家资本主义财政长期共存、合作和竞争的过程中，笔者始终坚信我国财政具有明显的制度优越性，其内涵必将更加丰富且被更多国家所接受，最终为构建人类命运共同体发挥重要作用。以当前全球抗击疫情为例，当全球各国应该携手抗击疫情、重振经济时，部分西方国家却以邻为壑、各自为政，保选票、保政党、保资本，最终导致疫情大流行，世界经济深度衰退不可避免。而我国则以“人民至上、生命至上”理念应对疫情，财政与其他政策合力统筹推进疫情防控和经济社会发展，取得了抗击疫情斗争重大战略成果。两相比较，高下立判，将更加坚定我们对中国特色社会主义财政的自信，更加坚定以党和政府“过紧日子”换取人民“过好日子”做法的自豪，更加深刻理解我们党的政党担当、国家担当和世界担当，在这一标杆的示范下，相信有更多国家和人民会认同与借鉴我国“过紧日子”的经验路径，理解并支持我国的人类命运共同体价值观。

第八节　对“加强财政资源统筹”重大决策的深层理解

党的十九届五中全会擘画了中国“十四五”时期发展路径以及 2035 年远景目标。遵循这一蓝图，全面建设社会主义现代化国家的新征程已全面开启。财政作为国家治理的基础和重要支柱，就要在新征程中为“十四五”开好局、起好步，展现新作为、贡献新力量。笔者认真学习党的十九届五中全会精神，深入研究《中华人民共和国国民经济和社会发展第十四个五年规划和 2035 年远景目标纲要》（以下简称《十四五规划纲要》）对财政工作的新要求，陆续探讨了新发展阶段现代财税体制的改革路径（邓力平，2020a）、开局之年的税制改革与税收政策部署（邓力平，2021a），并在建党百年之际深入领会了“百年风华正茂、千秋民族伟业”对于建立现代财税体制的重要指导意义（邓力平，2021b）。在持续深入的学习中，笔者认为研究建立现代财税体制，还应重点研究“加强财政资源统筹”的相关内容，这是“十四五”时期在财税体制改革中提纲挈领的重要要求。从已有研究来看，“加强财政资源统筹”主要还是从狭义的预算制度改革框架出发进行分析。本节则是统揽全局给出“加强财政资源统筹”更为全面和广义的内涵，重点围绕坚持“党管财政”、实现“财金联动”、促成“财税一体”、优化财政政策、统筹内外大局五个方面展开。就国内层面而言，从“跳出财政论财政”的党对资源统筹的全面领导到财政与金融相互作用，再到“立足财政论财政”的财税一体把握、政策优化调整，研究“加强财政资源统筹”的视角由大及小；

就国际层面而言，从推动构建新发展格局到助力提高国际竞争力，研究“加强财政资源统筹”的外延逐渐拓展。基于“立足财政、走出财政”的研究思路，本节较为全面地阐释了“加强财政资源统筹”在国内国外两个大局中支持国家重大战略任务实现的财政新作为。

一、“加强财政资源统筹”是坚持“党管财政”的应有之义

在长期发展中，我国始终坚持党的领导制度体系，确保党在中国特色社会主义事业中总揽全局、协调各方的领导地位。与此相对应，“党管财政”就意味着政治领导力、制度凝聚力、资源动员力、市场内生力和国家调控力等在财政领域的紧密结合，既强调了以“加强财政资源统筹”来进一步巩固党对财政工作的全面领导和统领把关，更是以“集中力量办大事”的显著优势为财政资源统筹提供了政治保证和制度支持。尤其是党的十八届三中全会以来，财政被赋予国家治理的基础和重要支柱作用，呼吁着财政在治国理政和服务大局中展现更大作为。由此，党的全面领导和财政站位提升都要求新发展阶段必须增强财政统筹能力、提高财政治理效能，在各类资源的统筹协调中推动国家治理体系和治理能力现代化。这里主要强调两个方面。

其一，“加强财政资源统筹”首先要解决“谁管统筹”的问题，这里就体现为“党管财政”的要求。在这一基础上，就要明确“党管财政”必须“管”什么、主要“管”什么。党的十八大以来的财政实践表明，“党管财政”主要管的是财政发展的社会主义方向，是财政政策运用和财政体制改革的力度调整与时机安排（邓力平，2020b）。“加强财政资源统筹”的落脚点首先是财政，就决定了党全面领导下的财政资源统筹是与国家的国体政体、资源配置方式密切相关的，意味着财政资源统筹要始终确保中国特色社会主义的正确方向，意味着财政资源统筹要始终服务于“以人民为中心”的社会主义市场经济高质量发展、服务于人民对美好生活的向往，这是“党管财政”对增强财政资源统筹能力的根本要求，必须始终不渝坚守和牢记。在坚持财政资源统筹的社会主义发展方向的前提下，还要更深刻领悟党“加强财政资源统筹”这一财政体制改革的出台时机安排。“党管财政”是我国长期以来坚持的方针政策，财政在国家治理中的职能作用也已探索多年，《十四五规划纲要》进一步明确和强调要加强财政资源统筹，并将其作为建立现代财税体制的重要任务，体现的就是在考虑当前财政收支紧平衡、财政支出压力较大、财政运行风险增加、疫情常态化防控等因素下，我们党对于政策出

台时机的合理安排与把握。应该认识到，在全面建设社会主义现代化国家的新征程中，鲜明提出要“加强财政资源统筹”，既是缓解财政收支矛盾、增强财政可持续性的有效举措，更是在国家治理层面强调财政从国家和政府全局出发统筹配置资源的重要部署，财政在国家治理中的基础性和支柱性作用得到了进一步强化和保障。

其二，在党的领导下“加强财政资源统筹”要注意把握两个方面：一是“加强财政资源统筹”的方式是优化资源配置。这里的资源统筹不仅仅局限于财政收入统筹、支出统筹，也包括四本预算收支统筹，还包括数据统筹、人才统筹、信息统筹、征管机构统筹等财政的方方面面，更包括跳出财政站在国家治理全局兼顾考虑政治、经济、社会资源的财政资源统筹。这是与我国2015年强调“推进财政资金统筹使用”要求相比范畴更广的财政资源统筹，既致力于盘活财政沉淀资金、提高资金使用效益，更注重发挥财政服务政治经济社会大局的职能作用。在党的十九届五中全会精神指导下，《十四五规划纲要》将“加强财政资源统筹”作为建立现代财政体制的重要方面，强调的就是进一步发挥财政在国家治理体系中联结各子系统、引导资源流动的枢纽作用，必须牢牢把握，坚决推动落实。同时还应注意的是，“加强财政资源统筹”不仅要促进资源横向优化配置，更要在横向与纵向的权衡中统筹财政资源。这意味着财政资源统筹不能局限于单一年度的调配，而要通过加强中期财政规划管理强化预算约束，结合对未来财政收支的预期进行滚动财政规划，进而促进财政资源更合理统筹和实现财政可持续发展。二是“加强财政资源统筹”的目的是增强国家重大战略任务财力保障。“十四五”时期我国进入了新发展阶段，与发展基础更加坚实的优势条件相伴随的是我国发展面临的更大机遇和挑战。这是我国在新征程中突出强调“加强财政资源统筹”的现实与要求，呼唤着财政从国家治理的高度提高资源配置效率，既要解决财政资金使用绩效不高、预算管理部门各行其是等问题，也要将国家重大战略任务与预算编制、资金安排、规划统筹有机衔接，进而为完成国家战略任务和实现政策目标提供财力支撑。

二、“加强财政资源统筹”是实现“财金联动”的重要前提

党的十九届五中全会明确提出“建立现代财税金融体制”，这一提法首次系统性地将财税体制与金融体制作为相互影响的整体，强调了新发展阶段在宏观经济治理中统筹考虑财政与金融制度、政策的特殊内涵。从全国资源

统筹的角度看，财政资源与金融资源作为其中的重要组成部分，把握好财政与金融之间的联动关系对于研究“加强财政资源统筹”尤为重要。这既意味着“加强财政资源统筹”在促成财金制度与政策联动方面的重要作用，为新阶段实现财金联动提供了重要前提和实现路径；也预示着跨部门层面的财金联动将为进一步“加强财政资源统筹”提供有力支撑，促进经济社会高质量发展。目前，财税金融各界都在研究财金联动的具体内涵、实现路径以及重要意义，笔者在这里也结合“加强财政资源统筹”谈三点认识。

其一，在我国制度优势中理解“加强财政资源统筹”与促进“财金联动”的相互联系。放眼世界，强调财政政策与金融政策的相互配合从来都是“共性”，多年来，我国也在不断探索财政政策与金融政策协调运用的更有效形式。同时应该看到，我国与西方发达国家的财政与金融体制也存在着显著“个性”差异，决定了各国在推动实现财金联动过程中的异质性。西方国家的财政与金融是以资本为中心的资本主义市场经济的产物，其与私有制相联系的特征决定了西方财政与金融政策较大的独立性。比如以美国、德国为代表，其中央银行在制定和执行货币政策上拥有很大自主权，受政府干预很小，从而容易导致货币政策与财政政策目标的不匹配，进而引发财政政策与金融政策在不同经济周期下的“效应叠加”或“效应抵消”。而我国的财政与金融则是与以人民为中心的社会主义市场经济相联系，坚持党的全面领导、以公有制为基础、国家宏观调控等国情特征决定了我国财政与金融体制改革、政策安排在完成重大战略任务、实现经济社会发展目标上的一致性，也就意味着财政资源与金融资源的聚集整合有更大可能性。由此，我国“以加强财政资源统筹推动实现‘财金联动’、以‘财金联动’更好促进财政资源统筹”的这种相互促进作用就体现得更为明显。尤其是当前我国在新征程中对于现代财税金融体制的一体把握和部署，进一步为更好实现财金联动、加强资源统筹提供了条件，展现了鲜明的中国特色制度优势。

其二，在“坚持系统观念”中把握我国“加强财政资源统筹”与促进“财金联动”的相互作用。党的十九届五中全会在“十四五”时期经济社会发展必须遵循的原则中，首次提出“坚持系统观念”，这既是对已有发展经验的重大理论概括，也对新发展阶段坚持“全国一盘棋”思想、完善宏观经济治理提出了要求。《十四五规划纲要》进一步细化了这一要求，强调“十四五”时期我国要“健全以国家发展规划为战略导向，以财政政策和货币政策为主要手段，就业、产业、投资、消费、环保、区域等政策紧密配合，目标优化、分工合理、高效协同的宏观经济治理体系”。由此，从“坚持系统观念”出发，加强财政资源跨部门统筹就要从“前瞻性思考、全局性谋划、战略性布局、整体性推进”来考虑。这既要求在加强财政资源统筹过程中，以系统性观念与全局性视角来整合财政资源、调整政策导向，从财政端为促进财金联动提供重要前提保证；也要求在不断推进的财政与金融政策协调、资源联动中助力提升财政资源统筹能力，最终服务于国家发展规划与战略目标。把握好这一相互作用关系是构建高水平社会主义市场经济体制的重要内容，是宏观治理体系形成完善的必然路径。回顾“十三五”时期，我国通过积极的财政政策和稳健的货币政策，保证了五年规划主要目标任务顺利完成，这其中离不开财金联动积极作用的发挥。在肯定成绩的同时，我们也应看到财金联动的内在机制和运行路径还需进一步形成共识。例如，在金融去杠杆的过程中如何更好发挥积极财政政策作用还需研究。又如，涉及财金联动的现代货币理论在我国是否适用仍需深入探讨。近年来，理论和实务界关于上述问题的讨论实际上就是对财金联动关系的持续探索，其中不乏真知灼见。笔者认为，在新征程中完成“加强财政资源统筹”任务，不仅要通过财政金融协同发力的政策组合拳来促进资源高效合理配置，通过“财政味道十足的金融政策、金融导向明确的财政安排”来提高财政资源配置效率、服务经济社会发展；还要尤其注意发挥财政资源统筹在促进实现财金联动中的重要作用，以财政资源流动和财政政策安排为主攻手，引领全国财政金融资源向稳增长、调结构方面倾斜，这也是我国实现财金联动的重要路径。此外还应注意的是，“十四五”时期建立现代财税金融体制的基本形式应是“联动而非合并、独立而又协调”。结合《十四五规划纲要》，其包含的建立现代财税体制、建立现代中央银行制度、完善现代金融监管体系和提高直接融资比重等方向，基本上还是各司其职。维持财政和金融的相对独立，能够更好地保持宏观政策连续性、稳定性和可持续性。所以，从“坚持系统观念”出发，就要在财政与金融政策相互独立的基础上，促成“加强财政资源统筹”与“财金联动”在宏观调控中形成合力，避免出现政策不协调、经济效应相互抵消的不利局面。

其三，“十四五”时期应注重防范化解重大风险挑战，这是加强财政资源统筹、实现财金联动的内在要求。当前我国宏观、微观杠杆率较高，政府债务风险时有发生，局部金融风险依然存在，财政风险与金融风险的交织给经济带来极大不确定性。确保国家经济安全是全面建设社会主义现代化国家新征程的战略要求，也是跨部门实现国家资源统筹的根本性任务。从这一任务出发，不论是提高财政资源统筹能力，还是加强财金联动实现全国资源优化配置，都要牢牢守住不发生系统性风险的底线。这里以政府债务为例展开说明。从建立现代财税金融体制的要求来看，在加强财政资源统筹之外的三个方向是深化预算体制改革、把握中央和地方财政关系以及完善现代税收制度，应该说从党的十八届三中全会到党的十九大，这三个方向始终是财税体制改革的重要内容。“健全政府债务管理制度”作为建立现代财税体制的最后一个方向单独列出，而非包含在预算管理制度之中，其本身就体现了底线思维和安全理念，意味着“十四五”时期防范化解政府债务风险是财金联动工作的重要任务之一。“十三五”时期我国通过实施大规模减税降费政策助力小微企业发展，也促成了高质量发展（邓力平，2019）。但也要看到，与税费减少相伴随的是我国历年财政赤字水平处于高位，同时考虑到地方政府专项债务规模迅速扩容以及少数地方政府因财政困难违规举债等现实情况，应当说，我国当前政府债务风险隐患将长期存在，需要持之以恒地有效化解。而政府债务风险既是财政风险，也是金融风险，所以必须通过财金联动加以解决。从财政金融实践来看，在2020年中央经济工作会议提出“十四五”开局之年要“抓实化解地方政府隐性债务风险工作”要求后，我国财政部门在2021年遵循这一路径，将严禁新增隐性债务作为红线、高压线，坚决遏制隐性债务增量，取得了一系列的成果；金融部门也在建立全覆盖的金融风险监测预警体系等方面加强对债务相关风险的监测。从理论来看，学界已经开始对实际部门正在做和拟定要做的债务运用和财金联动方式给予观点支撑。笔者认为在此基础上，还应对中国特色社会主义财政发展中的债务长期运用提出理论依据，特别要从加强跨部门财政资源统筹出发，在财金联动等有效管理方向上阐明路径与影响，确保财政工作行稳致远。

三、“加强财政资源统筹”是促成“财税一体”的内在要求

财税联动是中国特色社会主义财政的重要特征。从党的十八届三中全会要求的“深化财税体制改革”，到党的十九届五中全会提出的“建立现代财税金融体制”，党中央始终从财税一体化的角度来部署安排财税工作任务。笔者也长期强调以“财税不分家、财税有分工”的理念来研究中国特色财税问题。展望财税体制改革发展，应该看到财税一体化的趋势愈发明显。从“加强财政资源统筹”的角度来把握，财税一体化主要有三个方面值得关注。

其一，“加强财政资源统筹”本身就要求推进财税一体化。2014 年修正的《预算法》总则第一句话“为了规范政府收支行为”开篇明义，点出了中国财政包含的内容就是“一收一支”。我们要清楚地看到，中国特色社会主义财政既不是西方国家财政收入的“有钱收钱、没钱拉倒”，也不是财政支出的“有钱花钱、没钱关门”，而是中国式的“收支联动”，这也是近年来笔者始终研究的重点内容。我国的国体政体和发展道路决定了西方的“只管支出”模式在我国走不通。所谓“收支联动”就是既要“以收定支”，其中包含了“有多少钱办多少事”“有足够的钱办足够的事”以及“避免拿过多的钱办过多的事”三层含义；又要“以支定收”，其主要内容是“要做什么事去找什么钱”。这些内容笔者此前已有过详细说明，这里不再赘述。在此基础上，“十四五”时期重点要做的就是沿着财税一体化路径继续深化“收支联动”。从“加强财政资源统筹”出发，就必须使收支各类财政资金形成互为补充、相互融合的财税体系，通过统筹财政收入和支出，继续完善“收入一个笼子、预算一个盘子、支出一个口子”的总体目标。

其二，日趋完善的财税一体化监督审查机制为“加强财政资源统筹”提供了法治保障。党的十八大以来，以习近平同志为核心的党中央高度重视加强人大制度建设、推动人大工作发展，特别是不断完善和发展人大财经工作。人大制度作为以人民为中心发展思想的重要载体，落实到财经工作中，最具有典型性的就是人大同时对预算支出与收入的审查监督。笔者基于近年来对人大财经工作的体会，将党中央提出的“向支出预算和政策拓展”与“收支联动”相结合，多次强调了“收支联动、重点拓展”的理念。关于“收支联动”，前文已具体展开；关于“重点拓展”，主要指过去一段时间我们“以支定收”做得不够，要在“以收定支”与“以支定收”的统一中特别突出强调“以支定收”。可以看到，在这一制度性安排下，人大同时对财政预决算支出与收入的监督审查机制，也在“联动”和“拓展”的辩证关系中体现了财税一体和收支统筹的工作思路，为“加强财政资源统筹”提供了法治保障。因此从监督审查的视角来看，“加强财政资源统筹”的范围绝不仅限于预算收入体系，这也是本节的立意所在。我们既应该认识到财税一体化“收支联动、重点拓展”的特征，也要认识到在我们国家财税一体化的范围更广，这是我们社会主义国家性质所决定的。面向“十四五”，应该看到随着预算联网监督的推进和审计部门对财政相关工作的审查监督持续完善，助力“加强财政资源统筹”的财税一体化将更加规范，其人民特征将更加显现，我国的制度优越性将进一步体现。

其三，促成财税一体化的相关改革措施为“加强财政资源统筹”提供了有效支撑。党的十九届三中全会通过了《中共中央关于深化党和国家机构改革的决定》，这是推进国家治理体系和治理能力现代化的重要一步。在《深化党和国家机构改革方案》中，“收支统管、财税一体”导向逐渐明确：一是“将全国社会保障基金理事会由国务院管理调整为由财政部管理，承担基金安全和保值增值的主体责任，作为基金投资运营机构，不再明确行政级别”；二是“国税地税机构合并后，实行以国家税务总局为主与省（自治区、直辖市）政府双重领导管理体制”。此外，在《国税地税征管体制改革方案》中提出的税费统征、社会保险费划转征收等，以及近期将国有土地使用权出让收入、矿产资源专项收入、海域使用金、无居民海岛使用金四项政府非税收入划转税务部门征收的有关举措，都有效推动了我国财税改革和权责调整。应该看到，通过相关改革形成的“收支统管、财税一体”工作思路，在推进国家治理现代化中优化了政府机构设置和职能转变，也进一步强化了我国政府统筹配置财政资源能力。首先，以“收支统管、财税一体”为主要特征的财税改革促成了财权集中，有利于党中央集中统一领导，有利于在“全国一盘棋”上做好战略布局，有利于真正的“以政领财、以财辅政”。也只有这样，才能真正通过“加强财政资源统筹”展现围绕中心、服务大局的财政作为。其次，“收支统管、财税一体”的工作思路通过集成化和系统化降低了征收和管理成本，有利于提升财税工作的效率和规范，有效避免多部门、职能交叉引致的“政出多门”“推诿敷衍”现象，有效降低征“过头税费”、铺张浪费以及支出用途不匹配等乱象，从而在推进财政高质量发展中提高财政配置资源效率。最后还要看到，“收支统管、财税一体”改革的深入将持续加强财政收支队伍人员的交流与合作，这将有利于加强财政资源统筹下的财税干部队伍建设，形成财税队伍的强大合力，进而打造一支忠诚、干净、担当的“财税铁军”。

四、“加强财政资源统筹”是优化财政政策的必由路径

当前，我国已经步入推动基本实现现代化的新阶段，发展仍处于重要战略机遇期、国家治理现代化任务紧迫、财政处于紧平衡状态的现实，促使“加强财政资源统筹”成为我国深化预算管理制度改革、加快建立现代财政制度的重要任务和关键一环，也更进一步要求与之密切联系的财政政策作出

相应调整和优化，体现党关于财政工作的发展方向、实施方略和措施主张。我们需要在依次推进的三个层次改革中领悟财政资源统筹的逐步强化。

其一，在一系列财政制度与财政政策协调配合中明确我国提出“加强财政资源统筹”要求的发展脉络。《预算法》旨在规范政府收支行为、强化预算约束。不论是提出“各级预算应当遵循统筹兼顾、勤俭节约、量力而行、讲求绩效和收支平衡的原则”，还是要求“各级一般公共预算支出的编制，应当统筹兼顾，在保证基本公共服务合理需要的前提下，优先安排国家确定的重点支出”，《预算法》作为财政预算管理的风向标，为新时代开展预算管理与监督工作提供了基本遵循，也为当前“加强财政资源统筹”提供了法律依据和保障。随后，2015 年 6 月国务院发布的《关于印发推进财政资金统筹使用方案的通知》（国发〔2015〕35 号）强调要推进项目资金、重点科目资金、部门资金、各类收入、存量资金、债务资金、转移支付资金的统筹使用；2018 年 9 月中共中央 国务院发布的《关于全面实施预算绩效管理的意见》提出要加快建成全方位、全过程、全覆盖的预算绩效管理体系，着力提高财政资源配置效率和使用效益，改变预算资金分配的固化格局；2020 年 4 月发布的《预算管理一体化规范（试行）》（财办〔2020〕13 号）和《预算管理一体化系统技术标准》则是将制度规范与信息系统建设紧密结合，在强化“全国一盘棋”思想中整合与规范预算管理各环节，加大预算对各类公共资源的统筹能力。可以看到，一系列政策举措体现了统筹财政资源这一要求的逐步细化与拓展，为提高财政资源统筹能力创造了有利条件、奠定了坚实基础。我国在新发展阶段进一步“加强财政资源统筹”，就要立足于这些既有的财政政策安排，并结合发展新特征和新条件不断提高“加强财政资源统筹”的定位和范畴。

其二，把握“十四五”时期的财政政策安排，为新征程“加强财政资源统筹”提供行动指南。2021 年 4 月发布的《国务院关于进一步深化预算管理制度改革的意见》（国发〔2021〕5 号，以下简称《预算管理改革意见》），显现了鲜明的“加强财政资源统筹”导向。除了将“坚持党的全面领导”“加强财政资源统筹”“强化预算对落实党和国家重大政策的保障能力，实现有限公共资源与政策目标有效匹配”作为首要基本原则，《预算管理改革意见》还将“加大预算收入统筹力度，增强财政保障能力”作为首项任务展开具体部署，在财政资金统筹基础上把财政统筹的范围拓展到政府收入预算统筹管理、政府性资源统筹管理、部门和单位收入统筹管理以及各类存量资源统筹管理方面，从财政收入角度将“加强财政资源统筹”要求进一步细化为具体行动。此外，“规范预算支出管理，推进财政支出标准化”“严格预算编制管理，增强财政预算完整性”“强化预算执行和绩效管理，增强预算约束力”“加强风险防控，增强财政可持续性”“增强财政透明度，提高预算管理信息化水平”等配套安排，则是从财政支出与管理、预算编制与执行、风险防控与信息公开的角度强化对财政收支的约束和监督，致力于解决财政收支矛盾突出、预算统筹力度不足、资源配置效率不高等问题，进而为提高财政资源统筹能力、增强财政可持续性提供了保障。“十四五”期间要以《预算管理改革意见》为路线图，在财政工作中不折不扣落实《十四五规划纲要》明确提出的“加强财政资源统筹”要求，提高预算收支的统筹能力与财政资源配置效率。

其三，在以“加强财政资源统筹”为导向的财政政策安排中提升其在服务财税一体、财金联动和发展大局层面的作用，更好发挥财政在国家治理中的基础和重要支柱作用。从“加强财政资源统筹”是坚持“党管财政”的应有之义、是实现“财金联动”的重要前提、是促成“财税一体”的内在要求出发，在“十四五”时期乃至推动基本实现现代化的新阶段，“加强财政资源统筹”都是我国加快建立现代财税体制的重要方面，就要求财政政策相应展现财税一体化特征，在财政与税收相互作用中提高财税资源统筹能力；就呼唤财政政策相应体现财金持续联动要求，在财税与金融协调中发挥提升资源配置效率的合力作用；就强调财政政策相应提高站位意识和大局观念，在综合考虑政治、经济、社会的相互影响中从系统全局统筹资源配置，进而为我国各领域的协调全面发展和国家重大战略任务实现提供坚实财力保障，发挥社会主义集中力量办大事的制度性优势。这是我国当前和未来“加强财政资源统筹”必须牢牢把握的重要方面，也是党在全面领导财政工作中体现和健全“总揽全局、协调各方”的党领导制度体系的重要要求，必须认真把握，持续推进实现。

五、“加强财政资源统筹”是统筹内外大局的重要要求

笔者始终坚持以“立足财政、走出财政”的视角来研究我国财政。从这一角度出发，研究“加强财政资源统筹”就要在百年未有之大变局的格局下、在统筹内外两个大局的站位中理解其重要性和必要性，这里应注意把握两个方面。

其一，“加强财政资源统筹”是构建新发展格局的现实需要。立足新发展阶段、贯彻新发展理念、构建新发展格局、实现高质量发展是我国“十四五”时期行稳致远的基本遵循。构建新发展格局明确了我国经济现代化的路径选择，财政作为经济发展的重要一环必须服务于新发展格局的形成。当今世界，世纪疫情和百年变局交织，国际格局深刻演变，世界进入动荡变革期。面对以美国为代表的西方国家不断加强与我国的竞争、世界经济将持续出现深度不平衡发展、脱实向虚与流动性过剩等后疫情经济特征造成的全球风险持续加剧等现实挑战，我国要在世界的狂风暴雨、惊涛骇浪中持续生存和发展，离不开财政资源的统筹。必须看到，财政作为国家治理的基础和重要支柱，将在“十四五”时期贯彻总体国家安全观中起到重要保障作用，“加强财政资源统筹”则能够确保我国有足够的财力在国防、抗击疫情以及科技等各方面迎接风险挑战。此外，在保证国家安全的同时，我们也要看到“加强财政资源统筹”是促进我国发展的重要一环。美国推出的《2021 年美国创新和竞争法案》等针对我国的政策措施，显露了其零和博弈的地缘政治思维和系统性制华政策。我们既要旗帜鲜明地反对冷战零和思维，也要看到美国将在芯片、通讯技术、航空航天、网络安全及人工智能等多个高科技方面与我国开展竞争。而从发展趋势来看，世界主要国家正通过财政政策促进高科技领域发展。除美国等发达国家外，包括印度、韩国在内的新兴经济体也在加强对芯片等高科技领域的财政投入，其目的都是要在新一轮科技革命中占据优势。面对美国等西方国家在高科技等领域的围堵和竞争，面对全球主要国家通过财政推动新一轮科技创新的趋势，我国必须提高财政资源统筹能力，保证有雄厚的财政资源促进科技创新发展。从《十四五规划纲要》来看，不论是对企业投入基础研究实行的税收优惠，还是“揭榜挂帅”等科技项目的创新改革，都是社会主义市场经济条件下新型举国体制引领科技发展的具体措施。要发挥我国集中力量办大事的体制机制优势，就必须“加强财政资源统筹”，将财政资源集中在发展最需要的地方。只有这样才能打好关键核心技术攻坚战，最终实现经济的高质量发展。总而言之，坚持统筹发展和安全两件大事离不开“加强财政资源统筹”，更好的财政资源整合才能更好地助力形成新发展格局。

其二，“加强财政资源统筹”是我国在日益增加的国际不确定性新形势下提高国家竞争力的重要手段。当前我国面临的国际竞争日益加剧，笔者在这里主要从财政模式竞争、国际规则竞争和发展道路竞争三个方面讨论“加强财政资源统筹”的重要作用。首先，疫情全球大流行以来，世界多数国家通过扩张性财政政策抗击疫情、纾困经济并促进新经济发展。但是财政收支矛盾造成了全球主权债务普遍上升，财政风险不断显现。如何在传统财政发展模式捉襟见肘的背景下，走出一条后疫情时代符合本国国情的财政发展道路是摆在各国面前的挑战。在全面建设社会主义现代化国家新征程上，我国提出了建立现代财税体制的“十四五”发展目标，在“加强财政资源统筹”等方向上进行重点突破。这是我国不断探索财政改革路径的经验结晶，为我国发展提供了一条既符合市场经济客观规律，又有别于西方国家的财政发展模式。做好“加强财政资源统筹”工作，不断拓展发展中国家走向现代化的财政模式，将为世界各国的财政发展提供中国样本和中国方案。其次，当前世界各国竞争已经进入到规则竞争的阶段，各主权国家在国际规则制定中对话语权的争夺日益激烈。当前，国际规则竞争的最主要特征是以美国为代表的西方国家企图利用新制定的规则去限制以我国为代表的新兴经济体和发展中国家，意图逆转“东升西降”的趋势。以财税为例，近期七国集团力图通过基于其价值理念的共同协议来制衡我国的“一带一路”倡议，以制定全球最低税率来保证其在国际税收规则竞争中的主动权。我国必须“加强财政资源统筹”才能为“一带一路”倡议提供坚实的国家支持，才能在新一轮国际税收规则竞争中留有更大的回旋余地。最后，从发展道路来看，当今资本主义与社会主义道路在共存中不断竞争向前。如何在资本主义依然占据主动和优势的背景下，体现社会主义发展道路的优越性，离不开“加强财政资源统筹”发挥的能动作用。我们需要通过有力的财政资源来体现人民财政的本质特征，来构建人类命运共同体，来实现为“为世界谋大同”的崇高目标。也只有这样，才能在社会主义道路与资本主义道路矛盾与冲突不断发生的预期下，体现社会主义道路的优越性和生命力，才能进一步丰富道路的内涵和外延，才能被世界更多国家理解和接受，才能最终在这场发展道路竞争中作出中国财政的特殊贡献。

长期以来，笔者始终坚持对中国特色社会主义财政理论的探索，将财政与中国特色社会主义道路、制度、理论的基本要求相结合，把财政既要“顶天”，也要“立地”作为研究我国财政问题的重要思路。当前，“加强财政资源统筹”作为“十四五”时期我国建立现代财税体制的重要任务，当然也要从统揽全局的角度给予更为全面的阐释，体现“加强财政资源统筹”在国内国外两个大局中的积极作为。这既是与财政在国家治理中的基础和重要支柱定位相匹配的重要方面，更是坚持“党管财政”并增强国家重大战略任务财力保障的重要体现。

由此，本节从坚持“党管财政”、实现“财金联动”、促成“财税一体”、优化财政政策、统筹内外大局五个方面来理解“加强财政资源统筹”这一重大决策，既提出要在财政框架内引导资源有效配置流动，促进财政税收一体把握和财政政策优化调整；还强调要跳出财政框架兼顾政治、经济、社会等因素影响，研究党对财政资源统筹的全面领导、财政与金融相互作用对财政资源配置的要求；更进一步指出要拓展定位外延、提升财政站位，从国内国外两个大局的高度展现财政资源统筹在治国理政中的作用。总而言之，我们要牢牢把握“十四五”时期的工作重点，将“加强财政资源统筹”作为我国深化财税体制改革、推进国家治理体系和治理能力现代化的重要任务，为经济社会发展主要目标和重大任务的完成贡献财政力量，为推动实现国家治理现代化迈出坚定步伐。

第四章　新时代新征程的中国特色社会主义税收

自党的十八届三中全会提出“完善和发展中国特色社会主义制度，推进国家治理体系和治理能力现代化”这个重大命题以来，我国开始全面推进所有领域改革以促进国家制度完善和制度执行能力提高。作为其中重要组成部分的中国特色社会主义税收，也在紧扣时代脉搏、对接时代要求中进入发展新阶段，相应展现国家治理的基础性、支柱性、保障性作用。研究新时代新征程的中国特色社会主义税收，同样要在把握新时代十多年来税收制度改革与政策调整的成功经验中，找准新征程的税收发展新定位，在国家治理现代化中发挥更大作用。

新时代十多年来，我国采取了一系列制度性和阶段性相结合的减税降费政策，以全面“营改增”为代表的结构性减税降费、以“六税两费”减免为代表的普惠性减税降费以及应对疫情的阶段性减税降费相继出台。这些都是党中央根据经济社会发展状况，统筹全局作出的重大制度安排。从税制改革上看，我国以建立现代税收制度为目标，从加快税收立法、优化税制结构、加强税收征管等方面深化税制改革，成效显著。其一，就税收法定而言，我国现行 18 个税种已经实现 12 个税种立法，现代税制体系初步建立，为社会经济高质量发展提供了有力支撑。其二，就优化税制结构而言，在增值税改革方面，近年来我国相继实施了全面“营改增”、简并税率档次、降低税率水平、扩大进项税抵扣范围以及建立期末留抵退税制度等改革，形成了具有中国特色的现代增值税制度，市场主体税收负担大幅降低，税收公平性不断提升。在企业所得税改革方面，我国实施了覆盖创业投资、创新主体、研发活动等创新全链条的税收优惠政策，特别是不断加大研发费用加计扣除政策力度，培育了经济发展新动能。在个人所得税改革方面，我国通过提高免征额、明确综合所得征税范围、新增专项附加扣除项目、优化调整税率结构等综合措施，降低了中低收入群体的税收负担，初步建立了综合与分类相结合的个人所得税制度。除此之外，我国还加快了消费税征收范围、全面推开资源税从价计征、开征环境保护税等改革进程，在建立现代税收制度方面迈出了重要步伐。其三，就加强税收征管而言，新时代十多年来，我国税收征管体制先后经历了三次大变革，摸索出一条从“合作”到“合并”再到“合成”的税收治理实践之路。2015 年，中共中央办公厅、国务院办公厅印发《深化国税、地税征管体制改革方案》，推进国税、地税全面加强合作，推动服务深度融合、执法适度整合、信息高度聚合，拉开了我国税收征管体制改革的序幕。随后，2018 年，中共中央办公厅、国务院办公厅印发《国税地税征管体制改革方案》，明确改革国税地税征管体制，要求合并省级和省级以下国税地税机构。2021 年，中共中央办公厅、国务院办公厅印发《关于进一步深化税收征管改革的意见》，这是“十四五”时期我国关于税收征管的纲领性文件，致力于推动税收征管的第三次变革，力争实现税收征管“合成”，是执法、服务、监管的系统优化，也是业务流程、制度规范、信息技术、数据要素、岗责体系的一体化融合升级。从“合作”到“合并”再到“合成”，税收征管改革始终在坚持顶层设计的指导下与税收制度改革协同并进，实现了从渐进式改革到全面深化改革的理念跃迁，为推进税收现代化作出了重大贡献，进一步彰显了税收在国家治理中的基础性、支柱性、保障性作用。

在此基础上，本章第一节结合“十四五”规划纲要对税收体制改革的相关要求，努力把握我国税制改革发展路径、领会“十四五”时期税制改革整体走向，据此考察中国特色税制改革在构建高水平社会主义市场经济体制、助力经济社会高质量发展中的定位和作用。笔者认为，对于税制改革和税收政策结合统一的把握，既要强调一以贯之的“持续推进”，又须把握特定年份的“重点安排”，展现全面建设社会主义现代化国家新征程中的税收作为。

第二节是笔者在我国减税降费政策持续推进过程中，进一步深入思考减税降费政策运用之中国特色和时代要求，提出三点认识：一是要深刻认识中国特色减税降费政策的基本定位，特别是明确国体政体、市场经济实现形式等重大因素对减税降费的要求；二是要准确把握特定经济社会环境对减税降费的新要求，努力通过减税降费来促进做好“六稳”工作，落实“六保”任务；三是要持续为具有中国特色的减税降费提供理论支撑，以丰富中国特色社会主义税收理论体系。

第三节是适应当前“碳达峰、碳中和”目标的要求，强调税收在推动“碳达峰、碳中和”过程中，必须发挥独特作用。本节以习近平生态思想为指引，尝试在中国特色社会主义生态税收观的框架内，从六个方面来探寻税收支持“双碳”目标实现的路径，提出绿色税收体系建设中需要正确认识和处理的四个重要关系，并对“双碳”目标下的绿色税收体系的完善提出三点建议。

第四节围绕健全地方税体系这一重要财税改革任务，基于“既有共性、更有个性”的思路，提出“一个坚持、两个必须、一个可以”的分析框架，即坚持“党管税收”和“税收为民”的高度统一；必须以“财税联动”为原则，注重地方税体系健全与央地财政关系改革协同推进；必须以“完善税制”为导向，实现健全地方税与直接税体系双重目标；可以将“房地产税试点”作为契机，加速地方税体系健全进程。同时，本节还以南方某市为例，运用该分析框架分析了该市健全地方税体系的路径选择，以期从理论建设与实例分析相结合的角度为中国特色地方税体系健全之路提供启示。

第五节着眼于中国特色社会主义税收现代化，以党的十九届五中全会精神为引领，锚定“十四五”规划和2035年远景目标，在理解把握国家治理现代化时代内涵的大背景下研究中国特色财税治理现代化的理论与实践问题。本节强调的是，社会主义现代化国家新征程对财税治理现代化提出了特定要求，应站在统筹内外两个大局的高度把握财税治理新方向、展现财税治理新作为，以中国特色财税治理现代化为国家治理现代化提供基础与支柱作用。

第六节从税收征管现代化的视角为我国税收现代化建设作进一步补充和支撑。立足实践经验，结合时代要求，有助于把握新发展阶段税收征管现代化的一以贯之坚持和与时俱进发展，从而更好地领会税收征管改革的核心内容、重要突破和实践策略，助力高质量推进税收征管现代化。笔者认为，税收征管现代化的核心内容是“精确执法、精细服务、精准监管、精诚共治”；重要突破是“税收征管从合作、合并到合成的突破”“税收服务、执法和监管深度融合的突破”“税收治理实现数字化、智能化、智慧化的突破”“税收改革创新从渐进式到体系性集成的突破”；实践策略是规范税收执法标准、加快税收立法进程、强化税收共治措施、扩大征管改革效应。

第七节强调的是全面推进中国式现代化是新时代新征程的伟大事业，则“税收现代化服务中国式现代化”必然是当前税收战线的首要任务。在中国特色社会主义持续发展中，税收始终是中国特色社会主义税收，税收现代化始终是中国特色税收现代化。因此，讨论税收现代化服务中国式现代化，就是讨论中国特色税收现代化服务中国式现代化，就是讨论两者的辩证关系、时代内涵与实践途径。基于这一判断，本节从四个方面进行讨论：一是在中国特色社会主义新发展中定位中国特色税收现代化；二是以新思想的世界观方法论指引中国特色税收现代化；三是把握中国式现代化与中国特色税收现代化的时代内涵和辩证关系；四是探索中国特色税收现代化服务中国式现代化的实践途径。

第一节　开局之年的税制改革与税收政策

2021 年是实施《十四五规划纲要》的开局之年。2021 年 3 月召开的第十三届全国人民代表大会第四次会议将党的十九届五中全会精神和中央经济工作会议精神转化为《纲要》与 2021 年《政府工作报告》，其中既有“科学精准实施宏观政策”的要求，又有“深入推进重点领域改革”之部署，为保持经济社会发展提供了行动指南，也为把握税制改革和税收政策提供了遵循。结合对《十四五规划纲要》和《政府工作报告》的学习，笔者认为，对于税制改革和税收政策结合统一的把握，我们既要强调一以贯之的“持续推进”，又须把握特定年份的“重点安排”，始终认真领会，坚定贯彻执行。

一、在“持续推进”与“重点安排”的把握中领会税制改革与税收政策

其一，关于“持续推进”，强调的就是我国税制改革深化和税收政策运用从来都是在坚持党对税收工作全面领导的前提下推进的，都是税务部门对中央决策部署的贯彻落实。

一是《十四五规划建议》对“建立现代财税金融体制”作出了战略部署，将“完善现代税收制度”阐述为“健全地方税、直接税体系，优化税

制结构，适当提高直接税比重，深化税收征管制度改革”①。《十四五规划纲要》则将此细化为“优化税制结构，健全直接税体系，适当提高直接税比重。完善个人所得税制度，推进扩大综合征收范围，优化税率结构。聚焦支持稳定制造业、巩固产业链供应链，进一步优化增值税制度。调整优化消费税征收范围和税率，推进征收环节后移并稳步下划地方。规范完善税收优惠。推进房地产税立法，健全地方税体系，逐步扩大地方税政管理权。深化税收征管制度改革，建设智慧税务，推动税收征管现代化。”由此，把握我国税制改革发展路径，就要把从《十四五规划建议》到《十四五规划纲要》，再到《政府工作报告》中的相关决策部署认真理解到位，持续贯彻落实。

二是《十四五规划建议》对包括税收政策运用在内的宏观政策体系构建提出明确要求，就是要健全以国家发展规划为战略导向，以财政政策和货币政策为主要手段，就业等政策紧密配合，目标优化、分工合理、高效协同的宏观经济治理体系。《十四五规划纲要》则继续强调要加强宏观治理体系和能力建设，坚持用新发展理念指导宏观政策运用，坚持系统观念，并强化各项宏观政策运用的协调配合。一路走来，特别是在“十三五”时期，我国税收政策作为宏观调控和财政政策的重要组成部分，始终发挥着积极作用。多年持续的减税降费始终是积极财政政策运用的重要方面，并始终与深化税制改革同步，其成效有目共睹。以积极的财政政策作为基本遵循持续推进税制改革进程，税制改革又为财政政策运用落实不断提供支撑，两者在结合统一、协调推进中服务于经济社会发展和推进国家治理现代化。这些经验是我们研究税制改革和税收政策协调的基本遵循，必须始终铭记。

其二，关于“重点安排”，就是要在深刻把握从《十四五规划建议》到《十四五规划纲要》再到《政府工作报告》之逻辑前提下，特别领会中央对税制改革和税收政策两者结合的重点工作要求。《政府工作报告》对2021年的八项工作部署中，第一项提出要“保持宏观政策连续性稳定性可持续性”，第二项则着力于“深入推进重点领域改革”，将这两个方面的要求结合起来理解，我们就可以悟出税制改革和政策运用之协调的基本定位与重点。

一是《政府工作报告》明确提出“优化和落实减税政策”，并将其作为

---

① 中共中央关于制定国民经济和社会发展第十四个五年规划和二〇三五年远景目标的建议[N]. 人民日报，2020-11-04（001）.

积极财政政策的重要内容。“减税”是近年来我国税制改革和税收政策的基调，仍需继续坚持；“优化”意味着既有的减税政策和制度安排要依据发展形势作适当调整，要统筹协调好制度性减税、阶段性减税和结构性减税之间的平衡；“落实”强调的则是对于党中央已经确定的决策部署要坚决贯彻执行。

二是《政府工作报告》作出了年度“深化财税金融体制改革”的具体要求，特别是包含着对“健全地方税体系”改革的强调。将这两方面结合起来看，就是要在税制改革的持续深化中以减轻市场主体税收负担、激发市场主体活力为基本导向，以优化税制结构、健全地方税体系为重要任务，以落实积极财政政策、深化税制改革为行动指南，也就是要在坚持制度改革与政策运用的协调中持续发挥税收职能作用。回顾“十三五”时期的减税降费进程，其中的一个重要特征就是坚持了制度性减税安排和阶段性减税政策的统一，制度性减税安排既是政策运用，更是体现税制改革方向，阶段性减税政策则既是依托制度体现，更是应对特定要求之需，而两者“并举”之用法，更是诠释了税制改革与税收政策运用协调推进的中国特色与时代特征。

二、在“十四五”时期做好重点安排

应该认识到，在“持续推进”与“重点安排”的把握中领会税制改革与税收政策，为我们做好“十三五”时期的税收工作提供了重要支撑。这一宝贵经验在“十四五”时期还要继续把握，并根据年度需要做好重点安排。笔者这里从经济发展、创新驱动、民生福祉、企业活力、绿色生态、开放发展、征管改革七个方面谈谈学习体会。

其一，巩固经济发展基本盘，促进经济运行在合理区间。《政府工作报告》对2021年宏观经济发展的要求是：“宏观政策要继续为市场主体纾困，保持必要支持力度，不急转弯，根据形势变化适时调整完善，进一步巩固经济基本盘。”因此，税制改革和税收政策运用也要服务于这一总要求。具体而言，就是强调既要基于市场主体恢复元气需要，对于上年实施的部分阶段性减税政策“适当延期”，保证“不急转弯”；又要结合实际情况，对部分阶段性减税政策“适时退出”，不搞“大水漫灌”；还要依据发展阶段要求，对制度性减税政策“稳定执行”以确保“效应显现”。其中，要特别把握好“适当延期”“适时退出”和“稳定执行”的平衡点，并适时将需要长期执行的阶段性政策转为制度性政策以优化税制，这对于提升经济质量效益、实现经济持续健康发展尤为重要。

其二，研究支持创新的税制安排，助力全面塑造发展新优势。《政府工作报告》关于激励创新发展的税收政策主要有两项：一是延续执行企业研发费用加计扣除75%政策，将制造业企业加计扣除比例提高到100%；二是对先进制造业企业按月全额退还增值税增量留抵税额。这体现了在新发展阶段对创新驱动发展的高度重视。与这些政策措施相匹配，税制改革也要以激发市场主体创新活力为导向，通过制度性减税（如降低创新企业所得税税率、个人股权激励递延纳税等）和结构性减税（如研发费用加计扣除、固定资产加速折旧等）结合的设计完善激励创新的税收制度与优惠政策，在制度与政策统一中提升企业技术创新能力，激发人才创新活力。此外，还应该看到，数字经济逐渐成为创新驱动发展的新动能与新要素，同时数字经济价值创造与传统税收规则的不匹配也将冲击既有税制体系，加紧研究数字经济相关的税收问题、把握好加快数字化发展与防止税基侵蚀的平衡，应成为当前坚持创新驱动发展、打造数字经济新优势的重要内容。

其三，坚持以人民为中心，持续增进民生福祉。《政府工作报告》提出“对不裁员少裁员的企业，继续给予必要的财税、金融等政策支持”和“规范发展长租房市场，降低租赁住房税费负担，尽最大努力帮助新市民、青年人等缓解住房困难”等税收政策安排，实际上体现的就是以人民为中心、为人民解忧纾困的立场，当然也相应要求税制改革作出调整以支持保障和改善民生。笔者建议，在落实持续增进民生福祉相关税收政策的同时，税制改革在年度安排上也要与“健全地方税、直接税体系，优化税制结构，适当提高直接税比重”结合起来。具体而言，一是要持续推进个人所得税改革，在“综合与分类相结合”税制框架下合理扩大综合征收范围，并进一步优化调整税率结构，发挥个人所得税对收入分配的调节作用。二是要按照“立法先行、充分授权、分步推进”的原则，积极稳妥推进房地产税立法和改革，并将其与完善地方税税制结合起来。

其四，激发市场主体活力，助力企业纾困解难。《政府工作报告》针对小微企业明确了三项税收优惠政策：一是延长小规模纳税人增值税优惠等部分阶段性政策执行期限；二是将小规模纳税人增值税起征点从月销售额10万元提高到15万元；三是对小微企业和个体工商户年应纳税所得额不到100万元的部分，在现行优惠政策基础上，再减半征收所得税。可以认为，通过既有制度性减税安排和现行阶段性减税、结构性减税的协调发力，我国对小微企业的支持力度持续增大，助力企业纾困解难轻装上阵。这既是确保宏观政策“不急转弯”、促进经济“行稳致远”的重要安排，也能结合小微企业量多面广的特点积极带动就业、巩固民生之本，为做好“六稳”“六保”工作提供支撑。事实上，以上针对小微企业的税收优惠政策都是建立在“小规模纳税人增值税起征点”“符合条件的小型微利企业减按20%税率征收”等税制安排基础上的，将来一些需长期坚持的优惠政策也可能上升为制度进而推动税制改革。这体现的就是税制改革和税收政策的结合统一与协调推进。

其五，构建绿色发展政策体系，促进绿色低碳发展。为了扎实推进碳达峰、碳中和这一长期工作，《政府工作报告》明确提出要“扩大环境保护、节能节水等企业所得税优惠目录范围，促进新型节能环保技术、装备和产品研发应用，培育壮大节能环保产业，推动资源节约高效利用”，并对税收在完成这一重要任务中的作用提出了具体要求。对此，必须贯彻到位。同时也应该认识到，实现绿色低碳发展不是一蹴而就的，要求经济结构、产业结构、能源结构等向绿色低碳发展转型，税收在其中的效应发挥有赖于不同税种的相互配合，有赖于税制改革和税收政策的持续协调统一。我们要坚持绿色发展理念，着手研究实现绿色低碳高质量发展的税制安排，从制度上约束污染物排放、推动环保产业发展，以税收优惠政策鼓励资源节约、技术创新，在两者的统一中引导资源向低碳产业配置，促进节能减排和环境保护。

其六，实行高水平对外开放，建设开放型经济新体制。《政府工作报告》提出要“实施更大范围、更宽领域、更深层次对外开放，更好参与国际经济合作”，并在“优化调整进口税收政策”要求中明确了税收在助力开放发展中的职能作用。我们应该看到，我国的改革和开放从来都是一体推进的，开放中始终包含着对改革的要求，当前在构建国内国际双循环相互促进的新发展格局时更是这样，这也决定了税制改革和税收政策统一服务于建设开放型经济新体制、服务新发展格局的要求。由此，我们要以构建具有国际竞争力的税收制度和实施有利于新发展格局的税收政策为努力方向。笔者认为，有两个方面可以加快推进研究：一是要按照“零关税、低税率、简税制、强法治、分阶段”的原则，逐步建立与高水平自由贸易试验区和自由贸易港相适应的税收制度和政策；二是继续加强包括“一带一路”倡议在内的多边、双边和区域税收合作，不断完善和调整我国税制结构与政策安排，助力开辟合作共赢新局面。

其七，深化税收征管制度改革，提高税收治理能力。《十四五规划纲要》

在“完善现代税收制度”中明确指出要“深化税收征管制度改革，建设智慧税务，推动税收征管现代化”。《政府工作报告》也将“各地要把减税政策及时落实到位，确保市场主体应享尽享”作为“优化和落实减税政策”安排的重要方面予以阐述。应该看到，税收征管制度改革既是税制改革的一部分，也是确保税收政策落实到位的重要手段，对于把握好税制改革和政策运用之协调统一至关重要。因此，我们要继续深化税收征管制度改革，从税务执法、服务和监管等方面着手，推动税收征管理念变革、方式变革、手段变革，助力实现精确执法、精细服务、精准监管、精诚共治，为税制改革和政策运用的协调推进提供坚实支撑，高质量推进新发展阶段税收治理现代化。

第二节　高效落实减税降费政策助力经济发展

面对突如其来的疫情，以习近平同志为核心的党中央总揽全局，统筹推进疫情防控和经济社会发展工作，在2019年实现2.36万亿元减税降费的基础上，又在2022年通过4.2万亿元减税降费等减负手段来纾困经济，应对国内外各种风险与挑战。这是新时代我国财政税收与经济社会重要的政策运用之一，是夺取“双胜利”的重要保障手段。伴随着减税降费进程的持续推进，我们有必要进一步加深对减税降费政策运用之中国特色和当前要求的把握。笔者这里在近年来研究减税降费进程的基础上，再谈三点认识：一是要深刻认识中国特色减税降费政策的基本定位，特别是明确国体政体、市场经济实现形式等重大因素对减税降费的要求；二是要准确把握特定经济社会环境对减税降费的新要求，努力通过减税降费来促进做好“六稳”工作，落实“六保”任务；三是要持续为具有中国特色的减税降费提供理论支撑，以丰富中国特色社会主义税收理论体系。

一、把握减税降费政策运用“一以贯之、与时俱进”的基本定位

在研究2019年“更大规模的减税和更明显的降费”时，笔者曾在许多场合提出，认识中国特色减税降费政策的基本定位需要把握一些重要关系，其中“重大决策与贯彻落实”“光荣任务与收入职能”“长期要求与特定使命”是三方面最重要的内容。当前笔者认为依然可以从这三个关系的把握中来加以认识，这既有助于把握中国特色减税降费“一以贯之”的基本定位，

又有助于我们进一步把握中央对当前财税工作“与时俱进”的特定要求。

其一，“重大决策与贯彻落实”强调的关系是极其明确的，减税降费政策是以习近平同志为核心的党中央作出的重大决策，中国税务人的任务就是要全力贯彻落实党中央的决策部署。我国税收是社会主义国家税收，税收无论是今天减一点或是未来可能增一点，都是党中央根据形势发展作出的重要判断，都是党领导经济工作的重要体现。从应对疫情冲击到支持复工复产，从助力供给侧结构性改革到促进市场主体迎难而上，从优化税收营商环境到促进经济高质量发展，减税降费规模有大小、范围有不同、重点有差异，但始终不变的是“党管税收”基本原则的体现，是政策实施时必须明确的制度要求，这是我国减税降费区别于其他国家减税的重要方面。因此，税务部门必须在党长期执政、中国特色国体政体的制度背景下，根据形势发展来研究对减税降费任务的落实，要持续让减税降费措施更有效落地生根，要用税务担当来确保政策运用导向得以全面实现。

其二，“光荣任务与收入职能”强调税务部门必须在完成减税降费光荣任务的同时，还要努力依法完成预算确定的税费收入任务。在财政收支矛盾更加尖锐的背景下，对同时实现减税降费政策目标和完成法定收入任务的要求无疑更高，难度也更大，但这是税务人必须全力以赴去保障、去实现的。我们要依托“经济税收观”与“集中力量办大事”等制度与优势，始终坚持“以支定收”和“以收定支”的辩证统一，坚定做到“该减必减”与“应收尽收”的同步实现。

其三，“长期要求与特定使命”强调既要认识到“减轻负担、减少扭曲”是市场经济发展的长期要求，又要明确大规模减税减负政策出台一般都是特定时期的特定要求。这一要求在社会主义市场经济条件下尤为明显。我们既要将实施“轻税政策”作为税制安排和政策运用的重要基点，又必须在特定阶段乃至一个较长时期里较显著地实施大规模减税降费，同时也能在特定制度安排下更有效地实施这一政策。2019 年我国实施大规模减税降费是为了应对持续的经济下行压力，是为了使市场经济主体有减轻负担的获得感，为了增强市场对经济发展的积极预期，我国的制度优势确保这一政策实施取得了明显效应。而在当前进一步完善税费优惠政策，就是要在做好“六稳”工作、落实“六保”任务的大局中体现税收站位，要在形成国内大循环为主体、国内国际双循环相互促进的新发展格局中发挥税收作用，要在坚持供给侧结构性改革主线和牢牢把握扩大内需战略基点中体现税务职能，这就是当前减税降费的使命和任务，要特别加以研究。

二、努力做好当前减税降费工作，全力服务“六稳”“六保”大局

实践已经证明，正在持续进行中的减税降费不仅是经济命题，更是政治命题，具有鲜明的中国特色。一路走来，笔者始终坚持“经济决定税收、税收作用经济”，“政治引领税收、税收服务政治”等理念，并以此来把握减税降费决策的贯彻落实过程。当前，我们同样可以基于这一视野来看待减税降费服务“六稳”“六保”大局这一时代命题。这里简要谈三个方面。

其一，要坚定落实减税降费政策，为“六稳”“六保”提供强有力支持。2018 年提出的“六稳”工作和 2020 年强调的“六保”任务是应对国内外复杂形势和前所未有挑战而持续作出的重要部署，作为积极财政政策的重要工具，减税降费必然要在其中发挥其更加积极有为的作用。从减并下调增值税税率到小微企业普惠性税收减免，从 2020 年延缓缴纳小微企业所得税到延长阶段性减免社保缴费期限，从境外投资者以分配利润直接投资暂不征收预提所得税到扩大内销选择性征收关税政策试点，一系列减税降费政策充分发挥企业吸收就业的主体作用，缓解企业生产经营资金压力，降低小微企业和个体工商户融资成本，为促进“六稳”“六保”提供了有力支撑，为经济发展和社会稳定提振了信心。对于这些政策措施，我们要继续做好做到位，并根据变化的形势而不断适时加以调整和充实。

其二，要在财政收支紧平衡的现实中把握减税降费与“六稳”“六保”的关系，处理好减税降费不折不扣与必要收入应收尽收的关系。财政就是一收一支，收支就要讲平衡。面对当前严峻复杂的形势，积极的财政政策更加积极有为，大规模的减税降费持续推进，财政收入有限的回升空间和“六稳”“六保”必要的刚性支出的矛盾无疑增加了政府财政压力，在落实巩固减税降费中坚持“以收定支、量力而行”成为必要原则，协调财政收支紧平衡与财税政策促进“六稳”“六保”成为必然要求。一方面，财税部门要将落实减税降费和盘活资金与精准支出并举，在统筹财政收支中做到财政平衡。这就要求进一步优化财政支出结构，保障重点领域支出，压减非急需非刚性支出，同时坚决落实政府过紧日子要求，更有效地运用加力增效的积极财政政策来应对国内外形势变化。另一方面，税务部门要统筹做好减税降费和组织收入工作，按照财政收支预算要求完成法定税费收入任务，增强改革发展和民生改善的财力保障，满足“六稳”“六保”财力需求。

其三，要深入研究减税降费乃至整个税收工作在服务国内国际双循环相互促进新发展格局、服务统筹应对百年未有之大变局和中华民族伟大复兴战略全局中的站位和作用，既要发挥“税收作用经济”的优势，更要提高“税收服务政治”的站位。应该认识到，减税降费既是促进我国经济高质量发展，充分发挥我国市场优势和内需潜力的重要政策，也是应对百年未有之大变局下全球减税浪潮所伴随的国际税收竞争问题的必要举措。从国内来看，一方面，减税降费释放的政策红利最终作用于个体，增加了个人可支配收入，进而为扩大国内需求市场、加快构建完整的内需体系提供了支撑；另一方面，减税降费让渡的利益转化为企业的实际发展，提高了企业投资与研发质量，为深化供给侧结构性改革、促进经济高质量发展贡献了力量。当前，必须以减税降费为重要政策工具，促进国内市场需求持续升级和供给能力不断提升，推动供需在更高层次更高水平上的动态均衡，为国内循环提供持续发展动力。从国际来看，当前面临的是世界经济和贸易增速持续放缓、国际金融市场波动不断加剧、地区和全球性挑战频繁多发，提升国际竞争力至关重要。一系列减税降费政策在减轻企业负担、优化营商环境的效应中提高了市场主体活力，增强了“走出去”企业的竞争力。我们必须要推进更大规模、实质性、普惠性的减税降费，培育新形势下我国参与国际合作和竞争的新优势，不断形成进口和出口平衡发展、引进外资和对外投资相互协调的良性循环系统，为中国和世界经济服务，为世界多极化前提下的经济全球化注入新活力。

三、持续为中国特色的减税降费提供中国特色的理论支撑

实践在推进，理论须跟上。作为税收理论工作者，我们应该基于本身就具有中国特色的减税降费进程来加快推进中国特色的税收理论发展，同时也要为包括减税降费在内的中国税收活动提供理论支撑。长期以来，笔者始终以“坚持方向，动态发展；完善体系，更加成型”作为推进中国税收理论现代化的基本要求，并不断总结和提炼自己的观点，努力为中国特色社会主义税收理论发展贡献力量，也认为这些基于中国实践的理论可以为减税降费等当前实践提供理论佐证。作为一个重要方面，这里仅以笔者提出的“人民税收”理念为框架，希望能有助于加深对减税降费乃至整个税收工作服务“六稳”“六保”大局的认识。

“人民税收”是我国税收的本质属性，笔者曾将其内涵表述为相互联系

的七个方面，即“党管税收、为民收税、向民收税、为民轻税、为民改革、为民服务、为民用税”。其中，“党管税收”是居于最高层面、属于统领地位的，党代表人民来“统领管理”税收，来确保人民税收的基本性质与发展方向，这是“党管税收”和“人民税收”的本质联系；“为民收税”和“为民用税”回答的是“向谁收”“收了做什么用”之税收关系，强调的是从税收和支出一体的角度来看待“人民税收”，即“取之于民、用之于民”，要与社会主义市场经济要求的“取之有道、用之有方”统筹研究；“向民收税”“为民轻税”“为民改革”和“为民服务”是与“取之于民”直接联系的，是“人民税收”理念的特定内涵，是由我国国体政体和社会主义市场经济决定的。“向民收税”强调了纳税个体与人民群众之间的联系，“为民轻税”反映了市场经济对减少扭曲的期盼，“为民改革”突出了人民立场对税制改革的制约要求，“为民服务”则体现了“人民税收服务人民”的特质。

将减税降费政策运用与“人民税收”理念的七个方面内涵联系起来考察，可以看到这一理念及其内涵与减税降费政策运用密切相关，对政策运用可以提供必要的理论支撑。

其一，减税降费政策是党中央总揽全局作出的重要部署，是对坚持党领导经济、领导税收原则的成功诠释，而税务部门坚决贯彻落实减税降费、不遗余力完成党中央交给的目标任务则是以实际行动诠释了“党中央有号令，税务铁军有行动”这一中国特色“党管税收”理念的深刻内涵。

其二，在落实减税降费过程中，党和政府过“紧日子”以换取人民群众过“好日子”的做法，既诠释了“为民收税”和“为民用税”理念，也表明了“为民用税”和“用之有方”的一致。而税务部门坚守为国聚财、为民收税的使命，努力完成预算确定的税费收入任务，努力为保障民生提供财力支持，让广大人民共享改革发展的成果，同样体现了“为民收税”和“为民用税”的统筹结合。

其三，与减税降费相伴随的“减税服务”“降费服务”和“放管服”改革营造了良好的营商环境，显著增强了纳税人获得感，突出的就是“为民改革”“为民服务”的理念。

其四，减税降费实施的最终目的是通过经济高质量发展来实现“增强人民群众获得感”的最高目标，而强调“增强纳税人获得感”和围绕这一概念所做的税收工作，目的都是为“增强人民群众获得感”作贡献，这是研究中国特色减税降费的根本目标，也是与“向民收税”理念强调的“纳税个体”与“人民群众”异同性相对应的。

其五，减税降费的直接表现就是在保证国家必要收入的条件下，尽量减轻税费负担对市场经济主体的扭曲作用，这是直接与“为民轻税”目标相联系的。需要注意的是，深刻理解社会主义市场经济下的“为民轻税”基本内涵，必须在“为民轻税”和“为市场主体轻税”的异同点中尽力寻求两者的统一。在中国特色社会主义市场经济下将“人民性”本质和“市场性”要求结合起来，就是要尽可能地将“为民轻税”和“为主体轻税”结合起来，要在既定轻税前提下，同时考虑轻税政策对社会主义基本经济制度和分配制度的巩固发展，而不应仅以要素贡献大小衡量轻税需要。这是人民税收理念下“为民轻税”的必然要求，必须把握。

总的来看，减税降费是党中央总揽全局，应对国内外各种风险与挑战而作出的重要部署，也是2022年我国财政税收与经济社会最重要的政策运用之一。必须认清国体政体、市场经济、所处发展阶段等重大因素对我国减税降费的特定要求。笔者此前已经从“重大决策与贯彻落实、光荣任务与收入职能、长期要求与特定使命、税费同行与效应把握、减负期盼与民生刚性、纳税个体与人民群众”六个方面系统性地阐述了新时代中国特色的减税降费观。站在落实新的减税降费政策的时间点上，上述六个方面的结论依然成立。相信在以习近平同志为核心的党中央坚强领导下，新一轮减税降费能够通过税务机关的有效落实，让企业税费水平下降并明显受益，进而实现经济高质量发展，最终达到“增强人民群众获得感”的目标，这也是中国特色的减税降费观根本目标之所在。

第三节　“碳达峰、碳中和”目标与绿色税收体系构建

党的十八大以来，在习近平生态文明思想的指引下，我国贯彻新发展理念，将应对气候变化摆在国家治理更加突出的位置，实施了一系列应对气候变化的战略、措施和行动，积极参与全球气候治理，在应对气候变化方面取得了积极成效。2020年9月22日，国家主席习近平在第七十五届联合国大会上宣布我国将采取更加有力的政策和措施，努力争取2030年前实现碳达峰和2060年前实现碳中和，获得了国际社会的高度赞誉，彰显了全球气候治理中“构建人类命运共同体”的思想内涵。为推动“双碳”目标的实现，中央加快建立“1+N”政策体系，着力构建碳减排工作“四梁八柱”。2021

年10月24日，中共中央、国务院发布了《关于完整准确全面贯彻新发展理念做好碳达峰碳中和工作的意见》（以下简称《“双碳”意见》），作为“1+N”政策体系中的“1”，《“双碳”意见》对我国实现“碳达峰、碳中和”工作作出系统性谋划，明确了详细“时间表”和“路线图”：到2025年，绿色低碳循环发展的经济体系初步形成，重点行业能源利用效率大幅提升；到2030年，经济社会发展全面绿色转型取得显著成效，二氧化碳排放量达到峰值并实现稳中有降；到2060年，绿色低碳循环发展的经济体系和清洁低碳安全高效的能源体系全面建立，碳中和目标顺利实现。2021年10月26日，国务院印发《2030年前碳达峰行动方案》（以下简称《碳达峰方案》），《碳达峰方案》中提出：“建立健全有利于绿色低碳发展的税收政策体系，落实和完善节能节水、资源综合利用等税收优惠政策，更好发挥税收对市场主体绿色低碳发展的促进作用。”这意味着作为宏观调控的重要手段，税收必然要在“党管税收，税收为民”的原则下，胸怀“国之大者”，发挥其在推进“双碳”目标中的应有作用，为“双碳”目标的实现提供全方位的支持。笔者多年来一直在研究生态环境友好型税收政策，“双碳”目标提出后，笔者认真学习领会习近平生态文明思想，并以此为指引，尝试在中国特色社会主义生态税收观的框架内研究和把握这一重大课题。本节拟从六个方面来探寻税收支持“双碳”目标实现的路径，提出绿色税收体系建设中需要正确认识和处理的四个重要关系，并对“双碳”目标下绿色税收体系的完善提出三点建议。

一、税收支持“双碳”目标实现的路径：基于生态税收观的视角

近年来，笔者结合十九届四中全会提出的“十三个坚持和完善”的学习，在对中国特色社会主义税收理论和实践的研究基础上形成了中国特色社会主义的系列税收观，生态税收观就是其中之一。生态税收观是对习近平生态思想在税收领域运用的一个尝试，强调税收应发挥在生态文明建设中的独特优势，要构建中国特色的绿色税收制度并为世界绿色税收制度构建提供中国智慧，其基本思路是辩证地把握“生态文明”和“税收贡献”的相互关系，以此来理解绿色税收体系构建和相关税收政策的具体运用（邓力平，2020）。笔者认为，生态税收观对当下推进“双碳”目标的绿色税收体系建设具有重要的启示意义，并应该在“立足新发展阶段、贯彻新发展理念、构建新发展格局，推动高质量发展”的新要求下进一步深化。这里从六个方面

展开论述。

其一，要深刻领会习近平生态文明思想，发挥绿色税收作用推进“双碳”目标的实现。

党的十八大以来，以习近平同志为核心的党中央高度重视生态文明建设，形成了习近平生态文明思想。坚持把生态文明建设纳入“五位一体”总体布局和协调推进“四个全面”战略布局，把“坚持人与自然和谐共生”作为新时代坚持和发展中国特色社会主义的基本方略之一，把“绿色发展”确定为新发展理念之一，把“打好污染防治攻坚战”作为决胜全面建成小康社会三大攻坚战之一，把“建设美丽中国”作为现代化目标之一，展现了生态文明建设在新时代党和国家事业发展中的地位，体现了党对建设生态文明的部署和要求。“双碳”目标提出后，2021 年 3 月 15 日，习近平总书记主持召开中央财经委员会第九次会议并发表重要讲话强调，“实现碳达峰、碳中和是一场广泛而深刻的经济社会系统性变革，要把碳达峰、碳中和纳入生态文明建设整体布局，拿出抓铁有痕的劲头，如期实现 2030 年前碳达峰、2060 年前碳中和的目标。”① 从税收角度来看，通过税收政策打好实现“双碳”目标的这场硬仗，是“十四五”时期深入贯彻落实习近平生态文明思想的重要内容。一方面，大气是全球最大的公共产品，这是因为大气具有强烈的非排他性和非竞争性，世界所有国家都会受到气候变化所带来的影响，也会从气候治理中得到平等收益。大气的公共产品属性决定了市场机制在提供这种产品过程中不可避免会出现效率损失，既有未采取治理行动的国家享受到应对气候变化的“搭便车”问题，也有因为大气的无边界性所带来的所有国家都可以向大气排放二氧化碳的“公用地悲剧”问题。因此，气候变化和治理必须在国家的宏观调控下展开，税收作为国家宏观调控的重要经济工具，可以使大气污染的外部成本内部化，从而弥补市场机制的缺陷，引导企业减少二氧化碳的排放量。另一方面，税收在国家治理体系中的地位和作用越来越突出。税收作为财政的重要手段，必然要发挥其在国家治理中的基础性、支柱性、保障性作用。在“十三五”期间，税收有力地服务于生态文明建设，取得了显著的成绩，积累了丰富的经验。“十四五”期间，税收将继续践行“绿水青山就是金山银山”的理念，为实现“双碳”目标提供全方

① 推动平台经济规范健康持续发展 把碳达峰碳中和纳入生态文明建设整体布局 [N]. 人民日报，2021-03-16 (001).

面支持，为建设美丽中国贡献更大的税收力量。

其二，推进“双碳”目标的绿色税收要为实现美丽中国目标提供重要保障。

党的十九届五中全会宣告我国即将进入全面建设社会主义现代化的新发展阶段，正向着美丽中国的建设目标迈进。绿色发展和生态环保的要求将体现在经济社会的各个领域。“双碳”目标的实现是一个长期而艰巨的任务，必须加强顶层设计，以更有力的措施、汇聚更强大的力量来推进。基于此，生态税收观的重要政策内涵就是“大财税”理念，即税收要充分发挥国家“钱袋子”的支撑和保障作用，统筹环保专项资金，协同打好推进“双碳”目标实现的持久战和攻坚战。财政既要立足调整优化存量财政资金的使用方式，又要从机制上统筹各个渠道的财政资金，加大财政资金对“双碳”目标的支持力度，以稳定坚实的税收收入来支撑国家对节能环保、新能源、低碳交通方式、碳捕获、碳收集、碳封存等项目的扶持，同时不断引导市场和社会资源配置到绿色低碳领域，推动经济社会发展的绿色低碳转型。

其三，推进“双碳”目标的绿色税收要履行指引永续发展的职能，为经济社会发展全面绿色转型提供支撑。

我国提出“双碳”目标战略，要求在碳排放总量控制的同时保证经济社会的永续发展。永续发展是指经济发展、环境保护和社会发展三方面的协调统一，要求人类在发展中实现生态和谐、经济效率与社会公平，“双碳”目标战略是永续发展的具体化，诠释了经济高质量发展、可持续增长的基本内容，并将气候治理问题与发展问题有机结合起来，成为推动经济社会发展的全面性、系统性战略。

实现永续发展，既要树立正确的经济发展观和环保意识，又要建立一个有效的资源配置机制，税收是资源配置的重要机制。任何税收都兼具收入职能和调控职能，但是就现阶段的绿色税收制度而言，收入职能和调控职能的协调平衡要予以特别考虑，虽然总体上两种职能相辅相成，但作为纠正性税收，应坚持调控职能为主，收入职能为辅。就绿色税收的调控职能而言，实现路径有两个方面：一方面，通过对碳排放行为征税，使有关行为主体承担与其自身碳排放所造成的破坏相当的环境成本。针对碳排放所征收的税收中，最具有代表性的是碳税。理论上，碳税是直接针对碳排放征收的税，碳税的征收会使企业的生产成本提高，为了减少碳税的缴纳，企业可能会选择提高能源效率或减少化石能源的使用；此外，通过对森林、草原、湿地、滩涂等自然生态系统征税，增强碳汇资源对二氧化碳的吸收能力，助力碳中和目标的实现。另一方面，通过对使用清洁能源和采用环保技术、购买节能环保设备的企业给予税收优惠来鼓励低碳发展，引导企业加大节能环保技术的研发创新，促进产业结构和经济结构的转型升级。简言之，税收可以通过限制性政策和激励性政策的双向调节来助推“双碳”目标的实现。

其四，促进“双碳”目标的绿色税收的构建要立足基本国情与发展阶段。

实现“双碳”目标是高质量发展的内在要求，要坚定不移地推进，但同时它也是一项长期目标和任务，不可能毕其功于一役。在能源减碳方面，要立足我国能源结构和产业结构的基本国情，将推动煤炭等化石能源的清洁高效利用作为“双碳”工作的发展方向。就推进“双碳”目标的绿色税收制度构建而言，从立法、征管到服务都必须坚持“渐进次优”思路，要时刻强调可行性和现实性。就绿色税收与其他经济杠杆在实现“双碳”目标中的关系而言，要看到“双碳”目标的实现是系统工程，需要方方面面共同努力，必须强调各种调控工具的协调和统筹。我们既要发挥税收在实现“双碳”目标中的积极作用，也要实事求是地评价税收在这方面作用的有限性；既不要低估税收的作用，也不要拔高税收在这方面的功能定位。

其五，推进“双碳”目标的绿色税收制度属于现代税制构建的一部分，不宜单兵突进。

推进“双碳”目标实现的绿色税收制度是中国特色税收制度的有机组成部分。绿色税收制度不能脱离整体税制孤立地存在，整体税制的职能发挥也离不开绿色税收制度，两者是局部与整体的关系，要统筹兼顾，协同推进。这是因为我们要建成的社会主义现代化是以“富强、民主、文明、和谐、美丽”作为共同特征的，全面提升我国物质文明、政治文明、精神文明、生态文明，必须同时协调考虑，必须统筹推进。我国税收制度和治理现代化对应地要统筹考虑这些重要因素，绿色税收制度和对应治理现代化只能是总体制度中的一部分，不可以单兵突进。

其六，要在统筹“国内可持续发展”与“推动构建人类命运共同体”的要求中完善我国绿色税收体系。

习近平总书记提出的构建人类命运共同体的思想，为构建全球公平正义的新秩序贡献了中国方案。人类命运共同体旨在追求本国利益时也兼顾他国合理关切，在谋求本国发展中也促进各国共同发展。面对日益严重的气候问题，没有哪个国家能够独善其身，只有全世界携手并肩同行，才能共同解决我们面对的全球气候问题，推动全球气候治理行稳致远。2020 年 12 月 12 日，国家主席习近平在气候雄心峰会上通过视频发表重要讲话，针对全球气候问题，提出“团结一心，开创合作共赢的气候治理新局面”的倡议①，为全球气候治理加油助力。“双碳”目标是在全球气候治理的进程中不断推进绿色经济复苏、构建人类命运共同体的体现。

笔者曾经从税收服务统筹内外两个大局的角度提出了中国特色统筹税收观，即税收既要服务于本国目标实现，还要对国际税收秩序构建作出贡献（邓力平，2017）。在党中央提出“双碳”目标后，我们要将统筹税收观与生态税收观一并加以考虑，就是要在“双碳”目标下探索税收在统筹“国内可持续发展”与“推动构建人类命运共同体”两方面的着力点。绿色税收制度不仅要为我国“双碳”目标作出贡献，也要为在全球碳减排中提供中国方案作出贡献。

二、在“双碳”目标下构建绿色税收制度要正确认识和把握的四个问题

2021 年中央经济工作会议提出五个“正确认识和把握”，其中之一就是“正确认识和把握碳达峰碳中和”，这意味着当前在推进“双碳”工作中，存在着一些模糊认识和认识误区，需要加以正确的认识和把握，才能行稳致远。绿色税收制度构建作为推进“双碳”工作的重要组成部分，也需要在这一重要思路指引下加以再审视，再研究，具体说来，应该正确认识和把握四个问题。

其一，正确认识和把握绿色税收体系建设的系统性和渐进性。

我国实现“双碳”目标具有时间短、任务重的特征。首先，从发展阶段上看，发达国家从碳达峰到碳中和基本需要 40—70 年，而我国只有 30 年的时间。其次，从能源结构上看，我国化石燃料在能源结构中占比达到 85%，尽管近年来新能源发展迅速，但是要构建以新能源为主的能源结构，还需要依靠技术的重大突破。最后，从减排技术来看，碳捕获、碳收集和碳封存的技术还不成熟。由此可见，我国实现“双碳”目标是一项复杂而艰巨的任务，不可能一蹴而就，只能砥砺前行。2021 年中央经济工作会议中指出：“实现碳达峰碳中和是推动高质量发展的内在要求，要坚定不移推进，但不

---

① 习近平在气候雄心峰会上发表重要讲话［N］. 人民日报，2020－12－13（001）.

可能毕其功于一役。"① 就是强调目前在"双碳"目标的推进过程中出现了一些必须注意的倾向，就是提醒我们实现"双碳"目标不可能一蹴而就，而需要持续发力，久久为功，要坚定不移地走绿色低碳高质量发展道路。在推进"双碳"目标实现的进程中，我们要树立全局意识，根据经济社会发展的全局来制定碳减排的时间表和路线图，目标上要坚定不移，策略上要稳中求进。在充分考虑我国能源结构和产业结构的基本国情基础上有序推进。基于这一重要判断，绿色税收体系的构建要与"双碳"目标的现实渐进性相匹配，无论是税收制度的构建、税收政策的安排和税收征管机制的设计，都应当坚持"渐进次优"的思路，立足当前，着眼长远，强调方案的可行性、现实性和前瞻性。此外，我们要特别重视绿色税收体系与其他气候机制的协调性和统筹性。税收并非解决气候问题的"万能药方"，在某些领域或环节，其作用的发挥会受到限制。要实现"双碳"目标，需要价格、财税、金融、土地、政府采购多种调控手段相互配合，通过构建多元治理机制才能实现碳减排与经济高质量发展的双重目标。

其二，正确认识和把握碳税的开征。

"双碳"目标提出后，国内外学者关于建立碳税机制的呼声不断。碳税是以含碳燃料（如煤炭、汽油、柴油）为征税对象，向化石燃料生产者或使用者征收，或者直接对二氧化碳或其他温室气体排放量征收的一种环境税，其出发点是解决碳排放所产生的负外部性问题。从理论上看，碳税具有"双重红利"，一是环境红利，即征收碳税会提高高碳能源的价格，降低高碳能源产品的需求量，促进清洁能源的开发利用，从而达到减少碳排放量的目的。二是社会福利，即碳税的收入可以转移到居民和企业，从而降低所得税等税收的超额税收负担，增加社会福利。因此从 20 世纪 90 年代初期开始，碳税在北欧、英国、德国、日本等发达国家相继开始实践。据世界银行统计，截至 2021 年 1 月，全球共有 35 个国家（地区）开征了碳税。我国自 2009 年左右开始碳税的研究，但关于碳税能否在我国开征的问题，学术界形成了两种观点，反对开征碳税的专家认为碳税在收入分配上具有累退性，税负会通过价格机制转嫁给消费者，降低居民的收入水平和消费水平，碳税的开征会对收入分配和资源配置带来不利影响。而支持开征碳税的专家则认为碳税的负面效应是暂时的，可以通过减少其他税收或使用补贴支持环保的方

---

① 中央经济工作会议在北京举行［N］. 人民日报，2021-12-11（001）.

式来减少碳税的负面效应。

“双碳”目标的提出，再次引发了关于碳税开征的探索与讨论。笔者认为，从当前国内处于新发展格局和面对复杂的国际形势来看，至少在实现碳达峰之前，我国开征碳税还存在一些必须充分考虑的因素或现实困难。一是从理论上看，碳税可以带来环境保护和经济增长的“双重红利”效应，但前提条件是能源结构能够实现顺利转型，我国目前正处于工业化中期阶段，对能源的依赖性程度较高，以煤炭为主的能源结构在短时间内难以发生改变，所以碳税的“双重红利”效应估计较难实现。二是碳税的计税依据是二氧化碳的排放量，需要通过碳排放追踪和计量技术来对碳排放量进行监测，但是目前这类技术还未普及。因此，碳税的开征必须立足国情，立足阶段，应该慎重综合决策。从“双碳”目标来看，政府希望通过绿色税收来解决气候问题的决心是坚定的，碳税作为环境治理的重要工具，有望在未来实现碳中和的目标中发挥重要的作用。但考虑现实发展阶段，碳税的开征不宜操之过急，应在兼顾“双碳”目标的基础上，先建立一揽子复合型碳减排政策工具包，统筹各项政策的使用，等将来条件成熟时再考虑开征。

其三，正确认识和把握“碳税 + 碳交易”双轮驱动机制。

碳定价是应对气候变化的重要机制，主要包括碳交易和碳税。根据环境经济学的理论，在完全市场竞争假设下，碳交易和碳税最终都会使碳排放者的私人边际成本等于社会边际成本，消除外部性所产生的市场失灵，达到促使企业减排的目的。碳交易与碳税各有其优缺点。一般来说，碳交易由于设定了碳排放总量控制目标，减排效果明确，但碳交易市场的运行成本较高，所以通常适合排放点固定、排放量较大且易于监管的企业。碳税是通过设定税率来影响企业的生产行为，从而间接促使企业碳减排，减排效果存在不确定性，但碳税的征收可以依托现有的税收征管体制，实施成本较低（庞军等，2021）。碳税与碳交易之间具有很强的互补性，两者可以相互协作，共同控制碳排放。从国际实践来看，目前已经有 40 多个国家（地区）同时实施了碳税和碳交易，它们正在积极探索碳税与碳交易的协调机制，以强化碳减排政策的效果。

当前鉴于碳交易机制符合多方利益权衡的需要，碳交易在我国已先行一步。从 2011 年开始，我国先后在部分省、市启动了碳排放交易试点，2021 年 7 月全国碳排放权交易市场正式启动。但是考虑到碳交易覆盖的行业范围较小，而且可能存在的碳泄漏问题，为形成所有行业、企业共同减排的良好局面，在时机成熟时，我国可以适时考虑引入碳税制度。在确定引入碳税后，就要认真处理好碳税与碳交易的关系。笔者主张将两种手段协调使用，具体的协调机制可以这样考虑：2030 年碳达峰之前，碳交易在碳资源配置中发挥决定性作用。2060 年碳中和之前，应当构建起碳交易的市场驱动机制和碳税的政府驱动机制相配合的双轮驱动机制，既让碳交易在实现“双碳”目标的进程中起关键性、主导性作用，同时又让碳税发挥出必要的减排效应，两种碳定价机制优势互补、协同推进，以共同实现“双碳”目标。

其四，正确认识和把握碳边境税的挑战。

当前国际经济秩序调整进入规则竞争阶段，以绿色为特征的国际经济新规则正密集出台。近期，欧盟委员会通过了一揽子应对气候变化的立法建议，其中包括建立欧盟“碳边境调节机制”（Carbon Border Adjustment Mechanism，CBAM）。根据这一机制，欧盟拟对水泥、钢铁、电力、化肥、铝五类商品征收碳关税。根据规划，欧盟将 2023—2025 年作为 CBAM 的缓冲期，2026 年开始全面实施。从 CBAM 对我国经济的影响来看，短期内影响可控，从长期来看，CBAM 可能会对多边贸易产生重大影响。

CBAM 表面上打着解决气候问题的口号，但本质上是一种新型的绿色贸易壁垒，既违反了 WTO 规则，也不符合《联合国气候变化框架公约》及其《巴黎协定》的原则和要求，助长了单边主义、保护主义，极大伤害了各方应对气候变化的积极性。笔者认为，当前我国应对 CBAM 可以采取以下策略：首先，我国应对 CBAM 背后的贸易保护主义进行必要的反制，增强我国在国际贸易规则制定中的话语权，维护发展中国家在国际贸易规则中的公平正义。其次，我国要完善碳定价机制，提高碳排放成本，从而规避 CBAM 的管制，将外流的税收纳入我国财政收入中，以支持我国的绿色发展。最后，从某种程度上来看，CBAM 可以倒逼高耗能、高排放企业加大研发创新，促进产业结构升级。我国可以以 CBAM 的实施为契机，抓紧探索绿色税收制度构建，以绿色税收来促进国内产业绿色转型，引导更多的资源投向新能源领域。

三、“双碳”目标下的绿色税收制度构建是税收现代化的重要内涵

2021 年全国税务工作会议以“六个一以贯之”来总结党的十八大以来我国税收现代化建设的宝贵经验。“双碳”目标的提出把我国绿色发展之路提升到了新的高度，成为未来几十年内我国经济社会发展的主基调之一。税

收将继续主动引领“双碳”目标，继续以“六个一以贯之”的精神，将“绿色”作为税收现代化建设的一个重要目标推进下去，其基本内涵包括四个方面：

其一，要对我国现行绿色税收体系有一个客观评价。

当前我国已构建起以环境保护税为主体，以资源税、消费税、车辆购置税为重点，以增值税、企业所得税、耕地占用税、车船税、城镇土地使用税等税种为辅助，涵盖资源开采、生产、流通、消费、排放各个环节的多税种综合施策的绿色税收体系。现行绿色税收制度体系虽然在促进资源节约、节能减排、环境保护等方面发挥了重要的作用，但距离匹配“双碳”目标的绿色税收体系还有一定差距，例如，环境保护税的征收范围是水污染物、噪声、固定废物、大气污染物等，消费税的征收范围包括成品油、摩托车、小汽车等，资源税的征收范围包括煤炭、原油、天然气等，但是从碳排放的角度来看，上述三个税种都没有专门针对碳排放征收，税收收入与碳排放之间没有直接关系，税收对碳排放的调控作用难以发挥。因此，必须从实现“双碳”目标出发，基于中国特色税收体系来发展完善我国的绿色税收体系。

其二，要进一步完善和发展现代化绿色税收制度体系。

根据党的十九大提出的“深化税收制度改革，健全地方税体系”的要求，结合“双碳”目标，做好绿色税收制度的设计和规划，发挥税收支持绿色发展的功能。笔者认为，我国绿色税收制度体系建设应当立足国情和发展阶段，循序渐进、分步实施，围绕“双碳”的两个阶段性目标进行建设：第一阶段目标是2030年实现碳达峰，税收要在鼓励低碳产业、清洁能源发展上发挥重要的作用，通过税收优惠政策来激励高碳企业加大技术改造。第二阶段目标是2060年实现碳中和，这个阶段的主要任务是建立和完善绿色税收制度体系，包括对环境保护税、消费税、资源税等“多税共治体系”的完善，并根据经济形势和碳减排的需求择机开征碳税。具体说来，要特别关注以下四个方面。

一是要进一步扩大环境保护税的征收范围。在考虑碳减排的因素下，应适当扩大环境保护税的征收范围，主要考虑五个方面的内容：第一，通过在环境保护税中增设“二氧化碳”税目来实现碳税的征收，将在生产消费过程中产生二氧化碳的化石燃料纳入征税范围，主要包括煤炭、成品油、天然气等。根据“渐进次优”的思想，在开征初期，仅对二氧化碳排放征税，待制度较为成熟，征管经验丰富时，征税范围可以扩大到甲烷、氢氟碳化物、全氟碳化物等温室气体。第二，将碳排放达到一定标准但没有进入碳交易市场的所有主体都纳入碳税征收范围。考虑到征管成本因素，在碳税开征初期，仅在生产环节征收，待制度成熟后，可以考虑将征收环节由生产环节扩展到消费环节，将企业和个人都纳入征税范围。第三，碳税税率的设计要考虑纳税人的负担能力，同时还要考虑减排目标，借鉴北欧国家的税率形式，采用从量计征的定额税率；在碳税开征初期，考虑到我国发展不平衡的因素，应根据不同地区、不同行业、不同能源制定差异化的税率标准；为避免对经济增长及相关产业带来较大的负面影响，税率在开征初期不宜过高，待制度成熟后，逐步适当地提高税率标准；考虑到我国能源分布不均衡、地域经济发展差异大等实际情况，采取纵向授权的做法，赋予地方一定的税收立法权，允许地方政府根据当地的实际情况确定具体税率标准。第四，通过税收优惠来鼓励企业使用新能源、清洁能源，致力于低碳技术的开发和利用；为避免对能源密集型行业造成过大的冲击，对实现碳排放达标的高能耗企业实行退税或减税政策。第五，建立税收返还机制。在征收碳税的同时相应地降低企业所得税或个人所得税的征收，通过将税负由劳动要素转移到资本要素，减少税制的累退性，促进社会公平目标的实现。

二是要完善资源税制度。对化石能源，应根据其二氧化碳含量征收资源税，并相应提高资源税税率。将森林、草原、湿地、滩涂等自然资源纳入征税范围，以体现税收对保护森林资源，增加碳汇的调控力度。

三是要完善消费税制度。为体现税收对绿色消费行为的指引，建议将高耗能、高污染的产品纳入征税范围；提高成品油和燃油汽车、摩托车、游艇的消费税税率；提高木制一次性筷子、实木地板两个税目的税率。

四是要完善节能减排的税收优惠政策。主要考虑六个方面的内容：第一，延续增值税、企业所得税中关于资源综合利用、节能减排和环境保护的优惠政策，扩大《环境保护、节能节水项目企业所得税优惠目录》的范围。第二，将合同能源管理项目的增值税免税政策改为即征即退政策，调动用能单位参与合同能源管理的积极性。第三，鼓励新能源行业的发展，扩大清洁能源发电税收优惠的范围，将水电、风电、核电、太阳能发电、生物发电都纳入优惠范围。第四，鉴于“控煤”是实现减排的关键，建议通过税收优惠政策鼓励和支持煤炭清洁高效利用和新型节能环保技术的开发和利用；第五，制定激励节能减排技术推广、转化和环保产业风险投资的税收优惠政策；第六，完善支持绿色交通发展的税收优惠政策，包括：延续电动车锂电池、太阳能电池等新能源产业的税收补贴；对采用新能源和低碳技术的交通运输企业给予相应的税收优惠；对节能减排的交通物流企业给予税收减免。

其三，要积极构建与不断完善绿色税收征管机制。

绿色税收征管机制是实现绿色税收职能的重要保障。近年来，国家税务总局在构建税收征管现代化方面取得了显著的成效，这些成功的经验可以运用于绿色税收的征收，让绿色税收为实现“双碳”目标保驾护航，这里也提出四点建议。

一是要建立多部门协同征管机制。《中华人民共和国环境保护税法》（以下简称《环境保护税法》）确定了“企业申报、税务主导、环保协作、政府协调”的征管模式，这意味着绿色税制体系的良好运转需要构建一个由税务机关、环保部门、地方政府、其他单位共同参与、分工协作、各负其责、发挥优势的多部门协同征管机制（陈斌等，2016；2018）。这种机制既是维护各方利益的重要举措，也是实现资源整合，规范办税行为的制度创新。协同征管各方应根据法律规定切实履行好各自职责，建立起既相互制约又相互监督的绿色税收征管机制。

二是要建立信息共享机制。信息共享机制是实现绿色税收有效征管的重要技术保障。搭建全国统一的涉税信息共享平台，将税务机关的征管系统和环保部门的监测系统对接，制定统一的涉税信息标准，明确数据采集、传递、分析和利用的规范，形成标准、真实的信息数据库，加强对信息平台的维护，建立平台管理制度，严格评估和考核机制，保障绿色税收征管的稳定性。

三是要借助现代化税收征管工具加强绿色税收的征收管理。充分利用大数据、人工智能、区块链、云计算等现代信息技术加强税收征管。利用大数据对碳排放进行精准掌控，利用区块链对碳足迹进行精准追溯，利用人工智能对碳排放量进行精准监测（曹斯蔚，2021）。借助科技赋能税收征管，实现绿色税收征管的智能化、数字化。

四是要优化纳税服务提升征管效率。根据“征管纳服统一体系”的要求，探索绿色税收的征管与纳服相融合的征管模式。在优化纳税服务的过程中实施税收征管，在税收征管的过程中体现纳税服务，共同促进绿色税收征管质量和效率的提升，全面实现绿色税收制度的政策目标。

其四，要加强绿色税收的国际协调与合作。

从国际税收的角度来看，绿色税收带来了国际税收协调与合作的契机。截至2021年6月，全球已经有127个国家和地区宣布碳中和目标，绝大多数国家和地区承诺将在2050年前实现这一目标，为此，这些国家和地区纷纷运用税收工具来实现碳中和目标，我国应以实现“双碳”目标为契机，加强与各国的绿色税收协调与合作，从而营造有利于我国绿色发展的外部环境，这里也有三点建议。

一是要积极推动全球绿色规则的制定。做好“双碳”工作，我们要坚持“以我为主，贡献方案”的思路，秉持“共同但有区别的责任”原则、公平原则和各自能力原则，高度关注并积极参与全球绿色规则的制定，提高我国在全球绿色规则制定中的话语权和影响力，推动建立一个更加公平合理、合作共赢、稳定协调的全球气候治理体系，为构建人类命运共同体、共建清洁美丽世界作出贡献。

二是要加强碳税的国际协调与合作。在使用碳税作为气候治理的重要手段时，要特别注意防范碳税的“碳泄露”现象，即单一国家征收碳税的减排效应会被没有征收碳税国家的碳排放抵消。在这种情况下，即使一个国家完成了碳减排目标，但是由于“碳泄露”现象的存在，全球的碳排放量仍然可能会增加。对于大气这种高流动性、无边界的国际公共产品的供给，只能依靠国际合作和协调才能得以保障。因此，我国应与周边国家签订碳税双边或多边协定，通过碳边境税调整来解决“碳泄露”问题，特别要用好“一带一路”税收征管合作机制，分享绿色税收的成功经验和最佳实践，共同提升税收征管水平，协调解决税收争议，加强税收政策沟通与征管协作，推动全球绿色税收体系向着更加公平、透明、现代化的方向发展。

三是要主动应对欧盟碳边境调节机制（CBAM）。在当前“逆全球化”升温的条件下，CBAM作为新型的绿色贸易壁垒已成为贸易保护的重要手段。因此，我们一方面要研究如何通过主动实施绿色税收制度进行减排，以有效应对欧盟碳关税的威胁；另一方面要着手研究我国的碳边境税调整机制，以保护国内低碳转型企业的发展。在税收政策运用上要坚持境内税与边境税的“双税联动”（邓力平等，2021），既在参与国际治理中适当维护国内产业发展的竞争力和安全性，又可以获得对等的谈判权和主动的话语权，与欧盟形成对等约束关系。只有通过境内税与边境税的配套协调与良性互动，才能统筹内外两个大局，展现税收服务高质量发展的时代作为。

第四节　健全地方税体系的分析框架：理论原则与运用实例

健全的地方税体系是地方提供公共产品的财力保障，是税收治理现代化体系的重要基础，而地方税体系的健全又是建立现代税收制度、厘清中央和地方政府财政关系等财税体制改革的组成部分。党的十九大以来，党和国家一直将“健全地方税体系”作为“深化税收制度改革”的重要落脚点。党的十九届五中全会在“十四五”规划和2035年远景目标建议中更是将“健全地方税体系”放在“完善现代税收制度”的首要位置，凸显了新发展阶段中此项改革对实现中国特色税收治理现代化的关键性作用。国内学者围绕这一主题已经进行了广泛的研究，有的针对税制结构调整、地方税种选择，乃至央地分成比例等提出了颇具建设性的方案，这里不予赘述。本节结合当前全面开启社会主义国家现代化新征程的时代背景，基于“既有共性、更有个性”的思路，提出一个中国特色地方税体系健全的理论分析框架，主要体现为“一个坚持、两个必须、一个可以”，即坚持“党管税收”和“税收为民”的高度统一；必须以“财税联动”为原则，注重地方税体系健全与央地财政关系改革协同推进；必须以“完善税制”为导向，实现健全地方税与直接税体系双重目标；可以将“房地产税试点”作为契机，加速地方税体系健全进程。并且，本节以南方某市为例，运用该分析框架分析了该市健全地方税体系的路径选择，以期从理论建设与运用实例相结合的角度为中国特色地方税体系健全之路提供启示。

一、“既有共性、更有个性”，走好中国特色地方税体系健全之路

作为中国税收理论研究者，笔者一直以构建中国特色社会主义税收理论体系为己任。从笔者提出的中国特色社会主义税收“四位一体”分析框架，“五大特征”的描述，到中国特色社会主义税收系列观等理论探索，笔者始终坚持“共性”与“个性”相结合来研究中国特色社会主义税收，从制度安排制约下的资源配置方式变革角度来研究“前无古人的社会主义市场经济”下的税收定位①，简言之，就是坚持“既有共性、更有个性”的基本判断。将这一思路运用到中国地方税体系健全这一重要任务上，这里“共性”

---

① 邓力平．资源配置方式变革中的人民税收［J］．税务研究，2019（10）：5－14.

就是强调市场经济资源配置方式对地方税体系构建的一般特征，而更重要的“个性”研究强调的则是我国制度安排与市场经济结合对地方税体系建设的特定要求。这里强调两个方面。

其一，基于对我国税收“更有个性”的认识，必须坚定走中国特色社会主义地方税体系健全之路的信念。理由有三：首先，由于世界各国、各地区在政治体制、经济制度、历史文化、社会人口等方面存在“个性”差异，所以地方税体系的健全没有标准化的模式，想要沿着发达国家曾走过的道路来健全中国地方税体系是行不通的。一国税制的选择不仅受政治制度影响，还受历史因素制约，即使是像德国和日本这样的中央集权国家，由于历史文化和社会结构的不同，地方税体系构建之路也不尽相同，中国也无法复制它们的地方税体系建设道路。其次，蓬勃发展的数字经济正在打破全球税收的旧格局，连西方发达国家也都在积极寻求税收新标准和建立税收新秩序。也就是说，即使现实中可能的参照系也因为数字经济发展而不再具有现实基础（杨志勇，2021）①，我国地方税体系的健全必须在数字经济等新背景下结合中国实际走出自己的道路。最后，也是最核心的原因是制度所决定的税收本质属性不同，这对于我国地方税体系健全有着鲜明的制度要求。近年来，笔者陆续总结了改革开放四十年、新中国成立七十年、中国共产党百年历史等重要进程中的我国税收发展，探索提炼出关于我国税收本质属性与基本定位的一些表述，这些属性和定位决定了我国地方税体系构建一定会与西方资本主义市场经济下的地方税收体系所追求的目标有异。党的十九届四中全会对中国特色社会主义制度和国家治理的深刻内涵进行了全面总结，为我们在实践中形成中国特色税收理论奠定了制度基础，也要求我们在研究地方税体系健全的具体内容前必须有明确的理论框架与方向把握。

其二，原样照搬行不通，但有益的借鉴是健全地方税体系少走弯路的重要条件。市场经济资源配置方式都有共通之处，这就是对税收“共性”的把握。尤其是在新税制的设计上，可以充分借鉴西方发达国家的税制发展历程，汲取它们的经验教训，这有助于我国在地方税体系健全上少走弯路。但笔者这里特别强调的是借鉴要审慎。以房地产税税改革为例，学术界已有不少对世界典型国家的房地产税现状与沿革进行总结的文章和针对我国房地产

① 杨志勇．以有效提供地方公共服务为中心：从健全地方税体系到健全地方政府融资体系[J]．国际税收，2021（09）：20－25．

税税制设计提出的各种建议。其中，有的学者已经意识到这一点，认为这种“共性”的借鉴必须审慎、严谨，不能生搬硬套。例如，任强等（2021）根据对美国特定州地方税实际进行的分析，得出了该州房地产税的统筹层级过低加大了地区间财力差异与公共服务地区差异化现状的结论①，认为中国在借鉴美国房地产税税制设计上要特别审慎。的确，我国房地产税是加强对高收入进行规范和调节的重要手段，旨在促进共同富裕和解决发展不平衡不充分的主要矛盾。所以我国在这一税制设计时，要特别注意权衡地区财力差距和“受益税”属性之间的关系，不能照搬美国模式。总之，健全我国地方税体系既要放眼国际，借鉴他国或地方的可取之处，同时也要兼顾我国具体国情和地方现状，进而设计出一套实用且高效的中国特色地方税体系健全方案。

二、健全地方税体系必须坚持“党管税收”与“税收为民”的统一

基于上述基本判断，笔者在此提出一个具有中国特色的健全地方税体系的分析框架。在这一框架中，摆在首位的就是必须坚持“党管税收”与“税收为民”的统一。“党管税收”与“人民税收”是笔者近年来提出的中国特色税收理念的核心思想，这两者的内在统一是我们推进地方税体系建设的最重要理论基础与方向引领。

其一，“党管税收”是健全地方税体系的根本指引。近年来，笔者在从“党领导一切”到“党管经济”的逻辑体系中提出了“党管税收”的重要理念，并将中国特色社会主义税收归结为“党管税收、税收为党、税收为民、税收为国”的基本定位。这一基本定位既是回顾往昔总结党指导税收工作一路前行的重要经验，更是鉴往知来完善我国现代税收制度必须把握的基本准则，当然对于健全地方税体系也具有重要指导意义，是我们研究健全地方税体系相关问题的理论原点。只有坚持“党管税收”，才能以党的全面领导作为我国税收发展的最大优势，才能以“全国一盘棋”的格局，统筹稳定宏观税负、协调事权划分、完善转移支付等其他相关领域改革，推进地方税体系的建设进程。这是地方税能够进一步实现“税收为党”“税收为民”“税收为国”职能作用的必要前提，是健全地方税体系能够交出成功答卷、克服困难持续向前的重要制度保障。回顾党的十八大以来地方税体系建设的定位和

---

① 任强，马海涛，孙陶沙，张平，邵磊．美国加州第十三号提案及对我国未来房地产税政策的启示［J］．山东财经大学学报，2021（11）：12－22＋44．

布局，充分显示了党对地方税体系建设的运筹帷幄。党的十八大报告明确要求“构建地方税体系”，这是在“营改增”拉开大幕背景下，对地方税体系变化趋势的审慎把握。落实到党的十八届三中全会《关于全面深化改革若干重大问题的决定》中，地方税体系被冠以“完善”的目标，体现出我们对新时代地方税和地方税体系认识的进一步深化，不再停留在过去狭义的地方税范畴来解决问题。时隔三年之后，“营改增”顺利铺开，资源税脱胎换骨，一系列税制改革成果斐然。而此时党的十九大报告中对地方税体系的要求已经升级为“健全”二字，其深意可解读为不仅要做到体系完善，还要实现机制健全，才符合深化财税体制改革“建立现代财税体制”的要求，才能充分适应国家治理体系与治理能力现代化目标下税收治理现代化的需要。党的十九届五中全会通过的《十四五规划建议》中“健全地方税、直接税体系”的提法开篇明义地指明了地方税体系的改革路径，为新阶段地方税体系的研究提供了重要思路。认真学习和把握中央对健全地方税体系的总体部署和改革方针，是我们开展地方税理论和实务研究的根本指引，也是我们实践中不断总结和创新的启迪明灯。

其二，“税收为民”是健全地方税体系的根本宗旨。笔者近年来反复强调“人民税收”理念，并将其特定内涵表述为“党管税收”统领下的“为民收税、向民收税、为民轻税、为民改革、为民服务、为民用税”六大方面，实际上体现的就是“税收为民”导向。古今中外，任何国家的税收都与国家相联系，我国是人民当家作主的社会主义国家，对应的税收从来都是社会主义国家税收，人民共和国的定位从来都要求我国税收应该具有鲜明的“人民性”，“取之于民，用之于民”从来都是财政税收一切活动必须坚持的本质属性。健全地方税体系也必须以“税收为民”作为根本宗旨，这既是我国税收“人民性”的集中体现，也是市场经济下提高资源配置效率的必然要求。地方政府最接近群众，在了解和把握人民的实际需求上更具信息优势，尤其在我国不平衡不充分的发展现状下，不同发展水平和不同地区特征下的人民需求往往呈现出多样化的特点，而这些需求和特点恰恰是地方政府制定政策和出台措施的重要依据。健全的地方税体系不仅能为这些政策和措施提供重要的财力保障，做到“为民收税、向民收税、为民用税”，而且还能通过“为民轻税、为民改革、为民服务”激励地方政府做好地方经济调控和社会建设，提升地方治理水平，加速构建双循环新发展格局，从而不断增强人民群众的获得感、幸福感、安全感。

其三，健全地方税体系必须坚持“党管税收”与“税收为民”的高度统一。这是因为“党管税收”与“人民税收”本质上是完全一致的，而我们要研究的是如何在地方税体系健全中落实落细这一基本原则。多年来，我国财税工作事实上都在坚持和践行“党管财税”与“人民财税”理念的统一，都在探索将两者有机统一的具体载体。迈入新征程，我们坚定发挥这一统一在落实“十四五”规划、深化财税体制改革、推进财税治理现代化中的统领性作用，持续践行、不断强化。在健全地方税体系的道路上，我们必须以“党管税收”来确保“税收为民”之基本性质与发展方向，并坚守中国特色社会主义地方税体系“取之于民、用之于民”的人民立场，将人民利益摆到《十四五规划建议》提出的“健全地方税、直接税体系”要求中去落实。以提升地方政府治理现代化为契机，充分发挥地方税对地方治理的“基础性、支柱性、保障性作用”，助力解决人民群众“急难愁盼”问题，不断健全为人民执政、靠人民执政的制度安排，进而在地方税层面上，也实现“党管税收”与“税收为民”的高度统一。

三、健全地方税体系应当遵循的三个原则

在“党管税收”与“税收为民”高度统一的前提下，笔者这里提出中国特色健全地方税体系分析框架应该遵循的三个工作原则，也可以称之为“二个必须、一个可以”。

其一，必须以“财税联动”为原则，把握地方税体系健全与央地财政关系改革的协同推进。税收制度现代化是国家治理体系和治理能力现代化的重要组成部分，也是其基础和前提。税收制度既是正确处理政府和市场关系的重要手段，更是协调中央和地方之间财政关系的核心机制。从党的十八届三中全会以来，地方税体系和央地间事权与支出责任的划分一直都是深化财税体制改革、建立现代财政制度，乃至建立现代财税体制的重要着力点。《关于全面深化改革若干重大问题的决定》更是明确要求“保持现有中央和地方财力格局总体稳定，结合税制改革，考虑税种属性，进一步理顺中央和地方收入划分”①，将包含地方税在内的税制改革和央地财政关系紧密联系在一起。新中国成立以来，在协调中央与地方的财政关系方面，税制改革大多发挥了重要作用。例如，1994 年分税制改革立竿见影解决了财政收入占 GDP

---

① 中共中央关于全面深化改革若干重大问题的决定［N］. 人民日报，2023-11-16（001）.

和中央财政收入占全国财政收入两个比重过低的问题，形成了稳定的财政收入分配机制，为近三十年来中国社会发展和经济腾飞提供了坚实的财力保障。这就是笔者之所以长期强调“财税不分家、财税有分工”的理念源泉之一。当前，站在全面建设社会主义现代化国家的新征程中，以中国特色财税治理现代化来“一体把握、协同推进”地方税体系建设和中央与地方事权与支出责任划分改革，既是对财税相互作用的深刻认识，也是对财税职能定位的清晰把握。笔者认为，健全地方税体系不仅要与收入划分联动，还要在制度设计的源头上综合考虑中央和地方事权与支出责任划分的总体布局，并结合转移支付制度的改革趋势，通过完善税制，加强税收征管，从而为地方政府治理现代化提供财力保障和调控手段。反过来，央地财政关系的深化改革也必须借助地方税体系的健全和地方财力可持续发展来统筹设计。要着眼于中国特色财税治理现代化和地方政府治理现代化来健全地方税体系，实现地方税体系与地方财政体制多维度协同改革。例如，健全地方税体系要充分考虑税费结构的平衡，并实现与地方债的协同发展。尤其要厘清税收、非税、地方债各自的职能，优化税费结构，加强地方债务管理等。

其二，必须以“完善税制”为导向，实现健全地方税与直接税体系双重目标。党的十九届五中全会为“十四五”规划和2035年远景目标描绘了宏伟蓝图，对新征程的税制改革提出了明确要求。其中，“健全地方税、直接税体系”作为“完善现代税收制度”的首要内容，为税收治理现代化指明了方向。笔者认为对这一任务的理解，首先可以从“健全地方税体系”和“健全直接税体系”两个维度来把握，并按照已经运作或确定运作的方向与方案稳中求进地贯彻实施①。在健全地方税体系方面，既要完善培育地方稳定税种，扩大地方财源，又要建立健全地方税税制，理顺税费关系。目前学术界呼声较高的后移消费税征收环节并稳步划归地方的做法有关部门已在慎重研究，加快扩大水资源税改革试点也在有序推进，这些措施一定程度上都能壮大地方财源，发挥引导绿色消费、培育绿色经济的宏观调控职能。在健全直接税体系方面，可以从完善地方专属直接税种和提高直接税的地方分成比例两方面入手。从税制原理上来看，房地产税、遗产税是天然的地方专属直接税税种，学术界对此已经有大量的研究；个人所得税和企业所得税作为直接税的重要组成部分，适时提高地方分享中央地方共享税这个“大蛋糕”

---

① 邓力平．新发展阶段与建立现代财税体制［J］．经济理论与经济管理，2020：（12）：4－12.

的比例也是扩大地方财源的思路之一。这些改革方案为下文的案例研究提供了重要思路，也为健全地方税体系的路径选择提供了有力支撑。此外，笔者在这里还要着重强调，我们更应关注的是“健全地方税、直接税体系”这种“顿号隔开、税系并列”的提法。在《十四五规划建议》中关于税制改革的一句完整表述中，分两处提及直接税内容，虽然侧重点不同，但将地方税和直接税一并加以提及的要求必须认真领会。第一，这种提法中必须考虑其关联乃至重合部分，即既要有利于健全地方税体系，又要有利于完善国家的直接税体系。通过对一些直接税税种的改革设置并将其作为地方税体系的组成部分，就有望达到“一石二鸟”之效果。第二，这种地方税、直接税并提的地方税体系改革，更加强调地方税要在调节收入再分配方面发挥突出作用，通过在地方税体系中设置某些税源流动性较小，收入调节能力较强的税种，实现十九届四中全会对税收“强化税收调节，完善直接税制度并逐步提高其比重”的改革定位。这也是把握新发展阶段、贯彻新发展理念、构建新发展格局对税制改革的必然要求，更是中国特色社会主义税收“税收为民”的直接体现。“我们正在向第二个百年奋斗目标迈进，适应我国社会主要矛盾的变化，更好满足人民日益增长的美好生活需要，必须把促进全体人民共同富裕作为为人民谋幸福的着力点”,① 这必然对充分发挥税收的精准调节功能提出了更高要求。2021 年 8 月 17 日，习近平总书记在中央财经委员会第十次会议上对在高质量发展中促进共同富裕作出部署，其中在“加强对高收入的规范和调节”部分明确提出，“要合理调节过高收入，完善个人所得税制度，规范资本性所得管理。要积极稳妥推进房地产税立法和改革，做好试点工作。要加大消费环节税收调节力度，研究扩大消费税征收范围”②。习近平总书记的讲话为新阶段税制改革指明了方向，不仅要适应市场经济国家体制机制的健全完善，即匹配国家治理现代化的要求，更要践行“税收为民”的“以人民为中心”的发展理念，把促进全体人民共同富裕作为“为民收税、向民收税、为民用税”的着力点，从健全地方税、直接税体系改革入手，充分发挥税收的基础性、支柱性、保障性作用，统筹各方向着实现第二个奋斗目标共同迈进。

---

① 在高质量发展中促进共同富裕 统筹做好重大金融风险防范化解工作 [N]. 人民日报，2021－08－18（001）.

② 习近平．扎实推动共同富裕 [J]. 求是，2021（20）。此文是习近平总书记 2021 年 8 月 17 日在中央财经委员会第十次会议上讲话的一部分。

其三，可以将“房地产税试点”作为契机，加速地方税体系健全进程。紧随习近平总书记“扎实推动共同富裕”一文刊发，中央政府加快落实健全地方税、直接税体系的部署安排。2021 年 10 月 23 日召开的第十三届全国人民代表大会常务委员会第三十一次会议作出决定，授权国务院在部分地区开展房地产税改革试点工作。决定中明确指出，“试点地区的房地产税征税对象为居住用和非居住用等各类房地产，不包括依法拥有的农村宅基地及其上住宅。土地使用权人、房屋所有权人为房地产税的纳税人。国务院制定房地产税试点具体办法，试点地区人民政府制定具体实施细则。授权的试点期限为五年”①。这一决定意义重大，迈出了健全地方税体系关键性的一步，不仅充分体现了我国税收“党管税收”下“税收为民”的本质属性，而且严格践行了“立法先行、充分授权、分步推进”的改革原则，为新阶段探索税收治理现代化道路提供了标杆模式。笔者这里有两点重要体会。

一是“房地产税试点”可以视为“党管税收”和“税收为民”统一的集中体现。从税制属性来看，房地产税不仅对地方税制体系建设有重大作用，而且对促进社会公平、调节房地产市场和完善宏观税制结构等方面具有深远意义。第一，房地产税的征收符合受益原则，政府为房地产所有者提供了各种服务和保护，房地产所有者理应支付一定的费用。第二，房地产税的税基具有非流动性、地域性特征，地方政府在该税种的信息掌握上具有天然优势。第三，房地产税一般是按价值课税，虽然弹性较小，但税源较为充足，地方政府易取得稳定的税收收入。第四，房地产税税是衡量纳税人纳税能力的重要指标，房地产税与商品劳务税相比，税负较难转嫁，有利于缓解分配不公的问题，从而缩小贫富差距。此外，还应看到，我国目前房地产税税制体系具有明显的“重交易、轻保有”的特征，房地产税的开征一定程度上能够增加房地产保有环节的税负，抑制房地产的投机行为，加强地方政府对本辖区房地产市场的调控能力。随着全面建成社会主义现代化国家新征程的全面开启，经济社会发展不平衡不充分的问题亟待破解。可以说，此次试点正是党中央为“十四五”开好局起好步，在税收方面作出的重大部署，也是为了实现第二个百年奋斗目标走向共同富裕，充分发挥税收“精准调节”作用的有益尝试，是“党管税收”和“税收为民”的集中体现。

---

① 全国人民代表大会常务委员会关于授权国务院在部分地区开展房地产税改革试点工作的决定［N］. 人民日报，2021-10-24（001）.

二是此次“房地产税试点”是“党管税收”“税收为民”指引下遵循“税收法定”原则的税收治理典范。从2011年上海、重庆的率先试点至今已经十年有余。一方面房地产税的改革与国家宏观经济形势紧密联系，另一方面又与人民群众千家万户息息相关，所以每一步改革都走得慎之又慎。从党的十八届三中全会提出“加快房地产税立法并适时推进改革”以来，国家有关部门一直在“立法先行、充分授权、分步推进”的原则下“积极稳妥地推进房地产税立法和改革”。2021年10月23日，作为最高国家立法机关常设机构的人大常委会作出的这项决定，其法律依据正是2015年修订《中华人民共和国立法法》（以下简称《立法法》）时在第八条中新增的内容，即“税种的设立、税率的确定和税收征收管理等税收基本制度”这类事项只能通过制定法律来加以规定。另外，《立法法》还规定对该事项“尚未制定法律的，全国人民代表大会及其常务委员会有权作出决定，授权国务院可以根据实际需要，对其中的部分事项先制定行政法规”“授权的期限不得超过五年”①。结合此次房地产税试点决定可见，这种授权“由国务院制定房地产税试点具体办法，试点地区政府制定具体实施细则”的方式充分考虑了我国“人大根本政治制度”“全国一盘棋”和“调动两个积极性”等制度性安排特征，也考虑了税收实现特定职能的有效性，赋予了试点地区地方政府在人大框架内实施税收调控和实现收入增长的权力，有机调和了税收改革的不确定性与税收法定的确定性之间的冲突与矛盾，是“党管税收”“税收为民”“税收法定”的有机载体。其实，早在2015年习近平总书记就曾经指出②“法是党的主张和人民意愿的统一体现，党领导人民制定宪法法律，党领导人民实施宪法法律，党自身必须在宪法法律范围内活动，这就是党的领导力量的体现。”③ 在健全地方税体系过程中，完善税制必然伴随着新税种的开征和旧税种的改革，税收立法工作是重中之重，我们必须遵循“税收法定”程序，在“党管税收”和“税收为民”的基本定位下，不断健全地方税、直接税体系，从而为推进税收治理现代化展现新作为、贡献新力量。

---

① 中华人民共和国立法法［EB/OL］. http://www.gov.cn/xinwen/2015-03/18/content-2835648.htm.

② 2015年2月2日，习近平在省部级主要领导干部学习贯彻党的十八届四中全会精神全面推进依法治国专题研讨班上的讲话。

③ 领导干部要做尊法学法守法用法的模范 带动全党全国共同全面推进依法治国［N］. 人民日报，2015-02-03（001）.

四、地方视角下健全地方税体系的路径选择：实例分析

从上文的理论阐述和原则分析可知，本节提出的健全地方税体系分析框架可以归纳为“一个统一、两个必须与一个可以”，即坚持“党管税收”和“税收为民”统一的基本定位，必须以“财税联动”为原则，必须以“完善税制”为导向，可以将“房地产税试点”作为契机。通过这样一种思路，我们就能稳中求进地走出一条中国特色的地方税体系健全之路，就能在主体税种培育、直接税比重提高、央地税收划分和地方税权建设等方面统筹推进这一进程。

分析框架的提出旨在为实践提供一定的理论佐证与实践启示。长期以来，我国的税收立法权高度集中于中央，地方仅享有部分的税收收益权和征管权。这一税权划分现状决定了我国健全地方税体系必须要从中央和地方两个层面双管齐下形成合力。一方面，由中央政府主导，深化增值税、消费税、所得税等税制改革，根据央地事权和支出责任划分改革的需要，适时调整共享税地方分成比例，后移消费税征收环节，从而在“财税联动”中平衡央地税收划分，进一步提高地方税、直接税的比重，向着“完善税制”的目标不断迈进。另一方面，作为地方政府，也应该在中央“积极稳妥推进健全地方税体系改革，扩大地方税权”的同时，主动探索适合本地地方税体系建设的路径，有的放矢地向中央争取有利政策。毫无疑问，这一路径的选择必须以对本地经济、社会、人口、产业现状充分把握为基础，再结合地方财政收支、地方税收入规模和结构等情况因地制宜、因城施策。

为增强本分析框架在实践中的说服力，笔者以南方某市为例来具体分析其地方税体系健全的路径，研究地方层面在中央统一领导与布局下的实践探索[①]。自 1978 年改革开放以来，随着经济社会不断发展，该市的 GDP 到 2020 年已增长 300 余倍（剔除价格因素），产业结构也发生质的变化，第三产业已然成为该市经济发展的支柱性产业，第三产业中尤其是房地产业发展最快，仅次于金融产业，贡献了第三产业税收收入的 26.78%，成为第三产业税收收入的重要支柱。正是这样的产业结构导致“营改增”以后，该市地方主体税种缺失，地方专享税规模小、直接税比重低、地方财政收支比例不

---

① 这是笔者运用中国特色健全地方税体系分析框架对南方某市调研分析的结果，鉴于可以理解的原因，本部分的数据以相对数表示。

断下滑的现状。在市级地方政府缺乏税收自主权的制约下，该市的地方税体系健全亟需从主体税种培育上寻求突破。

所谓主体税种，即在一国的税收体系中占据主体地位，起主导作用的税种。一般意义上，学术界认为主体税种应当具备比重大、影响大、税源稳定的特点。但当前我国地方税体系中大多数专享税的收入规模较小，各专享税种均难以独自承担主体税种的职责。因此确定主体税种应该在税源稳定的前提下，更多地考量税收的调控功能，即地方主体税种要能够对当地经济发展、市场运行具有较显著的调节作用，能够更好地配合国家政策实施宏观调控。笔者利用相关数据，按照中央已经运作或确定运作的方向与方案，分别测算了税改对该市地方级消费税和个人所得税收入的规模影响，以及开征房地产税所能够带来的增收效应（限于篇幅，测算过程这里不作具体阐述）。综合各税种测算结果，笔者认为，短期内该市消费税增收有限，个人所得税稳定性不足，将房地产税作为主体税种的可行性较高，具体分析如下：

首先，消费税增收有限。为确保中央与地方既有财力格局稳定，2019 年 9 月 26 日国务院颁布的《实施更大规模减税降费后调整中央与地方收入划分改革推进方案》中明确提出“存量归中央，增量归地方”的消费税改革原则。按照这一原则进行测算，即使将该市消费税贡献最大的三类消费品——烟、成品油、小汽车的课税节点后移至零售环节，但受人口规模制约，后移能给该市带来的地方本级税收收入增幅小于 2%，也不足以支撑消费税承担地方主体税种的职责。

其次，个人所得税稳定性不足。虽然该市个人所得税的收入规模在地方税体系中占比相对较高，但其中 70.8% 来源于财产转让所得，工资、薪金所得税不足 1/3。再加上该市的财产转让所得主要与股权转让相关，容易受市场波动的影响，最终导致该市个人所得税收入整体稳定性较差，个人所得税也无法成为该市的地方主体税种。

最后，房地产税可行性较高。作为全国房地产市场最为活跃的城市之一，该市拥有良好的征税条件和丰富的税源基础。如果该市进行房地产税试点，按照上海和重庆的征收方案进行测算，估计将给地方级税收收入带来最低两成以上的增长。而且从长期来看，对房地产在保有环节进行征税，取得的税收收入相对于交易环节更为稳定持续，能够持续有效地增加地方税源，充实地方财力。再结合房地产税调节贫富、调控经济的功能，可以预见，该市把房地产税打造成为地方主体税种完全符合党和国家确立的“健全地方税、直接税体系”“合理调节过高收入”多重目标要求，是该市完善税制、培育地方主体税种的最佳选择。

在这一目标指引下，笔者建议该市在坚持中央集中统一领导的前提下，积极备战房地产税试点，做好各种可能性下的准备和预案。一旦中央明确该市试点，市政府和市税务局要按照中央和省级政府的要求迅速启动新税制的开征进程，短期内旨在优化征管流程，健全税制体系；在远期规划上，随着房地产税收入规模的上升，待改革时机逐渐成熟时，该市还可以考虑将诸如房产税、城镇土地使用税、契税、土地增值税等与房地产相关的税种进行适当整合，统一纳入房地产税范畴，并逐步将其确立为地方主体税种，进一步发挥其组织收入和宏观调控的积极作用，提高地方直接税比重，完善地方税体系。如果首批试点该市未能入围，也不能就此放弃，应该利用好后发优势，在充分学习和汲取试点地区经验的基础上，不断调整和完善本市的改革方案，争取少走弯路，更好地发挥房地产税的各项职能。尤其要在完善相关配套措施上做到万无一失，比如落实财产登记制度，建立纳税人信息部门间共享系统、优化纳税人申报制度等。

通过以上对南方某市的具体分析，笔者尝试运用本节提出的中国特色地方税体系健全的分析框架，分析并选择适合该市实情的健全地方税体系路径，既希望为特定城市地方税体系健全给予一定智力支持，也希望能为全国各地的地方税改革提供可行的方案借鉴，共同为走出中国特色地方税体系健全之路作出贡献。

第五节　中国特色财税治理现代化论析

当前，我们面临的是中华民族伟大复兴之战略全局和世界百年未有之大变局的交织，面临的是基本实现社会主义现代化阶段目标与全面建成社会主义现代化强国最终目标的同步，国家治理现代化任务十分紧迫，自然要求深化财税体制改革来支持社会主义现代化事业发展，与时俱进地展现财税服务政治经济社会大局的职能作用，为国家治理现代化夯实财税基础。由此，本节以党的十九届五中全会精神为引领，锚定“十四五”规划和2035年远景目标，将中国特色社会主义财税同推进国家治理现代化紧密联系起来，在理解把握国家治理现代化时代内涵的基础上，重点考察在全面建设社会主义现代化国家新征程中推进财税治理现代化的特定要求，站在统筹内外两个大局的高度来发挥财税理论与实践在国家治理现代化中的作用。

一、把握中国特色国家治理现代化的时代内涵

新中国成立以来，我国始终围绕现代化发展这一目标进行战略布局，力求走出一条具有中国特色的社会主义现代化道路。新中国成立之初就明确了“四个现代化”战略目标，从1956年党章中指明“使中国具有强大的现代化的工业、现代化的农业、现代化的交通运输业和现代化的国防”①，到1964年政府工作报告提出“把我国建成一个具有现代农业、现代工业、现代国防和现代科学技术的社会主义强国”②，社会主义现代化建设的轮廓初步形成。改革开放以后，从“中国式现代化”的小康社会三步走战略，到经济建设和经济体制改革、政治建设和政治体制改革、文化建设和文化体制改革的“三位一体”总体布局，再到全面推进经济建设、政治建设、文化建设、社会建设的“四位一体”总体布局，中国特色社会主义现代化建设在探索中路径更加清晰。进入新时代后，党中央从新时代中国特色社会主义新要求出发，提出了统筹推进经济建设、政治建设、文化建设、社会建设、生态文明建设的“五位一体”总体布局，“新型工业化、信息化、城镇化、农业现代化”的“新四化”道路，国家治理体系和治理能力现代化的全面深化改革总目标和全面建设社会主义现代化国家的远景目标，可以看到中国特色社会主义现代化建设内涵持续深化、布局基本完成。需要特别注意的是，党的十八届三中全会提出的“国家治理体系和治理能力现代化”命题是对改革开放以来实践经验作出的总结升华，是对中国特色社会主义现代化内涵认识的重大创新。我们要领会国家治理体系和治理能力现代化的深刻内涵，并基于此准确把握作为国家治理重要方面的财税治理现代化。

其一，国家治理现代化包含国家治理体系的现代化和国家治理能力的现代化。习近平总书记指出，“国家治理体系和治理能力是一个国家制度和制度执行能力的集中体现。国家治理体系是在党领导下管理国家的制度体系，包括经济、政治、文化、社会、生态文明和党的建设等各领域体制机制、法律法规安排，也就是一整套紧密相连、相互协调的国家制度；国家治理能力则是运用国家制度管理社会各方面事务的能力，包括改革发展稳定、内政外

---

① 中国共产党章程：一九五六年九月二十六日［M］. 北京：人民出版社，1956：4-5.

② 在第三届全国人民代表大会第一次会议上周恩来总理作政府工作报告［N］. 人民日报，1964-12-31（001）.

交国防、治党治国治军等各个方面。”① 经过多年探索，我们已经基本形成了从“四个现代化”到“新四化”的演进，从“三位一体”到“五位一体”的丰富，这些都是社会主义现代化体系不断完善成型的体现。作为社会主义现代化的重要组成部分，当前的国家治理现代化既强调制度体系的现代化，更强调治理能力的现代化。国家治理体系的完善为治理能力构建起了整体框架和实现路径，而治理能力则决定了国家治理体系的治理效能和有效运转，两者在相互配合中系统推进国家治理现代化。从新时代凝聚治理体系和治理能力的最大合力出发，应将已经在实践中形成的改革经验用制度来巩固，并健全权威高效的制度执行机制、提升令行禁止的国家治理能力，促进国家治理体系更加定型，促进国家治理能力更为全面，国家治理更加现代化。

其二，国家治理现代化的意义在于将制度优势更好地转化为国家治理效能。不论是党的十八届三中全会提出的“完善和发展中国特色社会主义制度，推进国家治理体系和治理能力现代化”目标，还是党的十九届四中全会提出的“坚持和完善中国特色社会主义制度、推进国家治理体系和治理能力现代化”要求，国家治理现代化的重要前提和基本方向都是中国特色社会主义道路，国家治理的一切工作和活动都是依照中国特色社会主义制度来展开。从这一基点出发，我们就要在国家治理现代化进程中充分体现和彰显中国特色社会主义的显著优势，尤其是坚持党的集中统一领导。当前，我们面临的是中华民族伟大复兴的战略全局和世界百年未有之大变局，在坚持和完善中国特色社会主义制度前提下，发挥党在国家治理现代化中总揽全局、协调各方的领导作用，是推动实现经济行稳致远、社会安定和谐、国家长治久安的关键力量，是促进国家所有领域体制机制和法律法规协调安排的重要抓手，必须牢牢把握。

其三，国家治理现代化的内涵在与时俱进中不断丰富拓展。我国奋力实现国家治理现代化目标的安排是，到 2035 年基本实现国家治理体系和治理能力现代化，到新中国成立一百年时全面实现国家治理体系和治理能力现代化。这一目标定位明确、任务紧迫，当前需要结合开启全面建设社会主义现代化国家新征程的新要求来认真谋划，这就是“十四五”时期实现“国家治理效能得到新提升”发展目标的关键内容。由此，当前和未来较长一段时

---

① 习近平．切实把思想统一到党的十八届三中全会精神上来［J］．求是，2014（01）．

期，我国国家治理现代化就包含着把握“新发展阶段、新发展理念、新发展格局”的要求，包含着协调推进全面建设社会主义现代化国家、全面深化改革、全面依法治国、全面从严治党的“四个全面”战略布局要求，包含着统筹推进经济建设、政治建设、文化建设、社会建设、生态文明建设的“五位一体”总体布局要求。只有各项举措统筹推进，才能将我国制度优势更好转化为国家治理效能，最终助力实现社会主义现代化。

当前，站在全面建设社会主义现代化国家新征程的起点上，通过对以上体系内涵、本质特征与时代要求三个维度的理解，我们就能对新时代国家治理现代化的新征程、新要求有更深刻的认识，也就能在此基础上对作为国家治理现代化重要方面的财税治理现代化之理论与实践有更深入的把握。

二、理解中国特色财税治理现代化的特定要求

与国家治理体系和治理能力现代化的提出同步，2013 年党的十八届三中全会相应明确了“财政是国家治理的基础和重要支柱”。随后 2014 年 6 月的十八届中共中央政治局会议又指出“财税体制在治国安邦中始终发挥着基础性、制度性、保障性作用”①，强调了财政税收作为整体在国家治理中的作用。而 2015 年中共中央办公厅、国务院办公厅印发的《深化国税、地税征管体制改革方案》又进一步提出“不断推进税收征管体制和征管能力现代化，进一步增强税收在国家治理中的基础性、支柱性、保障性作用”②。由此，明确财政作为“国家治理的基础和重要支柱”定位与税收发挥“国家治理的基础性、支柱性、保障性作用”，成为推进国家治理现代化的重要内容，财税治理现代化也成为国家治理现代化进程中的关键一环。值得注意的是，在建立现代财税体制进程中，我国财政部门长期的提法是“建立现代财政制度”，而税务部门则是提出“税收现代化”目标，这是基于财政税收在不同主管部门下的提法差异，但其实质都是在实现社会主义现代化进程中同步推进财税制度的现代化。笔者也从构建现代财税体制的不同侧面展开了研究，既把握了新发展阶段对建立现代财税体制的具体要求，③ 又研究了加快

① 中国政府网．中共中央政治局召开会议审议《深化财税体制改革总体方案》《关于进一步推进户籍制度改革的意见》《党的纪律检查体制改革实施方案》，中共中央总书记习近平主持会议[EB/OL]. http：//www. gov. cn/xinwen/2014 -06/30/content_ 2710105. htm.

② 中共中央办公厅 国务院办公厅印发《深化国税、地税征管体制改革方案》[EB/OL]. https：//www. gov. cn/xinwen/2015 -12/24/content_ 5027603. htm.

③ 邓力平．新发展阶段与建立现代财税体制 [J]. 经济理论与经济管理，2020 (12)：4 -12.

建立和完善中国特色现代财政制度中取得的理论与实践成果,[①] 也考察了中国特色税收现代化道路一以贯之的特征和与时俱进的发展。[②] 而当前站在新征程上，以中国特色财税治理现代化来“一体把握、协同推进”财税发展，既是对财税相互作用的深刻认识，也是对财税职能定位的清晰把握。从以下四个方面领会国家治理现代化视野下的财税治理现代化特定要求与发展趋势，我们就能对财税治理现代化更为丰富的内涵和更为全面的体系有深刻理解，就能从制度上、能力上把握财税现代化与社会主义现代化的同步发展。

其一，财税治理现代化是以财税体制现代化和财税能力现代化形成合力推进国家治理现代化。这里主要强调两点：一是将财税作为一个整体，在财税统筹协调中为国家治理提供支撑。这就是笔者长期强调的“财税不分家、财税有分工”理念。税收作为财政收入的主要方面，在理解和研究税收问题时不可避免地需要切入财政这一更为宏观的视角；而财政作为一个内涵范畴更大的概念，也应该同时考虑与税收相互补充的其他政府收入，考虑整个经济体制下的财政收支体系。一路走来，不论是党的十八届三中全会要求的“深化财税体制改革”，还是党的十九届五中全会提出的“建立现代财税体制”，党中央在决策部署时都始终将财税作为整体发挥政策效力，这是必须认真把握的重要内容。二是财税治理现代化是治理的现代化，是中国特色社会主义现代财税制度和制度执行能力的有机整体。国家治理体系和治理能力现代化决定了作为国家治理重要支柱的财政税收既要加快体制机制改革、完善财税制度体系，又要加强政策运用管理、提高制度执行能力。我们要以财税治理体系现代化和财税治理能力现代化的“两条腿走路”模式为国家治理现代化提供有效支撑，助力我国全面建设社会主义现代化国家远景目标实现。

其二，财税治理现代化是中国特色社会主义的财税治理现代化，是为坚持和完善中国特色社会主义制度、推进国家治理体系和治理能力现代化服务的。必须明确，我国的财政税收是中国特色社会主义制度体系的一部分，走的是中国特色社会主义道路，坚持的是中国特色社会主义制度，对应的财税

---

① 邓力平，王智烜．坚持人民财政理念 完善现代财政制度［J］．中国财政，2020（17）：19－24.

② 邓力平，陈丽．新时代中国特色税收现代化之路再思考［J］．税务研究，2020（05）：5－12.

治理现代化也必然是中国特色社会主义财税治理现代化。只有在财税体制改革中旗帜鲜明地坚持和完善中国特色社会主义制度，财税治理现代化的方向才不会偏离，国家治理体系和治理能力现代化才能顺利推进。这是我国财税治理乃至国家治理能够取得成功的重要保障，必须始终头脑清醒。从这一角度把握财税治理现代化，我们就要立足中国国情，牢牢把握中国特色社会主义的根本政治制度、基本政治制度、基本经济制度以及重要制度对现代财税制度的要求，在财税治理现代化进程中始终坚持人大的法律监督，始终接受政协的民主监督，始终发挥其在公有制为主体、多种所有制经济共同发展体制下的财税职能，始终体现社会主义市场经济体制的改革方向，以中国特色社会主义为前提深化财税体制改革、加强财税法治建设、推进财税治理现代化，对此必须毫不动摇。

其三，财税治理现代化是“党管财税”与“人民财税”高度统一的中国特色财税治理现代化。在以人民为中心的社会主义国家，党代表人民利益领导着人民当家作主的国家，始终以“为中国人民谋幸福，为中华民族谋复兴”为初心使命，从而决定了“党管财税”与“人民财税”理念的高度统一。从“党领导一切”“以人民为中心”出发，就必须坚持党对作为经济重要方面的财税实现全面领导，就必须把握“人民财税为人民”对深化财税体制改革的本质要求，就必须明确我国财税治理现代化是在始终坚持党对财税工作的全面领导下最终服务人民的财税治理现代化。我们既要坚持党对财税发展方向、财税政策运用协调、财税制度改革的全面领导，又要坚持财税工作以人民为中心、维护人民根本利益、增强人民群众获得感的基本导向。多年来，我国财税工作事实上都在坚持和践行“党管财税”与“人民财税”理念。迈入新征程，我们仍需坚定发挥这两个理念在落实“十四五”规划、深化财税体制改革、推进财税治理现代化中的统领性作用，持续践行、不断强化。

其四，财税治理现代化要跳出财税框架，从更高的站位服务国家治理现代化。长期以来，笔者始终坚持“立足财税、走出财税”的基本思路，强调中国特色社会主义财政税收要服务于国家政治经济社会大局，我国的财税理论与实践发展也一以贯之地体现这一鲜明特征。随着社会主义财税成为国家治理现代化的重要内容，我们更要在财税治理现代化进程中，既发挥财税在经济体系框架下的职能作用，将财税体制改革与金融体制改革、社会主义市场经济发展相结合，又在更广阔的国家治理领域展现财税服务政治经济社会大局之新作为，为圆满完成“十四五”规划、基本实现国家治理体系和治理能力现代化、基本实现社会主义现代化和实现第二个百年奋斗目标伟大征程贡献力量。当前，面对波谲云诡的国际形势、复杂敏感的周边环境和艰巨繁重的改革发展稳定任务，研究中国特色财税治理现代化必须把握国内发展大局和世界发展大势，探究时代特征对我国财税治理现代化的影响与要求，站在统筹内外两个大局的高度来发挥财税在国家政治经济社会发展中的职能作用，站在服务党和国家事业长治久安的高度上发挥财税治理效能。

三、领会新征程中国特色财税治理的全新要求

当前，我国正处在实现中华民族伟大复兴历史进程的关键时期。一方面，我国财税在与时俱进的改革和发展中积累了相当大的优势、创造了相当多的条件，为财税治理现代化提供了有力支撑；另一方面，我国财税治理的短板和弱项依然存在，结构性、体制性、周期性等问题相互交织，带来了更多考验与挑战。由此，在推进财税治理现代化的新征程中，要以中华民族伟大复兴战略全局为统领，以国家治理现代化为目标，以国内财税体制改革为导向，从新发展阶段、新发展理念、新发展格局的“三新发展”核心要义，从全面建设社会主义现代化国家、全面深化改革、全面依法治国、全面从严治党的“四个全面”战略布局，从经济建设、政治建设、文化建设、社会建设、生态文明建设的“五位一体”总体布局着手，不断提升财税治理现代化体系的定位外延和职能作用，为推动国家治理现代化贡献财税力量、提供财税支撑。笔者认为可以从四个方面加以把握。

其一，要明确新发展阶段、新发展理念、新发展格局对财税治理现代化的要求，在道路自信中推动构建中国特色财税治理现代化。新发展阶段、新发展理念、新发展格局是“十四五”规划的核心要义，也是未来较长一段时期推进我国财税治理现代化必须认真把握的时代背景。一是要立足新发展阶段，在机遇和挑战中推进财税治理现代化。新发展阶段是我国开启全面建设社会主义现代化国家新征程的新阶段，是人民对美好生活的向往与不平衡不充分发展、发展仍然处于重要战略机遇期与国家治理现代化任务紧迫、发展短板不足依然存在与进入高质量发展阶段等矛盾问题交织的新阶段，这对我国财税治理现代化提出了更高要求。我们要在坚持中国特色社会主义基本方向的前提下，紧紧围绕新发展阶段的新特征、新任务、新要求，结合财税治理已经培育的制度优势和治理效能，在新征程中进一步推进财税治理现代化

再上新台阶。二是要贯彻新发展理念，高质量、全方位地推进财税治理现代化。“创新、协调、绿色、开放、共享”的新发展理念，强调的是以创新发展输送改革发展动力、以协调发展解决发展不平衡问题、以绿色发展促进人与自然和谐共生、以开放发展增强改革发展活力、以共享发展提升社会公平正义，在统筹协调、内外联动中实现更高质量、更有效率、更加公平、更可持续、更为安全的发展之路。财税作为国家重要财力保障和国家治理的重要手段，就应该在财税治理现代化进程中不断对标高质量发展要求，将五大发展理念内嵌于财税治理现代化体系中，发挥财税体制改革对创新发展、协调发展、绿色发展、开放发展、共享发展的引导和支撑，以新发展理念全面塑造发展新优势，进而推动质量变革、效率变革、动力变革，为我国经济社会稳定发展提供重要支撑，为实现经济高质量发展、推动国家治理现代化提供助力。三是要构建新发展格局，在内外畅通循环中推进财税治理现代化。以国内大循环为主体、国内国际双循环相互促进的新发展格局，是党深刻认识发展阶段特征、正确把握经济发展客观规律作出的重要战略决策。这个新发展格局，不是被动应对国内外环境变化的一时之举，而是主动研判发展大势的长期战略；不是各个领域各自为政的内部小循环，而是相互联动的国内大循环；不是封闭自守的国内循环，而是开放合作的国内国际双循环。因此，在财税治理现代化进程中处理好短期政策调整与长期制度安排、释放内需潜力与供给侧结构性改革、畅通国内循环与扩大对外开放之间的关系至关重要。从这三点认识出发，我们就既要在财税体制改革中完善现代财税制度，又要及时将财税政策制定和改革优化的经验与优势上升到制度层面以推动财税治理现代化；既要牢牢把握扩大内需这一战略基点，以财税治理现代化释放经济增长的内需潜力，又要始终坚持供给侧结构性改革这一主攻方向，展现财税推进结构调整、助力解放和发展社会生产力的职能作用，最终形成“需求牵引供给、供给创造需求的更高水平动态平衡”①；既要立足国内，集中财税力量从生产、分配、流通、消费各环节推动国内市场的良性循环，又要统筹内外，更好利用国内国际两个市场、两种资源来促进国内国际双循环，实现更加强劲可持续的发展。

其二，要结合全面建设社会主义现代化国家、全面深化改革、全面依法

---

① 习近平．着眼长远把握大势开门问策集思广益 研究新情况作出新规划［N］．人民日报，2020-08-25（002）．

治国、全面从严治党的新“四个全面”战略布局，在与时俱进中推进财税治理现代化。这可以从两个方面来把握：一是表述有变化，内涵再升级。以全面建设社会主义现代化国家为引领的“四个全面”战略布局是在我国完成全面建成小康社会目标后，结合2035年基本实现社会主义现代化远景目标作出的重大调整，在与时俱进中实现了战略目标升级，全面深化改革、全面依法治国、全面从严治党的战略举措也要在相辅相成、相得益彰中对照全面建设社会主义现代化国家战略目标的新特点和新要求来协调推进配套改革。二是成果须巩固，再上新台阶。党的十九大报告指出，从全面建成小康社会到基本实现现代化，再到全面建成社会主义现代化强国，是新时代中国特色社会主义发展的战略安排。在全面建成小康社会阶段，我国已经在抓重点、补短板、强弱项，特别是打好防范化解重大风险、精准脱贫、污染防治攻坚战中取得了决定性成就。当前步入推动基本实现现代化的新阶段，就必须在巩固全面建成小康社会重大成果的基础上，以深化改革、强化法治、严格治党为重要抓手，进一步推动社会主义现代化建设再上新台阶、再获新突破。从这两方面出发，财税治理现代化就要更侧重财税制度建设和财税治理能力建设，解决财税体制改革深层次矛盾和弊端，全面深化财税体制改革；就要更强调财税制度法治化和制度执行规范化，加快健全完善财税体制机制，全面落实财税法治建设；就要更着眼财税部门的制度执行和党建工作，在党的领导下严守制度、严格管理、严肃追究，全面严格财税政治治理。从这三个角度着手考量和谋划财税资源配置、财政政策落实、财税体制改革，我们才能以破立并举的体系改革、令行禁止的法治保障、风清气正的政治生态提高财税治理现代化的改革性、规范性、政治性，在国家总体战略部署和目标任务中更为全面系统地以财税治理现代化为全面建设社会主义现代化国家提供坚实支撑。

其三，要依据经济建设、政治建设、文化建设、社会建设、生态文明建设的“五位一体”总体布局，在统筹协调中推进财税治理现代化。我们要建成的社会主义现代化强国是以富强、民主、文明、和谐与美丽作为共同特征的，因此，全面提升我国物质文明、政治文明、精神文明、社会文明、生态文明就是必须同时协调考虑、统筹推进的总体目标。在全面建设社会主义现代化国家新征程中，就要紧紧围绕中国特色社会主义事业“五位一体”总体布局要求，在经济、政治、文化、社会、生态文明的框架内全面深化财税体制改革，为建成富强、民主、文明、和谐、美丽的社会主义现代化强国贡献财税力量。笔者这里特别谈五点认识：一是要在社会主义市场经济框架下推进财税治理现代化。一方面，既要认识经济决定财税这一共性，把握我国进入高质量发展阶段对财税政策运用、财税制度改革、财税体系重点的期待和要求，在财税体制改革中啃下更多硬骨头；又要理解财税反作用于经济的中国特色，以财税治理现代化服务经济高质量发展之主题，解决发展中的不平衡、不协调、不充分问题。另一方面，财税政策还要注意与社会主义市场经济框架下的货币、产业、区域等经济政策协调配合，促进社会主义市场经济体制更加完善。《十四五规划建议》提出“建立现代财税金融体制”①，体现的就是财税政策和金融政策作为宏观政策工具需要在统筹协调中发挥更大作用，体现的就是我国政策选择与体制机制改革始终服务于社会主义市场经济的发展壮大。二是要在政治视野中把握财税治理现代化的正确方向。这里强调的是始终坚持党对社会主义财税事业的全面领导，在财税治理现代化体系中把准政治方向、提升政治站位，按照党对建立现代财税制度的部署要求深化财税体制改革，确保社会主义财税事业始终沿着正确的方向发展。三是要在文化自信中为财税治理现代化提供坚实支撑。一方面，我国财税治理现代化体系的建立和发展有赖于中华传统文化的支撑，中国特色传统文化、革命文化和社会主义先进文化要为新时代财税文化的发展提供坚实的思想基础、精神支撑和文化保证。另一方面，财税发展实践中的财税文化又不断推动着中华文化的发展和繁荣，我们既要以财税政策助力健全现代文化产业和培育新型文化业态，又要以新时代财税文化来丰富和充实中国特色社会主义先进文化，赋予社会主义先进文化新的时代内涵。四是要在综合把握中发挥财税治理现代化的能动作用。财税政策导向和制度改革是一项政治性、全局性很强的社会安排，关乎社会稳定和民心走向。因此，中国特色财税治理现代化要树立大局观念，要以有利于党长期执政、有利于人民群众根本利益为出发点，为国家重大战略任务的实现提供坚实财力保障和政策支持，发挥社会主义集中力量办大事的制度性优势。五是在绿色发展中以财税治理现代化推进生态文明进程。我们既要在党对生态文明建设的部署要求中坚定发挥财税政策促进资源节约、环境友好和生态保育方面的职能，又要引导社会资源向绿色发展配置，以稳定坚实的财力为生态文明建设行稳致远提供支持，推动形

---

① 中共中央关于制定国民经济和社会发展第十四个五年规划和二〇三五年远景目标的建议［N］. 人民日报，2020-11-04（001）.

成人与自然和谐发展的生态文明新格局。

其四，要在认真领会“十四五”时期“建立现代财税体制”的新要求中推进财税治理现代化。党的十九届五中全会通过的《十四五规划建议》关于财税体制主要有以下要求，即以“加强财政资源统筹，加强中期财政规划管理，增强国家重大战略任务财力保障”作为建立健全现代财税体制的总体要求；以“深化预算管理制度改革，强化对预算编制的宏观指导。推进财政支出标准化，强化预算约束和绩效管理”作为强化完善预算管理改革的重要内容；以“明确中央和地方政府事权与支出责任，健全省以下财政体制，增强基层公共服务保障能力”作为协调理顺央地财政关系的主要要求；以“完善现代税收制度，健全地方税、直接税体系，优化税制结构，适当提高直接税比重，深化税收征管制度改革”作为加快提升现代税收治理的关键举措；以“健全政府债务管理制度”作为把握控制政府债务风险的重要抓手[①]。认真领会这些要求，简要地说，就是要坚持以“三新发展”核心要义、“四个全面”战略布局、“五位一体”总体布局等为统领，围绕“现代预算制度、现代央地关系、现代税收制度、现代债务管理”四个方面协调展开。可以认为，把握好这些要求，就能在对接国家治理现代化与社会主义现代化目标的前提下持续推进财税治理现代化。

四、展现百年变局财税治理现代化的中国作为

从国际环境来看，当前世界正经历百年未有之大变局，疫情的叠加影响促使世界进入国际矛盾激增、全球经济低迷、风险挑战频发的动荡变革期。国际政治、经济、文化、科技、安全等格局的深刻调整既带来了国际秩序话语权争夺激烈、意识形态对立矛盾加剧、国际遏制打压全面升级等问题，增加了构建中国特色财税治理现代化体系的外部风险挑战；又呈现着和平与发展是时代主题、合作共赢是大势所趋、共商共建共享是主流意愿等趋势，提供了向世界展现中国特色财税治理作为的发展契机。由此，从百年变局长期趋势和动荡变革短期现实出发，从联通国际国内两个市场和统筹国际国内两种资源的双循环出发，我们应以不断完善和发展的中国特色财税治理现代化道路支撑我国国家治理体系和治理能力现代化，既要在高水平开放型经济新

---

① 中共中央关于制定国民经济和社会发展第十四个五年规划和二〇三五年远景目标的建议［N］. 人民日报，2020-11-04（001）.

体制中推动形成国际合作和竞争新优势，又要在参与全球经济治理体系改革中推动完善更加公平合理的国际经济治理体系。这里简要谈两点认识。

其一，要在兼收并蓄中推进中国特色财税治理现代化，实现更加强劲可持续的发展。一是树立底线思维，加强风险防范。当前，世界百年未有之大变局与疫情冲击的相互叠加明显增加了全球的不稳定性不确定性，保护主义、单边主义的甚嚣尘上也给经济全球化带来了极大破坏。基于底线思维，做好防范与化解风险挑战的顶层设计和策略应对，是我国财税治理现代化建设的必然选择。由此，我们应将“积极的财政政策要提质增效、更可持续，保持适度支出强度，增强国家重大战略任务财力保障，在促进科技创新、加快经济结构调整、调节收入分配上主动作为，抓实化解地方政府隐性债务风险工作，党政机关要坚持过紧日子”① 这一系列要求落实到财税治理现代化体系建设中，为最坏的结果做最好的准备，以体系的自我预见预判来严密防范外部的各种风险挑战。二是秉持开放包容，坚持择善而从。独学无友则孤陋寡闻，博采众长方推陈出新。不论是中国特色现代化还是西方现代化，其现代化道路都是世界性进程的一部分，在一定程度上存在着共性特征。而基于国体政体、发展程度、制度安排的不同，各国现代化路径同时也存在着差异。深刻认识各国现代化道路的共性和个性，吸收借鉴共性中的先进经验和坚持完善个性中的中国特色，是推动我国财税治理现代化乃至国家治理现代化进程必须牢牢把握的立场。改革开放四十多年来，我们成功地“拿来了”并“用好了”市场经济，从市场在资源配置中起“基础性”到“决定性”作用，中国特色社会主义市场经济就是立足国情借鉴和引进市场经济的产物。因此，根植于中国大地，从“既有共性，更有特性”出发，我们就要秉持开放包容的态度，基于现代财税体制的共性特征，通过借鉴、遴选、吸收和运用国外现代财税体制建设的有效经验，在兼收并蓄中渐进次优地推进我国财税治理现代化。在这一过程中，我们也要把握好财税治理现代化体系对畅通国内国际双循环的支撑作用，在财税体制改革中要考虑如何支持中国企业开展各类对外经济业务、如何鼓励国外企业深耕中国市场，要以现代化的财税体系助力培育进口贸易、促进发展创新示范区、加快建设自由贸易试验区和自由贸易港、推动商签高标准自由贸易协定，为构建多元平衡、安全有

① 中央经济工作会议在北京举行 习近平李克强作重要讲话 栗战书汪洋王沪宁赵乐际韩正出席会议［N］. 人民日报，2020－12－19（001）.

效的全面开放体系提供保障。三是坚持道路自信，彰显中国特色。必须清醒认识到，我们以开放的态度面对中西方财税制度的共性和个性，绝不是照搬西方发达国家的财税理论与实践，绝不是囫囵吞枣、莫衷一是地“引进来”，而是在国情制约下创造出具有中国特色的财税体制安排。我国是人民当家作主的社会主义国家、我国仍处在并将长期处在社会主义初级阶段、我国仍然是世界上最大的发展中国家、我国社会主要矛盾已经转化为人民日益增长的美好生活需要和不平衡不充分发展之间的矛盾，对于这些中国国情，必须始终明确，牢记于心。我们要领会这一重要判断，始终对中国特色社会主义道路充满自信，在基于中国国情、立足矛盾变化、适当借鉴吸收的结合中推进中国特色财税治理现代化，展现大国财政、大国税收的风范与作为。

其二，要在道路之争中展现中国特色社会主义财税制度优势，参与并推动国家间财税关系治理体系变革。一是积极参与和引领国际财税合作。百年未有之大变局是世界各国发展将长期面临的国际常态环境，这意味着“世界多极化、经济全球化、文化多样化、社会信息化”① 依旧是世界格局的基本特征，意味着“新旧动能转换、力量对比演变、体系深刻重塑”② 依旧是国际发展的基本走势。而百年变局与世纪疫情的叠加影响意味着新挑战、新要求的增加，在相当长时期内都将存在不同制度背景、不同价值体系下的财税治理现代化道路的碰撞和竞争。因此，在当前国际形势下，我们一方面要在完善和发展我国财税治理现代化体系中多兼顾国际财税治理的发展情况，多考虑国际政治经济文化科技因素的影响，推动不同财税发展道路的并存与合作，引领国际合作朝着和平发展、合作共赢的方向发展；另一方面要在坚定维护开放型世界经济和多边贸易体制中促进全球贸易投资自由化便利化，反对保护主义、单边主义，发挥社会主义财税在大力推进“一带一路”建设、主动参与国际经贸组织改革、积极推动全球经济治理等方面的重要作用，加快形成全方位、多层次、宽领域的全面开放新格局，为推动“双循环”新发展格局的形成注入不竭动力。二是展现社会主义的制度优势，为发展中国家的财税治理现代化道路提供中国方案。在当前的国际交往中，新兴经济体和发展中国家的群体性崛起与其在西方主导的全球治理体系中的话语权依旧不

① 习近平．深化文明交流互鉴 共建亚洲命运共同体——在亚洲文明对话大会开幕式上的主旨演讲［N］．中华人民共和国国务院公报，2019（15）．

② 习近平．顺应时代潮流 实现共同发展——在金砖国家工商论坛上的讲话［N］．人民日报，2018-07-26（002）．

高之间的矛盾依然存在。作为最大的发展中国家，中国在国际交往中展现社会主义财税捍卫国家利益的积极作为，在参与国际经济治理中特别兼顾新兴经济体和发展中国家利益诉求，提高发展中国家在国际规则、国际秩序制定中的话语权。同时，还要用中国特色财税治理现代化道路拓展发展中国家走向现代化的途径，共享中国特色财税治理现代化的实践经验和理论成果，在国际合作中提高其财税治理水平，促使国际治理体系逐步走向新的现实均衡。

五、推动中国特色治理现代化理论的持续发展

笔者始终坚定地认为，中国特色社会主义财税的发展需要理论与实践同步进行，财税工作的开展离不开财税理论的指导，财税理论的完善也有赖于财税实践中积累的经验。长期以来，结合财税改革发展实践，笔者持续提出了一系列理论观点，从中国特色社会主义财税发展“四位一体”理论分析，到中国特色社会主义财税“五大特征”体系框架，再到中国特色社会主义税收“十大理念”研究视角，都体现了笔者对构建与中国特色社会主义相适应的中国特色财税理论体系的持续思考。“四位一体”的社会主义财税理论认为，中国特色社会主义财税应该是国家财税、公共财税、发展财税、涉外财税的有机统一，体现着国体政体、配置方式、所处阶段和涉外程度四方面因素对我国财政税收的制约和影响。“五大特征”的社会主义财税体系是在“四位一体”理论的基础上考虑了改革对我国财税发展的影响和决定作用，从而形成中国特色社会主义财税国家性、公共性、发展性、改革性、统筹性五大特征，为财税理论体系增添了新的动力元素与时代气息。“十大理念”的社会主义税收系列观则是以党的十九届四中全会精神为指导，特别是以“十三个坚持和完善”的内在要求为统领对社会主义税收的理念归纳与理论提升，形成了党管税收观、人民税收观、法治税收观、服务税收观、市场税收观、经济税收观、文化税收观、生态税收观、融合税收观和统筹税收观。从“四位一体”到“五大特征”再到“十大理念”，是一个动态的发展过程，既有在原来分析框架内伴随着实践而不断强调与深化的内容，又有在新的条件下赋予时代特征而拓展与丰富的内涵；既延续着笔者研究中国特色社会主义财税发展的基本思路，又伴随着在当前发展新阶段下与时俱进的深刻思考。

当前，在立足国情、放眼世界的大局中，我国的财税工作实践已经取得

显著成功，未来也将在顶层设计和落地实施的统筹协调中进一步提升财税治理效能，为国家治理体系和治理能力现代化夯实财税基础。从理论与实践相结合的观点出发，在全面建设社会主义现代化国家的新征程中进一步推进中国特色财税治理现代化，还要注重与治理体制机制相配套、相支撑的财税理论体系的均衡发展。我们既要继续坚持和完善已在实践中证明行之有效的中国特色社会主义财税理论，又要不断发展和创新与国家治理现代化相适应的财税治理现代化理论，与时俱进地为中国特色财税治理现代化提供理论指导与佐证，最终促成国家治理体系和治理能力现代化。这是时代赋予理论界同仁的重要任务，需要包括笔者在内的理论工作者持续努力、认真研究，在总结中国特色财税治理规律和经验的基础上，为进一步完善中国特色社会主义财税理论体系贡献力量。

第六节　高质量推进新时代税收征管现代化

党的十九届六中全会深刻总结了中国共产党百年奋斗的历史经验，为全面建设社会主义现代化国家积蓄了强大前进力量、明确了正确道路方向。作为财税理论工作者，认真学习领会党的十九届六中全会精神，笔者深刻感悟到，我国税收在基本实现税收现代化奋斗目标后也进入新的发展阶段，总结税收现代化建设取得的显著成就和成功经验，既是高质量推进新发展阶段税收现代化进程之需，也是实现税收助力社会主义现代化国家建设之要。2021年3月，中共中央办公厅、国务院办公厅印发的《关于进一步深化税收征管改革的意见》（以下简称《税收征管改革意见》），围绕深化税收征管改革作出细致而全面的部署，明确了“十四五”时期我国高质量推进税收征管现代化的行动路径。应该看到，这一率先在新发展阶段推进的税收改革，是顺应《十四五规划纲要》“深化税收征管制度改革，建设智慧税务，推动税收征管现代化”[①] 要求的安排表，也是开启“十四五”时期税收现代化新征程的先手棋。研究如何在税收征管改革中稳步提升税收征管效能、进而高质量推进新时代税收征管现代化，既是我国税收现代化体系的重要方面，也是国家治理体系和治理能力现代化的重要要求。

---

① 中华人民共和国国民经济和社会发展第十四个五年规划和2035年远景目标纲要［N］. 人民日报，2021-03-13（001）.

本书对《十四五规划纲要》的相关论述中，加引号的句子均来自此文件，后文不再一一注明。

由此，本节围绕高质量推进新时代税收征管现代化，认为研究这一问题需要至少把握四个方面内容：一是总结我国税收现代化建设一路走来的成功经验，在重大成就的基础上汲取高质量推进税收征管现代化的奋进力量；二是把握当前中华民族伟大复兴战略全局和世界百年未有之大变局的国情世情对税收征管改革方向的重要影响和时代要求，进一步明确深化税收征管改革的发力点，促进税收征管现代化进程更好适应发展需要；三是领会《税收征管改革意见》中关于税收征管改革的核心内容与重要突破，牢牢把握税收征管改革中体现的一以贯之坚持和与时俱进发展，找准高质量推进税收征管现代化仍需持续加强的重点方面；四是基于既有经验、时代要求、当下改革，结合学术界的相关研究，为新发展阶段高质量推进税收征管现代化进程、实现国家治理体系和治理能力现代化提供策略参考。

一、总结我国税收现代化建设已取得的成功经验

从 2013 年提出税收现代化目标以来，国家税务总局一以贯之地为提高税收治理效能、推进税收事业迈上新台阶作出不懈努力。科学、严密、规范的税收征管体系是新时代我国推进税收现代化的关键一环，税收现代化建设的实践经验也将为高质量推动实现税收征管现代化提供基本遵循。领会党的十九届六中全会精神，总结税收现代化建设的已有经验，至少包含以下五个方面。

（一）坚持党对税收工作的全面领导

党的领导是完善中国特色现代税收制度的最本质特征和最大优势，确保了我国税收现代化建设的正确方向。自提出税收现代化建设目标开始，我国在优化税收制度、完善税收政策、深化征管改革等税收工作中，始终将党的领导贯穿于税收工作全过程，以坚定贯彻落实党的路线方针政策和重大决策部署为行动指引，主动将税收现代化进程放到国家大局中谋划推进。2021 年 12 月召开的全国税务工作会议将“一以贯之在加强党的领导中锚定税收现代化目标全力服务国家治理现代化”作为新时代税收现代化建设的首条宝贵经验（郭瑞轩，2022）①。这充分说明党的领导是我国税收现代化事业得以稳步前行并确保方向正确的根本保证，也是在新征程中高质量推进税收征管

---

① 郭瑞轩．鉴往开来 勇毅前行 在新的征程上奋力推进税收现代化——全国税务工作会议在北京召开［J］．中国税务，2022（01）：6－10.

现代化必须始终坚持的基本遵循。

（二）坚持以人民为中心的发展思想

以人民为中心的发展思想是习近平新时代中国特色社会主义思想的重要内容，也是新时代中国特色社会主义事业取得显著成就的重要遵循。党的十九届四中全会将其列为国家治理体系的显著优势之一，党的十九届五中全会则将其明确为“十四五”时期经济社会发展的指导思想和必须遵循的原则。在这一思想指引下，我国的税收现代化建设始终坚持站稳人民立场，把人民对美好生活的向往作为税收工作的奋斗目标。2015 年以来，在全国税务工作会议上相继提出的“最大限度便利纳税人、最大限度规范税务人”“提升纳税人满意度和获得感”“让纳税人、缴费人有更多获得感”“提升纳税人缴费人税务人的满意度和认同感”等理念，体现的就是对以人民为中心发展思想的坚定落实。这既是新时代以来党领导税收工作一路前行的重要经验，也是在新征程中进一步完善现代税收征管制度必须始终坚定的重要立场。

（三）坚持税制改革和税收政策的结合统一

从我国税收现代化建设的路径来看，既有全面推进营业税改征增值税改革、综合与分类相结合的个人所得税制、税务系统“放管服”改革、深化税收征管制度改革和 18 个税种中实现 12 个税种立法等现代税制改革方向的体制支撑；又有不折不扣落实减税降费政策、依法依规完成税费收入任务等税收政策运用的协调推进。税制改革和政策运用的同步进程和统一协调为新时代高质量推进税收现代化进程提供了强力支持，也将是新征程中加快实现税收征管现代化目标的行动指南。由此，新发展阶段也必然要在税收现代化“新六大体系”的相互作用和有效融合中，寻求税制改革、政策安排和征收管理的结合统一，在三者的互动协调中高质量推进税收征管现代化进程。

（四）坚持税收围绕中心、服务大局的站位高度

“立足税收、走出税收”是中国特色税收现代化的显著特征。与国家治理体系和治理能力现代化要求相对应，我国的税收现代化建设不断服务于经济社会发展着力点，并在统筹内外两个大局、兼顾国情世情中推进社会主义税收现代化事业发展。这一特征始终贯穿于税收现代化进程之中，并随着税收现代化内涵从“六大体系”到“新六大体系”拓展，其统筹兼顾的导向愈发得到强化。由此，在错综复杂的国内外环境中坚持中国特色税收现代化道路的高度自信，既发挥税收现代化建设在服务国内政治经济大局的积极效应，又在国际税收治理中培育治理新优势、捍卫国家利益成为我国高质量推

进税收现代化建设的必然要求。

（五）坚持中国特色税收理论体系的理论指导

我国的税收现代化建设，既有税收改革发展实践的坚实基础，更有税收治理相关理论的强大支撑。国家税务总局局长王军同志鲜明指出，习近平总书记关于税收工作的重要论述是对共产党执政规律、社会主义建设规律、人类社会发展规律的认识在税收领域的深刻把握和丰富发展，成为指引高质量推进新时代税收现代化的强大思想武器（王军，2021）①。这一理论成果既指导税收现代化建设一路向前发展，又指引税收理论工作者持续完善和创新中国特色税收理论体系，为中国特色税收现代化的持续推进提供了理论支撑。走在新征程上，税收征管改革仍要坚持这一成功经验，以成熟的中国特色税收理论助力税收征管现代化，以丰富的税收征管改革实践持续完善税收理论体系，在实践和理论的同步发展中高质量推进税收现代化进程。

二、把握高质量推进税收征管现代化的时代要求

当前，面临中华民族伟大复兴战略全局和世界百年未有之大变局的国情世情，在坚持税收现代化建设所取得成功经验的基础上，明确当前和今后我国税收征管现代化的时代要求并找准发展定位，是提高税收征管效能、高质量推进税收征管现代化的关键一步。

（一）在推进国家治理体系和治理能力现代化进程中强化税收征管职能作用的发挥

随着国家治理体系和治理能力现代化目标被提出，2015 年中共中央办公厅、国务院办公厅印发的《深化国税、地税征管体制改革方案》明确强调要"不断推进税收征管体制和征管能力现代化，进一步增强税收在国家治理中的基础性、支柱性、保障性作用"，这是对新时代我国税收征管站位和定位的重要提升，为高质量推进税收征管现代化指明了方向。国家治理现代化是国家治理体系的现代化和国家治理能力的现代化，相应地，我国的税收征管改革也要从征管体系和征管能力两个方面发力，站在党和国家事业发展全局的高度来深化税收征管改革，这是我国经济高质量发展的应有之义，也将为高质量推进税收征管现代化进程提供有力支撑。

其一，从税收征管体系上看，无论是税收征管机构从财税不分家的财税

---

① 王军．在新的征程上谱写税收现代化建设新篇章［N］．学习时报，2021－10－20（A1）．

局到国税局地税局分设，再到国税局地税局合并；还是税收征管模式从税务专责管理到征、管、查分离，从三位一体税收征管到34字税收征管再到税收征管信息化；或是税收征管立法从《全国税政实施要则》到《中华人民共和国税收征收管理暂行条例》，从《中华人民共和国税收征收管理法》再到《中华人民共和国税收征收管理法实施细则》，我国在与时俱进的改革中结合特定的阶段特征和发展要求，为推进税收征管现代化进程夯实了基础。站在新征程上，税收征管制度体系既要遵循现代税收征管的客观规律和发展要求，及时将税收征管改革的实践经验上升为制度加以巩固；更要始终坚持中国特色社会主义方向，结合时代要求，走出一条彰显中国特色社会主义制度优越性的现代税收征管之路，助力国家治理体系现代化行稳致远。

其二，从税收征管能力上看，我国稳步推进的金税工程、稳扎稳打的税务系统“放管服”改革、持续改善的税收营商环境、深入开展的便民办税春风行动、不断加强的税务铁军队伍建设等改革措施，将税收征管制度体系优势更好转化为税收征管效能，有效增强了税收信息化能力和纳税遵从度。当前，我们要继续探索新发展阶段推进税收征管现代化的能力建设，如政治引领能力、依法治税能力、服务大局能力、税源监控能力、风险防范能力等，将税收征管融入发展大局，为税收更好地服务国家治理现代化提供有力支撑，更好展现税收服务党和国家事业发展的新作为。

（二）在全面建设社会主义现代化国家的新征程中把握税收征管工作的新使命新要求

新发展阶段、新发展理念、新发展格局是我国在新征程中开展各项工作、推动高质量发展必须准确把握的历史方位、指导原则和路径选择，税收征管作为我国深化财税体制改革的重要内容，必然要在其中明确新使命、落实新要求。

其一，领会新发展阶段税收征管改革的角色定位。新发展阶段是我国社会主义发展进程中的一个重要阶段，其重要特征是既有前期雄厚坚实的物质基础、又有建成社会主义现代化国家的坚定目标。与之相对应，我国的税收征管改革就要在巩固既有改革成果和制度优势的基础上，对标现代税收征管体系要求，进一步探索与高质量发展相适应的税收征管新机制与新方式，在坚持中国特色社会主义基本方向的前提下高质量推进税收征管现代化进程。

其二，坚持新发展理念对税收征管改革实践的引领作用。2021年习近平总书记在福建考察时强调，“新发展理念和高质量发展是内在统一的，高质量发展就是体现新发展理念的发展”①。由此，新发展阶段推进税收征管改革就要努力贯彻新发展理念，以现代化的税收征管体系为实现更高质量、更有效率、更加公平、更可持续、更为安全的发展提供重要制度支撑和能力保障，使税收征管现代化进程成为践行创新发展、协调发展、绿色发展、开放发展、共享发展的重要一环。这既是我国经济高质量发展的应有之义，也是高质量推进新发展阶段税收征管现代化的指导原则。

其三，把握新发展格局对税收征管改革的任务要求。新发展格局是关系我国发展全局的重大战略任务。将税收征管融入新发展格局中，就要以深化税收征管改革为抓手，加快推进诸如企业跨省迁移办税、税务执法区域协同、缴税缴费便利化等税务领域“放管服”改革，破除阻碍“双循环”新发展格局形成的体制机制障碍，促进各种生产要素在生产、分配、流通、消费各环节有序自由流动、循环畅通无阻，从而为实现高质量发展注入新动力。

（三）在妥善应对新兴数字技术发展带来的机遇和挑战中深化税收征管改革

作为世界经济新旧动能转换的关键动力和完善全球治理须考量的重要因素，数字经济已成为各国争夺技术主导权和治理话语权的新高地，税收征管改革当然要在其中找准定位、寻求突破。

其一，在“促进发展+规范监管”导向下以税收征管支撑数字经济发展。习近平总书记围绕我国数字经济发展作出了一系列重要论述，强调要坚持促进发展和监管规范两手抓、两手都要硬，在发展中规范、在规范中发展（习近平，2022）②。由此，我国的税收征管改革就要不断适应数字经济新特征并平衡好发展与监管的关系，既要通过规范税收执法、优化纳税服务等措施来减轻税收征纳成本、促进数字经济新业态发展，又要在加强税源监控和税收监管中纠正损害群众利益、妨碍公平竞争的行为，强化反垄断和防止资本无序扩张。

其二，在“数字技术+征管业务”融合中推进税收征管数字化升级。当前，以数字技术提升政府治理水平既是新一轮科技革命和产业变革深入发展的时代之需，也是推进国家治理体系和治理能力现代化的必要之策。围绕提

① 本报评论员．坚定不移推动高质量发展［N］．福建日报，2021-03-29（001）．

② 习近平．不断做强做优做大我国数字经济［J］．求是，2022（02）：4-8.

高数字政府建设水平，《十四五规划纲要》就“加强公共数据开放共享、推动政务信息化共建共用、提高数字化政务服务效能”等方面谋篇布局，强调要在政府管理服务中广泛应用数字技术，提升公共服务、社会治理等数字化智能化水平①。从这一要求出发，税收征管改革就要紧抓数字技术蓬勃发展的时代契机，以强大的信息技术支撑税收征管全流程的数字化升级和智能化改造，并借助税收大数据推动征管业务深度融合、信息充分共享，在征管技术和征管业务的联动和融合中增强数字政府效能，这是税收征管适应数字技术发展的主动作为，是当前高质量推进税收征管现代化的重要要求。同时，在促进税收征管数字化升级过程中，还应特别注意增强数据安全意识，既要在多部门的合作协调中健全数据安全治理体系、增强政务数据安全保护，又要在日常工作中做好税收大数据的常态化风险评估和安全监测，筑牢税收征管数字安全屏障。

（四）在参与并引领全球税收治理体系中加强国际税收征管合作

当今世界正面临大发展大变革大调整，势必对国际税收治理和发展产生深刻影响。邓力平（2020）曾结合百年未有之大变局的时代内涵与阶段特征，认为其对国际税收领域的影响和冲击可以从六个方面来把握：一是要把握世界格局特征动态变化对国际税收关系走向和国际税收规则重塑的深刻影响；二是要认识数字经济呼唤税收规则变化和国家利益之争加剧的必然趋势；三是要看到“西方不再独大、东方迅速崛起”发展态势对现有国际税收秩序的调整要求；四是要认识主权国家间税收竞争合作与跨国资本流动新特点的现实要求；五是要审视国际税收规则重塑需兼顾政治和经济因素的时代趋势；六是要看到中国参与国际税收治理所作贡献的时代意义②。站在当前的时点来看，这些判断依然适用于审视百年未有之大变局下我国税收征管现代化的国际定位。面对百年变局带来的国际税收治理体系和国际税收规则的调整，作为负责任的大国，我们要积极参与并引领国际税收规则制定，既要在推动全球税收治理体系建设中深化税收征管改革以对标国际先进水平，又要在加强国际税收征管合作中为发展中国家提高税收征管能力提供更多中国经验。当前我国在G20/OECD包容性框架下努力推动达成的《关于应对经济数字化税收挑战双支柱方案的声明》和在“一带一路”倡议框架下主导推

---

① 郭瑞轩．鉴往开来 勇毅前行 在新的征程上奋力推进税收现代化——全国税务工作会议在北京召开［J］．中国税务，2022（01）：6－10.

② 邓力平．百年未有之大变局下的中国国际税收研究［J］．国际税收，2020（02）：3－9.

进的“一带一路”税收征管合作机制等，都是提升各国税收征管能力的重要实践，我们要在持续深化的国际税收合作中高质量推进我国的税收征管现代化进程。

三、领会高质量推进税收征管现代化的核心内容

对照税收现代化建设的实践经验和国内外发展的时代要求，审视此次《税收征管改革意见》所一以贯之坚持的基本遵循和与时俱进发挥的职能作用，对于领会税收征管改革的核心内容很有必要。《税收征管改革意见》针对当前税收征管中存在的现实问题，围绕税收征管的技术变革、业务变革和组织变革展开。其中，“深入推进精确执法、精细服务、精准监管、精诚共治”的税收征管业务变革要求，既是“十四五”时期推进税收征管现代化的核心内容，也是推动建立现代税收制度的重要保障。我们要从“坚持系统观念”出发，在理解“四精”相互作用中把握高质量推进税收征管现代化的理论逻辑和行动路径。

（一）以“四精”为核心内容从整体上高质量推进税收征管现代化

精确执法、精细服务、精准监管、精诚共治均为税收征管的重要环节和必要因素，把握其辩证统一、相互作用的关系是促进税收征管体系优化和业务融合的关键。精确执法与精细服务在宽严相济、量体裁衣中为提高税收征管能力提供了重要支撑，而精准监管与精诚共治则在风险防控、统筹协调中为提升税收治理效能提供了有力保障。可以看到，“四精”在相互促进与融合中，既一以贯之地坚持依法治税、坚持为民宗旨、坚持公平正义、坚持系统观念，又与时俱进地推进体制变革、业务变革、理念变革、治理变革，体现了税收征管现代化的“守正”和“创新”，有利于全方位提高税收执法、服务、监管能力，全面提高税收征管效率、提高税法遵从度和社会满意度。这是在新发展阶段践行协调发展理念的重要税收实践，也是体现税收征管现代化守正创新需要牢牢把握的重要方面。

（二）以精确执法提升税收征管现代化的法治化水平

精确执法意在通过严格、规范、准确的税务执法来降低税收征管成本与税收遵从成本，为深化税收征管改革奠定制度性基础。高质量的税收征管现代化需要法治保障，一方面要通过依法依规、应收尽收的严格执法，充分发挥税收在初次分配、再分配、第三次分配中正确处理效率与公平关系的作用，在高质量的税收执法下促进共同富裕；另一方面要通过包容审慎、法理

相融的柔性执法，把准税收在依法处置涉税违法犯罪行为和积极支持市场主体创新创业热情之间的执法尺度，在促进依法纳税和公平竞争中助力高质量推进税收征管现代化。笔者近年来提出的“法治税收”理念事实上与这一改革思路是相一致的，强调了在“全面推进依法治国总目标”的时代要求下，坚定落实税收法定原则与完善现代税收制度，并在这一前提下坚持依法治税、规范税收执法。此外，从“四精”的相互联系出发，这里既要处理好笔者一贯坚持的“严格依法治税与完成预算确定的税收任务”的关系，也要协调好“严格依法治税与优化税收服务”的关系，从而内在地包含着对精确执法与精细服务深度融合、相辅相成的要求①。

（三）以精细服务助力税收征管现代化更好地服务市场主体发展

精细服务对应于税收征管中对纳税人缴费人的服务，这是推动税收征管改革的重要一环。精细服务强调的更针对性、更细致化的服务，能够提高纳税人缴费人的满意度、认同感和获得感，而这正是以人民为中心走好高质量发展之路在税收征管领域的本质要求。因此，新发展阶段高质量推进税收征管现代化，就要将纳税人缴费人的需求与税收征管改革有机结合，提供与需求匹配度更高的精细税收服务。这里还应认识到，税收服务与依法征管的统一既是现代市场经济条件下税收征纳关系的共性特征，又是在以人民为中心的社会主义市场经济中彰显增强人民群众获得感的个性特征。我们要在这一共性特征和个性特征中把握好精确执法、精细服务、精准监管的关系，既要在税收执法与监管中始终牢记服务理念，又要将税收执法与监管寓于服务之中，在精确执法、精细服务、精准监管的深度融合中进一步促进社会公平正义、增进人民福祉、提升人民群众获得感。同时，精细服务不仅是此次税收征管改革的重要方面，也是税收现代化“新六大体系”中“优质便捷的服务体系”的应有要求。因此，从无差别服务向精细化、智能化、个性化服务的转变，既要在税收征管体系框架下把握好依法征管与纳税服务的关系，还要在更高的站位上发挥税收助力“放管服”改革、优化营商环境、服务政治和大局的作用。

（四）以精准监管加强税收征管现代化风险管理与防范

精准监管是防范与打击涉税违法行为、提高税收遵从度、维护社会公平

---

① 邓力平，胡巍．依法治税和纳税服务——基于国家税收和公共税收的视角［J］．当代财经，2010（01）：31－35.

正义的关键举措，也是确保税收征管体系得以平稳有序运行的重要保障。精准监管的核心在于“准”，这里包含两个方面含义：一是税收监管不缺位，即依托数字信息技术对税源进行专业化监控、对纳税信用主体进行差异化管理、对涉税违法行为进行严格化惩治，通过精准监管及时防范化解税收风险。二是税收监管不越位，即在日常的智能化风险监管中，对于纳税人的偷税、逃税等违法犯罪行为进行精准打击，对于重点领域加强风险防控和监查，同时避免对无风险纳税人的正常市场行为有过多非必要的介入和干预。以上两个方面是税收监管实现从“以票管税”向“以数治税”分类精准监管转变的关键，有助于高质量推进税收征管现代化，必须把握准确。

（五）以精诚共治构建税收征管现代化多方协同治理格局

精诚共治所强调的加强部门协作、社会协同、司法保障、国际合作等是深化税收征管改革的重要部分，为推进精确执法、精细服务、精准监管提供了有力保障。高质量的税收征管现代化，应有高质量的税收治理体系和治理能力相匹配，在各方面的协调配合中更好地服务于人民群众的美好生活需要。这不仅要求深度融合税收执法、税收服务和税收监管各环节来提升税收征管水平，还要求立足服务国家战略全局，推动跨部门、宽领域、跨职能、广范围的多方共同治理，凝聚共同治理的最大合力来提升税收征管效能，并在整体提升税收征管水平中助力“双循环”新发展格局形成，服务国家治理体系和治理能力现代化。

四、理解高质量推进税收征管现代化的重要突破

2021 年《税收征管改革意见》正式公布后，国务院新闻办公室在随后举行的解读《税收征管改革意见》新闻发布会上，将此次税收征管的改革意义概括为“四突破”，即“税收征管从合作、合并到合成的突破”“税收服务、执法和监管深度融合的突破”“税收治理实现数字化、智能化、智慧化的突破”“税收改革创新从渐进式到体系性集成的突破”①。这是对税收征管改革所处方位的重要研判，也是高质量推进税收征管现代化需要牢牢把握的重要方面，我们要领会这些突破，并结合税收征管改革的时代要求与改革方向来审视，助力稳步推进税收征管现代化。

---

① 本刊讯．国新办举行《关于进一步深化税收征管改革的意见》新闻发布会［J］．中国税务，2021（04）：14－19．

（一）在税收征管改革从合作、合并到合成的突破中把准高质量发展方向

党的十八大以来，我国加快推进税收征管改革，促成了税收征管体制的三次重要突破，且每一次突破都是在党的领导下推进，体现着对“两个明确”的坚定支持，也确保了高质量推进新时代税收征管现代化的坚定方向。第一次是以 2015 年中共中央办公厅、国务院办公厅印发的《深化国税、地税征管体制改革方案》为指引，国税和地税在服务、执法、信息方面进一步加强业务“合作”，为后续的组织“合并”提供了起点和基础。第二次是以 2018 年党的十九届三中全会通过的《深化党和国家机构改革方案》和中共中央办公厅、国务院办公厅印发的《国税地税征管体制改革方案》为指导，实现了省级和省级以下国税地税机构“合并”，为高质量推进税收征管现代化提供了统一高效的制度体系。第三次则是以《税收征管改革意见》为标志，在机构“合并”的基础上促成税收执法、服务、监管的系统优化和体系“合成”。应该看到，新一轮税收征管的深层次变革，是在税收征管体制优化基础上提升税收征管效能的重要改革，是促进税收现代化“新六大体系”更好融合的有力之举，也是税收助力推动国家治理体系和治理能力现代化的集中体现。税收征管体制“合成”的目标是建成具有高集成功能、高安全性能、高应用效能的智慧税务，这些新特征都是与高质量发展要求相吻合的。由此，在新发展阶段高质量推进税收征管现代化，必然要求坚定贯彻落实党领导下的税收征管改革方案，集中力量把税收征管系统优化和体系合成向纵深推进。

（二）在税收执法、税收服务和税收监管深度融合的突破中推进税收征管业务变革

以税收执法、服务、监管为核心内容的税收征管业务变革，强调促进业务深度融合，以刚柔并济、管服互补的税收征管改革确保税收执法既有强力度又有暖温度、税收服务既有硬保障又有准指向、税收监管既有严制度又有优服务，在税收执法、服务和监管的融合互补中形成推动实现税收征管现代化的整体更大合力。这一改革不同于以往分别从税收执法、税收服务、税收监管业务内进行相对独立的调整变革，而是坚持系统观念的统筹改革，致力于在机构合并带来的统一职责、整合资源基础上的进一步突破，在一体化融合升级中更好发挥现代化税收征管体系对于市场主体发展的支持作用。应该看到，这种融合性的业务变革，不仅有助于高质量推进税收征管现代化进

程，还体现了高质量发展所坚持的发挥人民主体性要求，从而实现税收征管改革和高质量发展的同频共振。这里值得注意的是，促进税收执法、服务和监管的深度融合不是模糊业务边界，而是强调在税收征管中增强系统观念，统筹推进税收征管各项改革措施，真正体现体系合成的益处和精髓。

（三）在税收治理实现数字化、智能化、智慧化的突破中护航税收征管现代化

高质量的税收征管要有高水平的信息技术为支撑，而当前日新月异的数字技术为税收治理向着数字化、智能化和智慧化变革提供了有利条件，是高质量推进税收征管现代的重要推动力。一方面，以发票电子化改革为突破口的税收征管数字化升级和智能化改造，对于纳税人缴费人而言将降低制度性交易成本并提升其获得感，对于经济发展而言则是促进经济社会数字化发展的一项重大改革。另一方面，以信息技术变革为驱动力的智能化和智慧化税务，将运用税收大数据更好汇聚内部外部涉税信息、贯通线上线下税收服务、研判当前未来纳税行为，既能为税务工作人员提供更便捷高效的执法和监管手段，又能为纳税人缴费人提供更精细的税收服务，进而提升纳税人缴费人税务人的满意度和认同感。可以看到，这种从“以票管税”向“以数治税”转变、从传统税务管理向智慧税务治理思维的转变，为拓展税收大数据在经济社会运行研判和管控治理方面的应用提供了技术基础，为提升新时代税收征管能力和税收治理水平提供了强大支撑，是新发展阶段高质量推进税收征管现代化的重要驱动力，也是中国构建新发展格局、实现高质量发展的必由之路。

（四）在税收改革创新从渐进式到体系性集成的突破中高质量推进税收征管现代化

从新中国成立初期发布的《全国税政实施要则》作出税收稽征相关规定开始，我国税务部门始终与时俱进地结合经济发展阶段特征推进税收征管制度、征管模式、税务稽查、发票管理、纳税服务、信用体系等一系列改革，致力于降低税收征纳成本、提高税收征管效率。但应该看到，随着税收征管体制从合作、合并到合成的改革，这些单兵作战式的税收征管改革已经不能满足现代税收征管的要求，注重全局把握、体系集成的新时代税收征管改革成为必然趋势。税收征管改革从渐进式到体系性集成的突破，既得益于前期各项税收征管改革所奠定的坚实基础，也有赖于税收信息化建设、特别是税

收治理站位提升的重要支持。由此，当前就要立足于税收在国家治理中的作用，在深化税收征管改革中坚持系统集成和全局统筹理念。不仅要促成税收征管各项技术变革、业务变革和组织变革取得重要突破，更要增强系统观念统筹推进数据共享、业务融合、组织协调，整体集成，进而推动实现税收征管现代化目标，显著提升税收治理效能。

五、拓展高质量推进税收征管现代化的实践策略

立足成功经验，新发展阶段持续高质量推进税收征管现代化，既要按照当前深化税收征管改革的政策安排稳妥有序推进税收征管工作，又要结合新发展阶段的国情世情调整优化税收征管现代化的行动方案和实现路径。同时，在研究这一问题过程中，结合一些学者的研究，笔者认为进一步深化税收征管改革，可以围绕以下四个方面具体策略作一些可能的补充，为新发展阶段高质量推进税收现代化进程拓展实践思路。

（一）规范税收执法标准，为税收征管现代化营造公平正义环境

税收裁量权是促成税务机关在税收执法过程中弥补税收立法漏洞、提高税收征管效率的一项重要安排，也是可能造成寻租腐败行为、影响社会公平正义的潜在风险。由此，把握好税收自由裁量权的度很有必要。李林木和蔡欣荣（2021）指出，目前我国的税收征管法依然授予税务机关幅度较大的自由裁量空间，各地区在行为研判、裁量基准、处罚标准等方面仍存在较大差别[①]。基于这种政策法规不明晰引致的地方政府自由裁量权过大问题，卢奕（2021）提出要进一步规范和统一各地的税务处理和税收执法口径，及时将成熟经验上升为政策法规，通过提高税收确定性来促进税收执法公平[②]。钟油子等（2022）也提出要对笼统模糊、执行弹性大的税收处罚条款进行修改，通过标准规范的规则体系提高税务执法的稳定性、权威性和公平性[③]。对于这些建议，笔者都认同，我们要在税收征管改革中提高对合理税收裁量权的关注，既要确保税收执法的灵活性和自由度以更好履行管理职能，又要规范税收执法标准以践行税收法定与公平原则。

---

① 李林木，蔡欣荣．国际视野下的税务行政处罚标准研究：基于 G20 的比较［J］．税务研究，2021（06）：93－101.

② 卢奕．拥抱未来：对数字化时代税收征管改革的理解与展望［J］．国际税收，2021（10）：27－32.

③ 钟油子，白渊，周宏颖．优化税务执法方式的国际借鉴研究［J］．税务研究，2022（01）：67－72.

（二）加快税收立法进程，为税收征管现代化提供法治保障

目前，面对税收征纳环境的变化，国内学者围绕税收征管法的修订展开充分研究，提倡构建完备规范、符合税收征管现代化要求的税收征管基本程序法。比如，李万甫等（2018）研究了区块链技术在纳税缴费信用管理体系中的应用，建议在税收征管法的制度性框架下明确纳税信用的定位，规范纳税人缴费人的信用评价与管理，为税收征管现代化营造诚信纳税缴费环境①。邓力平（2020）认为，在大规模减税降费背景下要把握好应收尽收和该减必减的关系，既要坚决堵塞偷税、逃税行为，又要不折不扣落实减税降费任务，把依法征管和税收任务的统一尽快在税收征管法中显性地加以确立②。杨灿明（2021）明确指出，我国税收征管存在的税政管理权集中于中央政府的现实，将削弱地方政府作用于区域经济发展的职能发挥，其提出的推动税收征管法修订、逐步扩大地方税政管理权等措施都是深化税收征管改革的有力举措③。关于税收征管法修订的相关研究不一而足，这里笔者强调的是，在税收征管改革持续推进、落地有效的基础上，要适时将税收征管过程中积累的成熟经验和改革成果上升为法律，提升税收征管体制、征管程序和相关法律的适配度，以完备规范的法律体系为高质量推进税收征管现代化提供法治保障。

（三）强化税收共治措施，全面推进税收征管现代化

税收在国家治理中的重要定位意味着税收征管现代化不是偏居一隅的自我改革，而要强化税收共治措施，在与其他政策举措的相互配合中发挥高质量推进税收征管现代化的最大合力。从税收领域的相关政策来看，袁娇等（2021）围绕数字经济发展下的税收治理，指出要在税收制度与税收征管的互动关系中支撑税收征管水平和效率提升，即通过完善数字税收立法和税制改革来实现以立法促执法的目的④。从其他领域的相关举措来看，邵桂根（2021）运用行为经济学的“助推”理论，指出非强制性、低成本的“助

---

① 李万甫，刘和祥，邓学飞．应用区块链技术推动我国纳税缴费信用管理研究［J］．税务研究，2018（12）：78－82.

② 邓力平．新发展阶段与建立现代财税体制［J］．经济理论与经济管理，2020（12）：4－12.

③ 杨灿明．我国税制与政策在新阶段的发展方向［J］．预算管理与会计，2021（04）：23－31.

④ 袁娇，陈俊言，王敏．数字经济时代的税制改革路径：基于税制与征管互动关系的思考［J］．税务研究，2021（12）：28－34.

推”策略作为税务部门税收征管措施的补充，通过更加注重纳税人行为特征和心理反应的税收征管机制设计，能够有效提升纳税遵从度，进而有效促进税务执法、服务和监管①。钟油子等（2022）则强调今后需要进一步增强与金融、司法等跨领域的信息共享、执法联动和协同治理，提高税收征管水平②。应该认识到，当前我国税收征管的社会协同力度和税收共治水平仍有待提高，新发展阶段要继续增强统筹协调各部门、各领域力量的能力，比如加快税收制度改革步伐、结合纳税人缴费人行为心理特征采取针对性措施等，拓展税收共治的深度和广度，充分发挥党政、经济、社会、公众等对提高税收征管水平和征管能力的积极作用，助力高质量推进税收征管现代化进程。

（四）扩大征管改革效应，展现税收征管服务大局的新作为

与集中各方力量构建税收共治格局、推进税收征管现代化举措相对照的，是从税收征管改革的作用效应出发，研究其如何发挥统筹内外、服务政治经济社会大局职能的策略安排。这要求我们要在关注如何实现税收征管现代化的同时，提高站位、扩大效应，以高质量的税收征管来支撑政治经济社会等各领域发展，助力提高国家治理水平。储德银和费冒盛（2021）认为，税收征管信息化程度和税收征管水平提升往往也伴随着微观主体税收负担的增加，其提出的通过税收征管与减税降费政策组合来避免政府因盲目提升税收征管强度而抑制经济长期增长动力的举措，对于平衡好政府财政压力与企业发展活力之间的关系尤为重要③。而李世刚和黄一松（2022）研究了大数据税收征管在抑制企业过度投资、改善企业内部治理方面的作用，并基于此提出金税四期工程要提高数据整合水平，充分运用税收大数据助力企业提高税收遵从、优化内部治理和投融资决策等各个方面④。因此，在新发展阶段我们要以统筹内外、提升站位的视野来审视税收征管改革，更好发挥税收征管服务政治经济社会大局的新成效。比如，加大高收入高净值人群个人所得

---

① 邵桂根．“助推”在我国税收征管改革中的应用研究［J］．国际税收，2021（11）：48－52.

② 钟油子，白渊，周宏颖．优化税务执法方式的国际借鉴研究［J］．税务研究，2022（01）：67－72.

③ 储德银，费冒盛．财政纵向失衡、税收努力与地方经济增长［J］．当代财经，2021（10）：30－42.

④ 李世刚，黄一松．大数据税收征管能抑制企业过度投资吗？［J］．税务研究，2022（01）：118－123.

税征管力度、强化对某些资本无序扩张领域的风险预警和监督检查，不仅有利于缩小市场主体间的收入差距，而且能够支持和引导资本规范健康发展。再如，碳达峰、碳中和是我国推动高质量发展的内在要求，在税收征管中充分运用环保大数据进行智能化分析与监控，持续研究与排污许可证制度有效衔接的税收征管方式等，都是正确认识和把握碳达峰、碳中和的有益探索。这些举措通过促进社会公平正义、提高应对经济风险能力、推动人与自然和谐共生，既是我国进入高质量发展阶段必须着力提升的重要方面，也是高质量推进税收征管现代化的应有之义。

长期以来，我国税收征管体系在不断改革发展中取得了显著成效、积累了较大优势，但其与当前纳税人缴费人的期盼相比，与我国已进入高质量发展阶段的特征相比，与国家治理体系和治理能力现代化的要求相比，均存在一定差距。2021 年《税收征管改革意见》的出台，着力推行精细化、智能化、个性化的税收服务以增强人民群众获得感和满意度，努力通过技术变革、业务变革和组织变革以提升税收征管水平，突出强调职责拓展、体系贯通、站位提升理念以服务国家治理现代化。可以认为，《税收征管改革意见》是我国税收征管现代化步入新的发展阶段的一次重要改革，既有新时代以来我国税收现代化建设实践经验的有力支撑，又有当前中华民族伟大复兴战略全局和世界百年未有之大变局之国情世情的环境驱动，值得财税工作者认真研讨并予以理论支撑。

这里需要强调的一点是，研究税收征管现代化问题，还应坚持“立足征管、走出征管”的理念。一方面，“立足征管”意味着税收征管现代化首先要聚焦税收征管本身，即着眼于税收征管的业务流程、组织体系和职能作用等展开，其目标应是更好地提高税收征管效率、更好地促进税收遵从、更好地服务市场主体发展。这是税收征管现代化的主业，相关改革都要遵循这一根本出发点和落脚点来展开。另一方面，“走出征管”则意味着税收征管现代化的站位已提升至国家治理层面，不应仅仅局限于税收征管体系，而要增强大局意识和系统观念，在税收征管改革中强化税收现代化“新六大体系”的互动作用、增强财税金融等经济政策的相互协调、促进服务国家政治经济社会大局的职能发挥、贡献参与国际税收合作的智慧力量。只有站在更高视野来审视税收征管现代化，才能确保税收征管现代化的前进方向与中国特色社会主义方向一致，与国家大政方针同步，进而更准确把握税收征管改革的发展定位，更好发挥其在国家治理中的基础性、支柱性、保障性作用。应该看到，“立足征管、走出征管”是我国税收征管现代化区别于西方发达国家税收征管现代化的重要特征，也将成为中国特色税收征管现代化的显著优势。研究我国的税收征管现代化问题，必须认真领会与准确把握这一理念。

第七节 税收服务中国式现代化的内涵思考与实践途径

党的二十大概括提出并深入阐述了中国式现代化理论，对于我们正确理解并全力推进中国式现代化具有重大意义。税收要在国家治理中发挥基础性、支柱性、保障性作用，当然要对照新时代新征程的要求，努力服务中国式现代化发展。在学习贯彻党的二十大精神中，国家税务总局在全系统开展了“税收现代化服务中国式现代化”大学习大讨论活动，取得了显著成效。作为税收理论工作者，笔者也积极参与这一活动，并用各种形式与税收实践工作者共同探寻税收现代化服务中国式现代化的时代要求、理论内涵与实践途径，有了初步的学习体会。

一、在中国特色社会主义持续发展中定位中国特色税收现代化

党的二十大报告的主题是“高举中国特色社会主义伟大旗帜，全面贯彻新时代中国特色社会主义思想，弘扬伟大建党精神，自信自强、守正创新，踔厉奋发、勇毅前行，为全面建设社会主义现代化国家、全面推进中华民族伟大复兴而团结奋斗”。这一主题就是我们讨论税收现代化服务中国式现代化的指导思想。回首我国税收一路走来的发展之路，笔者的基本观点从来是，我国走的是中国特色社会主义道路，对应的税收就一定是中国特色社会主义税收，从而税收现代化就一定是中国特色税收现代化，或者更完整地说，就是中国特色社会主义税收现代化。今天学习党的二十大精神，讨论税收现代化服务中国式现代化，就要在这个大框架下进行，就要始终坚持税收现代化前面的中国特色社会主义之定语，并要在中国特色社会主义进入新时代、迈上新征程的大背景下持续开展研究。只有把这个搞清楚，才能研究好中国特色税收现代化服务中国式现代化这一时代课题。

在社会主义中国，税收是什么？税收是以国家为主体的分配关系，从来与国家制度、与选择的道路是密切联系的。新中国成立初期，我国税收服务于计划经济时期的社会主义改造与建设，从一开始就是社会主义税收。改革开放以后，税收在社会主义市场经济体制的建立过程中不断形成中国特色社

会主义税收之特质。新时代以来，税收在国家治理中的基础性、支柱性、保障性作用得以明确，中国特色税收现代化建设也进入了快车道，在税收改革与政策优化中凸显了税收在服务发展大局中的职能定位。作为理论工作者，笔者始终紧跟和理解这一伟大事业的发展进程。在新中国成立六十周年的2009年，笔者明确提出中国税收就是“中国特色社会主义税收”的定位判断（邓力平，2009）。十年之后的新中国成立七十周年，在新时代我国开启税收现代化新征程的背景下，笔者又提出了“新时代中国特色社会主义税收”表述（邓力平，2019）。在中国特色社会主义税收，特别是新时代中国特色社会主义税收发展中，税收现代化是顺应特定条件最优税制要求的必然，是中国特色社会主义税收发展到一定阶段的必然，既一以贯之地体现中国特色社会主义制度的显著优势，又与时俱进地在自我革新的税收事业中体现现代税制的要求。由此，中国特色税收现代化，当然要内在地体现“社会主义”“中国特色”“新时代”这三个重要内涵。研究中国特色税收现代化，开展税收现代化服务中国式现代化的大讨论，就要放在这一框架下来思考，就要高举中国特色社会主义伟大旗帜，坚持中国特色社会主义道路，认真总结新时代十多年伟大变革给税收带来的深刻变化，准确定位在新时代十多年税收发展中提出并践行的中国特色税收现代化，并以此作为迈上新征程的新起点。

二、以新思想的世界观方法论指引中国特色税收现代化

中国特色税收现代化，是在习近平新时代中国特色社会主义思想，特别是习近平经济思想指引下的税收现代化。新时代十多年来，从“完备规范的税法体系、成熟定型的税制体系、优质便捷的服务体系、科学严密的征管体系、稳固强大的信息体系、高效清廉的组织体系”之税收现代化“六大体系”，到“坚强有力的党的领导制度体系、成熟完备的税收法治体系、优质便捷的税费服务体系、严密规范的税费征管体系、合作共赢的国际税收体系、高效清廉的队伍组织体系”之税收现代化“新六大体系”，中国特色税收现代化体系在新思想指引下不断发展完善，既做到用体系支撑税收重大实践，又用税收实践彰显体系优势并不断完善体系内涵。十多年来，围绕这一时期的税收发展，笔者持续思考如何在中国特色税收现代化进程中建立与之相适应的中国特色税收理论体系，形成了“党管税收观”“人民税收观”等具有鲜明中国特色的税收理念（邓力平，2019）。当前，党的二十大报告强

调要推进实践基础上的理论创新，“把握好新时代中国特色社会主义思想的世界观和方法论，坚持好、运用好贯穿其中的立场观点方法”。在新征程上思考税收现代化如何服务中国式现代化，就要特别在新思想的世界观和方法论指引下推进中国特色税收现代化，就要牢牢把握“两个结合”和“六个坚持”对税收现代化的理论引领与实践要求。

其一，要在“两个结合”引领下把握中国特色税收现代化的正确方向和实际要求。习近平新时代中国特色社会主义思想，是当代中国的马克思主义，是21世纪的马克思主义，是中国文化和中国精神的时代精华。我们在新征程上把握中国特色税收现代化，既要学习新思想的道理，又要学习新思想的学理与哲理。在新思想世界观和方法论指引下，更快推进中国特色税收现代化。

一是马克思主义中国化时代化的“第一个结合”是马克思主义基本原理同中国具体实际相结合。建党百余年来，马克思主义中国化经历了三次飞跃，对应着党领导人民奋斗所创造的伟大历史成就。新时代以来，马克思主义中国化新的飞跃就是习近平新时代中国特色社会主义思想。在新时代新征程上，我们要以新思想指引中国特色税收现代化，既要坚持税收现代化的马克思主义引领，坚持这一现代化的社会主义方向，还要将税收现代化与中国当前具体实际相结合。要坚持问题导向，在深入研究并回答党的建设面临的突出问题、人民群众急难愁盼的关键问题、百年未有之大变局的重大问题中，不断提出解决问题的税收新理念、新思路、新方法，进而在理论创新和实践发展中推进中国特色税收现代化进程。

二是马克思主义中国化时代化的“第二个结合”是马克思主义基本原理同中华优秀传统文化相结合。马克思主义与中华优秀传统文化的结合长期以来都在践行，这次提升到了全新高度。在党的二十大报告中，习近平总书记讲的中华优秀传统文化的人生观、世界观与马克思主义世界观是高度契合的。天下为公、民为邦本、为政以德、革故鼎新、任人唯贤、天人合一、自强不息、厚德载物、讲信修睦、亲仁善邻等，是中国人民在长期生产生活中积累的宇宙观、天下观、社会观、道德观的重要体现。中国特色税收现代化同样承载着中华传统赋税思想的精华，在新征程上加快推进中国特色税收现代化，就要将税收现代化建设与中华优秀传统文化相结合，坚持古为今用、推陈出新，汲取中华税收文化的有益成分，深化并拓展传统赋税思想中的民本、公平、效率等理念，进行创造性转化和创新性发展，推动中国特色税收现代化满足国情特征、汲取文化力量、展现文明新态。

其二，要在“六个坚持”引领下推进中国特色税收现代化的理论建设和实践要求。党的二十大报告强调，学习新思想的世界观与方法论，“必须坚持人民至上”“必须坚持自信自立”“必须坚持守正创新”“必须坚持问题导向”“必须坚持系统观念”“必须坚持胸怀天下”。这“六个坚持”密切联系、内在统一，体现了鲜明的政治立场、精神特质、理论品格、方式方法、思想方法和胸襟眼界，为我们在新征程推进中国特色税收现代化提供了重要遵循。

第一，“坚持人民至上”是马克思主义政党最根本的政治立场，也必然是党领导下的中国特色税收现代化的本质要求。新时代以来，我国税收现代化始终坚持以人民为中心，在关切人民利益的堵点、难点、痛点问题中展现税收作为，税制改革、政策调整、税收服务也以纳税人缴费人的期盼为立足点，在税收实践中始终坚持了人民至上这一根本价值取向。笔者紧跟这一进程，反复强调“人民税收”理念在中国特色社会主义税收理论体系中的重要地位，深入诠释“人民税收”的基本内涵，为“人民税收”理念根植于税收现代化贡献了力量。当前在新征程推进中国特色税收现代化，必须要继续坚持“人民至上”，坚定体现税收站稳人民立场、顺应人民期盼、汇集人民智慧的显著优势与中国特色。

第二，“坚持自信自立”和“坚持胸怀天下”是我们党在独立自主的探索实践中解决中国问题和人类问题的重要特质，两者可以结合起来理解。“坚持自信自立”强调的是坚持中国特色社会主义道路的主体性，坚持胸怀天下强调的是我们不仅要回答中国之问、人民之问，还要对全球发展的普遍问题回答世界之问、时代之问。两者的结合就是要在对中国特色社会主义之道路自信、理论自信、制度自信、文化自信的基础上，在与资本主义制度并存、竞争中持续凸显社会主义制度优势。立足这一判断，推进中国特色税收现代化，就既要立足中国国情，在自信自立中保持走中国特色税收现代化道路的满满自信；又要拓展世界眼光，在胸怀天下中用中国特色税收现代化道路为人类税收文明新形态作出贡献。

第三，“坚持守正创新”强调的是“变”与“不变”的辩证统一。在推进中国特色社会主义事业中，“守正”确保了方向道路、基本路线的一以贯之，而“创新”则确保了方式方法、应对策略的与时俱进，两者的结合相辅相成、缺一不可。新时代以来，我国税收工作事实上都在践行守正创新理念，在“变”与“不变”的结合中推进税收现代化。当前面对百年变局，我国税收所处的环境条件、发展战略、时代要求都将面临新挑战。推进中国特色税收现代化，就要在新征程上找准改革和完善现代税制的立足点，这个立足点就是坚持中国特色社会主义方向，坚持服务中国式现代化，坚持构建高水平社会主义市场经济体制。在守住社会主义方向不动摇的基础上，还要结合发展现实与时代要求，适当调整税率结构、税种组合、征纳关系等，不断在改革发展创新中赋予中国特色税收现代化生机活力。

第四，“坚持问题导向”与“坚持系统观念”强调的都是方法论，为推动中国特色税收现代化提供了行动遵循。增强问题意识，坚持问题导向，就能有针对性地对改革发展的深层次问题提供税收解决思路；善于把握全局，坚持系统观念，就能在全局性谋划中增强税收工作的主动性和预见性。我们推进中国特色税收现代化，就要在解决新问题过程中推进税收制度的自我完善和发展，就要在协调好税收制度与其他制度体系之间的内在联系中推进税收现代化进程。

三、把握中国式现代化与中国特色税收现代化的深刻内涵与辩证关系

中国特色税收现代化是中国式现代化的一部分。党的二十大报告明确宣示，“从现在起，中国共产党的中心任务就是团结带领全国各族人民全面建成社会主义现代化强国、实现第二个百年奋斗目标，以中国式现代化全面推进中华民族伟大复兴”。中国式现代化作为系统工程，要在政治经济社会的方方面面统筹兼顾、整体推进，当然就包含了对中国特色税收现代化的要求。理解中国式现代化和对应的中国特色税收现代化的时代内涵和辩证关系，有两个层面的把握：一是要把握中国式现代化（包括中国特色税收现代化）与西方现代化（包括西方税收现代化）的异同，这里坚持的是“既有共性、更有个性”的重要判断；二是在此基础上把握中国式现代化和中国特色税收现代化之间的相互作用，这里坚持的是“决定与反作用”的辩证关系。

其一，要在“既有共性、更有个性”的重要判断和基本思路中理解中国式现代化与中国特色税收现代化的基本内涵。以中国式现代化全面推进中华民族伟大复兴，是新时代新征程中国共产党的使命任务。党的二十大报告指出，“中国式现代化，是中国共产党领导的社会主义现代化，既有各国现代化的共同特征，更有基于自己国情的中国特色”。这是对中国式现代化的最

准确定位，其中“既有共同特征，更有中国特色”的重要判断，是我们理解中国式现代化的关键，同样也是我们理解中国特色税收现代化的关键。因为只有“既有共性、更有个性”的中国特色税收现代化才能服务好“既有共性、更有个性”的中国式现代化。对此必须深刻认识，反复领会。

一是从“既有共同特征”来看，中国式现代化是我国在全球探索现代化进程中总结出来的中国经验、中国模式，这是各国探索现代化道路的一部分。各国社会制度、国体政体、发展程度各有不同，但都会不同程度地体现现代化之共同特征，这是历史的必然和发展的大势。现代化是全人类的共同目标，当前人类文明经历了从传统政治向现代政治、从传统经济向现代经济、从传统社会向现代社会、从传统文化向现代文化等各个方面的演进，其所伴随的政治制度变革、产业发展变革、生产方式变革、意识形态变革等，都深刻体现在各国现代化进程之中。尽管各国开启现代化建设的起点速度、发展水平、展现形式存在差异，但都在动态发展中努力向现代文明趋近，体现出现代化的共性特征。同理，中国特色税收现代化，当然也是世界税收现代化进程的一部分，也必然会呈现出税收现代化的共同特征。今天我国税制中的兼顾效率与公平、坚持税收中性、减轻税收负担、提高直接税比重等税收原则或税制安排，都是现代税收制度的共性特征。应该看到，这些共性特征为我国不断探索并完善中国特色税收现代化提供了经验积累与借鉴途径，也为我国拓展发展中国家走向税收现代化的途径提供了依据。

二是从“更有中国特色”来看，中国式现代化理念是老一辈无产阶级革命家在社会主义实践中逐步探索形成、并在新时代十多年中成功推进并拓展的。新中国成立初期，毛泽东同志就提出要实现工业化目标，周恩来同志在人民大会堂对建设“四个现代化”的庄严宣示激励着一代又一代中国人。改革开放后，邓小平同志最早提出了“中国式的现代化”，并将中国式现代化发展的阶段目标明确为小康社会，创造性地提出了坚持从我国国情出发、走出一条中国式的现代化道路的重大命题。如今，党的二十大报告再次重申中国式现代化，这是对应中国特色社会主义进入新时代的中国式现代化，是在前人奋斗探索基础上、在伟大社会主义实践中成功推进并拓展的中国式现代化，必然要在既强调共性的同时，更鲜明更坚定地突出个性。与西方国家的现代化相比，中国式现代化是在社会主义现代化道路中探索中国走向现代化的模式，是中国共产党领导的社会主义现代化。“中国式”三个字内在地包含了中国特色社会主义的深刻内涵。今天我们讲中国式现代化，意在打破

"现代化 = 西方化"这一恒等式，强调的是在现代化的共性中探寻中国模式，为其他所有走向现代化的国家提供中国范式。基于这一判断，我们在中国式现代化进程中推进税收现代化，就是推进中国特色税收现代化，是区别于西方税收现代化发展范式的中国特色税收现代化之路，是具有显著中国特色与制度优势的社会主义税收现代化之路，从而必然也具有"既有共性、更有个性"之鲜明特质。新时代以来，笔者就是沿用这一思路持续研究中国特色税收现代化的理论与实践问题，先是提出中国特色税收现代化必须是税收现代化共性和个性的结合（邓力平，2015），而后又结合我国税收现代化体系特征的提出与沿革，强调税收现代化必须既体现税收现代化道路的共性，也应该（乃至更应该）体现我国税收现代化的个性，要在与发端于资本主义国家的税收现代化路径之比较中走出中国特色的税收现代化之路（邓力平，2020）。今天，认真学习党的二十大报告中作出的中国式现代化"既有各国现代化的共同特征，更有基于自己国情的中国特色"之重要判断，笔者对中国特色税收现代化也必须是"既有共性、更有个性"的把握更加坚定不移，对这条税收发展道路的选择更加自豪与自信。在新征程上，我们要在把握各国税收现代化共性的同时，更加明确中国特色税收现代化的个性特征，旗帜鲜明地将"既有共性、更有个性"的重要判断与思路运用到税收现代化服务中国式现代化实践中，为中国式现代化贡献税务力量。

其二，要在"决定与反作用"的完整命题中领会"税收现代化服务中国式现代化"之任务要求。长期以来，笔者始终坚持"政治引领税收、税收服务政治""经济决定税收、税收反作用于经济""社会影响税收、税收反馈社会"等基本观点。中国式现代化作为一个需要政治经济社会方方面面整体推进的系统性项目，当我们坚持政治经济社会与税收之间的作用与反作用关系时，事实上就是坚持中国式现代化与中国特色税收现代化之间相辅相成、互为支撑的辩证关系。据此，笔者倾向于使用"中国式现代化决定中国特色税收现代化，中国特色税收现代化服务中国式现代化"这一完整表述。事实上，国家税务总局提出的"税收现代化服务中国式现代化"，本身就蕴含着"中国式现代化决定税收现代化"这一重要前提。在新征程上，我们要全面把握这一理念的时代要求和表现形式，为更好推进税收现代化进而推进中国式现代化提供理论支撑。

一是中国式现代化决定中国特色税收现代化，这是基本定位。中国式现代化是新征程上开创党和国家事业发展新局面的重要理论体系，税收现代化本身就是中国式现代化的重要一环，因此中国式现代化决定税收现代化就是必然结论。习近平总书记在学习贯彻党的二十大精神研讨班开班式上指出，“概括提出并深入阐述中国式现代化理论，是党的二十大的一个重大理论创新，是科学社会主义的最新重大成果”①。在新征程践行“中国式现代化决定税收现代化”，就要从理论创新与实践创新的角度把握中国式现代化对税收现代化的决定作用。比如，前述的中国式现代化是“既有共性、更有个性”的统一，从而中国特色税收现代化也是“既有共性、更有个性”的统一，这是中国式现代化决定中国特色税收现代化的典范例证。再如，中国式现代化是党领导的社会主义现代化，我国税收现代化也始终在党的领导下推进，税收现代化“新六大体系”将“坚强有力的党的领导制度体系”置于首位，这是中国式现代化决定中国特色税收现代化下对“党管一切”原则的坚定贯彻。近年来，笔者对于这些内容都已有详细论述，今天观点继续鲜明，立场更加坚定。

二是中国特色税收现代化服务中国式现代化，这是职责所在。税收已在服务我国经济建设、政治建设、文化建设、社会建设、生态文明建设中发挥了重要作用，必然要求税收现代化要在更高层次上服务中国式现代化进程。与西方国家所强调的“小政府、大社会”相比，我国税收不仅在税收现代化进程中确保了中国式现代化的整体效果发挥，更是从围绕中心、服务大局等方面为中国式现代化的系统推进贡献了税收力量。这一“立足税收、走出税收”的定位是税收服务中国式现代化之能动作用发挥的重要依据。新时代以来，我国税务部门在推进税收现代化进程中始终是这样做的。从 2015 年全国税务工作会议适应国家治理体系现代化要求，指明“深刻认识税收新常态，主动适应税收新常态，积极引领税收新常态，不仅是持续推进税收现代化的重要前提，而且是发挥税收职能作用、更好服务经济发展新常态的重要前提”②，再到当前在税务全系统开展“税收现代化服务中国式现代化”大讨论，我国税务部门始终强调税收在服务政治经济社会大局中的重要作用，要求税制改革、税收政策有所回应和支持，尤其是创造性地拓展并提升了新征程税收现代化服务中国式现代化的重要作用，体现的就是将税收现代化置

---

① 习近平在学习贯彻党的二十大精神研讨班开班式上发表重要讲话 强调正确理解和大力推进中国式现代化［N］. 人民日报，2023 - 02 - 08（001）.

② 本刊讯．全国税务工作会议在京召开 励精图治 改革创新 持续推进税收现代化［J］. 中国税务，2015（02）：8 - 10.

于中国式现代化中进行新的思考、谋划和推进，是税收职能作用在新时代新征程进一步提升的必要拓展与表现形式。

其三，要在深入学习中国式现代化理论体系中把握新征程“中国式现代化决定税收现代化，税收现代化服务中国式现代化”之紧密联系与时代内涵。新时代以来，我国在实践中充分体现并验证了中国式现代化与中国特色税收现代化之间的相互作用。当前，我们要在中国式现代化理论体系框架下深刻理解“中国式现代化决定税收现代化，税收现代化服务中国式现代化”的理论依据与着力重点。

一是从中国式现代化的要求来讲，党的二十大对中国式现代化的“基本内涵”“五大特征”“九条要求”“五项原则”等均作出全面阐释，习近平总书记又在学习贯彻党的二十大精神研讨班开班式上概括提出并深入阐述中国式现代化理论，这些都是我们把握中国式现代化决定税收现代化，进而以税收现代化服务中国式现代化必须牢牢把握的指导思想。比如，坚持党的领导是确保中国式现代化方向不移、信心不减的根本保证，而我国的税收现代化也是将“党的领导制度体系”作为首要任务，从而坚持党的领导成为中国式现代化与税收现代化相互作用的重要连结点，也是新征程我国需要进一步推进贯彻落实的重要方面。再如，中国式现代化将实现人民对美好生活的向往作为现代化建设的出发点和落脚点，其所追求的十四亿多人口整体迈进的现代化、全体人民共同富裕的现代化、物质文明和精神文明相协调的现代化、人与自然和谐共生的现代化、发展全过程人民民主的现代化、推动构建人类命运共同体的现代化，始终贯穿着以人民为中心的发展思想。与此相对应，我国的税收现代化必将在更高站位上彰显“集中力量办大事”制度性优势、践行“以人民为中心”发展思想、坚持系统协调发展理念、推进实现可持续发展、体现大国税收担当。

二是从新征程我国税收现代化建设的具体要求来讲，党的二十大报告对税收发展提出的“优化税制结构”“完善个人所得税制度”“加大税收、社会保障、转移支付等的调节力度”“完善支持绿色发展的财税、金融、投资、价格政策和标准体系”等明确任务要求，这些都是我国推动经济社会高质量发展、增强人民群众幸福感获得感的重要着力点，必然也是税收现代化服务中国式现代化的重要着力点。在新征程上，我们要将这些税收关键举措和制度改革要求与中国式现代化要求相对照，动态地找到税收现代化服务中国式现代化的发力点和突破点，更有效发挥税收的能动作用。

简言之，在新征程上我们要始终注意把握中国式现代化与税收现代化的深刻内涵和辩证关系，使持续推进的中国式现代化道路得到创新性拓展，并指引着我们深刻领悟把握中国式现代化这一使命任务对税制调整、税收立法、征收管理、政策运用等提出的期待与要求，更好把准税收定位和更有效发挥作用，加快推进中国特色税收现代化和中国式现代化进程。

四、探索中国特色税收现代化服务中国式现代化的实践途径

站在新征程上，税务部门正在不断探索税收现代化服务中国式现代化的实践路径。我们既要站在全局高度把握顶层设计，又要落到实处总结具体实践；既要立足国内，发挥税收服务经济社会发展大局的作用，又要放眼世界，展现税收服务全球治理的积极作为。在学习党的二十大精神过程中，笔者始终坚持既关注全国税收发展态势，也关注基层税收创新做法；既关注税收现代化的国内进展，也关注税收现代化的国际侧面。党的二十大胜利召开后，笔者到相关省、市税务系统交流学习党的二十大精神的体会，和各地税务干部共同回顾新时代十多年来税收战线取得的成绩，学习各地税务部门为税收现代化服务中国式现代化作出的部署安排，感触很深、体会很多，受益匪浅，信心更足。

其一，我们已经并将持续立足新时代新征程伟大实践来探索税收现代化服务中国式现代化的实践途径。新时代十多年中，笔者始终跟踪中国特色税收前行步伐，撰文研究每年全国税务工作会议的主题内涵与贯彻落实，可以认为，这十多年的实践就是税收发展和税收现代化服务国家发展大局的生动写照。在以中国式现代化全面推进中华民族伟大复兴的新征程上，2023 年全国税务工作会议的主题是“深入学习贯彻党的二十大精神，守正创新奋力推进新征程税收现代化”。理解这一主题，有三层含义需要把握：一是坚持守正创新，强调既要总结归纳新时代十多年来税务部门在伟大变革中推进税收现代化取得的成绩，又要改革创新现有税收制度政策以展现新征程的更大税收作为；二是奋力推进税收现代化，税务部门要在总结过去经验和谋划未来部署中把握好中国式现代化与税收现代化之间的决定与反作用关系，有力推动税收现代化取得新成效；三是要在新征程展现税收现代化的更大作为，税务部门要结合新要求持续调整充实完善税收现代化体系。国家税务总局在总结十多年经验的基础上，明确提出要“建成为中国式现代化提供更优服务和更大支持的税收现代化”，要“着力提高税收现代化服务中国式现代化的本

领”，并科学部署了新征程税收现代化的重点工作任务，提出新征程“要深入学习宣传贯彻落实党的二十大精神”“要不断巩固深化拓展中央巡视整改成效”“要坚持严的基调不动摇”“要依法依规组织税费收入”“要研究完善和落实落细税费支持政策”“要进一步深化税收征管改革和加强税收监管”“要进一步深化‘一带一路’税收征管合作机制”“要加强税务干部队伍建设”等工作要求①。在这次大学习大讨论活动中，各地税务部门也结合过去十多年实践成就，积极探寻提升和拓展税收职能作用的现实路径，为税收服务中国式现代化探索实践路径。在学习党的二十大精神过程中，笔者以各种形式与各地税务干部进行深入交流。应该说，各地具体实践既能见微知著地看到全国税务工作开展情况，又能睹始知终地看到税务部门推进税收现代化的坚定步伐。这里主要以笔者深入沟通交流的湖南省、贵州省、厦门市税务局之税务实践为例展开说明。

第一，“系统谋划、敢闯勇为”的湖南税务实践。习近平总书记在湖南考察时的重要讲话，为湖南明确“三高四新”战略任务提供了重要指引。围绕这一使命任务，湖南省税务局通过优化出口退税业务办理、推出专项税收政策指引、开展政策宣传辅导等举措，为推进税收现代化积累了实践经验。当前，聚焦税收服务中国式现代化建设，湖南省税务局又在既有经验的基础上确定了“党建引领促发展、税费皆重提质效、三个基本谋长远、四个更加谱新篇”的工作思路，为税收现代化助力中国式现代化明确了湖南实践途径②。其中，“党建引领促发展”强调党对税收工作的全面领导，这既是税收现代化“新六大体系”的重要内容，也是中国式现代化的本质要求，为中国式现代化理论指导税收工作提供了坚强保障；“税费皆重提质效”聚焦税务部门主要工作任务，在不折不扣完成税费收入任务并提高税费治理能力中，能够为推进中国式现代化提供重要财力支持；“三个基本谋长远”指的是健全完善基本制度、规范优化基本流程、持续提升基本能力，从制度、执行和治理三个方面来提升税收现代化水平，为中国式现代化建设夯实了制度基础；“四个更加谱新篇”指的是服务大局更加自觉、征管基础更加扎实、工作作风更加优良、绩效考核更加一流，既有站位高度又有牢固根基，既有行为约束又有治理优化，以实际税务工作有力支撑税收现代化服务中国式现

① 郭瑞轩．深入学习贯彻党的二十大精神 守正创新奋力推进新征程税收现代化——全国税务工作会议在京召开［J］．中国税务，2023（02）：6-9.

② 曾光辉．服务中国式现代化 谱写湖南税收新篇章［J］．中国税务，2023（01）：16-17.

代化。

第二，“立足四新、融入大局”的贵州税务实践。新时代以来，在习近平总书记赋予贵州的“四新”重要使命任务下，贵州省税务局从建立网格化服务模式、落实支持科技创新税收优惠政策等方面有力提升了贵州税务的数字化智能化水平。在党的二十大精神指引下，贵州税务当前又将中国式现代化的理论和实践发展与税收现代化相结合，自觉融入中国式现代化建设大局，提出了“以高质量税收工作全力服务贵州高质量发展”的工作思路①，更加积极推动贵州高质量发展和现代化建设。具体地，贵州税务对各项税收工作进行提档升级，重点从支持以数字经济为引领的现代产业体系、聚焦提升综合经济实力的区域协调发展、致力人与自然和谐发展的国家生态文明试验区、强化发展内外联动的交通运输网络、践行以人民为中心发展思想的社会保障体系建设等方面着手，力图在坚持新发展理念中找准贵州税务在中国式现代化建设大局中的职能定位，为税收现代化更好地服务中国式现代化努力探索贵州税务实践路径。

第三，“顶天立地、联系实际”的厦门税务实践。习近平总书记在厦门出席金砖国家领导人第九次会晤时，对厦门建设发展给予充分肯定。基于“两高两化”目标定位，厦门市税务局从新思想中汲取前行力量，通过开展税务青年读书沙龙、全力推动税惠红利落地落实等举措，在理论研究与实践探索的结合中不断为新时代十多年的税收工作贡献厦门税务力量。站在新征程上，厦门税务相应提出了要“建设高素质高颜值高质量发展税收现代化高地”的“四高愿景”目标，聚焦政治机关建设、税收服务发展、智慧税务赋能、税收营商环境、税收监管质效、干部队伍素质、行政管理效能、管党治队合力等方面推进“八大提升行动”②，努力打造规范便捷的税费服务高地、打造智能高效的智慧税务高地、打造集成融通的税收改革创新高地，为推进税收现代化服务中国式现代化展现了厦门税务作为。这既是厦门税务学习运用习近平新时代中国特色社会主义思想的世界观和方法论的具体体现，也是“税收现代化服务中国式现代化”共性的具体体现，更是厦门税务“高素质高颜值高质量发展税收现代化高地”的个性具体体现。这是“顶天

---

① 丁习文．税收助力新时代贵州高质量发展的实践与思考［J］．国际税收，2022（12）：3－10.

② 张国钧．围绕中国式现代化把厦门建设成高素质高颜值高质量发展的税收现代化高地［J］．中国税务，2022（12）：34－35.

立地、联系实际”的厦门税务实践，一定能为税收现代化服务中国式现代化贡献力量。

其二，我们还要努力从国际税收领域探索税收现代化服务中国式现代化的实践途径。中国式现代化的本质要求包含了“推动构建人类命运共同体，创造人类文明新形态”，从而我国涉外税收作为参与全球治理的重要组成部分，是向世界展现我国税收现代化乃至中国式现代化建设成果的重要载体。新时代十多年来，我国国际税收持续提高站位，尤其是在构建合作共赢的国际税收体系中作出大量努力，显著提高了我国在国际税收治理乃至全球治理中的话语权，为税收服务中国式现代化建设奠定了重要基础。从积极参与BEPS行动打击国际逃避税，到坚定推动“双支柱”方案应对数字经济征税问题，再到深入主导“一带一路”税收征管合作机制建设，我国在不断参与引领国际税收合作中提供了中国支持、展现了中国方案。当前，我们强调税收服务中国式现代化，在国际税收领域既要从各国现代化的共性特征中不断完善国际税收治理，更要基于我国国情，在税收现代化建设中彰显中国式现代化道路的优势，从深度参与国际税收规则制定、持续扩大税收协定网络、持续深入推进“一带一路”税收征管合作机制建设等举措着手，提高我国涉外税收服务中国式现代化的实践途径，为发展中国家走向现代化提供新的路径选择。在这一过程中，尽管面对各国日益加剧的以邻为壑、逐底竞争，但我们走和平发展道路的中国式现代化，决定了我们必须坚定不移地高举和平、发展、合作、共赢旗帜，必须坚定不移地构建合作共赢的国际税收体系，必须坚定不移地展现人类文明新形态。笔者坚信，我国在国际税收治理中作出的努力，一定能够从涉外侧面为税收现代化服务中国式现代化作出独特贡献。

第五章 新时代新征程中国特色社会主义财税之国际侧面

统筹中华民族伟大复兴战略全局和世界百年未有之大变局，加快形成以国内大循环为主体、国内国际双循环相互促进的新发展格局是我们党深刻认识发展阶段特征、正确把握经济发展客观规律作出的重要战略决策。新时代以来，我国在全面建成小康社会的进程中，运用财税政策与工具成功应对了波谲云诡的国际形势，处理了复杂敏感的周边环境，完成了艰巨繁重的改革发展稳定任务。在这一政策体系中，我国财税发挥了重要作用。笔者带领团队为中国特色社会主义财税之国际侧面的发展作了持续研究，深刻感受到财税服务统筹内外两个大局的重要性。当前，我国迈上了全面建设社会主义现代化国家的新征程，统筹中华民族伟大复兴战略全局和世界百年未有之大变局是新征程的重要任务。我们既要看到世界进入动荡变革期带来的不稳定性不确定性，更要看到当前全球最大的确定性是中国。由此，财税在国家治理中的基础性、支柱性和保障性作用，决定了其在统筹两个大局、构建新发展格局中举足轻重的作用。

新时代十多年来，以习近平同志为核心的党中央团结带领全国各族人民攻坚克难、砥砺前行，党和国家事业取得历史性成就、发生历史性变革。我国高度重视参与国际财税领域的治理，推动国际财税变革，提出了一系列具有中国特色的原创性国际财税治理新理念新战略。这是习近平新时代中国特色社会主义思想在国际财税领域落地生根的生动案例，也为新发展阶段继续推进国际财税工作指明了前进方向。伴随着十多年来我国在国际财税领域的前进与发展，对应的国际财税研究也在伟大实践基础上不断前进，取得了许多研究成果。当前，理论工作者对国际反避税、双多边税收协定、BEPS 行动计划与影响、“一带一路”税收征管合作、国际减税浪潮与影响、中美贸易摩擦与财税应对、改革开放与财税体制变革、多边经贸体制发展与对财税影响、“双支柱”税改方案等重大国际经济财税问题进行了深入研究，为中国特色涉外财税理论之发展贡献了新动能，也为把握我国进一步参与国际财税实践提供了研究基础和有力借鉴。

新时代十多年来，笔者带领研究团队始终紧跟时代步伐，与时俱进地探索新时代对中国特色社会主义财税之国际侧面研究的要求。本章在归纳梳理笔者及研究团队的相关文章基础上，重点结合世界格局特征的发展变化，持续思考我国国际财税的理论与实践问题。

第一节着眼于我国涉外税制在加入 WTO 二十多年的历程中发挥的重要作用，强调在新征程上，我国涉外税制要继续积极应对国际税收规则竞争，加强国际间合作，推动构建人类命运共同体，实现互利共赢新局面。边境税制和境内税制作为中国税收的两大方面，在高水平对外开放中发挥了重要作用，不断体现着“观世界势、走自己路”，“锚定目标、与时俱进”和“统筹税收、协调推进”之特征。进入新时代，在应对逆全球化、实现高水平开放、高质量推进“一带一路”建设等方面，涉外税制起到了重要支柱作用。本节以加入 WTO 二十多年来税收实践回顾为基点，立足当前世界多极化位于经济全球化之前的国际格局，探讨边境税制和境内税制的统筹发展，对国内新征程、国际大变局下的中国税收发展提出建议。

第二节基于统筹“国内国外两个大局”要求和聚焦“世界进入动荡变革期”现实，探讨不断推进的中国特色税收治理现代化之国际侧面，即与时俱进地构建“合作共赢的国际税收体系”，主要从“基本定位、时代要求、经验归纳、发展趋势”四个方面加以把握，坚持长期趋势与短期现实兼顾，实践探索与理论构建结合，力争为持续推进中国特色税收治理现代化提供更有力的支撑。

第三节结合我国新时代十多年来高度重视参与国际财税治理所取得的研究成果，基于“统筹中华民族伟大复兴战略全局和世界百年未有之大变局”“统筹好发展和安全两件大事”的基本站位和总体把握，讨论持续开辟我国国际税收研究新境界这一重要课题，为新征程上的我国涉外税收工作持续发展提供必要的理论参考。

第四节在党的二十大擘画新征程党和国家事业发展的目标任务和大政方

针背景下，从国际税收出发强调要围绕新时代新征程党的中心任务，贡献国际税收新力量。本节研究的问题有二：一是“忆来路，二十多年中国税收发展的重要成绩和经验是什么”；二是“往前走，当前在税收发展上需要做什么”，从理论与实践结合的角度对未来我国国际税收的职能发挥进行深入思考。

第一节　中国税收发展：加入 WTO 二十多年后的思考

加入 WTO 二十多年来，边境税制和境内税制作为中国税收的两大方面，在高水平对外开放中发挥了重要作用，不断体现着“观世界势、走自己路”，“锚定目标、与时俱进”和“统筹税收、协调推进”之特征。本节以加入 WTO 二十多年来税收实践回顾为基点，立足当前世界多极化位于经济全球化之前的国际格局，探讨边境税制和境内税制的统筹发展，对国内新征程、国际大变局下的中国税收发展提出建议。

一、研究的主要目的与基本思路

2021 年是我国加入世界贸易组织（World Trade Organization，WTO）的第二十个年头。二十多年来，中国实现了从富起来到强起来、从顺应经济全球化到适应新国际变局推动经济全球化的进程，中国税收也在这一过程中实现了从学习现代税制、适应国际规则到助力新国际经济税收秩序形成的转变。从更高层面上看，2021 年是中国奔向第二个百年目标的开局之年，我们既要看到加入 WTO 二十年来中国税收发展植根于“两个百年”伟大实践的定位，更要思考在发展过程中的经验，从而为未来发展提供有益启示。回顾已有研究，二十年多前加入 WTO 之际，笔者是从经济全球化背景和中国对外开放角度研究 WTO 对中国税收发展的影响（邓力平，2000）；加入 WTO 十周年之时，笔者则是依据当时经济全球化特征和中国经济发展来研究税收问题（邓力平等，2011）。而站在“两个百年”进程和加入 WTO 二十多年这一时间耦合点上，我们就要在统筹内外两个大局的新时代背景下研究国际经贸税收环境与中国税收发展的关系。就国内而言，要放在党带领人民朝着第二个百年目标前行的新征程中进行研究；就国际而言，则要立足于“世界多极化、经济全球化、社会信息化、文化多样化”之新时代背景展开研究，并特别要将国际政治因素置于国际经济因素之前来考虑任何税收问题。具体而言，当前要研究的问题有二：一是“忆来路，二十多年中国税收发展的重要成绩和经验是什么”；二是“往前走，当前在税收发展上需要做什么”。为了能更好地对这两个问题进行阐述，笔者首先基于加入 WTO 以来二十多年的发展提出三点基本启示。

其一，要始终坚持“观世界势、走自己路”。党和国家始终对世界发展大势保持高度关注，始终在“观世界势”中准确把握世界政治经济发展的基本特征，这是我们任何时候研究复杂国际背景下中国税收发展的重要依据。从加入 WTO 之初我们面临经济全球化和世界性税制改革，到加入 WTO 第一个十年全球金融危机引发的深度调整，再到第二个十年全球减税浪潮方兴未艾、逆全球化趋势愈演愈烈、世界进入动荡变革期，时代从未要求中国税收在“观世界势”的基础上不断调整和适应。同样，二十多年的实践也证明了中国特色社会主义道路的正确性和科学性。“走自己路”，就是不论什么时候，坚持中国特色社会主义税收发展的正确方向都是必然选择，坚持构建与社会主义市场经济相对应的中国式现代税制都是必然选择，任何条件下坚定维护国家核心利益都是必然选择。

其二，要始终不忘“锚定目标、与时俱进”。二十多年前笔者就对我国税收发展作出判断，WTO 框架下的中国税制不是推倒重来，而是要在把握经济全球化和现代世界市场经济的要求中调整适应，走出符合国情的中国特色税收道路。二十多年后的今天，这一判断依然经得起历史检验。在“锚定目标”的基础上，我们更要强调“与时俱进”。这里首先强调的就是要在以习近平同志为核心的党中央坚强领导下，以习近平经济思想和习近平外交思想等为指导，持续推进中国特色税收发展，为国家从容应对各种风险挑战起到应有作用。在这一基本遵循下，我们特别要与时俱进地把握国际新发展大势，特别关注世界多极化之政治因素位于经济全球化之经济因素之前及逆全球化思潮出现等重大特征，保持清醒头脑，作出正确判断，既坚持中国税收发展方向，又能对国际税收新秩序建立提供中国智慧。

其三，要始终强调“统筹税收、协调推进”。笔者一贯强调“统筹税收”是中国特色社会主义税收的重要特征和必然要求，这一理论是多维的。从大层面上看，指的是要坚持在统筹内外两个大局视角下把握中国税收发展；而就加入 WTO 对中国税收的影响来说，则是 WTO 等国际经济组织与规则对我国边境税制与境内税制的要求与影响。因此，本节讲的“中国税收发展”，不仅包含国内税种构成的境内税制，也包含以关税为主体的边境税制，强调必须同时考虑这两方面税制的统筹发展。二十多年前，笔者就明确指出，WTO 主要管关税减让等与国际经贸相关的边境税制问题，但同样也会对主权国家的境内税制设置与运用产生深刻影响。二十多年来我国的税收发展实践已经证明了这一点，这是个重要的启示。而站在当前时点上再次看待这一问题，就要以更高的站位、更广的视野来看待“统筹税收”之内涵，要看到包括境内税制和边境税制在内的中国税收服务统筹国内复兴全局和世界百年变局的作用。我们要“协调推进”边境税制与境内税制的改革发展与政策运用，并赋予更高的时代要求。在国内，要能全方位地为“把握新发展阶段，贯彻新发展理念，构建新发展格局，推动高质量发展”发挥作用；在国际上，则要能更好地坚持“合作开放、互利共赢”，更好地从国家税收和国家间税收关系的角度去弘扬“和平、发展、公平、正义、民主、自由”之全人类共同价值，去丰富实现这一共同价值的中国道路。

二、历史的简要回顾与主要成就

研究过去二十多年的中国税收发展可以有很多角度，从加入 WTO 对税收的影响而言，应该主要沿着边境税制发展和境内税制改革这两个方面来把握，应该依据这二十多年我国构建开放型经济新体制、形成全面开放新格局等国内背景来分析，应该从世界进入动荡变革期、全球经贸格局不确定性增强、世界政治经济潜在风险俱增等国际背景来研究。这里仅谈五个方面，其中既有对边境税制与境内税制的分别阐述，也有对两者协调共同构成中国税收发展合力的梳理点评。

其一，关税从履约到位到自主降税。二十多年来，我国关税经历了从履行承诺到自主降税的完整过程，这既是我国坚持对外开放的要求，又是不断调整边境税政策的体现。就履行承诺而言，我国从 2002 年开始履行义务到 2010 年完成降税承诺，关税总水平从 15.3% 降至 9.8%，关税总水平平均降幅达到 36%，承诺目标圆满完成（财政部关税司，2011）。而从自主降低关税总水平来看，2018 年我国进行了四次自主降税，关税总水平在承诺的 9.8% 的水平上进一步下降至 7.5%，降幅达到 23%，共涉及 3 000 多个税目（邹加怡，2021）。这既彰显了中国进一步对外开放的决心，也展现了新时代中国税制适应发展需要进行调整优化的客观需求。加入 WTO 之初，我国税制改革和 WTO 的关系有“狼来了”的看法，认为我国税制难以适应开放的全球经济。笔者当时就判定这一认识有所偏颇，认为中国税制完全可以通过一系列改革和完善来适应 WTO 的要求和经济全球化的发展（邓力平，2000）。今天回首望去，笔者的观点经得住历史检验。无论是加入 WTO 第一个十年顺利完成关税履约，还是第二个十年关税总水平自主大幅度降低，中国税制都能够适应并利用好 WTO 规则来服务国家发展大局，这就是在强大制度自信下“观世界势、走自己路”，就是坚持更大范围更深层次的高水平开放中的重要助力。

其二，边境税制有效应对经贸摩擦。随着贸易自由化的发展，国家间贸易摩擦不可避免，包括 WTO 在内的国际贸易组织以及多双边贸易协定中均包含的争端磋商条款，就反映了对贸易摩擦存在必然性的认识和行动。我国加入 WTO 后，贸易摩擦的必然性和边境税的运用性促使我们必须灵活用好关税等工具来应对贸易摩擦。从 2001 年至 2020 年，其他国家对我国发起的贸易救济申诉案件达到 1 872 起，其中美国对华调查案件累计 302 起，我国成为全球遭受反补贴反倾销调查最多的国家[①]。面对诸多贸易争端，我国既认识到贸易摩擦的必然性，又采取积极策略妥善应对。在对这一过程的跟踪中，笔者曾指出我国财税体制不能适应 WTO 规则是贸易摩擦的重要原因。不论是美国、欧盟对我国纺织品出口进行特保调查，还是美国对我国内外资半导体产品实行不同增值税政策的争议，都说明了财税政策必须进行改革才能适应经济全球化的要求。二十多年后再来回顾这一进程，我们不仅看到了我国财税体制能够快速调整应对经贸摩擦，更要看到以反倾销税与反补贴税等为代表的贸易救济政策还能为我所用，能够起到保护国内产业发展和服务对外大局的重要作用。从我国运用边境税制应对单向或双向经贸摩擦的实践看，体现的是边境税制的独特优势，代表的是坚定维护我国核心利益的决心和能力。其中具有典型性的就是 2018 年以来我国果断实施三轮关税反制，坚决反制美国单边主义，彰显了我国捍卫国家经济主权的强大能力。应当说，这二十多年是我国税制成功应对外部风险挑战的二十多年，边境税制作为斗争的重要工具始终发挥着积极的作用。笔者认为，从辩证的角度来看，贸易摩擦越激烈，越代表着中国经济更深层次地融入世界经济。在这一客观进程中，边境税制对经贸摩擦的有效应对，也是助力中国经济走向世界经济舞台中央的过程。

---

① 中国贸易救济信息网［EB/OL］.［2021-10-08］. http://cacs.mofcom.gov.cn/cacscms/view/statistics/ckajtj.

其三，境内税制改革促进对外经贸发展。加入 WTO 二十多年来，在边境税制影响空间被逐渐压缩的背景下，境内税制在对外经贸中的作用必然会愈发明显。因此，境内税制同样要根据不同时期的特定需求，不断进行调整以服务对外经贸发展。例如，企业所得税改革应依据我国自身经济特点进行优化。2008 年我国实施企业所得税“两税合并”① 时，笔者就认为其理论基础应包括不对称国际税收竞争理论。中国完全可以凭借经济总量、市场规模、资源禀赋和人口数量等优势来吸引资本，而非仅依靠竞争到底的税收优惠政策（邓力平，2009）。从合并后的进程来看，国际资本依然快速流入我国，既保证了经贸快速发展，又使我国税收收入得到保障。从增值税来看，从生产型增值税转为消费型增值税，到“营改增”的全面实施，再到近期降低和简并增值税税率，我国始终关注增值税在对外经贸中的中性与非中性影响。实践表明，通过降低间接税税负，提高企业国际竞争力是促进对外经贸发展的重要途径。笔者曾对增值税贸易效应进行过分析，增值税对国际贸易普遍存在短期非中性和长期中性影响。在现实中，我们也确实看到短期内增值税调整在稳外贸进而保障国际产业链稳定中的重要作用。同时，随着长期通过出口退税等相关制度的完善，我国增值税贸易效应确实在向中性趋近。从税收洼地到制度高地来看，我国整体税收优惠政策思路转向以我为主。在加入 WTO 之初，我国还需要一定的国外资本进行补充，包括外商投资企业所得税在内的税收优惠政策实际上就是通过税收洼地吸引外资流入。而随着经济发展，特别是企业国际竞争力的增强，以自由贸易试验区为代表的新对外经贸政策思路发生了变化。可以明显地看到，自由贸易试验区改变了通过税收洼地吸引资本的思路，转向制度改革和体制创新，这实际上代表着境内税制转向以我为主调整税收政策的思路。

其四，中国税收有效作为推动国际经贸发展。加入 WTO 二十多年来，中国“大国税收”形象不断强化，在提升站位中为国际经贸发展贡献了中国力量。“大国税收”意味着既要与该国在国际政治经济体系中的地位相匹配，也要与国家对外总体战略要求相适应（邓力平等，2015）。而从国际经贸的角度看，要求中国成为国际税收合作的参与者、推动者和引领者，展现与中国国际地位相匹配的大国担当。从加入 WTO 以来，中国税收始终坚持“大

---

① “两税合并”指 2008 年我国将适用于内资企业的《中华人民共和国企业所得税暂行条例》和适用于外资企业的《外商投资企业和外国企业所得税法》合并为同时适用于内外资企业的《中华人民共和国企业所得税法》。

国税收”理念，积极推动国际经贸的发展。第一，中国是国际税收合作的参与者。中国加入WTO即表明中国愿意成为国际经贸的参与者，并按照国际经贸规则进行税制调整，改革境内税制度、优化营商环境、提高税收透明度、提高税收征管效率等措施都体现了中国的坚定立场。第二，中国是国际税收合作的推动者。在中国加入WTO的第二个十年里，金融危机重创全球经济，经济全球化遇冷。越来越多的跨国公司运用多种手段全球避税，给各主权国家的税收利益造成极大损失。此外，由于各主权国家税收管辖权的交叉重叠，导致对跨国公司双重课税的情况时有发生。在这样的情况下，中国积极推进国际税收合作，签署了《多边税收征管互助公约》《金融账户涉税信息自动交换多边主管当局间协议》《实施税收协定相关措施以防止税基侵蚀和利润转移的多边公约》等多边税收条约，在打击恶意避税和避免双重征税方面做国际税收合作的推动者。第三，中国是国际税收合作的引领者。自加入WTO起，中国在国际税收合作中的身份经历了从参与者、推动者乃至部分引领者的转变。这一动态变化侧面反映了中国税收体系的日趋完善，中国在税收合作中的话语权越来越强，中国在国际上的大国形象越来越亮眼。2019年中国发起建立的“一带一路”税收征管合作机制，致力于通过加强国际税收合作促进“一带一路”国家（地区）贸易自由化和投资便利化，就是中国在国际税收领域贡献中国引领力量的一次重要尝试。

其五，从经济全球化到世界多极化的中国税收发展。中国加入WTO的第一个十年对应的基本是经济全球化为首要特征的时期，而在第二个十年中世界多极化之国际政治因素逐步成为显著的标志。面对这一深刻变化，中国税收与时俱进地加以调整，既在这一变化中捍卫国家的核心利益，又在构建人类命运共同体进程中贡献自己的力量。在第一个十年中，我国概括性地提出“经济全球化、政治多极化、科技有进步、全球新问题”的国际发展态势，这一基本特征反映的是“和平、发展、合作”的世界潮流，在税收领域表现为中国积极融入经济全球化的进程，扩大对外开放水平，消除关税壁垒，致力于同世界各国一道合作，实现互惠共赢。而在第二个十年中，面对国际政治经济出现的新动态，习近平总书记提出“世界多极化、经济全球化、社会信息化、文化多样化”的二十字判断，成为中国税收这十年发展要考虑的国际形势基本依据。认真回顾这两个十年里党和国家对国际形势作出的判断，切实对比中国税收面对形势变化作出的对应策略调整，就可以看出中国税收发展在这二十多年中既“锚定目标”又“与时俱进”的灵活实践。

国际形势的“变”在于其侧重点从经济全球化转向世界多极化，从经济转向了政治。第一个十年以WTO为代表的经贸组织在国际经贸方面具有强大的影响力，WTO各成员国承诺扩大开放水平，以实现贸易自由化为目标助力各国经贸发展，在兼顾各主权国家经济利益的条件下互利互惠。而进入第二个十年后，世界政治经济格局逐步发生着重要变化，尤其是逆全球化泛起，全球经贸格局趋向区域性发展，WTO所倡导的贸易自由化受到严重阻碍。当然，我们同时也要认识到，二十多年间世界多极化和经济全球化一直都还是国际政治经济格局最显著的两个特征，也是我们一以贯之坚持的判断。二者位置的交替并不是政治否定经济，也不是经济否定政治。这就要求我们在统筹政治与经济过程中有所侧重，要根据时代形势变化把握中国税收服务大局的内涵、力度与时机。

三、未来的理论探索与政策建议

加入WTO二十多年来，中国经济社会发展日新月异，中国税制适应时代发展进一步完善，已经为我们在新时代新阶段新征程上继续前行奠定了良好基础。站在迈向下一个百年目标的今天，把握中国税收在第二个百年目标中服务国家大局的定位，统筹中国税收健康发展和世界税制改革的协调推进，是中国税收发展需要进一步思考的问题。笔者这里基于加入WTO二十多年中国税收发展的经验与启示，从理论与实践结合的角度对未来中国税收作用的发挥谈四点看法。

其一，要在统筹内外两个大局、办好发展安全两件大事中找好税收定位。“两个大局、两件大事”是当前我们从事所有工作最重要的上限要求和底线思维，中国税收发展也不例外，必须始终以此来统筹、权衡、谋划、寻找自身定位，进而发挥税收作用。这是一篇大文章，是一道必答题。一是从发展的角度来看，中国税收要发挥其在国家治理中的职能作用，服务中华民族伟大复兴战略全局。我们要将税收这些年来在国家发展中所做的贡献和取得的优势加以巩固。例如，“十三五”期间，全国新增减税降费达到7.6万亿元①，税收营商环境不断优化，市场主体获得感、幸福感显著增强；对外广泛开展税收协定签署工作，有效消除双重征税、提高税收确定性，助力

---

① 国家税务总局. 十组税收数据反映“十三五”时期中国经济社会发展取得新的历史性成就［EB/OL］. http://www.chinatax.gov.cn/chinatax/n810214/n810631/c5165804/content.html.

“走出去”和“引进来”企业发展。这些做法在“十四五”时期还要继续巩固提升、提质增效。而在全球经济普遍低迷、市场活力缺乏的背景下，中国税收在国家发展的时代潮流中主动作为，既服务了中国人民的根本利益，也体现了对全人类共同价值的追求，展示了中国道路的活力。二是从安全的角度来看，这些年来，税务部门准确把握复杂外部环境变化，坚持底线思维，维护国家安全。无论是出台税收优惠政策助力高新技术企业解决“卡脖子”难题、保障产业链安全，还是提高出口退税率帮助深受疫情影响的外贸企业复工复产、保障贸易安全，税收始终都站在维护国家安全的第一线，为经济社会健康稳定发展保驾护航。总体来看，发展和安全两件大事相互联系，必须放在一起统筹对待。发展不是没有约束地肆意发展，始终要把底线思维放在首位，不考虑安全因素的发展势必会造成泡沫破灭，给社会经济稳定带来不可估量的灾难。无论是边境税制还是境内税制调整都要以此作为底线。例如，粮食安全问题始终是我国牢牢控制的重点领域，在对外开放过程中我国对农产品的关税减让就应保持谨慎态度，要站在国家安全的角度实现稳健发展。当然，安全也不是绝对的保护，要在风险可控的范围内支持各方面发展。我国关税减让一直保持循序渐进的幅度，分阶段有侧重地降低关税，为我国新兴产业和在国际上竞争力较弱的产业发展赢得了时机。

其二，以边境税制乃至境内税制之改革与运用来助力推动 WTO 改革。随着多哈回合谈判的遇阻和 WTO 上诉机构的停摆，WTO 遇冷不可避免，改革迫在眉睫。各国边境税制作为 WTO 各项协定的主要内容，是 WTO 未来改革中绕不过去的重要内容。中国作为负责任的大国，当然会支持 WTO 的改革、完善和必要创新，而我国边境税制的必要改革和合理运用自然也会对这一进程起到积极作用。一是要坚持求同存异，尽快推动搁置协定条款落地。多哈回合谈判的遇阻是对以 WTO 为代表的全球多边贸易体系的一次巨大打击，但这并不是对经济全球化的否定。从长期来看，WTO 等国际贸易组织的存在对推动全球经济发展仍有不可替代的作用。WTO 各成员国应求同存异，在可接受限度内让渡部分税收管辖权，谋求合作共赢。二是要推动 WTO 贸易争端解决机制向更加公平正义方向前行。WTO 上诉机构的停摆，主要原因在于不同主权国家之间的利益冲突。部分强权国家出于本国利益对 WTO 仲裁规则强行干涉，加之 WTO 仲裁规则本身也存在一些不足，导致 WTO 仲裁过程屡遭外界干涉。贸易争端解决机制的改革要推动仲裁条款更加规范透明，特别是完善反补贴税、反倾销税、知识产权等贸易壁垒有关法律条款，减少外部因素对仲裁结果的干扰。我国边境税制体系也应在基于国家利益的前提下积极向 WTO 改革方向靠拢，维护我国在 WTO 中的合法权益。三是支持 WTO 改革不等于忽略主权国家关税政策工具的运用。WTO 致力于削减关税促进要素流动，但短期内仍要考虑关税这一政策工具存在的必要性，在应对部分国家大打“关税牌”实行霸权主义时，要能够合理运用关税工具进行有效反击，以维护主权国家利益。笔者始终认为 WTO 是“一般”和“例外”的统一（邓力平等，2011），关税在特定国际贸易场合下仍有其存在的合理性。四是 WTO 改革应顺应社会信息化的要求把数字税收考虑在内。在全球迈向数字时代之时，WTO 涉及的传统税收内容已经不能适应时代需要，数字经济下的国际税收管辖权、知识产权等无形资产的边境税征管等一系列问题带来的挑战必须引起重视。同时，WTO 做好与税基侵蚀和利润转移（Base Erosion and Profit Shifting，BEPS）、“双支柱”等国际税改内容的对接也是需要进一步研究的重要内容。五是 WTO 改革要充分考虑碳边境税为代表的绿色税收制度对国际贸易带来的挑战。既要响应全球范围内的碳达峰、碳中和行动，又要警惕个别国家滥用碳边境制造新的贸易壁垒，这是 WTO 必须要面对和解决的难题。短期来看，我国开征碳边境税的迫切程度不高，但长远来看仍要做好相关政策储备以防范潜在风险。

其三，要在对二十国集团（Group 20，G20）、世界贸易组织、区域全面经济伙伴关系协定（Regional Comprehensive Economic Partnership，RCEP）等国际组织或平台的平衡把握中走好中国税收道路。与二十多年前 WTO 在国际经济关系中的独特引领地位不同，二十多年后的 WTO 由于改革前景不确定事实上已经失去了当年的主导职能。放眼当今世界，政治多极化与单极化之争斗，顺全球化与逆全球化之角力，东西方力量对比之调整，国际政治经济格局正在发生变化，能够或期待在相关领域起到重要作用的国际经济组织与平台进入一定意义上的“战国年代”。G20 作为国际政治经济领域的重要平台，各主要国家和各方力量在此博弈；而 RCEP 等不同形式的区域性平台也在显示力量。这些组织和平台与 WTO 等相互交错、制约，在当前特定时代背景下共同对国际税收关系产生影响，值得高度关注。二十多年前，笔者曾对 WTO 和国际税收发展基本关系作出判断：WTO 不是管理主权国家税收的国际组织，而是贸易自由化的重要平台（邓力平，2000）。这一认识同样也适用于对 G20 的判断：G20 不是管理主权国家税收的国际组织，而是引领全球治理的重要平台。一定意义上讲，WTO 和 G20 均是在世界多极化和经济全球化下各国加强包括税收在内的各项合作的对话平台，其本身对成员国并无强制性的约束力。近些年来，RCEP 等形成的区域合作关系旨在对冲贸易全球化受阻带来的影响。RCEP 要求区域内关税壁垒基本消除以保证生产要素的无障碍流动，提高垂直分工水平，促进生产效率提高。总体上看，无论参与到何种关系之中，中国应始终坚定不移走好中国特色税收道路，这是参与任何国际经贸和税收关系的前提。在走好中国道路的基础上，我们也要认识到，积极参与 G20 活动、支持 WTO 改革、推动 RCEP 等，是我国不断适应全球经济发展形势的自主过程，是中国税收从多边到区域参与国际经贸活动的需要。G20 是政治博弈下的无强制力约束的倡议，WTO 是以要求较低的协定为主，而 RCEP 则要求签署成员国按照关税承诺表来执行区域内贸易自由化，对此我国都要认真研究，都要从坚持国家利益和有益于构建人类命运共同体的角度来对待国际税收关系的可能变化。当前则要特别高度关注体现着 G7 发达国家博弈、OECD 牵头形成的、将在 G20 平台上推进的“双支柱”方案，这是新国际政治经济条件下对国际税收关系的一次可能的重大变革。形象地说，这可能是下一个潜在的 WTO（World Tax Organization），笔者无意在此深入探讨其可能性，只是提示要高度重视可能的国际税收格局变动。这里还要提及两点。一是中国作为世界上最大的发展中国家，不仅要在国际税收规则中积极发出中国声音，更要代表广大发展中国家发声，当前在 G20 对“双支柱”方案讨论时就要有所体现。二是中国倡导的“一带一路”税收征管合作机制具有鲜明的时代意义，一定要持之以恒地推进，要在当前国际税收关系形成中保持独特地位和积极作用，在理论与实践中都不能简单同化于 OECD 推动的国际税收格局中。

其四，用边境税制与境内税制的有效协调促进新发展格局的形成。笔者认为，我们要统筹推进边境税制和境内税制协同发展，用“双税联动”来共同服务“双循环”的新发展格局。这既是在以国内大循环为主体下国内社会经济发展的迫切需要，也是外部动荡环境下国内国际双循环相互促进的客观要求，这应该是时代发展赋予中国税收的新要求。一是必须把边境税制提高到同境内税制同等重要的位置上来，牢牢把握“双税”的政治站位，服务高水平对外开放新格局。当前的国际形势和外部环境，已不是加入 WTO 时的“经济优先、效率优先”之国际经济格局，国际政治博弈因素已经深刻嵌入全球经济发展趋势之中。对于主权国家而言，边境税制曾被弱化的调控职能需要重新调整，必须把边境税放在同境内税同等重要的位置来为国家政治经济利益服务。要强调的是，重视边境税不是反对经济全球化，反而是把边境税作为反击逆全球化的武器来支持真正意义上的经济全球化。二是用“双税联动”来为“双循环”新发展格局提供强大动力。从支持国内大循环角度来看，境内税制在补短板、强弱项等方面能发挥出政策引领作用，出台的税收优惠政策可以支持重点行业发展，保证产业链与供应链安全。面对疫情的冲击，境内税制更是勇当“排头兵”，切实为医疗健康、交通运输等疫情防控行业排忧解难，理顺国内大循环通路。从支持国内国际双循环角度来看，边境税制在帮助我国融入全球产业链分工中发挥着关键作用。全球化的浪潮中任何国家都不可能独善其身，只有加强国际合作才能实现互利共赢。我国根据国内实际发展情况和全球基本格局，有的放矢灵活运用边境税工具，在维护国家主权利益的基础上推动我国融入全球化浪潮之中，既做到高水平的自强自立，又能当好经济全球化的事实旗手。可以说，边境税制和境内税制的相互配合，将在统筹内外两个大局的高度为我国经济社会发展贡献税收智慧。三是更好发挥中国特色边境税制和境内税制从政策制定到收入征收的协调配合。边境税制和境内税制的协调，从政策层面来看就是统筹“关政”和“税政”，财政部税政司和关税司这些年业务交叉融合趋势越来越明显，合作力度越来越大。而从执行层面上看，主管关政的财政部与主管征收边境税的海关总署、主管税政的财政部和主管境内税征收的税务总局，也是相互配合越来越密切，形成合力越来越明显。这一切都生动地体现了中国特色财税的独特制度优势，体现了党集中统一领导下相关部门的分工合作，体现了“大国财税”的深刻内涵，也体现了新发展格局下共同服务国家核心利益的迫切需要。

第二节　中国特色税收治理现代化之国际侧面研究

党的十八届三中全会后，与国家治理体系和治理能力现代化新要求相适应，我国开启了全面推进税收现代化新征程。作为理论工作者，笔者始终关注这一进程，与时俱进地为中国特色税收现代化发展提供理论支撑。结合2013年国家税务总局提出基本实现税收现代化目标，笔者强调要在税收现代化进程中建立与之相适应的中国特色税收理论体系①。党的十九届四中全会

---

① 邓力平．对税收理论现代化相关问题的思考［J］．税务研究，2015（10）：3－6.

后，对应国家税务总局2020年初提出的“新六大体系”与“六种能力”，笔者认真思考了从“税收现代化”向“税收治理现代化”演进的内在逻辑与时代要求，探讨了税收治理现代化理论体系的构建①。由此，笔者总结“十三五”时期中国特色税收治理现代化在“体系形成”“实践落实”“理论深化”上取得的经验，在此基础上提出“十四五”时期更好推进税收治理现代化的建议②。

本节作为对中国特色税收治理现代化系列研究的延伸，将视角从税收治理现代化体系的整体把握转向国际侧面，领会国家税务总局在“新六大体系”中加入“合作共赢的国际税收体系”的内涵要求。尤其是当前百年未有之大变局叠加全球疫情新冲击，世界进入了动荡变革期，笔者认为应该据此来全面考察中国税收治理现代化之国际侧面，既要研究“统筹内外两个大局”根本判断对构建“合作共赢的国际税收体系”的要求，也要研究当前世界“动荡变革”现实可能带来的新影响。基于此，本节从“基本定位、时代要求、经验归纳、发展趋势”四个方面来理解“合作共赢的国际税收体系”的理论与实践，坚持长期趋势与短期现实兼顾，实践探索与理论构建结合，力争为持续推进中国特色税收治理现代化提供更有力的支撑。

一、把握内外联动关系，领会国际侧面内涵：基本定位

党的十八届三中全会作出的“完善和发展中国特色社会主义制度、推进国家治理体系和治理能力现代化”重要部署，凸显了税收在治国理政中的积极职能作用。国家税务总局据此提出税收现代化建设“六大体系”目标，指明了税收助力推进国家治理体系和治理能力现代化的实践方向。2013年以来，税收现代化建设不断服务于不同时期的经济社会发展着力点，为我国经济政治发展大局贡献了税收力量。需要清晰认识的是，中国特色社会主义税收始终坚持统筹兼顾，基于国内国际两个大局联动来推进社会主义税收事业发展。同样地，新时代税收现代化建设也不是仅仅局限于国内税法税制、服务征管、管理组织、信息支持等方面的税收现代化，而是从统筹国内国际两个大局出发来审视的税收现代化。国家税务总局始终站在这个高度来把握税

---

① 邓力平，陈丽．新时代中国特色税收现代化之路再思考［J］．税务研究，2020（05）：5－12.

② 邓力平．中国特色税收治理现代化的奋进之路［N］．中国税务报．2020－11－04（05）．

收现代化，在“六大体系”构思提出后就不断将促进国际税收合作与发展的要求贯穿在税收现代化实践之中。

从2013年全国税务工作会议在“加快推动征管改革”要求中指出“进一步完善国际税收管理体系”，到2015年单独列出“积极参与国际税收治理”工作要求，再到2016年、2017年相继提出“推动国际税收规则修订”“深度参与国际税收改革和治理”，国家税务总局始终强调在税收现代化具体工作中加强国际税收合作、深度参与全球税收治理。而2018年的全国税务工作会议更是提出了“六个更加注重”来高质量推进新时代税收现代化，其中“更加注重开放”要求树立全局眼光，大踏步走近国际税收舞台中央。这是首次直接对应税收现代化“六大体系”提出在参与国际税收交流中不断提升税收工作水平，是拓展深化税收现代化之国际侧面的关键一步。随后，2019年国家税务总局再次明确了“进一步加强国际税收合作，推动全方位对外开放”要求。而在党的十九届四中全会提出“坚持和完善中国特色社会主义制度、推进国家治理体系和治理能力现代化”总目标后，国家税务总局随即在2020年1月的全国税务工作会议上完善形成了税收治理现代化的“新六大体系”和“六大能力”，其中对“合作共赢的国际税收体系”的要求是以国际税收合作助力构建合作共赢的开放体系，既要推进中国税收治理现代化，又要在完善国际税收治理中展现中国智慧。这里对应的是党的十九届四中全会提出的“坚持和完善独立自主的和平外交政策，推动构建人类命运共同体”要求，对应的是“世界百年未有之大变局”和“世界多极化、经济全球化、社会信息化、文化多样化”国际格局的要求。这是首次将“合作共赢的国际税收体系”和“协同共治能力”要求纳入税收治理现代化体系框架中，从更高站位要求胸怀“两个大局”推进税收治理现代化，从更深层次拓展中国税收在国际税收治理中的重要作用。

笔者认为，理解“合作共赢的国际税收体系”的基本定位，需要在推进我国税收治理现代化进程中把握好两个关系。

其一，要把握好税收治理现代化“新六大体系”中“坚强有力的党的领导制度体系、成熟完备的税收法治体系、优质便捷的税费服务体系、严密规范的税费征管体系、高效清廉的队伍组织体系”之国内侧面与“合作共赢的国际税收体系”之国际侧面的关系。一是“新六大体系”中的每一部分都是推进国家治理现代化的重要组成内容，缺一不可。党的领导坚持的是社会主义税收道路最显著的制度优势；税收法治体现的是坚持税收法定原则和依法完成法定任务的统一；税费服务展现的是税收助力政府“放管服”改革、优化营商环境、服务国家大局的作用；税费征管强调的是实现税收政策目标的财力保障；队伍组织释放的是提升税收治理的内生动力。以上五个方面主要从国内角度来为税收治理现代化指明正确方向、提升法治思维、服务国家大局、保障治理效能、激发治理活力。而国际侧面的国际税收体系则是强调在更大范围、更宽领域、更深层次的全面开放中，围绕构建合作共赢的新型国际税收关系，推动完善国际税收合作与协调机制。可以认为，“新六大体系”在不同侧面为税收治理提供支撑，每一环节都是实现税收治理现代化必须持续完善、认真做到的，并在统一指挥、相互配合中服务于税收治理体系和治理能力现代化。二是“新六大体系”之国内侧面的每一方面都要求我国国际税收工作有所呼应。党对税收工作的全面领导自然决定了我国参与全球税收合作、服务开放发展的实践要跟着党的部署决策前进；而现代法治进程的推进、税费服务的优化、税费征管的改革、队伍组织的构建也都需要在立足国内基本国情、对标国际先进经验中有效落实。三是“新六大体系”之国际侧面是为国内侧面的税收治理现代化服务的，这是构建合作共赢的国际税收体系的根本目的，即以参与促合作，以合作得共赢，以共赢推发展，最终面向国家治理体系和治理能力的现代化，对于这一根本目标和国内外任务的高度一致性，必须有清醒认识。

其二，要认识中国特色税收治理现代化中“合作共赢的国际税收体系”与全球税收治理体系的关系。合作共赢的国际税收体系是我国税收治理现代化的重要组成部分，这是我国统筹内外谋全局、将“大国税收”理念付诸实践、推动我国税收治理现代化的必然要求，体现的是我国既要实现国内税收体制的现代化，也要为国际税收征管的现代化贡献力量。全球税收治理体系是世界各国在通力合作下解决税收逃避、税基侵蚀、协定滥用、重复征税、争端解决等国际涉税事项形成的国际税收治理规则与秩序。可以认为，各个国家的税收治理都在一定程度上推动了国际税收治理。中国作为负责任的大国，自然也要在自身税收治理现代化进程中为全球税收治理体系的完善贡献力量。尤其是当前强调并持续完善的合作共赢的国际税收体系突出了治理外溢性作用。一方面促使我国在参与、引领国际税收规则制定和治理合作中贡献卓有成效的中国方案；另一方面又在国际税收交往过程中彰显我国税收治理现代化道路的成功，为其他国家提供道路选择。

从“国内整体、服务治理”“国际外溢、提供助力”这两层关系的把握来认识合作共赢的国际税收体系的内涵定位十分必要。合作共赢的国际税收体系既是统筹内外、全面推进我国税收治理现代化的重要内容，也是放眼世界、深度参与全球税收治理的关键一环。这是构建中国国际税收现代化体系必须一以贯之坚持的基本定位，无论是顺应中华民族伟大复兴战略全局和世界百年未有之大变局的国情世情，还是应对当前百年变局与疫情冲击叠加的动荡变革，或是面临未来国际环境不稳定不确定的日趋复杂，都要牢牢把握我国国际税收统筹内外这一双重作用。

二、统筹内外两个大局，坚持国际税收合作：时代要求

在波谲云诡的国际形势、复杂敏感的周边环境、艰巨繁重的改革发展稳定任务交织作用的今天，既然构建合作共赢的国际税收体系之双重作用必须一以贯之坚持，那么把握国内外发展大局和世界发展大势，探究当前时代特征对我国国际税收体系构建的影响与要求，思考如何在危机并存中转危为机，就是与时俱进更好发挥这一体系双重作用需要把握的重要前提。

其一，要以国内改革发展要求为根本导向，在坚定道路自信中构建合作共赢的国际税收体系。习近平总书记在深圳经济特区建立 40 周年庆祝大会上，强调新时期要“从我国进入新发展阶段大局出发，落实新发展理念，紧扣推动高质量发展、构建新发展格局，以一往无前的奋斗姿态、风雨无阻的精神状态，改革不停顿，开放不止步，在更高起点上推进改革开放”①，为新阶段的改革发展稳定指明了任务和方向。我们要从“新发展阶段、新发展理念、高质量发展、新发展格局”这四方面要求出发，理解把握“合作共赢的国际税收体系”在其中的新定位。

一是在进入新发展阶段后，强调合作共赢的国际税收体系要充分发挥我国社会主义制度统筹各方、集中力量的优势，以对外开放为动力，破解发展难点难题，补齐治理短板弱项。面对这一新发展阶段，习近平总书记在 2020 年 8 月的经济社会领域专家座谈会上指出，新阶段的优势和条件是“制度优势显著，治理效能提升，经济长期向好，物质基础雄厚，人力资源丰厚，市场空间广阔，发展韧性强大，社会大局稳定”，而短板和不足是“发展不平衡不充分问题仍然突出，创新能力不适应高质量发展要求，农业基础还不稳固，城乡区域发展和收入分配差距较大，生态环保任重道远，民生保障存在

① 习近平．在深圳经济特区建立 40 周年庆祝大会上的讲话［J］．共产党员，2020（22）：4－7．

短板，社会治理还有弱项”[①]。可以看到，新发展阶段我国税收治理现代化的任务更重、要求更高、难度更大，而我国税收服务这一新发展阶段必须同时从“服务整体、内外协调”的角度发力，税收涉外或国际侧面的工作首先必须是服务于新发展阶段中的国内经济社会发展，必须把这一任务牢记在心，任何工作之目的首先都是为了做好自己的事。

二是落实新发展理念要求合作共赢的国际税收体系服务于全面开放新格局，彰显“改革脚步永不停滞，开放大门越开越大”的中国决心。“创新、协调、绿色、开放、共享”的新发展理念将“开放”作为其中重要组成部分，强调的是以开放促改革、以改革促发展，在统筹协调、内外联动的开放经济中实现更高质量、更有效率、更加公平、更可持续、更为安全的发展之路。从这一要求出发，在新发展阶段落实新发展理念，就必须坚持构建合作共赢的国际税收体系，在“引进来”与“走出去”相结合、沿海开放与内陆沿边开放相结合、制造领域开放与服务领域开放相结合、向发达国家开放与向发展中国家开放相结合、多边开放与区域开放相结合的全面开放格局中加强国际税收合作，并不断提炼成功做法和有效经验，在更高水平、更高层次的开放型经济中培育经济发展新优势。

三是推动高质量发展呼唤合作共赢的国际税收体系在兼收并蓄中以合作补齐高质量发展的短板，以合作焕发高质量发展的活力。随着供给侧结构性改革的深入，我国经济发展质效稳步提升，2020 年 7 月召开的十九届中共中央政治局会议明确“我国已进入高质量发展阶段”，这是依据新阶段我国经济社会发展条件作出的重大判断。应该认识到，从“转向”到“已进入”高质量发展阶段，意味着追求质量与效益已经成为经济社会发展的主旋律，同样也意味着高质量发展还是一个需要长期持续和始终坚持的目标，推动经济发展质量变革、效率变革、动力变革更具现实紧迫性。由此，紧扣高质量发展要求，在“引进来”与“走出去”的结合中啃下更多改革硬骨头，成为构建合作共赢的国际税收体系的重要要求。

四是构建新发展格局要求合作共赢的国际税收体系为畅通国内大循环、联通国内国际双循环提供动力。以国内大循环为主体、国内国际双循环相互促进的新发展格局，是新阶段适应国内外环境变化作出的战略决策。合作共

---

① 正确认识和把握中长期经济社会发展重大问题——习近平总书记 2020 年 8 月 24 日在经济社会领域专家座谈会上的讲话［C］//中国企业改革与发展研究会．中国企业改革发展 2021 蓝皮书．中国商务出版社，2021：433 - 436.

赢的国际税收体系作为促进内外联动的重要一环，一方面通过“新六大体系”形成的合力能够有效支撑减税降费政策落实、法定税费任务完成、税收营商环境优化、税收法定原则实现、征管体制改革推进等税收工作，为加快构建完整的内需体系、深化供给侧结构性改革提供助力；另一方面又能够在多层次多领域的国际合作中为我国关键核心技术的突破与重点产业结构的优化提供思路，在更好利用国内国际两个市场、两种资源中实现更加强劲可持续的发展。

其二，要以国际环境带来的新挑战为发展契机，在互利共赢中完善合作共赢的国际税收体系。“合作共赢的国际税收体系”纳入“新六大体系”的国际背景是世界正经历百年未有之大变局，世界多极化主导且经济全球化受阻等是世界局势的基本特征，呼唤着既有国际税收规则和秩序向兼顾发达国家和发展中国家税收利益的方向调整乃至重塑。笔者撰文研究了百年未有之大变局对国际税收发展带来的深刻影响，并提出要与时偕行提升中国国际税收新站位，为国际税收相关规则的制定提供东方智慧。[①] 当前，国际形势更为错综复杂，更凸显了新阶段加强国际税收合作的重要性。习近平总书记在2020年8月的经济社会领域专家座谈会上对全球局势进行了精准研判，指出“当今世界正经历百年未有之大变局。当前疫情全球大流行使这个大变局加速变化，保护主义、单边主义上升，世界经济低迷，全球产业链供应链因非经济因素而面临冲击，国际经济、科技、文化、安全、政治等格局都在发生深刻调整，世界进入动荡变革期”[②]。2020年9月，习近平主席又在第七十五届联合国大会一般性辩论上指明，“新冠肺炎疫情全球大流行和世界百年未有之大变局相互影响，但和平与发展的时代主题没有变，各国人民和平发展合作共赢的期待更加强烈”“要树立你中有我、我中有你的命运共同体意识，跳出小圈子和零和博弈思维，树立大家庭和合作共赢理念，摒弃意识形态争论，跨越文明冲突陷阱，相互尊重各国自主选择的发展道路和模式”[③]。可以看到，当前国际环境中各种因素交错作用，对合作共赢的国际税收体系提出了更高更新的要求，至少可以从三个方面把握。

---

① 邓力平．百年未有之大变局下的中国国际税收研究［J］．国际税收，2020（02）：3－9.

② 正确认识和把握中长期经济社会发展重大问题——习近平总书记2020年8月24日在经济社会领域专家座谈会上的讲话［C］//中国企业改革与发展研究会．中国企业改革发展2021蓝皮书．中国商务出版社，2021.

③ 习近平在第七十五届联合国大会一般性辩论上发表重要讲话［N］．人民日报，2020－09－23（001）.

一是“百年未有之大变局”仍然是国际税收发展所面临的常态环境，意味着“世界多极化站排头、经济全球化紧随后、文化多样化促交流、社会信息化增动能”依旧是世界格局的基本特征，意味着“新旧动能转换、力量对比变化、体系深刻重塑”依旧是百年变局下较长时期的国际走势。在这些基本因素中加快构建合作共赢的国际税收体系，就要结合世界多极化趋势与国际力量对比变化，多从国际政治视角来看待国际税收关系，推动不同税收现代化道路的并存与合作；就要坚持经济全球化主流，深化不同文化下税收的交流合作；就要紧随数字经济变革，加强应对新动能、新技术、新业态的国际税收合作，和各国一起探寻数字经济下的税收规则重塑，提升现有国际税收治理体系的合理性、完整性和有效性。

二是“和平与发展”仍然是时代主题，意味着求同存异与合作共赢依旧是世界各国的主流意愿，意味着即使在“动荡变革期”中各国人民和平发展合作共赢的期待依然强烈，我国推动构建合作共赢的国际税收体系是大势所趋。由此，在动荡变革之国际环境下，我们要坚定不移地以和平发展合作共赢的基本立场参与国际交往，秉持人类命运共同体理念，坚持引领和促进多边、次多边国际税收合作，完善和维护国际税收秩序，争取新兴经济体与发展中国家在国际税收中的利益和税收话语权，为构建公平公正的国际税收环境和国际税收体系贡献中国智慧。

三是国际环境展现新变化，不稳定性不确定性明显增强，百年变局与世纪疫情叠加下的世界动荡变革期意味着合作共赢的国际税收体系将面临新挑战。面对世界动荡变革期，要重点关注的是疫情全球大流行及与之相伴的保护主义单边主义思潮盛行，要重点关注的是中国抗击疫情中成功体现的制度力量给西方势力带来的震动，要重点关注的是西方国家面对新兴经济体和发展中国家群体性崛起的不甘。这些因素交织影响触动了世界局势的深刻调整，当然也增加了中国构建合作共赢国际税收体系的外部风险挑战。大动荡大变革呼唤着大调整，中国作为负责任的大国，当然要在维护国家核心利益不受侵犯的前提下以合作共赢的国际税收体系为抓手，共享我国税收政策在支持疫情防控和经济社会发展中的成功经验，在互联互通、合作共赢中减少动荡对各国经济的负面影响。同时加紧研究应对保护主义单边主义的国际税收策略，推动多边和次多边国际税收合作长效机制建立。此外还要看到，世界格局之“世界多极化、经济全球化、文化多样化、社会信息化”特征与国际影响之“新旧动能转换、力量对比变化、体系深刻重塑”趋势在动荡变革期中依然存在，我们必须立足发展优势，坚守基本立场，保持高度警惕，统揽内外大局，既要有对合作共赢的国际税收体系定位的始终坚持，又要有做必要斗争的姿态和准备，推动我国税收治理现代化建设沿着正确方向前进。

三、坚定立场把握方法，推动合作理性竞争：经验归纳

党的十八大以来，在税收治理现代化进程中，我国国际税收战线始终坚定不移全面扩大开放，积极参与国际税收合作，既在成果转化中完善了国内税收体制机制，又在协同共治中发挥了辐射带动作用；既推动了我国税收治理现代化，又为国际税收规则体系的完善贡献了力量。当前，随着我国迈上新征程，构建合作共赢的国际税收体系面临新挑战。我们必须总结经验，理论界应该加大这方面的研究，笔者这里提出基于前述辩证思路的两个基本理念。

其一，要在“合作共赢的国际税收体系”构建中始终坚持“共商共建共享”的全球治理观。党的十九大报告提出要“高举和平、发展、合作、共赢的旗帜”“秉持共商共建共享的全球治理观”。具体来看，共商是前提，强调各个国家集思广益，在统筹兼顾各方利益关切和发展战略中敲定最优合作方案；共建是手段，要求各个国家各施所长，在兼收并蓄中共同构建合作平台；共享是结果，倡导各个国家公诸同好，在互利共赢中让合作成果更多更公平造福各国人民。在近年来的税收治理现代化涉外实践中，我国坚定地以这些理念和主张为指引，为构建合作共赢的国际税收体系积累了成功经验。一是在二十国集团（G20）税收合作框架下参与国际税收规则制定与成果落实，助力我国税收治理现代化迈上新台阶。不论是在税基侵蚀与利润转移（BEPS）行动计划中立足我国税收改革的成效经验提出一系列立场声明与建议，还是出台一系列强化反避税管理的政策性文件促进 BEPS 成果在国内转化；不论是签署《金融账户涉税信息自动交换多边主管当局间协议》，还是将国际通用的信息交换标准转化成适应我国国情的具体要求，我国在参与国际税收规则的共商共建中进一步完善了现代税收体系。二是在“一带一路”税收合作框架内引领国际税收合作，在互利共赢中提升各国税收治理水平。我国先是在阿斯塔纳“一带一路”税收合作倡议中与参会国家（地区）在税收法治、纳税服务、争端解决、征管能力等方面达成了合作，而后又在“一带一路”税收征管合作论坛中引领构建了税收征管合作机制、建立了税收征管能力促进联盟、深化了税收征管合作共识、制订了税收征管合作行动

计划。国际税收合作成果惠及各国，得到各方好评。三是在全球抗击疫情斗争中倡导税务合作，展现中国担当。如我国在“一带一路”税收征管合作机制下搭建了“以税抗疫”专项交流研讨平台，为促进“一带一路”国家（地区）税务部门分享应对疫情的税收政策和征管服务，发挥了积极的作用。

可以看到，我国在完善现代税收体系、促进国际税收合作方面的成功实践佐证了“共商共建共享”的全球治理观之必要性和有效性。因此，当前和未来较长时期构建合作共赢的国际税收体系也要从这一理念出发，按照习近平主席提出的“世界命运应该由各国共同掌握，国际规则应该由各国共同书写，全球事务应该由各国共同治理，发展成果应该由各国共同分享”[①] 的要求来凝聚共识，在增进国际税收合作、促进各方互利共赢中提高我国国际税收工作水平，在破解全球税收治理难题中构建国际税收新秩序，推动全球税收治理体系朝着更加公正合理、开放包容的方向发展。

其二，要在“合作共赢的国际税收体系”构建中深刻认识“共存合作竞争”的辩证交往观。这是我国参与国际税收交流必须把握的重要原则。在这一理念中，“共存”指的是不同发展道路、不同价值体系、不同发展阶段、不同市场经济体制的国家共同参与国际税收交往。这是适应世界多极化格局的必然选择，也是推动国际税收合作共赢的重要基础。在“并存”的前提下，面对动荡变革的国际环境，各国在多极化和全球化格局中既要开展国际税收方面的“合作”，而又不可避免地存在利益碰撞导致的国家间税收“竞争”，这里既包含一般意义上、但形式不断变化的“国际税收竞争”，也隐含着更为深沉乃至相当尖锐的“税收发展道路竞争”。我们在构建“合作共赢的国际税收体系”过程中，当然始终要以“合作”作为行为准则，当然要以“共赢”作为努力目标。但是我们必须始终牢记，“合作”对应的客观事实与基本前提是“共存”，在“和平与发展”的大判断下，我们期待“共存”朝着“合作”的方向前行，但同时要看到这种“共存”也时常乃至必然存在“竞争”。我们要深刻认识“共存”，要努力促成“合作”，还要懂得并善于“竞争”，这应是我们构建“合作共赢的国际税收体系”必须坚持的辩证理念，必须牢记的底线思维，必须弘扬的道路自信，必须善用的理性克制和特定条件下必须敢用的斗争做法。为了佐证这种把握，这里试举三例。一是我国基于国内经济转型需要推出减税降费政策，并非盲目加入全球减税

---

① 习近平．共同构建人类命运共同体［N］．人民日报，2017－01－20（002）．

浪潮抢占国际税收利益。从“结构性减税”到“结构性减税和普遍性降费”再到“普惠性减税与结构性减税并举”，我国的减税降费是党中央应对国内外风险挑战作出的重要部署，是与供给侧结构性改革成为主线和高质量发展阶段的时代特征相伴随的，既是为国家大局服务，也符合世界轻税减负潮流。二是面对美国频频使用关税大棒挑起的中美经贸摩擦，中国始终秉持有原则的合作、有底线的磋商来应对。中国政府努力与美国开展多轮经贸磋商来稳定双边经贸关系，展现了以合作解决经贸分歧摩擦的态度立场。即使面对美国在磋商中出尔反尔、不讲诚信的行为，中国政府不得不采取的反制措施也依旧保持理性克制。三是在部分国家从利益争夺角度出发实施对数字服务征税的单边措施下，我国在维护主权国家利益的前提下积极参与国际税收合作以推动全球数字经济规则制定，努力为数字经济征税多边解决方案贡献中国智慧，并同时从课税主体、征税对象、税源管控、价值衡量、征管手段等方面加紧研究国内税收制度对数字经济规则的适应性。

我国积极推动引领全球税收合作但不可避免卷入各种税收竞争的实践启示我们，中国在深化国际税收合作、促进经济包容性发展、提高全球税收治理方面正在发挥着越来越重要的作用，也不断积累着丰富经验。在中华民族伟大复兴关键时期和世界动荡变革时期，要在新阶段构建合作共赢的国际税收体系，一方面，要坚持道路自信和求同存异，在社会主义市场经济与资本主义市场经济并存竞争过程中增进国际税收合作，在建立国际税收新秩序中兼顾新兴经济体和发展中国家利益诉求，推动不同税收现代化道路的并存与合作。另一方面，要坚持底线思维和风险防范，在推进合作共赢中时刻谨防国际上孤立主义事件带来的冲击，理性应对有害国际税收竞争，在必要时有效回击对我国税收发展道路和制度特质的攻击，为推动各国都能接受、有利于合作共赢的国际税收关系良性发展持续注入正能量。

四、坚定立场双管齐下，把握方向奋力向前：发展趋势

一路走来，我国税务部门在构建合作共赢的国际税收体系方面已取得了显著进展，从统筹国内国外两个大局高度为国家治理现代化注入了强劲动力，展现了税务担当。立足当下审视中华民族伟大复兴关键时期和世界动荡变革时期的相互交织，展望未来统筹中华民族伟大复兴之战略全局和世界百年未有之大变局的长期趋势，我们要在错综复杂的国内外环境中，结合税收治理现代化之国际侧面的实践经验，思考中国特色税收治理现代化体系的发

展方向。简言之就是三个方面，既要有推动国家治理现代化和促进国际税收治理改革的全局理念，也要有抵御外部风险和竞争挑战的底线思维，更要有坚持中国特色税收治理现代化道路的高度自信。

其一，中国特色税收治理现代化要兼顾国情世情，为加快推进国家治理体系与治理能力现代化、促进国际税收治理体系改革发展贡献力量。这里强调的就是我国税收治理现代化之统筹内外特征。对内要发挥税收作用经济、服务政治的积极效应，站在服务国家治理体系与治理能力现代化的高度来发挥税收治理的基础性、支柱性、保障性作用，以提质增效、破立并举的税收治理现代化促进政治经济社会发展。对外要发挥税收治理的外溢效应和国际税收合作的正向效应，在参与国际税收交往中展现捍卫国家利益的税收作为，在参与国际税收治理中提高税收规则话语权，为人类命运共同体下的国际税收秩序形成贡献中国税收力量；要用中国税收发展道路拓展发展中国家走向税收现代化的途径，支持发展中国家提高税收治理水平；要学习各国先进技术和治理经验，以互惠互利的国际税收治理合作补齐我国税收现代化治理的短板，培育新发展阶段的税收治理新优势。

其二，中国特色税收治理现代化要坚持底线思维，为我国抵御外部风险挑战创造条件，增强应对恶性税收竞争挑战和保护主义行为的能力。在“统筹内外两个大局”的长期趋势下，从国内环境看，我国仍处在转变发展方式、优化经济结构、转换增长动力的攻关期，结构性、体制性、周期性问题的相互交织将带来更多考验与挑战；从国际环境看，世界仍处在国际金融危机后的深度调整期，经济增长持续放缓、全球动荡源显著增多、国际力量对比深刻变化等因素增加了全球的不稳定性不确定性。尤其要注意保护主义单边主义强化将引发有害的恶性竞争，给世界经济带来极大破坏。在当前和未来较长时期，这些内外叠加的风险因素将持续存在且日趋复杂，从而决定了我国的税收治理现代化建设要有底线思维，要以税收治理效能和制度优势来应对任何重大风险挑战。只有为最坏的结果做最好的准备，才能无惧逆风逆水，化被动为主动，提高税收治理现代化体系的稳定性。

其三，中国特色税收治理现代化要坚定对中国特色税收治理现代化及其发展道路的高度自信。在相当长时期内都将存在不同制度背景、不同价值体系的税收治理现代化路径，也必然存在着不同税收治理现代化道路的差异和碰撞。不论外部环境是机遇多一些还是挑战多一些，不论国际税收关系是以合作为主还是以竞争为主，我们都要对中国特色社会主义制度、对党全面领导税收工作的党管税收、对以人民为中心的税收本质高度自信，对相应的中国特色税收治理现代化道路高度自信。保持着这样的高度自信和战略定力，我们就能在世界百年未有之大变局中走稳走好中国特色税收治理现代化之路。不论遇到多大的艰难险阻，都不能影响我国税收治理现代化建设的坚定步伐，这就是大国税收的自信和担当。

总之，把握全局理念、坚持底线思维、强化高度自信，就能推动我国税收治理现代化之国际侧面健康发展，就能朝着构建“合作共赢的国际税收体系”目标稳步迈进。党的十九届五中全会提出了“十四五”时期经济社会发展主要目标和到2035年基本实现社会主义现代化远景目标，为我国未来五年、十五年的经济社会发展举旗定向、掌舵领航，也是统领未来十五年中国特色税收治理现代化之国际侧面发展的指导思想。我国国际税收战线要认真领会党的十九届五中全会精神，紧扣“基本实现新型工业化、信息化、城镇化、农业现代化，建成现代化经济体系”“基本实现国家治理体系和治理能力现代化”“形成对外开放新格局，参与国际经济合作和竞争新优势明显增强”等远景目标要求，为我国到2035年基本实现社会主义现代化远景目标贡献中国国际税收力量。

第三节 持续开辟我国国际税收研究新境界

党的十八大以来，以习近平同志为核心的党中央团结带领全国各族人民攻坚克难、砥砺前行，党和国家事业取得历史性成就、发生历史性变革。我国高度重视参与国际税收领域的治理，推动国际税收变革，就推动建设什么样的国际税收关系，怎样建设新型国际税收关系等重大税收和对外财经领域的时代课题进行了回答，提出了一系列具有中国特色的原创性国际税收治理新理念新战略。这是习近平新时代中国特色社会主义思想在国际税收领域落地生根的生动案例，也为新发展阶段继续推进国际税收工作指明了前进方向。

新时代十多年来，笔者带领研究团队始终紧跟时代步伐，与时俱进地探索新时代对国际税收研究的要求与定位。在这一进程中，笔者重点结合世界格局特征的发展变化，持续研究我国国际税收与涉外税收的理论与实践问题。在党的十八大召开之际，笔者认真研究“经济全球化、世界多极化、科技有进步、应对新问题”这四个国际进程对我国税收发展的深刻影响（邓力平，2012）。在党的十九大召开前夕，笔者重点研究当时国际经济政治对国际税收关系的主要影响，归纳出必须认真把握的七个方面问题，即“顺全球化与逆全球化、贸易保护与多边发展、合作共赢与孤立主义、政策运用与税收共治、境内税制与边境税制、减税新潮与协调机制、国际环境与中国税改”（邓力平等，2017）。党的十九大召开后，笔者认真学习领悟习近平总书记对“百年未有之大变局”的重大判断，结合“世界多极化、经济全球化、社会信息化、文化多样化”之世界格局变化趋势和“新旧动能转换、力量对比变化、体系深刻重塑”之大变局重要特征，深入探讨了“百年未有之大变局”对国际税收领域发展变化的主要影响，并提出要依据“百年未有之大变局”来重新衡量和适时调整我国国际税收的研究重点（邓力平，2020a）。

站在党的二十大胜利召开的重要时点上，笔者认为，我们要在已有研究成果的基础上持续推进我国国际税收研究提升发展，就要认真贯彻习近平经济思想和习近平外交思想的总体要求，就要深刻理解习近平总书记对加快构建中国特色哲学社会科学的殷切期望，要将回答“中国之问、世界之问、人民之问、时代之问”作为学术己任，立足大局看问题，紧跟发展找对策，持续开辟我国国际税收研究新境界。依据这一指导思想，笔者的基本观点是，当前我国国际税收研究必须立足“统筹中华民族伟大复兴战略全局和世界百年未有之大变局”和“统筹好发展和安全两件大事”这两个总体要求，据此来总结与回顾现有研究基础与成果，来审视与回答新征程上将要遇到的机遇与挑战，通过国际税收理论研究这一侧面来助力第二个奋斗百年目标的早日实现。

一、立足中华民族伟大复兴战略全局把握国际税收研究

要持续做好我国国际税收研究，必须始终立足中华民族伟大复兴战略全局之历史定位，将看待国际税收领域发展、谋划涉外税收工作、研究国际税收对策等都放在这一大背景下去把握与思考。要以中华民族伟大复兴进入不可逆转的历史进程为基本出发点，深刻认识我国社会主要矛盾变化带来的新特征新要求，以历史主动和斗争精神去谋划我国国际税收研究新方向。“不可逆转”的中华民族复兴决定了中华民族必将继续勇毅前行，屹立于世界民族之林，这也决定了国与国之间的税收关系中必将包含更多的中国声音和中国智慧，中国道路、中国之治、中国故事也将更大地影响国际税收的未来发展路径。立足全面建设社会主义现代化国家、向第二个百年奋斗目标进军的

阶段，我国涉外税收各项工作必须在“这一阶梯式递进、不断发展进步、日益接近质的飞跃的量的积累和发展变化的过程”中作出必要贡献。站位中华民族伟大复兴战略全局，立足新发展阶段要求，用好重要战略机遇期，国际税收研究要重点关注三方面内容。

其一，国际税收研究要在民族复兴进程中体现中国税收现代化道路的力量。回顾一路走来的国际税收研究，可以看到依次递进的三个发展阶段：一是比较西方税制“个性”的初期阶段，二是提炼市场经济国家税制“共性”的中期阶段，三是形成我国社会主义市场经济税制“既有共性、更有个性”的新阶段。在改革开放初期，我们通过研究比较西方发达国家的税收制度，在了解西方国家税收“个性”的背景下力图为我国现代税收制度的建立提供必要借鉴，那时研究的“个性”是“他人个性”，是“他个”。而随着实践的丰富和经验的积累，我们通过涉外税收研究逐步掌握并归纳出现代市场经济条件下各国税收运行规律中的“共性”，我国税制设立与改革、对应的税收理论发展都在实践中体现出现代市场经济的基本要求，并逐步形成了中国特色的税收制度与理论体系。进入新时代后，我国税制改革与对应的涉外税收工作都在习近平经济思想指导下不断前行，相关国际税收研究也不断充实、丰富和升华。在这个阶段中，我们坚信中国特色社会主义税收道路和理论能够助力我们实现中华民族伟大复兴的目标。我们对中国特色社会主义税收“既有共性、更有个性”的定位有了足够的自信，这使我们不再凡事便拿西方国家税制作参照，我们终于在税收“共性”的基础上找到了“我家个性”，这是“我个”，我们逐步不再做脱离中国实际的税制比较借鉴。从对“他个”的学习，到对“共性”的把握，再到对“我个”的自信，这一路走来的国际税收研究经历对我们增强自信、对我们下一步研究的定位、对我国税收未来的发展极为重要。我们既要认识筚路蓝缕的不易，更要坚持正确道路的发展，让“既有共性、更有个性”的中国特色社会主义税收持续彰显我国制度和道路的优势。

新时代十多年来，笔者是在习近平新时代中国特色社会主义思想，特别是习近平经济思想指导下研究国际税收相关问题的。笔者尝试归纳了中国特色社会主义税收系列观（邓力平，2020b），认为从“党管税收”“人民税收”到“统筹税收”等中国特色税收观是中国特色社会主义税收呈现的重要特征，是“我个”的集中体现。展望国际税收研究的未来发展，首先要聚焦于“我个”，要认真研究把我国涉外税收制度优势转化为治理效能的方式和路径。这里仅就三方面进行简述：一是要在推进新形势涉外税收工作中加强党的全面领导，确保我国涉外税收工作服从党中央重大决策部署，涉外税收工作要在思想上政治上行动上同党中央保持高度一致，要坚持“党管税收”在涉外税收工作中的进一步深化、延伸和拓展。二是要在涉外税收工作中坚持以人民为中心的发展思想。要通过国际税收研究维护好我国海外企业和个人的正当利益，通过涉外税收工作为“走出去”的企业和个人提供安全网，真正在涉外税收工作中践行“人民税收”理念。三是国际税收研究要紧跟国内外大趋势发展，提出服务内外两个大局的“统筹税收”新观点。涉外税收工作要努力促进我国国际竞争新优势的形成，助力建设更高水平开放型经济新体制，要通过建立和打造与国际高标准投资和贸易相适应的税收规则进一步促进我国对外开放。

其二，要立足当前做好涉外税收工作和提升国际税收研究水平。当前，我国经济社会发展要“立足新发展阶段，贯彻新发展理念，构建新发展格局，推动高质量发展”，笔者认为把握上述“四个发展”的根本就是要坚持发展是解决我国一切问题的基础和关键，要探索新阶段新发展的新特点与新要求，税收要在这一进程中作出必要贡献。笔者长期坚持“经济决定税收、税收反作用于经济”的发展税收理念，即“经济蛋糕”决定“税收蛋糕”，同时税收也要为做大“经济蛋糕”作贡献。回顾我国第一个税收宣传月的主题就是“税收与发展”，多么精辟地体现了我国税务机关的发展税收理念，一路走来始终坚持了这一理念。站在新时代的今天，税收已经进入国家治理领域，因此发展税收的内涵和范围都发生了重大变化。2022 年的第 31 个全国税收宣传月主题是“税收优惠促发展 惠企利民向未来”，可以看到发展的宗旨一以贯之，但发展的重点更加聚焦。新时代十多年来，我们可以看到减税降费为了发展、缓税缓费也是为了发展，留抵退税等组合式税费支持政策更是为了发展。在各国都在减税应对经济下行压力的今天，我国税收服务发展的独特做法、体制优势与现实效果是有目共睹的，对这些经验的研究、总结应该是我国国际税收研究的重要领域。从国际税收研究的角度出发，我们要从国际横向比较中看到中国特色社会主义税收的发展力量，要能让世人信服我国的税制体系能够使发展更有效率、更加公平、更高质量。

我们要认真学习领悟习近平总书记在《正确认识和把握我国发展重大理论和实践问题》中提出的五个必须正确认识和把握的问题，即“实现共同富裕的战略目标和实践途径”“资本的特性和行为规律”“初级产品供给保障”“防范化解重大风险”“碳达峰碳中和”①。这里仅以“实现共同富裕”问题为例谈谈与税收的关系。笔者反复学习总书记的重要论述，认为实现共同富裕是我国经济社会持续发展、体现社会主义优越性的“必过之坎”，是中国特色社会主义的本质要求，而税收作为国家治理领域的重要手段，也必须在“必过之坎”上形成助力，推动共同富裕的实现，这是新时代我国税收的必须担当。具体到国际税收研究领域，我们就要将不同制度安排下税收政策与效率公平的关系作为重要研究对象，要剖析资本主义制度下“任凭贫富悬殊、两极分化”之税制安排的不足，要宣传我国社会主义制度下“持续富裕、共同富裕”的税制安排。我们要学习领悟习近平总书记的相关论述，即“一些国家贫富分化，中产阶层塌陷，导致社会撕裂、政治极化、民粹主义泛滥，教训十分深刻”②，又如“一些拉美国家搞民粹主义，高福利养了一批‘懒人’和不劳而获者，结果国家财政不堪重负，落入‘中等收入陷阱’，长期不能自拔”②。我们要通过国际税收横向比较研究去探讨如何避免贫富差距过大进而带来深刻“教训”，如何通过合理税收制度去助力我国越过“中等收入陷阱”，这些都是未来国际税收应当认真探讨的课题。同时，扎实推动我国共同富裕进程，也需要稳定友好的国际环境，也需要利用国际资源，也需要在国际上继续讲好中国实现共同富裕的故事，这些都离不开国际税收领域进一步的研究。

其三，在国际税收研究中要坚持社会主义市场经济的制度要求。研究国际税收很重要的一点就是遵循市场经济规律。而从中国实际出发，就要根据社会主义市场经济这个逻辑出发点去研究涉外税收问题。习近平总书记明确指出“搞社会主义市场经济是我们党的一个伟大创造”③，“我们是在中国共产党领导和社会主义制度的大前提下发展市场经济，什么时候都不能忘了‘社会主义’这个定语”④。人类社会经济的历史发展进程已经证明“市场经济是最有效、最可行的资源配置方式”。在研究国际税收问题时，我们必须通过“供求决定、价格导向”以及据此延伸出的竞争与法治等市场经济共性去研究国际税收的发展趋势。但是研究我国涉外税收问题，绝不能忘记市场

---

① 习近平. 正确认识和把握我国发展重大理论和实践问题 [J]. 求是，2022 (10)：4-9.

② 习近平. 扎实推动共同富裕 [J]. 求是，2021 (20).

③ 同①。

④ 习近平. 不断开拓当代中国马克思主义政治经济学新境界 [J]. 求是，2020 (16)：4-9.

经济前的“社会主义”定语。当市场经济与特定社会制度相联系，就会烙印上不同制度的特质。当市场经济与西方私有制、西方政治制度、西方上层建筑及文化传统等紧密联系后，就产生了资本主义市场经济。而当市场经济与中国特色社会主义制度、道路、理论和文化相联系，就产生了社会主义市场经济。我们在研究我国涉外税收问题时，必须基于社会主义市场经济这一共性与“我个”的结合去研究，从而才能摒弃资本主义市场经济的“他个”特征，也只有这样才能真正研究出符合我国道路的涉外税收理论。

笔者多年思考社会主义市场经济的特征，研究结论归纳来看主要为四点：一是“以人民为中心”的市场经济就是社会主义市场经济，反之，“以资本为中心”的市场经济就是资本主义市场经济；二是与“两个毫不动摇”对应的市场经济就是社会主义市场经济，反之，与私有制主体地位对应的市场经济就是资本主义市场经济；三是致力于共同富裕的市场经济就是社会主义市场经济，反之，任凭贫富差距扩大的市场经济就是资本主义市场经济；四是与“集中力量办大事”制度性优势结合的市场经济就是社会主义市场经济，反之，各自为政、一盘散沙的市场经济就是资本主义市场经济。笔者曾就此特征进行系统性论述（邓力平，2022），这里不再赘述。从国际税收研究出发，笔者认为研究社会主义市场经济重要内容之一是必须加强对我国资本特性和行为规律的认识和把握，这是推进社会主义市场经济实践与构建相应理论的“必破之题”。未来，国际税收研究要认真探讨对国际资本设置“红绿灯”规则的问题。国际税收研究的一个重要方面就是国际资本流动与国际税收设置。在经济领域，我国涉外税收设置既要鼓励支持引导国际资本为发展我国社会主义市场经济作贡献，促进其实现效益最大化和效率最优化，也要从税收领域为国际资本设置“红绿灯”，使国际资本遵守我国法律法规，防止国际资本“横冲直撞”“野蛮增长”。

二、领悟百年未有之大变局对国际税收发展的深刻影响

当今世界百年未有之大变局正在加速演进，世纪疫情和乌克兰危机影响交织叠加，世界发展进入新的动荡变革期。必须认识到，百年未有之大变局是今后相当长一段时间国际税收面临的常态环境和时代背景，只有把握百年未有之大变局的发展趋势和表现特征，才能真正做好国际税收研究工作。从当前百年未有之大变局的变化来看，“大变革”“大发展”“大调整”“大挑战”相互影响且力度逐步加强。这将对国际关系、国际规则和国际秩序产生

深远影响，而国际税收也必将“因变而变”“遇变则变”。面对百年变局，我们涉外税收工作要做到“有能力应对，会作贡献”，相关国际税收研究要重点关注以下三方面的内容。

其一，做好国际税收研究，根本上还是要把握好“变”与“不变”。当前，百年变局意味着国际形势持续发生深刻复杂变化，把握动荡期中的世界不能仅仅“就变论变”，要破开“迷人眼”的“乱花”，就要抓住国际税收的根本规律。笔者这里着重强调三个“不变”：一是“和平与发展”的时代主题没有变，各国求同存异实现合作共赢的主流依然在，世界人民期盼和平的愿望依然在，主权国家通过发展解决各自问题的意愿依然在，因此国际税收研究也必须依据“和平与发展”的时代主题去展开探讨。二是国际经济政治决定和影响国际税收发展的基本逻辑依然不变，要始终理解国际税收是国际经济政治的延伸和拓展，国际税收的变化根本上反映的是国际经济政治的趋势性变化。三是笔者长期坚持的“主权运用与税收协调”是国际税收关系主要矛盾的结论依然未变。虽然未来国际税收研究形式和内容有所变化，但未来研究的主流依然将聚焦于打击国际避税、保证国家主权税收以及避免双重征税三大重要课题，未来我国涉外税收相关研究的目标依然是通过讨论国际税收中的“中性与非中性”问题去尽可能地实现国际税收中的“效率、公平、主权、协调”原则。

在把握国际税收“不变”的基础上，我们还要抓住“已变”和“将变”的重点，做好相关研究工作。笔者这里也探讨三方面重点内容：一是要把握世界格局之变，特别要理解“经济全球化、世界多极化、科技信息化”到“经济全球化、世界多极化、科技有进步、应对新问题”，再到“世界多极化、经济全球化、社会信息化、文化多样化”的世界格局发展进程变化，探讨世界格局变化对国际税收的影响，进而领悟未来国际税收研究趋势。二是要把握当前世界发展特征之变，要体会百年变局“新旧动能转换、力量对比变化、体系深刻重塑”的重要变化特征，研究百年变局演变特征对国际税收领域的影响。三是要立足中国实际，体会中华民族伟大复兴之变对百年变局的影响，展望中国在实现第二个百年奋斗目标过程中对世界格局的影响。我国涉外税收研究应该特别侧重百年未有之大变局的中国之变展开，要着重研究南北发展鸿沟持续拉大、“东升西降”大势所趋背景下的国际税收变化，以统筹两个大局的视野做好国际税收研究工作。

其二，做好国际税收研究，要正确把握当前国际经济政治形势。理解当前“世界多极化、经济全球化、社会信息化、文化多样化”的世界格局，首先要理解的是“世界多极化”在前“经济全球化”在后的顺序内涵。这一顺序说明多年以来持续推进的经济全球化遭遇到了逆流，各国在推进经济全球化的过程中分歧加大，政治因素在世界演进过程中的作用正在加大。要看到冷战思维和强权政治再度上升，逆全球化、贸易保护主义、民粹主义、孤立主义进一步影响到全球发展进程，部分西方国家把世界经济政治化、工具化、武器化，这使传统和非传统安全威胁已经严重制约了全球经济复苏。在此过程中，国际税收研究绝不能孤立地就经济论经济，必须坚持系统观念，从国际经济政治更大的画面去研究具体问题。我国只有践行真正的多边主义，才能站在历史正确的一边，站在人类进步的一边。因此，我们在国际税收领域要特别研究如何维护国际公平、团结，反对国际霸凌、分裂，以政治引领经济全球化继续前行，这是未来相当长时间我国涉外税收的重要研究工作。

基于国际经济政治形势，当前国际税收研究要重点放在国际税收规则竞争的内涵和方式上。有别于过去重点研究的国际税收竞争，国际规则竞争是当前主权国家税收矛盾的集中体现，是不同政治经济诉求的主权国家和团体希望通过百年变局下的国际税收规则的制定和修订去实现本国和相关团体的利益。当前正处于国际税收规则重塑和完善的过程中，各主要国家都存在对未来国际税收规则产生重大影响的潜力。在此过程中，比较明确的有三点：一是掌握国际税收规则的主导权将成为维护本国利益的重要保障；二是国际税收规则竞争的正确方向应是促进世界各国互利共赢；三是中国作为负责任的大国要在国际税收规则竞争中发挥更大作用。以应对数字经济挑战为例，目前大部分国家已就“双支柱”方案达成共识，这将有效避免部分国家单边措施，塑造公平、稳定、可持续的国际税收环境，这是对传统税收规则的重要补充。同时，也要看到为了达成多方共识，“双支柱”方案主要针对大型跨国企业制定税收规则，数量众多的中小数字企业仍需要新型税收关系去规范和发展。而从我国角度出发，我国税务部门积极参与国际税收治理，在BEPS和“双支柱”方案的改革中贡献中国智慧和方案。除此之外，我国还重视参与新型国际税收规则。例如，在2021年主动申请加入《数字经济伙伴关系协定》（Digital Economy Partnership Agreement，DEPA），DEPA协议中包含了大量针对中小企业数字合作以及相关税收规则的条款，这在一定程度上弥补了“双支柱”方案留下的空白。因此，在未来国际税收研究中，我国涉外税收的理论和实践工作者应认真研究国际税收规则中的中国方案，努力使我国在国际税收规则竞争阶段获取战略主动。

其三，做好国际税收研究，要以坚持实现全人类共同价值为目标。新时代以来，习近平总书记在多个重要场合提到要坚持和弘扬和平、发展、公平、正义、民主、自由的全人类共同价值。长期以来，西方国家始终将其所谓的普世通用西方价值体系和实践方案作为衡量各国行为的标准。而在与西方同行交流中，我国税收学者和实务工作者时常处于守势，苦于找不到能够理直气壮予以反驳的价值体系。而从人类历史的实际发展来看，人类价值体系和政治上层建筑的发展进程并没有被西方价值体系所终结，反而呈现出今天多样化的发展路径。事实已经证明，西方价值体系并非放之四海而皆准，与之相联系的上层建筑不应被世界所有国家普遍采纳。随着全人类共同价值的提出，我们找到了人类不同文明价值、不同文化背景、不同现实政治所能聚焦凝练的“最大同心圆”。未来在进一步做好国际税收研究工作中，我们可以在全人类共同价值的道德高地上更加清楚地阐明中国税收实践与世界大同的关系，可以更有底气地以“共同价值”去扬弃和抵制西方的“普世”价值，进而通过实现全人类共同价值的中国税收方案去集中展示中国道路、中国理论、中国制度、中国文化的优越性。

通过国际税收研究去体现全人类共同价值与实现这一价值的中国方案是时代课题。笔者这里强调三点：第一，“和平、发展”是国际税收研究的愿景，我们最终要通过国际税收等具体领域的发展促进世界的和平与发展。第二，“公平、正义”是国际税收研究的路径，要实现和平与发展的路径，显然，更加公平、正义的国际税收规则才能够持续拉近南北发展鸿沟，才能够凝聚起共同发展的“最大同心圆”，最终通过各国的不同方案实现全人类共同价值。第三，“自由、民主”是国际税收研究的方式方法，我们要倡导自由开放的国际税收研究去推动新形势下全球贸易自由化和投资便利化再发展。要认同实现世界各国的民主有多种方式，真正的民主是用来解决人民实践问题的。从国际税收领域出发，就是坚持新的国际税收规则不应该因国家大小、强弱、贫富而不同，而要以促进各国平等、自由、发展为目标，进而推动构建人类命运共同体。

三、在统筹好发展和安全两件大事中理解研究国际税收

新时代十多年来，随着百年未有之大变局加速深刻演变，我国进入实现

中华民族伟大复兴的关键时期，习近平总书记创造性地提出总体国家安全观，标志着党对国家安全工作的认识达到新高度。当前，党中央进一步强调发展与安全的关系，我们能够看到在发展中增强忧患意识，在发展中更多考虑安全因素，努力实现发展和安全动态平衡是当前事业能否顺利开展的关键。在统筹发展和安全成为党治国理政重大原则的背景下，我国涉外税收工作就必须在“实现高质量发展和高水平安全良性互动中”发挥作用。国际税收研究助力这一进程要关注四方面的重要内容。

其一，国际税收研究要在维护好税收主权安全中谋发展。笔者在研究国际税收竞争与协调的过程中，始终认为可以让渡部分边缘利益来促进国际税收发展，但必须坚决维护好我国税收主权以及核心利益，这是我国涉外税收工作和研究的底线。应该看到，当今世界深刻复杂变化对税收主权提出了一系列挑战。除了前述数字经济带来的挑战，还有大国博弈加剧导致的国家税收主权以及核心利益风险的不断累积。具有代表性的是在乌克兰危机背景下，美欧国家对俄罗斯实施了一系列税收限制措施，例如，美欧国家终止与俄罗斯的税收情报合作，削弱俄罗斯涉外税收主权；又如，欧盟将俄罗斯列入“避税灰名单”，限制国际资本流入俄罗斯；再如，美欧对俄罗斯寡头进行税务调查，旨在影响俄罗斯内部政治稳定。总的来说，美欧国家采取的一系列税收限制措施严重损害了俄罗斯的税收主权和核心利益，这是大国博弈演进到今天在国际税收领域的重要现象。除此之外，我们也要看到美欧国家的措施是灵活运用了税收中的“不对称性”，即采取对本国民众福利和国家发展影响较小的税收限制措施造成被制裁方税收主权受损、国内动荡乃至经济衰退等重要影响。我国未来涉外税收一方面要研究美欧国家这种税收“不对称性”的运用，另一方面也要研究俄罗斯的重要反制措施，进而为未来我国税收主权安全提供保障。

其二，国际税收研究要在保证初级产品安全中谋发展。习近平总书记指出“保障好初级产品供给是一个重大的战略性问题”，要“确保供给安全”。随着全球动荡源和风险点显著增多，粮食危机愈演愈烈，能源危机持续紧张，保障粮食、能源等初级产品安全已经成为能否掌控经济社会发展大局的关键内容。从国际税收研究来看，就是要平衡利用好国际国内两个市场、两种资源。要通过包括关税在内的税收政策保护好国内初级产品产业，保证做到“中国人的饭碗任何时候都要牢牢端在自己手中，我们的饭碗应该主要装中国粮”[①]，促进国内初级产品平稳健康发展。同时也要利用好国际市场，通过涉外税收政策鼓励中国企业“走出去”，增强和优化海外初级产品保障能力，加大能源资源合作，进一步提高国际优质初级产品的相关权益。

其三，国际税收研究要在提高产业链供应链安全中谋发展。产业链供应链稳定安全是构建新发展格局的基础，税收在提高产业链供应链安全中发挥着重要作用。一方面，我们要通过税收政策促进国内产业链供应链升级，解决关键技术“卡脖子”问题。例如，当前我国在芯片等高新技术产业的税收优惠政策具有很强的国际竞争力，能够吸引国际资本进入特定产业和区域促进发展。又如，我国正在WTO框架下对《信息技术协定》所包含的产品进一步“扩围”，这次改革将通过关税减让保证信息技术商品的自由流动，促进我国在信息技术的产业链供应链进一步发展。另一方面，我们还要通过国际经贸谈判推动构建高水平自贸区网络。例如，当前RCEP的实施以及相关税收政策运用已经彰显了区域贸易协定在增强产业链供应链安全稳定方面的作用。同时，我国还积极申请加入CPTPP、DEPA等区域合作协定，未来我国自贸区网络的拓展将有利于提升我国产业链供应链的韧性。其中需特别注意的是，“一带一路”税收征管合作机制正在逐步成型且将发挥重要作用。这种“以我为主”的新型税收征管合作机制将为我国“向西开放”提供更坚实的政治互信和政策沟通基础，从而助力“一带一路”国家产业链供应链与我国产业链供应链的融合，促进我国涉外产业链供应链来源多样化，保证我国产业链供应链的安全稳定。

其四，国际税收研究要在确保生态环境安全中谋发展。生态文明建设是关乎中华民族永续发展的根本大计，因此生态环境安全是经济社会可持续发展的重要保障。新时代十多年来，在习近平生态文明思想指导下，我们在长期和短期、战略和战术、全局和局部、国内和国际取得了一系列生态环境保护经验。未来我们要进一步顺应世界绿色和低碳的发展潮流，确保在生态环境安全中促进经济社会发展。从国际税收领域出发，要看到美欧发达国家已经开始抢占绿色领域的国际税收规则高地。以“碳关税”为例，欧盟在2021年通过了立法建议，对碳边境调节机制的实施范围与方式等重要内容进行了规定；而美国2022年也开始讨论清洁竞争法案，拟对各国出口到美国的商品按照碳排放量征收“碳关税”。短期来看，“碳关税”还存在较大的

---

① 习近平．正确认识和把握我国发展重大理论和实践问题［J］．求是，2022（10）：4-9.

不确定性，初期纳入征税的产品也较为有限，对我国商品出口的影响较小。但长期来看，“碳关税”的推广实施必然影响我国对外贸易商品的国际竞争力，阻碍我国对外经贸发展。因此，我国涉外税收要以长远眼光、系统思维研究我国绿色税收制度的完善，积极参与国际税收的绿色变革，进一步通过涉外税收工作推动生态环境安全。

新时代十多年来，国际税收研究紧跟新时代步伐，作出了卓有成效的成绩。这离不开理论和实践工作者的接续奋斗，离不开我国税务机关的全力支持。可以看到，中国特色哲学社会科学将进入大繁荣时期，国际税收研究也必将进入新的大发展时期。因此，我们要按照“统筹中华民族伟大复兴战略全局和世界百年未有之大变局”“统筹好发展和安全两件大事”的总体要求，持续开辟国际税收研究新境界，为我国涉外税收工作提升站位、不断开创新局面提供更加坚实的理论基础和经验借鉴，让我们继续为之不懈努力。

第四节　国际税收工作要在新征程上作出新贡献

党的二十大擘画了新征程上党和国家事业发展的目标任务和大政方针，这是未来我们做好各项工作的基本指引。在以中国式现代化全面推进中华民族伟大复兴的新征程上，我们要更加紧密团结在以习近平同志为核心的党中央周围，坚定不移地推进改革开放，推动建设开放型世界经济，为构建人类命运共同体贡献中国力量。从国际税收出发，我们要清晰地看到新时代十多年来国际税收工作在新时代取得的显著成绩，也要看到在马克思主义中国化时代化指引下持续开辟的国际税收研究新境界（邓力平等，2022），更要围绕新时代新征程党的中心任务，贡献国际税收新力量。这里所提及的国际税收工作既包含我国涉外税收工作实践，也包括我国国际税收理论研究。本节是笔者认真学习领悟党的二十大报告，思考国际税收工作如何在新征程上奋力谱写新篇章的心得体会。

一、深刻把握对当前世界发展的战略判断

党的十八大以来，习近平总书记对世界发展进行持续深入的把握，并最终形成“百年未有之大变局”这一宏大论断。党的二十大报告明确指出“世界百年未有之大变局加速演进”，必须认识到这是当前和未来一段时间国际税收发展的世界环境。我们要坚持以“百年未有之大变局”作为国际税收

的基本背景，并深入研究“加速演进”的过程对国际税收发展的持续影响，从而确保国际税收工作在实现中国式现代化的进程中提供更大助力。当前，基于“百年未有之大变局”的视角，把握国际税收发展方向，主要应基于三个方面的内容。

其一，要充分领悟“世界百年未有之大变局加速演进”下新的全局判断。改革开放以来，我国作出面临“重要战略机遇期”的重要判断。准确的宏观战略判断使我国在大机遇期把握住了大发展的契机，使中华民族从“站起来”到“富起来”。我国的国际税收也在这个时期开始发展并逐步成型，我们在比较借鉴中理解西方发达国家市场经济条件下国际税收的共性，并通过国际税收工作促进对外经贸发展，进而推动经济社会持续向前。新时代以来，党的十八大报告认为“综观国际国内大势，我国发展仍处于可以大有作为的重要战略机遇期”。党的十九大报告指出“国内外形势正在发生深刻复杂变化，我国发展仍处于重要战略机遇期”。虽然国际形势风云变幻，但党中央带领全国各族人民，始终集中精力办好自己的事情，将办好自己的事情作为应对各种风险挑战的关键。新时代十多年来，我们继续抓住重要战略机遇期，中华民族迎来了从“站起来”“富起来”到“强起来”的伟大飞跃。在这一时期，我国高度重视参与国际税收领域的治理，推动国际税收变革，就新时代中国推动建设什么样的国际税收关系，怎样建设新型国际税收关系等重大税收和对外财经领域的时代课题进行了回答，提出了一系列具有中国特色的原创性国际税收治理新理念新战略。在这一时期，我们不再事事以西方国际税收为标准，我们对中国特色国际税收发展中的“个性”有了足够把握。我们从西方国际税收“个性”中提取“共性”，进而在借鉴的基础上，最终形成了适用于我国社会主义市场经济的国际税收之“个性”。这种从“他个”到“共性”再到“我个”的转化过程，为适应中国式现代化发展的国际税收奠定了必要基础。

党的二十大报告明确提出“我国发展进入战略机遇和风险挑战并存、不确定难预料因素增多的时期”。这是“世界百年未有之大变局加速演进”的最新全局判断，我们必须认真把握“战略机遇和风险挑战并存、不确定难预料因素增多”时期对我国国际税收的导向性作用。一方面，以数字经济、绿色经济为代表的新一轮科技革命和产业变革深入发展，这为我国高质量发展提供了新的战略机遇。同时，国际力量对比深刻调整，“东升西降”特征持续显现，发展中国家力量进一步壮大，应当说时与势始终在我们一边，我国依然有抓住战略机遇进行大发展的国际环境。另一方面，逆全球化思潮开始抬头，慢全球化与逆全球化交织叠加，霸权主义、保护主义、单边主义极大地阻碍了世界经济发展。应当说，新的动荡变革期给我国外部环境带来了质的影响，外部遏制打压随时可能升级，成为影响我国持续发展的外部阻力。因此党的二十大报告提出了“五个坚持”重大原则，其中号召“坚持发扬斗争精神”，面对“战略机遇和风险挑战并存、不确定难预料因素增多”时期，要统筹发展和安全。面对战略机遇，既要一以贯之抓发展；同时面对风险挑战，也要坚定不移抓安全。国际税收工作要在这一大原则下，推进各项事业发展，不断开拓“战略机遇和风险挑战并存、不确定难预料因素增多”时期的新局面。

其二，要充分认识“世界多极化、经济全球化、社会信息化、文化多样化”对国际税收的深刻影响。改革开放之初，我们党对当时的世界格局提出了“经济全球化、世界多极化、科技信息化”的重要归纳。21 世纪初，我们党再次把握世界格局，作出了“经济全球化、世界多极化、科技有进步、全球新问题”的重要判断。总的来看，这段时间虽然科技进步速度有所变化，反恐、气候变化等全球问题逐步显现，但“经济全球化、世界多极化”的判断从未改变。这说明世界主要国家对经济全球化有一致的认同，即便在政治多极化的背景下，也愿意共同合作推动世界经济全球化发展。进入新时代，特别是党的十九大报告指出“世界多极化、经济全球化、社会信息化、文化多样化”的世界格局深入发展，这就要求我们必须认识新的世界格局特征。对比来看，“世界多极化、经济全球化”的顺序较之前发生了对调，这说明世界主要国家对经济全球化的认同出现了分歧。以美国为典型代表的逆全球化、孤立主义和保护主义开始抬头，这严重阻碍了经济全球化的发展。随着中美贸易摩擦的升级，“脱钩”“断链”成为了西方国家部分政党的既定目标。事实证明，党中央对世界格局的把握科学且具有远见。未来，我们必须认识到只有各方政治再次取得共识，经济全球化才能持续向前，这是世界格局发展的基本背景与重要前提。

从国际税收出发，就是要把握“世界百年未有之大变局加速演进”中世界格局的变化，研究“世界多极化、经济全球化、社会信息化、文化多样化”四大特征对国际税收发展的影响（邓力平，2020）。从当前国际税收的发展来看，世界主要国家关于国际税收改革上具有求同存异的空间。当前，在全球债务上升的背景下，世界主要国家存在改革国际税收进而解决国内财政收支矛盾的动力。从 BEPS 行动计划的实施到“双支柱”方案达成共识，世界主要国家关于国际税收改革的共识逐步形成。而在这一过程中，国际税收的共识又会为世界主要国家在更多政治领域形成共识提供契机。应当说“百年未有之大变局”为国际税收发挥更大作用提供了更为广阔的空间。在关注政治因素的基础上，我们还要关注世界经济复苏乏力对国际税收提出的新要求。国际税收改革要为资本、劳动、技术要素在“加速演进”的过程中实现全球优化配置提供保障。同时，数字经济、绿色经济等新一轮科技革命也在持续提出国际税收发展的时代课题。最后，新征程上我们要铸就的社会主义文化新辉煌也会影响国际税收进程。我国不断提升的文化软实力和影响力必然会影响到国际税收的改革路径。将中华传统优秀文化、社会主义先进文化注入新型国际税收关系之中是赋予新征程上我国国际税收的时代新任务。

其三，要基于全人类共同价值，在更高层面推动国际税收持续向前。习近平总书记在党的二十届中共中央政治局常委同中外记者见面时强调“新征程上，我们要始终弘扬全人类共同价值”①。实际上，从 2015 年 9 月第七十届联合国大会一般性辩论首次提出全人类共同价值开始，习近平总书记在多次重要场合反复强调这一理念的重要性。新征程上，习近平总书记在见面会这一重要场合再次提及全人类共同价值，这说明弘扬和平、发展、公平、正义、民主、自由的全人类共同价值是未来中国引领世界向前的重要价值取向。当今世界，人类愈发认同历史并没有被西方价值体系所终结，反而呈现出发展道路各异，价值取向多样化的特征。如何在多样化的路径和文化下，画出人类追求目标和价值取向的“最大同心圆”，是跨越偏见、霸权和封闭的重要一步。习近平总书记在“世界百年未有之大变局加速演进”下再次重申弘扬全人类共同价值，为如何持续推动构建人类命运共同体给出了价值层面的答案。

过去相当长一段时间，西方将所谓普世通用的西方价值体系和实践方案作为衡量标准，而与之相对应的公共选择等理论则长期影响着财税研究理念和方法论（邓力平等，2021）。进入新时代以来，我们找到了属于自己的全人类共同价值。依靠这一价值体系，我们可以明确驳斥西方普世价值的局限

① 习近平总书记在二十届中共中央政治局常委同中外记者见面时的讲话［J］. 中国民政，2022（20）：12－13.

性，进而可以理直气壮地阐明以私有制为基础的公共选择理论等西方理念在我国并不适用。未来，我们将依据全人类共同价值跳出西方价值体系的囹圄，继续促进世界向前发展。从国际税收出发，我们应始终明晰国际税收工作要服务于走和平发展道路的中国式现代化。我国的国际税收工作要始终高举和平、发展、合作、共赢的旗帜，努力转变“逐底竞争”“以邻为壑”的国际税收发展现状。而要做到这一点，我国国际税收工作的出发点就必须始终站在广大发展中国家一边，站在历史正确的一边，拿出真正公平、正义的国际税收新规则。而在这一过程中，必须提倡各国不分大小、强弱和贫富，都能民主、自由地参与到未来国际税收发展的谋划中来，共同参与重要决策，共同享受发展带来的世界红利。这是新征程上我国国际税收工作在践行全人类共同价值过程中应当完成的使命任务。

二、把握“三变”中的最大确定性

党的二十大报告指出“世界之变、时代之变、历史之变正以前所未有的方式展开”。当前，2008 年金融危机的负面影响仍未彻底消除，中美贸易摩擦的阻碍因素还在持续影响，疫情带来的经济冲击正在深入发展。面对三重影响的阻碍，世界经济又受到俄乌冲突、能源危机、气候变化等因素的多重影响，经济复苏乏力是必然结果。同时，和平赤字、发展赤字、安全赤字、治理赤字还在不断加重。应当说，世界正处于历史的十字路口，面临的挑战前所未有。在“世界之变、时代之变、历史之变”的大背景下，国际税收工作必须把握“三变”中的不变，才能保证前进的方向不走样、不走偏、不走空。笔者认为，我们要抓住至少三个方面的确定性。

其一，从主权国家的角度出发，当前最大的确定性是中国。党的十八大以来，习近平总书记站在统筹中华民族伟大复兴战略全局和世界百年未有之大变局的高度，创造性地提出构建人类命运共同体的思想，为人类社会实现持续共同繁荣绘制了蓝图。新时代十多年以来，构建人类命运共同体写入党章和宪法，并多次出现在联合国等国际组织文件中。新时代十多年以来，习近平外交思想逐步成型并走向成熟，领航中国穿过惊涛骇浪。新时代十多年以来，全球发展倡议、全球安全倡议等中国提出的倡议被世界各方所认同，“一带一路”成为广受欢迎的国际公共产品，践行真正多边主义的中国以高度自信走进世界舞台中央。新时代十多年以来，在构建人类命运共同体思想的指引下，我国国际税收工作积极服务中国特色大国外交，取得了一系列巨大成就。以“一带一路”税收征管合作机制为例，其从无到有，不断走向完善，并持续开拓“一带一路”税收征管合作新局面。从2019年“一带一路”税收征管合作机制正式成立，“一带一路”税收征管合作论坛已经召开三届，合作议题不断深入；“一带一路”税收征管能力促进联盟面向80多个国家培训了1 200多名税务人员；《“一带一路”税收》期刊向140多个国家（地区）分享各国税收经验做法；扬州、北京的“一带一路”税务学院建设持续推进，葡语、俄语“一带一路”税务学院也在拓展协同共建新模式①，“一带一路”税收征管合作机制虚实结合得到不断加强。应该说，新时代十多年以来，我国税务机关不断在习近平新时代中国特色社会主义思想，特别是习近平经济思想和习近平外交思想的指引下，积极服务中国特色大国外交，以大国税务担当推动中国和世界向着正确方向前进，助力中国成为世界稳定之锚。

面向新征程，特别是在“三变”持续深化展开的过程中，必须清楚地认识到，从主权国家角度来看，中国始终是世界最大的确定性。从党的二十大报告中，能够看到我国奉行独立自主的和平外交政策没有变，和平共处五项原则没有变，对外开放的基本国策没有变，参与全球治理体系改革和建设、践行共商共建共享的全球治理观没有变，构建人类命运共同体的重要思想没有变。我国始终坚持真正的多边主义，推动全球治理朝着更加公正合理的方向发展，这种最大的确定性将为世界和平发展不断注入新的稳定力量。我国国际税收工作也要始终遵循这一路径，为国际税收变革注入中国的确定性。未来，我国仍将积极参与国际税收规则制定，在“双支柱”方案等重要国际税收改革中继续站稳发展中国家立场，始终维护国际税收中的公平正义。在G20、经济合作与发展组织（OECD）和亚洲—大洋洲税收管理与研究组织（SGATAR）中继续发挥大国税务的力量，加快构建中国税收话语和叙事体系。同时，我国还应重视“一带一路”税收征管合作机制，金砖国家税务局长会议等新型国际税收合作机制的作用，不断在内涵和外延上拓展应有的空间。相信通过持续不断的发展，我国国际税收工作一定会在“三变”的持续展开中注入中国税收的稳定力量。

其二，从中国的角度出发，党管税收是国际税收最大的确定性。党的二

---

① 国家税务总局办公厅．弘扬丝路精神 共促能力建设——王军局长在第三届“一带一路”税收征管合作论坛上的发言［EB/OL］．http：//www.chinatax.gov.cn/chinatax/n810219/n810724/c5181647/content.html.

十大报告指出，“全面加强党的领导”是新时代十多年伟大变革取得的历史性成就。党的十八大以来，全国税务系统遵循“全面加强党的领导”，按照党中央、国务院决策部署，一以贯之加强党对税收工作的全面领导，主动通过税收工作服务党和国家工作大局。在这一阶段，“党管税收”成为研究中国特色社会主义税收的基本起点和方法论，进而不断指引包括国际税收在内的我国税收工作不断前进。党的十八大以来，从“党政军民学，东西南北中，党是领导一切的”到“坚持加强党对经济工作的集中统一领导”，再到“党管税收”，其中的逻辑从上到下、一以贯之。“党管税收”强调的是党对税收发展方向的把握，是党对税收政策运用和税制改革的引领，也是党对我国税收能够通过“集中力量办大事”发挥重大制度优势的最大保证。鲜明体现“党管税收”的案例是我国税务机关将2013年提出的税收现代化“六大体系”（完备规范的税法体系、成熟定型的税制体系、优质便捷的服务体系、科学严密的征管体系、稳固强大的信息体系、高效清廉的组织体系）进行提升，提出新时代税收现代化新“六大体系”（坚强有力的党的领导制度体系、科学完备的税收法治体系、优质便捷的税费服务体系、严密规范的税费征管体系、合作共赢的国际税收体系、高效清廉的队伍组织体系）。从新“六大体系”和原“六大体系”对比来看，体现的是对“党管税收”这一中国特色社会主义税收鲜明特征的强调和新增，而在其领导下增加的“国际税收体系”，则意味着“党管税收”必须涵盖对国际税收的领导，这是党对税收工作全面领导的必然结果。

面向未来，我们必须认真学习领悟“两个确立”是党应对一切不确定性的最大确定性、最大底气、最大保证。党确立习近平同志党中央的核心、全党的核心地位，确立习近平新时代中国特色社会主义思想的指导地位，反映了全党全军全国各族人民的共同心愿，对我国国际税收发展起到决定性作用。新征程上，始终坚持“党管税收”具体到国际税收领域就是要求自觉地维护党中央权威和集中统一领导，坚定不移沿着习近平新时代中国特色社会主义思想指引的方向前进。只有这样，我国国际税收才能在发展中找到主心骨、定盘星和指南针。也只有这样，我国国际税收工作才能在“三变”中找到最大的确定性。我们要认真学习领悟习近平主席出席二十国集团领导人第十七次峰会、亚太经合组织第二十九次领导人非正式会议等一系列中国特色大国外交活动的讲话，明晰我国引领全球治理、擘画亚太合作蓝图的新方向，并在此基础上不断完善我国国际税收发展新路径。特别要在“加强数字经济合作，推进财税体系数字化改革”① “共建公平、可持续的现代国际税收体系”② 等方面不断推进国际税收朝着正确方向前进。

其三，从国际税收研究的角度出发，我们要把握三方面的确定性。国际税收研究是我国国际税收的重要组成部分，要持续开辟我国国际税收研究新境界，就要在“三变”进程中寻找不变，并以此为立足点开展国际税收研究。笔者认为当前应把握“三变”进程中的三大确定性。

一是“和平与发展”的时代主题没有变，人类期盼和平的愿望依然在，世界各国谋求发展的主流依然在，国际税收研究也应该根据“和平与发展”的时代主题去展开。党的二十大报告指出中国将在“坚定维护世界和平与发展中谋求自身发展，又以自身发展更好维护世界和平与发展”，并且按照“促进世界和平与发展，推动构建人类命运共同体”展开对外战略的布局。虽然当前局部冲突和动荡频发，但从历史长周期来看，“和平与发展”的时代主题依然在。既然“和平与发展”依然是时代主题，国际税收就要基于这一背景继续深化国际税收合作与协同，将国际税收竞争控制在合理范围内，并通过国际税收推动经济全球化的发展，让世界重回多边主义的轨道。国际税收研究应将这一时代课题作为应对“三变”挑战的重大任务。

二是国际经济政治决定和影响国际税收发展的基本逻辑依然不变。国际税收研究的基本方法论要继续遵循国际税收是国际经济政治的延伸和拓展，国际税收的变化从根本上来讲就是国际经济政治变化的产物。因此，国际税收在研究过程中要特别关注西方发达国家转向以价值观为引领的影响，要研究经济全球化转向世界主要国家圈层化和区域化的影响，要探讨各国由效率优先转向安全发展的影响，要清晰所谓“公平贸易”兴起带来的影响，要明确各国由贸易政策转向国内产业政策和贸易政策相结合的影响。应当说，“三变”将持续影响国际经济政治的深入发展，但国际税收依据国际经济政治的变化而变化的基本逻辑没有变。国际税收未来研究应根据这一基本逻辑继续深入开展。

三是笔者长期坚持的“主权运用与税收协调”是国际税收关系主要矛盾的结论依然未变。国际税收从根本上属于国家主权的组成部分，各国通过税

---

① 财政部国际经济关系司．刘昆出席第二十九届亚太经合组织财长会［EB/OL］．http：//wjb. mof. gov. cn/gongzuodongtai/202210/t20221021_ 3847175. htm，2022－10－21.

② 财政部国际经济关系司．刘昆出席二十国集团财长和央行行长会议［EB/OL］．http：//wjb. mof. gov. cn/gongzuodongtai/202210/t20221014_ 3845888. htm，2022－10－14.

收主权运用维护国家核心利益是国际税收的基本内容。而同时，即便经济全球化遭遇逆流，但经济全球化的长期趋势没有改变，各国依然必须通过税收协调促进要素跨国流动，通过开放促进经济发展。因此，国际税收研究的方法论和对象未来有所更新，但打击国际避税、保证国家主权税收以及避免双重征税依然是未来国际税收研究的三大主要内容，这是“主权运用与税收协调”的国际税收关系主要矛盾所决定的。基于此，我国国际税收研究依然要探讨国际税收中的“中性与非中性”问题，从而尽可能地实现国际税收中的“效率、公平、主权、协调”原则。

三、国际税收要在中国式现代化中贡献税收力量

党的二十大报告明确指出“从现在起，中国共产党的中心任务就是团结带领全国各族人民全面建成社会主义现代化强国、实现第二个百年奋斗目标，以中国式现代化全面推进中华民族伟大复兴”。我国国际税收工作必须紧紧围绕党的中心任务，助力中国式现代化进程。在这一过程中，我国国际税收工作既要从“各国现代化的共同特征”中汲取税收力量，更要“基于自己国情的中国特色”，充满自信地发展中国特色社会主义税收，贡献国际税收力量。我国国际税收研究应着重探讨在“人口规模巨大的现代化”“全体人民共同富裕的现代化”“物质文明和精神文明相协调的现代化”“人与自然和谐共生的现代化”“走和平发展道路的现代化”中如何贡献税收力量。面向中国式现代化，笔者在这里讨论三方面的重要内容。

其一，国际税收工作要聚焦以税收现代化服务中国式现代化。党的十八大以来，党和国家从国家治理角度看待税收职能定位，明确税收在国家治理中的基础性、支柱性、保障性作用。我国税务机关也积极服务“国之大者”，以“六大体系”和“六大能力”建设推进税收现代化。在新征程上，党的二十大报告指出，要通过“优化税制结构”实现高质量发展、“加大税收、社会保障、转移支付等的调节力度”完善分配制度、“完善个人所得税制度”增进民生福祉、“完善支持绿色发展的财税、金融、投资、价格政策和标准体系”推动绿色发展，这是税收现代化服务中国式现代化的重要内容。而国际税收工作在关注上述内容之外，还要一以贯之构建“合作共赢的国际税收体系”，在“六大体系”中发挥国际税收的引领作用。其中要特别关注高质量推进国际税收征管现代化，根据《关于进一步深化税收征管改革的意见》制定的路线图和时间表，在全球税收治理体系建设、打击国际逃避税、

完善“一带一路”税收征管合作机制、扩大和完善税收协定网络等方面推进国际税收征管现代化。通过国际税收征管现代化等重要内容的引领，我国国际税收现代化一定能够为税收现代化提供国际力量，进而服务中国式现代化持续向前。

其二，国际税收工作要助力构建高水平社会主义市场经济体制。党的十八大以来，我国坚持和完善社会主义基本经济制度，所有制制度、分配制度和社会主义市场经济体制更加完善。在这一过程中，税收政策不断发挥积极作用，在减税降费、缓税缓费以及新的组合式税费支持政策陆续实施下，“六稳”和“六保”工作得到有力支持，广大企业特别是中小微企业持续获得红利，有效市场和有为政府更好结合。从国际横向对比来看，在社会主义市场经济与资本主义市场经济的并存、交往与竞争中，我国社会主义市场经济体制的制度性优势通过税收政策运用持续彰显。党的二十大报告在面向实现中国式现代化的未来五年时，提出“更高水平开放型经济新体制基本形成”的目标。面向这一目标，国际税收工作所涵盖的范围更加广泛。从国际看，国际税收工作要坚持以人民为中心的发展思想，就要坚持服务于纳税人缴费人。通过税收征管合作、双边和多边税收协定等多种途径，服务中国的企业和人员在海外的利益，不断提升社会主义市场经济下微观主体在海外的竞争力和安全性。同时，国际税收工作还应包括国内税收政策助力社会主义市场经济发展，进而在与资本主义市场经济对比中彰显体制优势。未来构建高水平社会主义市场经济体制，很重要的一点是把实施扩大内需战略同深化供给侧结构性改革有机结合起来，而税收作为政策实施的关键连接点，既要有效扩大内需，还应深化供给侧结构性改革，既要促进国内大循环为主体，也要促进国际循环发展。相信通过“抓好党务、干好税务、带好队伍”等举措的落实，国际税收工作一定能通过高质量发展助力构建高水平社会主义市场经济体制。

其三，国际税收工作要在应对风险挑战中贡献更多税收力量。党的二十大报告在实现中国式现代化过程中提出“主动识变应变求变，主动防范化解风险”的要求。从目前来看，国际税收工作可以从以下五个方面为应对风险挑战贡献税收力量：一是国际税收工作要积极推动贸易和投资自由化便利化。要通过全面与进步跨太平洋伙伴关系协定（CPTPP）、数字经济伙伴关系协定（DEPA）等自贸协定推进区域和多边合作，营造有利于多边主义的国际环境。二是继续彰显大国税务担当促进国际税收合作并维护税收主权利益。非对称性国际税收竞争理论显示，在人口规模、市场规模和生产规模等方面具有优势的大国可以通过让渡部分利益保证国际税收不陷入“竞争逐底”的困境。我国作为负责任的最大发展中国家在国际税收合作中可以适当让渡部分利益，保证国际税收改革向着公平正义的方向前进。但当前国际形势严峻复杂，我国也要同时警惕部分国家通过单边制裁等方式损害我国税收主权的行为，要坚定维护我国税收主权利益。三是国际税收工作要进一步保证初级产品的安全。随着乌克兰危机等局部冲突和动荡频发，气候变化等全球性问题加剧，国际粮食和能源价格出现大幅度波动。我国国际税收工作既要考虑通过国内自贸试验区保税仓储等业务稳定初级产品供应，也要支持企业“走出去”开拓海外初级产品市场，通过国内外联动避免国际动荡对国内初级产品带来的冲击。四是国际税收工作要保证产业链供应链安全。当前，部分西方国家通过产业政策达到对我国关键产业“脱钩”“断链”的目标愈加清晰。国际税收要坚持以世界贸易组织为核心的多边贸易体制，利用国际规则反制《通胀削减法案》等单边政策，进而维护世界经济公平体系。五是国际税收工作要在促进绿色发展中把握好“度”。实现碳达峰、碳中和是党中央作出的重大战略决策。国际税收要积极研究世界各国实现绿色发展过程中的税收体系和政策，也要有计划、分步骤地实施好绿色税收制度，避免激进税收政策对经济的过度影响。同时，我国国际税收工作还要认真研究欧盟碳边境调节机制（CBAM）对国际贸易投资带来的影响，进而提出应对和解决的新思路。

参考文献

[1] 习近平. 扎实推动共同富裕 [J]. 求是, 2021 (20): 4-8.

[2] 习近平. 不断开拓当代中国马克思主义政治经济学新境界 [J]. 求是, 2020 (16): 4-9.

[3] 习近平. 不断做强做优做大我国数字经济 [J]. 求是, 2022 (02): 4-8.

[4] 习近平. 高举中国特色社会主义伟大旗帜 为全面建设社会主义现代化国家而团结奋斗——在中国共产党第二十次全国代表大会上的报告 [N]. 人民日报, 2022-10-26 (001).

[5] 习近平. 共同构建地球生命共同体——在《生物多样性公约》第十五次缔约方大会领导人峰会上的主旨讲话 [N]. 人民日报, 2021-10-13 (001).

[6] 习近平. 共同构建人与自然生命共同体——在"领导人气候峰会"上的讲话 [N]. 人民日报, 2021-04-23 (001).

[7] 习近平. 关于《中共中央关于党的百年奋斗重大成就和历史经验的决议》的说明 [N]. 人民日报, 2021-11-17 (002).

[8] 习近平. 关于《中共中央关于全面深化改革若干重大问题的决定》的说明 [N]. 人民日报, 2013-11-16 (001).

[9] 习近平. 关于《中共中央关于制定国民经济和社会发展第十四个五年规划和二〇三五年远景目标的建议》的说明 [N]. 人民日报, 2020-11-04 (002).

[10] 习近平. 贯彻落实新时代党的组织路线 不断把党建设得更加坚强有力 [J]. 求是, 2020 (15): 4-11.

［11］习近平．坚持党对国有企业的领导不动摇［N］．人民日报，2016－10－12（001）．

［12］习近平．决胜全面建成小康社会 夺取新时代中国特色社会主义伟大胜利——在中国共产党第十九次全国代表大会上的报告［N］．人民日报，2017－10－28（001）．

［13］习近平．开放共创繁荣 创新引领未来：在博鳌亚洲论坛2018年年会开幕式上的主旨演讲［N］．人民日报，2018－04－11（003）．

［14］习近平．立足我国国情和我国发展实践 发展当代中国马克思主义政治经济学［J］．党员干部之友，2015（12）：5．

［15］习近平．切实把思想统一到党的十八届三中全会精神上来［J］．求是，2014（01）：3－6．

［16］习近平．深化文明交流互鉴 共建亚洲命运共同体——在亚洲文明对话大会开幕式上的主旨演讲［J］．中华人民共和国国务院公报，2019（15）：6－8．

［17］习近平．始终与人民心相印共甘苦——中共中央总书记习近平在十八届中央政治局常委与中外记者见面时讲话［J］．人民论坛，2012（33）：6－7．

［18］习近平．顺应时代潮流 实现共同发展——在金砖国家工商论坛上的讲话［N］．人民日报，2018－07－26（002）．

［19］习近平．我国经济已由高速增长阶段转向高质量发展阶段［A］．习近平谈治国理政（第三卷）［C］．北京：外文出版社，2020：238－239．

［20］习近平．携手构建合作共赢新伙伴 同心打造人类命运共同体［N］．人民日报，2015－09－29（002）．

［21］习近平．在党史学习教育动员大会上的讲话［J］．求是，2021（7）：4－17．

［22］习近平．在二〇二一年春节团拜会上的讲话［N］．人民日报，2021－02－11（001）．

［23］习近平．在经济社会领域专家座谈会上的讲话［N］．人民日报，2020－08－25（002）．

［24］习近平．在民营企业座谈会上的讲话［N］．人民日报，2018－11－02（002）．

［25］习近平．在庆祝改革开放40周年大会上的讲话［N］．人民日报，

2018-12-19（002）.

[26] 习近平．在庆祝中国共产党成立100周年大会上的讲话［M］．北京：人民出版社，2021.

[27] 习近平．在深圳经济特区建立40周年庆祝大会上的讲话［N］．人民日报，2020-10-15（002）.

[28] 习近平．正确认识和把握我国发展重大理论和实践问题［J］．求是，2022（10）：4-9.

[29] 习近平．中国人民生活一定会一年更比一年好——习近平总书记在十九届中共中央政治局常委同中外记者见面时的讲话［J］．人民论坛，2017（S2）：12-13.

[30] 习近平出席博鳌亚洲论坛2018年年会开幕式并发表主旨演讲［N］．人民日报，2018-04-11（001）.

[31] 习近平出席中国共产党与世界政党领导人峰会并发表主旨讲话［N］．人民日报，2021-07-07（001）.

[32] 习近平对新时代民营经济统战工作作出重要指示强调：坚持“两个毫不动摇”把民营经济人士团结在党的周围 更好推动民营经济健康发展［N］．人民日报，2020-09-17（001）.

[33] 习近平在十九届中共中央政治局常委同中外记者见面时强调 新时代要有新气象更要有新作为 中国人民生活一定会一年更比一年好［N］．人民日报，2017-10-26（002）.

[34] 习近平在学习贯彻党的二十大精神研讨班开班式上发表重要讲话强调正确理解和大力推进中国式现代化［N］．人民日报，2023-02-08（001）.

[35] 习近平在中共中央政治局第三十八次集体学习时强调 依法规范和引导我国资本健康发展 发挥资本作为重要生产要素的积极作用［N］．人民日报，2022-05-01（001）.

[36] 习近平在中共中央政治局第一次集体学习时强调 全面学习把握落实党的二十大精神 奋力夺取全面建设社会主义现代化国家新胜利［N］．人民日报，2022-10-27（001）.

[37] 习近平在中国人民大学考察时强调 坚持党的领导传承红色基因扎根中国大地 走出一条建设中国特色世界一流大学新路［N］．人民日报，2022-04-26（001）.

［38］习近平总书记参加十三届全国人大二次会议内蒙古代表团审议时的重要讲话［N］. 人民日报，2019－03－06（001）.

［39］习近平总书记参加十三届全国人大三次会议内蒙古代表团审议时的重要讲话［N］. 人民日报，2020－05－23（001）.

［40］毛泽东．毛泽东选集（第三卷）［M］. 北京：人民出版社，1969：846.

［41］毛泽东．毛泽东选集（第五卷）［M］. 北京：人民出版社，1977：400.

［42］邓小平．邓小平文选（第三卷）［M］. 北京：人民出版社，1993：373.

［43］胡锦涛．坚定不移沿着中国特色社会主义道路前进 为全面建成小康社会而奋斗——在中国共产党第十八次全国代表大会上的报告［N］. 人民日报，2012－11－18（001）.

［44］2020年全国财政工作视频会议在北京召开［J］. 中国财政，2021（01）：18－20.

［45］本刊讯．全国税务工作会议在京召开 励精图治 改革创新 持续推进税收现代化［J］. 中国税务，2015（02）：8－10.

［46］本书编写组．《中共中央关于制定国民经济和社会发展第十四个五年规划和二〇三五年远景目标的建议》辅导读本［M］. 北京：人民出版社，2020.

［47］本书编写组．党的二十大报告辅导读本［M］. 北京：人民出版社，2022.

［48］郭瑞轩．鉴往开来 勇毅前行 在新的征程上奋力推进税收现代化——全国税务工作会议在北京召开［J］. 中国税务，2022（01）：6－10.

［49］郭瑞轩．带好队伍展现新气象 干好税务开拓新局面 高质量推进新发展阶段税收现代化——全国税务工作会议在北京召开［J］. 中国税务，2021（02）：6－9.

［50］郭瑞轩．深入学习贯彻党的二十大精神 守正创新奋力推进新征程税收现代化——全国税务工作会议在京召开［J］. 中国税务，2023（02）：6－9.

［51］国家税务总局湖北省税务局课题组，钟油子，白渊，周宏颖．优化税务执法方式的国际借鉴研究［J］. 税务研究，2022（01）：67－72.

[52] 国务院关于进一步深化预算管理制度改革的意见 [J]. 中华人民共和国国务院公报，2021 (12)：5 –10.

[53] 毫不动摇坚持和发展中国特色社会主义 在实践中不断有所发现有所创造有所前进 [N]. 人民日报，2013 –01 –06 (001).

[54] 全国财政工作会议在京召开 [J]. 中国财政，2020 (01)：13 –15.

[55] 全国科技创新大会两院院士大会中国科协第九次全国代表大会在京召开 习近平发表重要讲话 [N]. 人民日报，2016 –05 –31 (001).

[56] 全国人民代表大会常务委员会关于加强中央预算审查监督的决定 [N]. 人民日报，2021 –04 –30 (004).

[57] 以时不我待只争朝夕的精神投入工作 开创新时代中国特色社会主义事业新局面 [N]. 人民日报，2018 –01 –06 (001).

[58] 在第三届全国人民代表大会第一次会议上周恩来总理作政府工作报告 [N]. 人民日报，1964 –12 –31 (001).

[59] 中共中央办公厅 国务院办公厅印发《关于进一步深化税收征管改革的意见》[J]. 中华人民共和国国务院公报，2021 (10)：10 –14.

[60] 中共中央办公厅 国务院办公厅印发《国税地税征管体制改革方案》[J]. 中国税务，2018 (08).

[61] 中共中央关于党的百年奋斗重大成就和历史经验的决议 [N]. 人民日报，2021 –11 –17 (001).

[62] 中共中央关于坚持和完善中国特色社会主义制度 推进国家治理体系和治理能力现代化若干重大问题的决定 [N]. 人民日报，2019 –11 –06 (001).

[63] 中共中央关于全面深化改革若干重大问题的决定 [N]. 人民日报，2013 –11 –16 (001).

[64] 中共中央关于制定国民经济和社会发展第十四个五年规划和二〇三五年远景目标的建议 [N]. 人民日报，2020 –11 –04 (001).

[65] 中共中央宣传部，国家发展和改革委员会. 习近平经济思想学习纲要 [M]. 北京：人民出版社，学习出版社，2022：3 –4.

[66] 中共中央政治局召开会议 决定召开十九届五中全会 [N]. 人民日报，2020 –07 –31 (001).

[67] 中国共产党章程：一九五六年九月二十六日 [M]. 北京：人民出

版社，1956：4－5.

［68］中国共产党第二十次全国代表大会关于《中国共产党章程（修正案）》的决议［N］. 人民日报，2022－10－23（001）.

［69］中国共产党第十九届中央委员会第五次全体会议在京举行［N］. 人民日报，2020－10－30（001）.

［70］中国共产党章程［N］. 人民日报，2022－10－27（001）.

［71］中央经济工作会议在北京举行 习近平李克强作重要讲话 栗战书汪洋王沪宁赵乐际韩正出席会议［N］. 人民日报，2020－12－19（001）.

［72］中央经济工作会议在北京举行［N］. 人民日报，2021－12－11（001）.

［73］曹斯蔚. 全球公共物品视角的中国碳税设计研究［J］. 河北金融，2021（10）：9－14.

［74］陈共. 财政学［M］. 北京：中国人民大学出版社，2020：8－9.

［75］储德银，费冒盛. 财政纵向失衡、税收努力与地方经济增长［J］. 当代财经，2021（10）：30－42.

［76］陈斌，邓力平. 环境保护税征管机制：新时代税收征管现代化的视角［J］. 税务研究，2018（02）：28－33.

［77］邓子基. 加入 WTO 与中国税制改革［J］. 福建改革，2000（10）：4－6.

［78］邓子基. 社会主义财政理论若干问题［M］. 北京：中国财政经济出版社，1984：34－39.

［79］邓力平. "风华正茂、千秋伟业"视野下的"建立现代财税体制"［J］. 国际税收，2021（06）：3－10.

［80］邓力平. "构建高水平社会主义市场经济体制"中的税收定位［J］. 税务研究，2022（12）：5－9.

［81］邓力平. 百年未有之大变局下的中国国际税收研究［J］. 国际税收，2020（02）：3－9.

［82］邓力平. 财政热点与财政理论：国际政治视角的分析［J］. 财政研究，2012（11）：2－6.

［83］邓力平. 对税收理论现代化相关问题的思考［J］. 税务研究，2015（10）：3－6.

［84］邓力平. 对我国现阶段公共产品提供的几点看法［J］. 财政研究，

2007（10）：18－22.

［85］邓力平．对新时代中国税收新站位的思考［J］．国际税收，2017（12）：6－11.

［86］邓力平．对新时期财税发展的几点看法［J］．财政监督，2007（03）：10－13.

［87］邓力平．发展财政理念及其政策启示［J］．财政研究，2010（11）：51－54.

［88］邓力平．跟踪四大进程 构建统筹税收［J］．税务研究，2012（10）：3－8.

［89］邓力平．国际税收竞争：基本分析、不对称性与政策启示［M］．北京：经济科学出版社，2009.

［90］邓力平．建设中国特色社会主义税收体系的伟大实践［J］．中国税务，2009（10）：1.

［91］邓力平．经济全球化、WTO与现代化税收发展［M］．北京：中国税务出版社，2000.

［92］邓力平．经济全球化WTO与我国税制改革［J］．税务研究，2000（04）：3－8.

［93］邓力平．经济税收观及其拓展与中国特色税收宣传月［J］．当代财经，2020（05）：26－34.

［94］邓力平．开局之年的税制改革与税收政策［J］．税务研究，2021（05）：8－10.

［95］邓力平．可持续财政观及其对地方财政发展的启示［J］．东南学术，2008（05）：13－18.

［96］邓力平．牢记“四问”己任 加深对社会主义市场经济认识［J］．经济理论与经济管理，2022（07）：4－15.

［97］邓力平．马克思主义中国化指引下的中国财政理论发展［J］．经济理论与经济管理，2022（01）：4－12.

［98］邓力平．浅谈中性与非中性出口退税制度［J］．税务研究，1996（11）：7－11.

［99］邓力平．人民财政：共和国财政的本质属性与时代内涵［J］．财政研究，2019（08）：3－12＋59.

［100］邓力平．社会主义市场经济体制下的“必过之坎”与“必破之

题”[J]. 中国经济问题，2022 (04): 1-10.

[101] 邓力平. 社会主义市场经济下的资本特性与税收对策 [J]. 税务研究，2022 (05): 5-13.

[102] 邓力平. 税收发展与税制改革：我国加入 WTO 十年的思考 [M]. 北京：中国税务出版社，2012.

[103] 邓力平. 税收现代化服务中国式现代化的内涵思考与实践途径 [J]. 税务研究，2023 (04): 5-14.

[104] 邓力平. 新发展阶段与建立现代财税体制 [J]. 经济理论与经济管理，2020 (12): 4-12.

[105] 邓力平. 新时代社会主义市场经济发展下的税收定位 [J]. 东南学术，2019 (03): 81-90+248.

[106] 邓力平. 在新征程上坚持和完善社会主义基本经济制度 [J]. 经济理论与经济管理，2023, 43 (01): 4-13.

[107] 邓力平. 中国税收：四十年彰显特色 新时代展示作为 [J]. 税务研究，2018 (10): 5-13.

[108] 邓力平. 中国税收发展：加入 WTO 二十年后的思考 [J]. 国际税收，2021 (11): 3-9.

[109] 邓力平. 中国特色“人民税收”理念新论 [J]. 东南学术，2020 (04): 126-135+247.

[110] 邓力平. 中国特色的减税降费观 [J]. 当代财经，2019 (06): 26-33.

[111] 邓力平. 中国特色社会主义财税思考 [M]. 厦门：厦门大学出版社，2016.

[112] 邓力平. 中国特色社会主义税收系列观 [M]. 北京：中国税务出版社，2020.

[113] 邓力平. 中国特色税收治理现代化的奋进之路 [N]. 中国税务报，2020-11-04 (05).

[114] 邓力平. 资源配置方式变革中的人民税收 [J]. 税务研究，2019 (10): 5-14.

[115] 邓力平，陈斌，王智烜. 当前国际经济政治与国际税收关系的七个问题 [J]. 国际税收，2017 (03): 6-11.

[116] 邓力平，陈斌. “碳达峰、碳中和”目标与绿色税收体系构建

[J]. 税收经济研究, 2022, 27 (01): 1-7.

[117] 邓力平, 陈丽, 王智烜. 高质量推进新时代税收征管现代化 [J]. 当代财经, 2022 (06): 26-36.

[118] 邓力平, 陈丽. 论减税降费中的财政政策有效性和可持续性 [J]. 税务研究, 2021 (07): 30-38.

[119] 邓力平, 陈丽. 新时代中国特色财政发展与发展财政理论 [J]. 财政研究, 2022 (08): 3-14.

[120] 邓力平, 陈丽. 新时代中国特色税收现代化之路再思考 [J]. 税务研究, 2020 (05): 5-12.

[121] 邓力平, 陈丽. 中国特色财税治理现代化论析 [J]. 厦门大学学报 (哲学社会科学版), 2021 (03): 34-42.

[122] 邓力平, 陈丽. 中国特色税收治理现代化之国际侧面研究 [J]. 国际税收, 2020 (12): 3-10.

[123] 邓力平, 邓秋云. 健全地方税体系的分析框架: 理论原则与运用实例 [J]. 东南学术, 2022 (04): 137-145+247.

[124] 邓力平, 邓秋云. 我国社会保险基金预算研究——以新时代中国特色社会主义财政为视角 [J]. 厦门大学学报 (哲学社会科学版), 2018 (04): 126-134.

[125] 邓力平, 胡巍. 可持续财政: 国内研究现状与基本分析框架 [J]. 厦门大学学报 (哲学社会科学版), 2009 (06): 26-33.

[126] 邓力平, 胡巍. 依法治税和纳税服务——基于国家税收和公共税收的视角 [J]. 当代财经, 2010 (01): 31-35.

[127] 邓力平, 罗秦. 税收发展与税制改革: 我国加入 WTO 十年的思考 [J]. 税务研究, 2011 (05): 3-10.

[128] 邓力平, 王智烜, 陈丽. 对 "加强财政资源统筹" 重大决策的深层理解 [J]. 当代财经, 2021 (09): 29-37.

[129] 邓力平, 王智烜, 陈丽. 新发展格局下我国边境税定位与发展 [J]. 税收经济研究, 2021 (01): 1-6.

[130] 邓力平, 王智烜, 邓秋云. 对 "过紧日子" 重要思想与财政实践的几点认识 [J]. 财政研究, 2020 (12): 3-10.

[131] 邓力平, 王智烜. 持续开辟我国国际税收研究新境界 [J]. 国际税收, 2022 (10): 3-10.

[132] 邓力平，王智烜．高效落实减税降费政策 助力经济稳字当头发展 [N]．中国税务报，2022-02-16.

[133] 邓力平，王智烜．国际税收工作要在新征程上做出新贡献 [J]．税收经济研究，2022 (06)：1-7.

[134] 邓力平，王智烜．实现全人类共同价值的中国方案与财政理论研究 [J]．财政研究，2021 (11)：3-11.

[135] 邓力平，王智烜．树立大国税收理念 推动国际税收合作 [J]．税收经济研究，2015 (04)：1-6.

[136] 邓力平，王智烜．增值税的效应理论及实证研究：前沿与启示 [J]．税务研究，2013 (10)：3-8.

[137] 丁习文．税收助力新时代贵州高质量发展的实践与思考 [J]．国际税收，2022 (12)：3-10.

[138] 何立峰．深入学习贯彻习近平经济思想 [N]．人民日报，2022-06-22 (008).

[139] 李林木，蔡欣荣．国际视野下的税务行政处罚标准研究：基于G20的比较 [J]．税务研究，2021 (06)：93-101.

[140] 李万甫，刘和祥，邓学飞．应用区块链技术推动我国纳税缴费信用管理研究 [J]．税务研究，2018 (12)：78-82.

[141] 刘昆．建立现代财税体制 [M] //文件起草组．中共中央关于制定国民经济和社会发展第十四个五年规划和二〇三五年远景目标的建议辅导读本．北京：人民出版社，2020.

[142] 刘昆．我国的中央和地方财政关系 [J]．中国人大，2020 (16)：51-55.

[143] 刘昆．以史鉴今 资政育人 奋力开创财政高质量发展新局面 [J]．中国财政，2021 (13)：4-11.

[144] 卢奕．拥抱未来：对数字化时代税收征管改革的理解与展望 [J]．国际税收，2021 (10)：27-32.

[145] 马克思．资本论（第一卷） [M]．中共中央著作编译局译．北京：人民出版社，2004：871.

[146] 庞军，张宁．论实现“双碳”目标必须处理好的三大关系 [J]．环境保护，2021 (16)：11-14.

[147] 邵桂根．“助推”在我国税收征管改革中的应用研究 [J]．国际

税收，2021（11）：48-52.

［148］汪康. 以新发展理念为指引 深入推进税制改革［J］. 税务研究，2021（05）：5-7.

［149］王军. “十三五”时期税收有力服务经济社会发展大局［N］. 人民日报，2020-10-22（010）.

［150］王军. 加强“一带一路”税收合作 构建增长友好型税收环境［J］. 国际税收，2019（04）：5-7.

［151］王军. 在新的征程上谱写税收现代化建设新篇章［N］. 学习时报，2021-10-20（第A1版）.

［152］王智烜，邓力平. “入世”二十年我国涉外税制的回顾与展望［J］. 税务研究，2021（11）：18-24.

［153］王智烜，邓秋云，陈丽. 减税降费与促进高质量就业——基于PVAR模型的研究［J］. 税务研究，2018（06）：102-108.

［154］许毅. 建立具有中国特色的社会主义财政理论——为纪念中华人民共和国成立三十五周年而作［J］. 财贸经济，1984（10）：6-12+17.

［155］杨灿明. 我国税制与政策在新阶段的发展方向［J］. 预算管理与会计，2021（04）：23-31.

［156］杨志勇. 以有效提供地方公共服务为中心：从健全地方税体系到健全地方政府融资体系［J］. 国际税收，2021（09）：20-25.

［157］袁娇，陈俊言，王敏. 数字经济时代的税制改革路径：基于税制与征管互动关系的思考［J］. 税务研究，2021（12）：28-34.

［158］曾光辉. 服务中国式现代化 谱写湖南税收新篇章［J］. 中国税务，2023（01）：16-17.

［159］张国钧. 围绕中国式现代化 把厦门建设成高素质高颜值高质量发展的税收现代化高地［J］. 中国税务，2022（12）：34-35.

［160］张晓朴. 新发展阶段经济工作怎么干——习近平同志在河北、福建的经济工作实践与启示［J］. 求是，2021（21）.

［161］张志勇. 近期国际税收规则的演化——回顾、分析与展望［J］. 国际税收，2020（01）：3-9.

［162］邹加怡. 发挥财政关税职能作用 支持全面建设社会主义现代化国家［N］. 中国财经报，2021-07-20（001）.

后 记

致力于中国特色社会主义财税研究，是笔者一直努力的研究方向。1996年回国以来，笔者一直在为中国特色社会主义财税理论体系的完善贡献力量。新时代十多年来，在结合时代发展要求中，笔者的理论研究得到进一步拓展和提升。今天迈上强国建设、民族复兴的新征程，为笔者驰而不息地完成时代交给理论工作者的任务提供了新的时代要求。本书命名为《迈上新征程的中国特色社会主义财税》，主要有三层含义：一是中国财税理论工作者研究的主题永远是中国特色社会主义财税；二是这个财税所处的时代一定是中国特色社会主义的新时代新征程，本书是笔者在喜迎党的二十大和学习党的二十大精神过程中对我国财税发展定位的深入思考；三是用“迈上新征程”，表明这是我们在新时代十多年财税理论研究基础上的持续前进，当前就要在新征程的新起点上努力为中国特色社会主义财税理论体系贡献力量。

在党的二十大精神指引下，本书重点探讨了在新时代新征程构建中国特色社会主义财税理论体系的时代课题。在本书写作过程中，笔者有三点体会。

其一，中国特色社会主义财税理论研究是一个持续推进的进程。本书是笔者持续研究中国特色社会主义财税的第四本专著，收录了笔者从2020年6月到2023年3月发表在国内重要刊物上的文章。本书着眼于党的十九大以来，特别是在喜迎和庆祝党的二十大胜利召开背景下的财税发展，重点对中国特色社会主义财税的理论发展与实践经验加以总结提炼，将笔者近三年来提出的主要观点加以梳理拓展，为在新征程上更好发挥中国特色社会主义财税的职能作用贡献力量。本书既是论文集，也是笔者关于中国特色社会主义财税思考之系列专著的延伸，具有完整的体系和清晰的逻辑。本书始终贯穿着笔者对中国特色社会主义财税研究的一贯思路，即“既有共性、更有个性”“一以贯之、与时俱进”“立足财税、走出财税”。从纵向上看，本书是继《中国特色社会主义财政“四位一体”的分析》（2011 年）、《中国特色社会主义财税思考》（2016 年）、《中国特色社会主义税收系列观》（2020 年）系列专著之后，对新时代新征程中国特色社会主义财税的新思考。既延续着笔者多年来就中国特色社会主义财税发展所提出的基本思路，又伴随着笔者对新征程中国特色社会主义财税新发展的新理解、新阐述。从横向上看，本书重点关注的是迈上新征程我国财税研究的四个方面：一是中国特色社会主义财税发展所对应的基本经济制度之制度基础对我国财税发展的要求；二是新时代新征程中国特色社会主义财政理论发展与具体实践；三是新时代新征程中国特色社会主义税收理论发展与具体实践；四是统筹内外两个大局下的新时代新征程中国特色社会主义财税之国际侧面。

其二，中国特色社会主义财税理论研究事业需要一代一代、一批一批人的持续努力。笔者这一代财税理论工作者，是在我国财税老领导和理论界老一辈学者的激励下展开研究，并伴随着中国特色社会主义进程而持续前行的。今天走在新时代，笔者带领着团队在中国特色社会主义财税理论研究中积极贡献力量，也看到了团队的成长。本书在笔者及团队三年来发表的近 40 篇文章中收录了 24 篇文章，其中笔者作为独立作者的文章有 11 篇，作为第一作者的合作文章有 13 篇。这里特别感谢王智烜博士、陈丽博士、陈斌博士和邓秋云博士在其中付出的努力。王智烜博士在承担“双肩挑”工作任务的同时，与笔者合作了多篇文章，是笔者研究团队的中坚力量；陈丽博士在与笔者合作数篇论文的过程中，已经从博士生成长为厦门国家会计学院的讲师，是笔者研究团队的后起之秀，并协助本书编辑和出版做了不少工作；陈斌博士在笔者带领下已经在绿色税收研究方面有所成就；邓秋云博士目前着眼于地方税体系和非税收入等的研究，为财税理论体系完善贡献了力量。“一代人有一代人的长征，一代人有一代人的担当”，中国特色社会主义财税理论体系的完善需要一代代人的努力，笔者也将带领团队为这一事业持续注入力量。

其三，中国特色社会主义财税理论事业需要整个财税理论界的共同努力。本书中的部分观点，是在与财税理论同仁的交流学习中形成和拓展的，也是通过国内财税理论杂志等重要平台园地展现出来的。这里特别感谢《财政研究》《税务研究》《厦门大学学报（哲学社会科学版）》《经济理论与经济管理》《当代财经》《中国经济问题》《东南学术》《国际税收》《税收经济研究》等相关期刊，近年来笔者相关文章的发表得到了这些期刊的大力支持。特别是中国财政经济出版社，笔者回国以来的多本专著、译著都是在出版社的支持下完成的，本书的出版，出版社的同志更是做了大量工作，这里表示感谢。

当然，本书内容还存在不足之处，欢迎大家批评指正。在新时代新征程上，笔者将继续与财税理论界的学者共同为新时代中国特色社会主义财税理论体系的完善贡献力量。笔者长期以来秉持“永远奋斗前进路上，必将始终坚定不移”的态度展开理论研究，必将持续这一思路，必将努力为之奋斗。

邓力平

2023 年 3 月 23 日

于厦门国家会计学院